缝/合

大数据时代下的资本管理与实践

王军伟 ◎ 著

北京大学出版社
PEKING UNIVERSITY PRESS

内 容 提 要

大数据时代下,随着新技术和新形势的快速发展,资本管理更具复杂性和挑战性。

本书主要阐述大数据时代下有关资本的理论、管理及实践,共分六章。第1章主要介绍了资本的概念、资本的构成要素及其之间的关系,以及资本对经济发展的重要作用;第2章为大数据时代下的实体资本,主要阐述实体资本包含的类别、现金流的重要性、抵押和质押等内容;第3章为大数据时代下的信用,主要讲述什么是信用、信用的产生及大数据征信等与信用相关的问题;第4章为大数据时代下的虚拟资本,主要讲解虚拟资本的运作、金融产品设计和证券化等内容;第5章为大数据时代下的稳健收益,主要阐述如何借助信托、基金等来提高居民财产性收入;第6章为大数据时代下的风险与不确定性,以及全面风险管理。

本书针对性强,适合从事资本运作的相关读者和对资本运作及大数据分析感兴趣的读者参考学习。

图书在版编目(CIP)数据

缝合:大数据时代下的资本管理与实践 / 王军伟 著. — 北京:北京大学出版社, 2021.3

ISBN 978-7-301-31608-5

Ⅰ. ①缝… Ⅱ. ①王… Ⅲ. ①资本管理-研究 Ⅳ. ①F275

中国版本图书馆CIP数据核字(2020)第170309号

书 名	缝合:大数据时代下的资本管理与实践
	FENGHE:DASHUJU SHIDAI XIA DE ZIBEN GUANLI YU SHIJIAN
著作责任者	王军伟 著
责 任 编 辑	张云静
标 准 书 号	ISBN 978-7-301-31608-5
出 版 发 行	北京大学出版社
地 址	北京市海淀区成府路205号 100871
网 址	http://www.pup.cn 新浪微博:@北京大学出版社
电子信箱	pup7@pup.cn
电 话	邮购部 010-62752015 发行部 010-62750672 编辑部 010-62570390
印 刷 者	天津中印联印务有限公司
经 销 者	新华书店
	787毫米×1092毫米 16开本 24.5印张 384千字
	2021年3月第1版 2021年3月第1次印刷
印 数	1-4000册
定 价	78.00元

未经许可,不得以任何方式复制或抄袭本书之部分或全部内容。
版权所有,侵权必究
举报电话:010-62752024 电子信箱:fd@pup.pku.edu.cn
图书如有印装质量问题,请与出版部联系。电话:010-62756370

PREFACE 前言

历经40多年的改革开放，我国资本市场得到了长足发展，但我国对资本的驾驭能力还有很大的提升空间。其实，即便如美国、英国等资本市场已发展了几百年的国家，也仍需提升驾驭资本的能力，2008年的金融危机暴露出它们对资本的驾驭能力的不足之处。

英、美等发达国家资本市场的发展历经蒸汽机时代、钢铁与火车时代、电气化工与汽车时代、计算机与互联网时代，如今进入大数据与量子时代。而我国资本市场的发展虽也经历了从电气化工与汽车时代、计算机与互联网时代到大数据与量子时代，但因战争等历史原因而出现了断层，其真正起步是在计算机与互联网时代的后期。

在大数据与量子时代下，我国要增强驾驭资本的能力，不仅要丰富资本实践，更重要的是要在实践中深刻理解资本规律并掌握规律。要理解、掌握资本规律，就要弄清楚资本是什么，由什么要素构成，要素之间存在什么样的关系，资本要素的构成之间存在什么样的关系，以及资本到底有什么用等。

本书共有六章，第1章主要介绍了资本的概念、资本的构成要素及其之间的关系，以及资本对经济发展的重要作用。

第2章围绕着实体资本展开，主要介绍了实体资本的概念、构成要素及其之间的关系，以及在大数据时代如何运用大数据建立可持续现金流的模式。

第3章围绕着资本市场的核心——信用展开，主要介绍了信用的概念、构成要素及其之间的关系，以及大数据与量子时代下的征信。

第4章围绕着虚拟资本展开。本章从财产权出发，对金融产品进行区分，帮助读者理解存款、理财、贷款、国债、企业债、保险、信托、股票、资产证券化、远期、互换、期货、期权和结构化等产品的特点，以及利用大数据构建满足个性化需求的产品。

第5章围绕着稳健收益展开。资本追求利润，这需要可持续、稳健的收益，为了提高收益就需要增加收入、降低成本、提高杠杆率和价格。同时，充分发挥各要素所蕴含的精神来提高居民收入。

第6章围绕着风险和不确定性展开。资本追求利润，同时也要承担风险和面对不确定性。在大数据时代，人们可充分利用大数据来全面管理风险，驾驭资本。

过去，关于资本理论的内容主要集中在实体资本和虚拟资本上，而本书则将信用、风险和不确定性、稳健收益与之并列，以突出资本的关键要素，这更有利于人们理解和掌握资本的规律，从而驾驭资本，让其为人民谋福利。

本书得以成书，应感谢海通证券的王韬、汇丰人寿的应志平、太平人寿的Amy、中航信托的李玲、东北证券的孙井奇，以及老领导彭亚栋和常国珍博士等众多老师、朋友的支持与帮助。

感谢北京大学出版社的魏雪萍老师为本书的辛勤付出，感谢我的父母和岳父、岳母帮助我带孩子，并提供了他们过去生活的经历，使本书涉及过去资本的内容更真实，感谢我的妻子周晓霞的支持，感谢女儿和儿子，与你们一起成长是非常开心的事情。

因为个人经验和认知有限，书中难免存在不妥之处，恳请读者抱着"尽信书不如无书"的理念和质疑的态度来阅读此书，同时也希望读者将文中错误、不足之处指出，并发送电子邮件到我的邮箱 wjw84221@aliyun.com，在此表示感谢！

王军伟

CONTENT 目录

第1章 理解大数据时代下的资本 // 1

1.1 资本的概念 // 2
1.1.1 资本的众多定义 // 2
1.1.2 资本是经济发展的核心要素之一 // 4

1.2 资本的构成要素 // 5
1.2.1 实体资本是资本的承载体 // 6
1.2.2 虚拟资本是资本的滋润汁 // 7
1.2.3 稳健收益是资本的升发器 // 9
1.2.4 风险与不确定性是资本的保温瓶 // 9
1.2.5 信用及其纠缠的流动性是资本的肃杀棒 // 11
1.2.6 资本的构成要素 // 15

1.3 资本构成要素之间的关系 // 16
1.3.1 资本构成要素之间相互促进的关系 // 16
1.3.2 资本构成要素之间相互制约的关系 // 24

1.4 资本自成稳定系统 // 37
1.4.1 资本的稳定系统是驾驭资本的基础 // 38
1.4.2 大数据赋能资本各要素 // 39

第2章 实体资本——资本之土 // 41

2.1 实体资本的概念 // 42
2.1.1 马克思理论中的实体资本 // 42

2.1.2 商品经营资本 // 43
2.1.3 大数据时代凸显货币经营资本的价值 // 44

2.2 实体资本的构成要素 // 45
2.2.1 货币交易支付类资本 // 45
2.2.2 生产资本——大数据定制化生产 // 51
2.2.3 商品资本——智能库存 // 56
2.2.4 商品经营资本——实时广告与现代物流 // 58
2.2.5 货币经营资本 // 61

2.3 实体资本构成要素之间的关系 // 67
2.3.1 实体资本构成要素之间相互促进的关系 // 67
2.3.2 实体资本构成要素之间相互制约的关系 // 73
2.3.3 实体资本自成稳定系统 // 77

2.4 现金流价值及管理 // 78
2.4.1 现金流的重要性 // 79
2.4.2 现金流管理 // 82
2.4.3 现金流所带来的选择机会 // 85
2.4.4 现金流价值的定价理论分析与实证结果 // 86

2.5 大数据时代下实体资本的现金流获取 // 90
2.5.1 生产资本的现金流——代加工厂模式 // 90
2.5.2 商品资本的现金流——租车模式 // 93
2.5.3 商品经营资本产生现金流——互联网广告业 // 95
2.5.4 货币经营资本产生现金流——第三方支付业 // 103
2.5.5 货币交易支付资本产生现金流——比特币 // 106

2.6 实体资本的问题和挑战 // 111
2.6.1 小微企业融资难的问题 // 111
2.6.2 第三方支付的问题 // 113
2.6.3 比特币的问题 // 115

第3章 信用——资本之金 // 121

3.1 信用的概念 // 122
- 3.1.1 信用是人的特性 // 123
- 3.1.2 信用体系是货币转化为资本的中枢 // 123
- 3.1.3 信用形成于交换之中 // 124

3.2 信用的构成要素 // 125
- 3.2.1 守约交换 // 126
- 3.2.2 跨时空 // 127
- 3.2.3 信息 // 128
- 3.2.4 信任 // 133
- 3.2.5 流动性 // 135

3.3 信用构成要素之间的关系 // 138
- 3.3.1 信用构成要素之间相互促进的关系 // 138
- 3.3.2 信用构成要素之间相互制约的关系 // 143
- 3.3.3 信用自成稳定系统 // 146

3.4 传统征信 // 148
- 3.4.1 美国征信的发展和产业链 // 150
- 3.4.2 我国传统征信的发展和产业链 // 152

3.5 大数据征信 // 154
- 3.5.1 大数据征信的数据特征 // 156
- 3.5.2 大数据时代下中国人民银行征信报告的价值 // 159
- 3.5.3 大数据时代下的其他数据价值 // 166
- 3.5.4 大数据时代下的征信关键在于理解数据 // 166
- 3.5.5 征信产业中的数据治理 // 170
- 3.5.6 征信产业中的风控决策分析 // 171
- 3.5.7 征信产业中的评级 // 172

3.6 信用产业中的问题及挑战 // 179

3.6.1 评级机构需要戴"紧箍咒" // 179

3.6.2 个人隐私数据如何保护 // 181

第4章 虚拟资本——资本之水 // 183

4.1 虚拟资本的概念 // 184

4.1.1 虚拟资本对经济发展具有重要作用 // 185

4.1.2 现代金融业是虚拟资本繁荣发展的表现 // 186

4.1.3 按权利对虚拟资本进行划分 // 186

4.2 虚拟资本的构成要素 // 188

4.2.1 储值物权类资本 // 188

4.2.2 债权类资本 // 189

4.2.3 受益权类资本 // 190

4.2.4 权益类资本 // 193

4.2.5 选择权类资本 // 194

4.3 虚拟资本构成要素之间的关系 // 196

4.3.1 虚拟资本构成要素之间相互促进的关系 // 196

4.3.2 虚拟资本构成要素之间相互制约的关系 // 201

4.3.3 虚拟资本自成稳定系统 // 204

4.4 数据化驱动虚拟资本的个性化产品设计 // 206

4.4.1 债权类资本的个性化产品设计 // 208

4.4.2 数据思维驱动权益类资本的产品设计 // 212

4.4.3 受益权类资本的个性化产品设计 // 223

4.4.4 数据化驱动选择权类资本的产品设计 // 232

4.4.5 储值物权类资本的个性化产品设计 // 241

4.5 虚拟资本的问题及挑战 // 249

4.5.1 金融产品创新问题 // 249

4.5.2 不同金融功能相互渗透的问题 // 251

第 5 章 稳健收益——资本之木 // 253

5.1 稳健收益的构成要素 // 254
- 5.1.1 支收之比 // 254
- 5.1.2 收益率 // 255
- 5.1.3 价格 // 256
- 5.1.4 杠杆率 // 257
- 5.1.5 稳健性 // 261

5.2 稳健收益构成要素之间的关系 // 262
- 5.2.1 稳健收益构成要素之间的相互促进关系 // 262
- 5.2.2 稳健收益构成要素之间的相互制约关系 // 267
- 5.2.3 稳健收益自成稳定系统 // 274

5.3 大数据时代下的居民收入与定价 // 275
- 5.3.1 工资性收入靠大数据时代下的工匠精神及其差异化薪酬 // 276
- 5.3.2 融资性收入靠契约精神及其个性化信贷定价 // 281
- 5.3.3 财产性收入靠大数据下"攻守"策略理财定价 // 288
- 5.3.4 经营性收入靠大数据所护佑的企业家精神及数据化产品定价 // 291
- 5.3.5 转移性收入靠大数据技术所凸显的利他精神及福利定价 // 298

5.4 稳健收益的问题与挑战 // 301
- 5.4.1 收入差距扩大问题 // 301
- 5.4.2 生产率下降的问题 // 303

第 6 章 风险与不确定性——资本之火 // 305

6.1 风险的构成要素 // 306
- 6.1.1 不确定性是风险的核心 // 306
- 6.1.2 可测性是风险的管理基础 // 308
- 6.1.3 损失性是风险与不确定性的结果 // 309
- 6.1.4 普遍的客观存在性是认识风险与不确定性的前提 // 310

6.1.5　异质性是产生风险与不确定性的来源 // 311

6.2　风险构成要素之间的关系 // 314

　　　6.2.1　风险与不确定性构成要素之间相互促进的关系 // 315

　　　6.2.2　风险与不确定性中构成要素之间相互制约的关系 // 318

　　　6.2.3　风险与不确定性自成稳定系统 // 324

6.3　大数据时代下的全面风险管理 // 325

　　　6.3.1　信用风险与大数据精准量化及管理 // 330

　　　6.3.2　操作风险与精准量化及管理 // 332

　　　6.3.3　市场风险与精准量化及管理 // 336

　　　6.3.4　流动性风险及管理 // 341

　　　6.3.5　集中度风险及管理 // 344

　　　6.3.6　合规风险及管理 // 344

　　　6.3.7　组合风险与精准量化及管理 // 345

　　　6.3.8　交易对手信用风险与量化及管理 // 348

　　　6.3.9　数据、模型与业务可持续风险及管理 // 350

　　　6.3.10　压力测试——未来预期与敏感度分析 // 361

　　　6.3.11　各种风险损失和收益之间的平衡 // 365

6.4　风险带来的问题与挑战 // 368

　　　6.4.1　系统性风险谁来埋单？// 368

　　　6.4.2　大而不能倒 // 372

　　　6.4.3　不容忽视的组合风险 // 373

参考文献 // 377

第1章
理解大数据时代下的资本

> 没有资本市场就没有铁路,没有资本市场就没有美国。
>
> ——马克思

1.1 资本的概念

通常情况下，资本是指一定量的货币表现，或者做某事的资源或能力。但如今"资本"这个词已经被过度使用，如人力资本、社会资本等。因此，需要对资本的概念进行必要的探究。

1.1.1 资本的众多定义

1. 以增殖来定义资本

古希腊哲学家亚里士多德曾明确将两种取财之道区分开来：一种是为满足人的消费需求而进行交换；另一种是为积累财富而进行交换，即通过放贷资金而获得利息[1]。庞巴维克考证得到结论，资本的本意是贷款的本金[2]。也就是说，该定义仅仅将放贷的本金视为资本，而忽视了其他资本，如生产资本、资本本身的时间价值、放贷本身的风险与不确定性等。

经济学家麦克鲁德认为，资本是以增殖为目的的经济量，任何经济量均可为资本，凡可以获取利润之物都是资本。众所周知，创造利润的要素不仅有货币，还有劳动、知识、技术、制度改革、创新、组织管理、风险与不确定性、资源（包括人脉关系）等。按照该定义，它们都可以归属到资本之中。如果这样定义，资本的范围将无限扩大，不利于人们认识、驾驭资本。

马克思认为，货币的产生是以商品交换发展到一定高度为前提的，而有了商品流通和货币流通绝不是就具备了资本存在的历史条件。只有当生产资料和生活资料的所有者在市场上找到出卖自己劳动力的自由工人时，才产生了资本。商品生产者若不与其他商品所有者接触，就不能使商品的价值增殖，从而货币或商品也就不能转化为资本[3]，即货币以现代生产方式为基础转化为能够在生产流通中执行职能并带来剩余价值的价值增殖时，才能真正成为资本。从资本的实践来看，马克思对资本的定义适当，但其对信用、风险与不确定性考虑得少。

---

1 亨利·威廉·斯皮格尔. 经济思想的成长 [M]. 晏智杰，等译. 北京：中国社会科学出版社，1999.
2 庞巴维克. 资本实证论 [M]. 北京：商务印书馆，1997.
3 卡尔·马克思. 资本论 [M]. 北京：人民出版社，1975.

中国人民大学金融与证券研究所首席研究员王明夫博士认为，资本就是以货币形态或物质形态存在的生产投入要素，资本的主要特性是稀缺性、生产性、人造性和增殖性[1]。该定义指出资本具有人造性，排除了自然资源等，但仍然没有体现出资本增殖的前提是风险与不确定性。

2. 以不确定性来定义资本

奥地利学派将资本等同于时间，而经济学家罗伯特·索洛认为这种说法是有卓识而无用的。众所周知，未来具有很大的不确定性，因此从时间角度来定义资本，其重点强调的不仅是时间本身，而且是时间背后所蕴含的信任、不确定性等。

经济学家罗伯特·索洛认为，资本问题不可避免地与不确定性、有限预见、对意外事情的反应等问题密切相关[2]。从中可知，资本是与不确定性紧密联系在一起的，其风险管理的预案和措施也是资本的组成要素。

3. 从组成要素的角度定义资本

美国经济学家约翰·贝茨·克拉克关于资本的定义为：资本是由生产工具组成的，而生产工具总是具体的、实在的东西。资本是永远不会消亡的，资本的最显著的特点，就是它的永久性。如果希望事业取得成就，也绝不能让资本毁灭。只要你的资本受到一点损失，你就会遭到严重的不幸。如果你损毁了所有的资本，你就得赤手空拳地靠你的劳动为生[3]。从中可知，资本的组成要素主要是生产工具，是具体的、实在的东西，而劳动、信用等要素则不在其内。该定义过于强调实体资本而忽视了虚拟资本、资本的流动性等。

4. 从流通角度定义资本

经济学家熊彼特从流通性出发给出了资本的定义：只有支付手段才是资本，这是说并非只有货币才是资本，一般流通手段，不论其种类为何都是资本。但又并非所有支付手段都是资本，只有那些确实履行我们所论及的独特职能的支付手段才是资本。界限在于事情的性质。如果支付手段起不到为企业家置办生产品的作用，并为此目的从原先的用途中抽取出来，那么它们就不能算作资本[4]。该定义说明了资本唯一的目的是作为购买生产品的基金，但其忽视了资本的准备金保证

1　王明夫.资本经营论[M].北京：中国人民大学出版社，2005.
2　罗伯特·索洛.增长理论：一个说明[M].天津：天津大学出版社，1983.
3　约翰·贝茨·克拉克.财富的分配[M].北京：商务印书馆，1983.
4　熊彼特.经济发展理论[M].北京：商务印书馆，2000.

业务可持续发展的作用，以及资本的增殖、风险、权利等作用。

5. 从权利角度定义资本

法国经济学家托马斯·皮凯蒂认为，资本是能够划分所有权、可在市场中交换的非人力资产的总和。它不仅包括所有形式的不动产，也包括公司和机构所使用的金融资本和专业资本（厂房、基础设施、机器和专利等）。他认为，将人力资本排除在资本之外主要是因为人力资本无论何时都不能被另一个人所有，也不能在市场中永久交易[1]。

马克思认为，生产商利用的自然物质，如土地、海洋、矿山、森林等，不是资本的价值要素，即这些不归属于资本。而托马斯·皮凯蒂将海洋、山脉、知识和专利等都看作资本，这就在无形中将资源和资本混为一谈。

资本存在财产权，其本质是一种人造的、储存着人类劳动时间的载体。人们追求资本并不是为了资本本身，而是通过资本获取满足自身生存和发展所需要的资源。比如，大数据时代下，人们需要投入一笔资金获得生产所需要的服务器，这笔资金可能来自其过去劳动所得。

在弄清资本的众多定义后，还有必要搞清楚资本在经济发展中的作用。

1.1.2 资本是经济发展的核心要素之一

资本不是资本主义经济体系所特有的，而是在其之前就已经存在了。我国古代反映商业理论的《史记·货殖列传》中说道："积着之理，务完物，无息币。以物相贸易，腐败而食之货勿留，无敢居贵。[2]"从中可知，资本不是资本主义的产物，它是商品经济的必然产物，是经济发展的产物。

资本与制度、资源、劳动和技术一样，是经济发展的核心要素之一。没有资源或劳动，资本就毫无用处；没有制度，资本将失去其信用和流动性；没有技术，资本将失去最大的利润来源。同时，没有资本购买机器和设备，各种资源将无法进行整合变现；没有资本的经济将失去动力，制度也将失去作用。

经济发展离不开资本的积累。资本在资本主义社会具有剥削剩余价值、创造

---

1 托马斯·皮凯蒂.21世纪资本论[M].北京：中信出版集团，2014.
2 司马迁.史记[M].北京：中华书局，1982.

利润的作用。在社会主义社会中，资本是对剩余劳动时间的积累，这种积累是社会进步的关键，因为每个人的生命都是有限的，其劳动时间能够保留下来，主要依赖于相互交换中形成的资本积累。

要加速资本积累，需要人们不断找到技术、管理、组织等方面相应的改善点，然后评估出不同改善点需要的投入和产出，综合风险、收益后大胆将资本投入其中一项或几项改善点，以获得最大化的利润。

由于资本是经济发展的核心要素之一，人们需要直面资本、驾驭资本，尤其是在中华民族伟大复兴的过程中，人们对资本进行更深入的探究就非常有必要。同时，从资本管理与实践来看，特别是从 2008 年的金融危机来看，人们对金融风险的防范、控制手段远远跟不上资本市场发展的步伐，对资本的驾驭手段远比人类所想象的要差。因此，人们对资本的认识需要进一步深化。下面我们将详细阐述资本构成要素的含义和特点。

1.2 资本的构成要素

经济学家、投资专家马克·史库森认为，经济学家约翰·贝茨·克拉克和弗兰克·奈特眼中的资本概念是同质化的，是完全可替代的[1]。他和路德维希·拉赫曼认为，个别的资本工具是一些资本的替代品，同时又是其他一些资本的互补品，即资本是异质的。

从资本实践的角度来看，资本是异质的。同样地，资本进入不同的企业家计划，被用于满足不同的目的，其属性也是不同的。比如，服装制造厂的负责人发现，童装比成人衣服更赚钱，就把原来做成人衣服的布料改为制作童装，这时布料作为资本，其属性已经发生变化。

同样，在生产过程的不同阶段，资本的属性也是不一样的。比如，在衣服制

---

[1] 马克·史库森. 生产的结构 [M]. 北京：新华出版社，2016.

作过程中，布料经过染色、印花后，资本属性已发生变化，而经过裁剪后又将不同。同时，由此形成的成品是不同资本属性的组合，如衣服由面料、针线、扣子等组合而成，而不同的组合，其产生的效果也大不相同。

假设资本是同质的，则企业生产出来的产品的资本属性与投入原料的资本属性相同，生产过程中资本的属性将不会发生变化，也不需要企业家对资本进行组合，企业将是一个确定的生产函数。但资本的同质性假设不符合资本实践的经验，从资本监管来看，不同的资本归属不同部门监管，如中国银行保险监督管理委员会（以下简称中国银保监会）主要监管银行、信托和保险等业务；中国证券监督管理委员会（以下简称中国证监会）主要监管证券、期货、衍生品等业务。在资本实践和管理中，各种资本之间是互补关系而非完全替代关系，如企业向银行借款与其发行股票就不是完全可替代的，因为不是所有的企业都可以上市。银行的核心业务分为存款、贷款、司库等，贷款业务又分为信用卡业务、普惠业务、小微企业业务、企业部门业务等。这都说明了资本的异质性更符合实际。

资本的异质性决定了其由多种不同要素构成。由众多经济学家的研究成果可知，资本的构成要素分别是实体资本、虚拟资本、信用、稳健收益、风险与不确定性等。其中，一些研究成果与资本的构成有直接关系，而另一些则有间接关系。

接下来将详细讲述资本构成要素的含义和特点。

1.2.1 实体资本是资本的承载体

实体经济是经济体系的根本。实践已经证明了，没有一个高水平的实体经济，就难以建设现代化的经济体系，难以有一个高质量、高效率的供给体系，更难以为人民提供满足美好生活需要的各类商品或服务。什么是实体经济？实体经济就是提供商品或服务的领域，是提供有效供给的领域。

一个高水平的实体经济，往往需要多层次、有生命力的实体资本来支撑。实体资本能够顺利进入提供商品或服务的领域，并能够创造出足够的利润。同时，它能够支撑并推动经济结构的升级，尤其是制造业的升级换代，以满足人民对美好生活的需要，并在国际经济竞争中赢得主动权。因此，资本应该包括实体资本。

经济学家亚当·斯密认为，资本有一种对产品的支配权，并将资本分为四类：用来购买使用和消费的天然产物的资本，即所有从事土地、矿藏、渔业和林牧的改良和开发的人的资本；用于制造和准备这些天然产物以供直接使用和消费的资本，即所有制造业的资本；用于将天然产物和制成品从丰富地区运到贫乏地区的资本，即所有批发商的资本；用于将天然产品和制成品分成小部分，便于满足想要得到它的人的随时需求的资本，即所有零售商的资本[1]。在亚当·斯密所处的时代，将资本这样分类是没有问题的，但以现代的眼光来看，这种分类有所遗漏，如资本还可用于研究、设计、改良和试验天然产物以满足人类的需求，用于精准营销来使商品快速变现，用于第三方支付确保资金便捷到账及资金安全等。

马克思认为，实体资本主要包含生产资本和商品资本。实体资本是在实体经济中能够实际发挥资本职能的资本，具体表现为货币资本、生产资本、商品资本和商品经营资本等。

1.2.2 虚拟资本是资本的滋润汁

马克思认为，虚拟资本是以索取利息等收益为目的的资本。人们将虚拟资本的形成称作资本化。人们将每一个有规则的、可以反复取得的收入按照平均利率来计算，把它算作按这个利率贷出的资本会带来的收入。公债、汇票、债券、股票等是收益的可靠支取凭证，或者是实体资本的所有权证书，代表已积累的对于未来生产的索取权或权利证书[2]。它们所代表的资本货币价值也完全是虚拟的。

与此同时，人们更需要认识到虚拟经济的本质是虚拟资本，其包括货币、债券、权益、衍生工具等各种形式。虚拟资本的出现是社会发展导致积累扩大和财富资本化的必然结果。因为生产力发展到一定程度才会有一部分产品从消费的产品中分离出来形成货币，也才有一部分收入被储蓄起来形成资本，只有一部分财产被证券化以后，人们才有可能拿这部分财产的价值进行各种各样的活动，包括投资或投机活动，使这部分资源不被闲置或得到更有效的利用，为社会和个人谋取更

---

[1] 亚当·斯密. 国富论 [M]. 唐日松，译. 北京：华夏出版社，2005.
[2] 卡尔·马克思. 资本论 [M]. 北京：人民出版社，1975.

大利益。但这些活动借助各种价值符号或剩余索取权的纸制副本而被放大，从而使市场上表现出来的价值符号的数额要大于实际的经济活动价值，这必然导致虚拟资本的膨胀。

赫尔南多·德·索托在《资本的秘密》一书中提道：就像乔治·索罗斯在最近一本书中指出的那样，马克思对资本的洞见和理解，通常比亚当·斯密的理解更加深刻。马克思清醒地意识到"就资本本身的特性而言，与其说货币和商品是资本，不如说它们是创造和维护资本的手段，它们需要转化资本"[1]。马克思对资本的见解是非常深刻的，即便在今天，该见解依然有独到之处。在现代经济中，商品或服务（如网络游戏、充值服务等）是资本的载体，需要借助大数据运营、精准营销等手段转化为货币。同时，大数据、互联网、实时广告等工具也是维护资本的工具。这些商品或服务被认为是虚拟经济，但其背后更多依赖的是实体资本而非虚拟资本。

虚拟资本是指不具备实体资本的形态，但在未来能够获得现金流、具有资本特征的东西。关于虚拟资本，有人使用了其他提法。如经济学家彼得·德鲁克提出了符号经济，该符号指的是货币和信用。后来他又指出符号经济是资本的运作、外汇和信用流通，实体经济是商品或服务的流通，且符号经济和实体经济总是成对出现，因为正是这两者有机构成了整个经济体系。

中国社会科学院张晓晶研究员认为，经济符号是能够变现的对未来收入的索取权凭证，主要有三大特征：①一种索取权证书，人们凭借它可以获取未来的现金流；②未来的现金流是可以变现的，可以用于交换；③一般都有一个符号化的载体，如纸制符号、电子符号或其他[2]。典型的经济符号有货币、股票、债券及作为符号之符号的衍生工具，但并不包括商标、商誉及其他无形资产。

张晓晶认为，虚拟经济是从马克思的虚拟资本概念派生出来的，并认为符号经济在概念的内涵上较为符合马克思虚拟资本的初衷，因为那个本身不具有价值却带来收入的东西，实质上就是一种凭证、一种象征。张晓晶还认为，其称为符号经济更为合适，但为了保持概念的连贯性及理论的继承性，后文将使用马克思

---

1 赫尔南多·德·索托. 资本的秘密[M]. 于海生, 译. 北京：华夏出版社, 2007.
2 张晓晶. 符号经济与实体经济：金融全球化时代的经济分析[M]. 上海：上海三联书店, 上海人民出版社, 2002.

提出的虚拟资本。

1.2.3 稳健收益是资本的升发器

恩格斯在《政治经济学批判大纲》中论述道:"资本……分为原有资本和利润,(利润)即资本……所获得的增殖……在实践中立刻又将这种利润加到资本上,并把它和资本一起投入周转中。[1]"稳健收益是资本的核心目的,而根据恩格斯等人的论述,资本应该包含利润的要素或者收益。

美国经济学家费雪认为,凡是可以产生收入的都是资产,而收入折现后的现值是资本,因为利息才产生本金,而不是本金产生了利息。费雪认为,资本是能在一段时期内提供收入的财富,包括土地、机器、建筑物、原材料、人的技能等。财富是现值,本身没有时间性,是静止的。这说明,资本只有在运动中才能有利润。

《资本是个好东西》的作者曹尔阶认为,必须重视资本的回报和回收,即资本的收益和流动性[2]。另外,回收的不确定性和其他风险是需要特别关注的。在现代金融行业中,监管部门、金融机构等十分重视资金的安全性、收益性和流动性。

詹姆士·托宾是研究投资者权衡收益、风险和流动性的经济学家。他认为,资本是放弃当前消费而获得未来不确定性的风险报酬。但未来的风险报酬有一定的概率会亏损,到底是亏损还是盈利,是谁也无法确定的,人们只能按照一定的可信度来估算未来的风险报酬是多大。因此,资本的构成要素中也应该包含收益、流动性、风险与不确定性。

1.2.4 风险与不确定性是资本的保温瓶

资本的目的是追求高利润,而高利润往往伴随着高风险。

经济学家尼古拉·阿克塞拉认为,金融中介及与之相联系的间接信用可以降低贷款成本,主要是因为从有资本剩余的主体那里获得储蓄,并将其提供给有资本赤字的主体的活动具有规模经济效应和范围经济效应,主要体现在:①经营不仅需要专业化和标准化来降低管理成本,也需要获知企业或投资项目的事前风险,以及可能的事后风险等信息,从而降低整体的成本和风险;②基于大数定律会产

---

[1] 卡尔·马克思. 资本论 [M]. 北京:人民出版社,1975.
[2] 曹尔阶. 资本是个好东西:看中国资本创新和扩张的历程 [M]. 北京:中国人民大学出版社,2012.

生规模经济，机构可以进行期限转换来促进资本流动性，并充分利用借款人偿还能力之间的负相关关系降低整个风险水平；③机构比个人投资组合更容易分散风险，从而降低总体风险和利率[1]。因此，不确定性和风险是资本的构成要素之一。

凯恩斯认为，"通常的投资往往指私人或法人购买新的或旧的资产，狭义的投资则专指在证券市场上购买资产，不过人们将购买房产、机器、制成品或半成品都称为投资。一般来说，所谓新投资，是指从所得之中，购买资本资产，如果人们把出售一个投资当作负投资……投资包括一切资本设备的增益，不论所增者是固定资本、运用资本还是流动资本，故除了投资与净投资之区别以外，如果投资的定义仍有重大差异处，则必由于有人认为投资不包括一切资本设备的增益"[2]。因此，资本应该包括利润或增殖部分在内，而它可能为正，也有可能为负，且收益与风险相生相随。因而，资本也包括风险与不确定性。

凯恩斯认为，有两类风险影响投资，分别是借者风险（因为借者不知道是否真的能得到他所期望得到的收益，或者得到收益的概率有多大）和贷者风险（根据借贷制度，借者提供若干担保，而贷者则依据这些担保进行放贷，风险产生于道义上的不确定性，如借者有意不履行债务或用其他方法规避债务，或者担保品不足，或者币值可能的变动对贷者不利等）。在存在不确定性时，投资才有可能获得高额利润，但同时也需要承担不确定性所带来的风险。资本成为产业资本的重要原因就在于风险与不确定性的存在使风险溢价等比较高，从而满足了资本追求高利润的需求。

在信贷管理中，违约案件中 70% 左右是欺诈案件，因为其利润率高。假设放贷金额为 500 元，欺诈成本为 400 元，则利润率高达 25%。根据亚当·斯密在《国富论》中的描述，即使一国之主也会违约，如在铸币中以劣质金属代替贵金属，或者实际价值小而面值大，更不要说普通百姓。利润越大，人违约的可能性就越高，即信用就越低。因此，资本不仅应该包括风险与不确定性，也应该包含信用。

---

1 尼古拉·阿克塞拉. 经济政策原理：价值与技术 [M]. 北京：中国人民大学出版社，2001.
2 凯恩斯. 就业、利息与货币通论 [M]. 北京：中国社会科学出版社，2009.

1.2.5 信用及其纠缠的流动性是资本的肃杀棒

1. 信用

以 18 世纪的经济学家约翰·劳为先驱，以 19 世纪的经济学家麦克鲁德、德国金融理论学者阿伯特·韩及 20 世纪的经济学家熊彼特等人为代表的信用创造学派，认为信用就是货币，货币就是信用，信用创造了货币，并形成了资本。

约翰·劳认为，信用不仅是必要的，而且是有用的，因为信用量的增加与货币量的增加有同样的效果，即信用和货币都能产生财富、繁荣商贸。通过银行所进行的信用创造，能在一年之内增加比从事十年贸易多得多的货币量，所以法国如欲富庶，就有必要依靠信用，否则与其他利用信用的国家相比，法国即将陷入贫弱的状况。同时，他认为，只要货币充足，就能够创造一国之繁荣，而只要有信用设施，就可以供应足够的货币，给经济带来足够的初始动力，依靠这种动力，法国可以产出大量的财富。其基本逻辑是，货币等价于财富——货币不必是金银，以土地、公债、股票等为保证所发行的纸币是最好的。纸币是以银行信用为基础而发行的，银行通过供给这种货币信用，就可提供足够的货币，从而为经济提供初始动力，依靠这种动力就可以富国强民。

麦克鲁德在他的《信用的理论》中指出，人们以生产出来的物品及劳务与其他人进行交换，从而获得货币。虽然货币既不能用以果腹，也不能用以蔽体，但人们却乐于用生产出来的物品及劳务来换取货币，这主要是因为换得货币以后，就可在需要的时候，凭货币换取所需的物品。据此，麦克鲁德认为，货币的本质是向他人要求生产物品及劳务的权利或符号，是一种信用；金银货币也可以理解为金属信用。他还认为，信用与货币两者的本质是一致的，信用的创造就是货币的增加，两者可以统一于"通货"的概念之下，只是二者的程度有所不同。①信用只有单一的价值，货币却有多数的价值或者一般的价值；信用只是对某个人的要求权，货币却是对一般商品的要求权。②信用只有特殊的不确定的价值（因为债务人死亡或者破产，信用就变得没有价值了），而货币则有持久的价值。

熊彼特认为，从信用交易着手，资本主义金融可看作一种清算制度，它抵销债权债务，将差额转移到下期——使货币支付成为一种特殊情况，但没有任何特殊的重要性。罗宾逊夫人也明确地指出：货币实际上就是信用问题。

阿伯特·韩是公认的信用创造理论的代表人物，阿伯特·韩的著名命题是"资本形成不是储蓄的结果，而是信用提供的结果""假如说需求对生产是第一性的，那么信用提供对资本形成也是第一性的。若没有信用提供，则任何资本商品都不能够生产，因而资本形成就变得不可能。信用供给之能引起资本形成，恰如需求之引起生产"[1]。也就是说，探索资本或驾驭资本都不能忽视信用的作用。

熊彼特首先描绘了"存款创造贷款"的情形。在这一情况下，储户向银行提供货币，而银行则向借款人贷放货币，银行"并没有增加现有的流动资金总额，而只是使现有的流动资金做更多的事情"。熊彼特甚至直接引用了另外一位经济学家坎南的表述，"如果寄存处的服务员设法把寄存在他们那里的3/4的手提包借出去……那我们肯定不能说他们'创造出了'借出去的手提包。如果手提包的主人想使用手提包，他们就得从借者那里要回手提包，借者便没有手提包用了。存款者及其金币的情况则不是这样。从放弃货币的使用权这个意义上说，存款者没有借出任何东西。他们仍在花钱，只不过使用支票付款而不使用金币付款。他们仍然像过去持有金币时那样花钱，与此同时，借款者也在花钱。很显然，这种现象是货币所特有的，在商品世界中没有类似的现象。索要绵羊的权利并不会增加绵羊的数目。但是存款虽然从法律上说只不过是索要法偿货币的权利，却在很广的范围内可以像法偿货币那样来使用"[2]。

熊彼特总结道：这使分析发生了深刻变化，再像以前那样解释银行信用就很不妥当了。按照以前的解释，现有的资金产生了一种完全想象出来的储蓄行为，是人们节省下来，然后贷放出去的。事实上，与其说是银行贷放委托给他们的存款，还不如说是银行"创造信用"，即银行通过贷放资金而创造存款，后一种说法远比前一种说法更符合实际情况。同时，他又说道：按照经济学家死抱住不放的理论，存款者便是储蓄者，尽管他们并没有储蓄，也不想储蓄；按照这种理论，存款者影响着"信用的供给"，尽管他们并没有影响信用的供给。而"信用创造"理论则不仅承认了显而易见的事实，没有用人为的解释掩盖事实，而且还清晰地

---

[1] Albert Hahn. Economic Theory of Bank Credit[M]. Oxford：Oxford University Press，2015.
[2] 约瑟夫·熊彼特. 经济发展理论 [M]. 何畏，译. 北京：商务印书馆，1990.

显示出成熟的资本主义社会所特有的储蓄投资机制，以及银行在资本主义进化过程中所起的作用。所以，同大多数其他理论相比，我们可以更加肯定地说，这种理论是实实在在的分析上的进步。[1]

瑞典学派的代表人物魏克塞尔也断定，包括金属货币在内的一切货币都是信用货币，因为信用货币具有价值的关键在于流动工具接受者对其有信心，在于他相信借此能够获得一定数目的商品。不过纸币只享有地方信用，而贵金属则在国际范围内被接受，但是这一切只是一个信用度的问题。

曹尔阶认为，信用是一种最广泛的扩张资本，它的作用是创造了一个前提，为个人或者组织提供了在一定界限内绝对支配别人资本的权利。

信用是基于交易双方对现期经济利益和预期经济利益的追求而出现的，其作为一种交易方式的经济价值在于，它扩大和打破了交易在形式上的局限性，追求交易双方利益的最大化。信用可以加速资本的集中和积累，扩大经济活动的范围和规模，提高经济活动的层次和水平。企业可以从中最大限度地分享规模经济效益，并有利于资源从低效用使用向高效使用流动。

2. 资本流动性与信用的纠缠

在资本的形成过程中，最初的资本是靠自身的原始积累获得的，也就是企业或个人的自有资本，自有资本主要用于形成稳定周转的经营货币，并要求在经营周转中带回价值的增值，以及承担最终可能的亏损。历史上银行挤兑导致很多银行破产，但银行挤兑是很难预测的。为此，巴塞尔银行监督委员会（以下简称巴塞尔委员会）逐步提高了对银行自有资本的要求和质量。随着生产的发展，自有资本总有不足的时候，这时人们会想办法来扩张资本，而通常的办法就是借助自身信用来使用他人的资本。常见的信用有商业信用和银行信用。商业信用是机构或人之间的预付预收，分批付款等构成的应收账款，而银行信用是通过贷款等方式获得其他人的资本支配权。这样一来，任何机构或个人都可以维持自身的资本流动性。

有学者认为，资本流动性是广义的信用，其定义概括起来主要有三个方面：①资产的变现能力；②经济主体获取所需金融产品的能力；③市场上要素的整体

---

[1] 约瑟夫·熊彼特.经济发展理论[M].何畏，译.北京：商务印书馆，1990.

流动能力。巴塞尔委员会认为，商业银行的资本流动性是为资产的增加而融资及在债务到期时履约的能力。其实，资产的变现能力可以理解为以资产为抵押物进行融资的能力，而市场上要素的整体流动能力则可以看作以市场要素为标的的债务在到期时的履约能力。因此，资本流动性本质就是为资产的增加而融资的能力或债务到期时的履约能力，是一种兑现承诺的能力。

以乐视网为例，其股价从2015年12月最高24元降低到2018年10月31日不足3元，这就是资本缺乏流动性导致的，也是无信用导致的，根本上是无信用导致的，缺乏流动性是因为无信用。虽说无流动性就无选择，就不能优化配置资源，资本将失去意义，但其根源还在于是否具有信用。因此，信用是资本的构成要素之一，资本流动性则是信用的重要构成要素之一。

乐平认为，如果信用扩张和现金支付动量（数量乘以流通速度）的不平衡不断增大，那么会到达一个时点，即一个经济体的现金量、支付速度和信用的创造不能保证每笔交易和信用偿付都可以实现支付。信用扩张和现金支付动量脱节（考虑到现金量、周转速度和信用自身的支付），这时流动性问题就浮出水面了。所以，资本流动性出问题的直接原因就是在给定的金融状况下，支付手段不足以支持要支付的量。这后面没有什么更神秘的东西，它是由金融衍生支付体系的特征和发展程度决定的，是一个客观的存在：枯水期发电量不足，而用电量在增加，则必然导致部分地区断电。

有必要从微观和宏观两个层面对流动性问题和信用问题进行区分。在微观层面，这两者很难区分：一个人不能履行承诺，就是信用违约，这时你可以说他资本流动性困难，也可以说他信用资质有问题。虽然有句俗语叫"救急不救穷"，但微观层面的"急"（流动性问题）和"穷"（信用问题）是不容易区分的。但在宏观层面，这两者的差异一目了然。一段时间内，经济活动所要求的支付量（包括偿还信用）是X，而信用创造和现金的动量能提供的量是Y，若X大于Y，就是流动性出问题了。如果流动性问题处理得好，并不必然导致信用问题（如通过净额轧差，就可以把X的量压小一个数量级）。从中不难看出，信用问题和流动性问题都是通过支付困难所表现出来的。虽然流动性问题和信用问题都和支付困难相关，但流动性问题体现在技术层面支付困难，其可以通过设计支付方式等技术手段来解决（如净额结算、临时流动性注资、权威机构出面安排等）。而信用问题是无法通过技术解决的，其可以通过债转股、以资抵债、破产等方式来解决。

在实践中，信用风险的大小往往与流动性风险的大小呈正相关，且流动性风险对信用风险的影响更大。流动性风险主要可分为两类：一类是资产流动性风险，即资产变现的能力风险；另一类是融资流动性风险，即融资来源的可得性风险。从 2008 年美国次贷危机、2013 年中国发生的"钱荒"、2016 年中国发生的"债荒"和 2017 年中国现金贷监管从严的政策来看，流动性风险往往导致融资成本上升并引发信用风险。因此，在信用分析中，流动性是一个重要的关注点。

1.2.6 资本的构成要素

根据前面的论述可知，资本的构成要素主要是实体资本、虚拟资本、信用、收益、风险与不确定性、流动性、信任等。资本的构成要素如此之多，如果不进行归类将很难进行深入研究。

根据马克思及亚当·斯密的理论，实体资本和虚拟资本是资本的核心构成要素。法国古典派创始人布阿吉尔贝尔认为，一个商人建立起卓著的信用之后，他的票据和现金有同样的价值，甚至更胜一筹。这是以财富为后盾的一种偿付能力，即信用是虚拟资本的基础，且来源于充实的实体资本，因而信用也是资本的构成要素。资本的目的是追逐利润，因而收益率是资本的重要构成要素，而风险与收益相生相随，风险也是资本的构成要素。

因此，资本的核心构成要素是实体资本、虚拟资本、信用、稳健收益、风险与不确定性。其他要素如流动性、信任等，应该归属于五个要素中的某一个。同时，资本的构成要素之间也存在各种关系。接下来，我们将详细阐述资本构成各要素之间的相互关系。

1.3 资本构成要素之间的关系

资本要素之间相互作用主要是因为它们都受收益的影响。在经济体系中，几乎所有实体经济类公司的模式都是生产资料、原材料经过运输、能源转换和生产过程形成产品，产品卖给客户以后形成收益。该收益是资本的支撑，且使资本市场能够对经济活动的各个环节进行定价，公司上市的时候对它的股票和债券进行定价，使资本能够一步步地延伸到生产的各个环节。也就是说，资本具有相同的基础——实体经济的收益，同时受实体经济收益的高低、稳健性、风险性等影响。

经济学家尤金·法玛认为，根据市场有效理论，衍生品市场的创建推动了实体经济的增长，因为衍生品市场能够让交易者有效地分担风险，使企业可以专注于盈利活动，而一旦企业盈利就将创造工作岗位。从上述论述可以看出，实体资本、虚拟资本、风险和不确定性、稳健收益之间既相互促进，又相互制约，即资本要素之间的相互作用可分为相互促进作用和相互制约作用。

1.3.1 资本构成要素之间相互促进的关系

1. 实体资本对信用具有促进作用

马克思认为，信用制度的基础是从事再生产的资本家互相提供信用。在商业中，信用是商品形态变化的媒介[1]。其一方面表现在产业资本由一个阶段转移到另一个阶段，使彼此有关和彼此衔接的各生产部门联系起来；另一方面表现在商品由一个人手转入另一个人手，直到商品转化为货币或其他商品。只要再生产过程不断进行，资本回流有保证，这种信用就会不断持续和扩大，并且它的扩大是以再生产过程本身的扩大为基础的。马克思认为，一旦资本回流延迟，市场商品过剩，价格下降而出现再生产停滞，产业资本就会出现过剩，大部分资本将闲置，再生产资本减少，信用将会收缩。其原因是：①资本闲置不用，即停滞在再生产的某一个阶段上，则不能完成形态变化；②再生产不断进行的信念已经被破坏，对商

---

[1] 卡尔·马克思. 资本论[M]. 北京：人民出版社，1975.

业信用的需求减少。因此不难看出，信用产生于再生产资本，即实体资本对信用具有促进作用。

马克思认为，信用制度与货币经营业的发展紧密联系在一起，而在商品生产中，货币经营业的发展又自然会和商品经营业的发展齐头并进[1]。因为货币经营业的核心是货币收付、往来账登记、货币保管、国际支付和金银贸易等技术性业务，而基于借贷资本的管理就作为货币经营业的特殊业务而发展起来。借贷所依赖的信用可通过货币经营业的数据进行量化，如还款能力大小、还款意愿等。从中可知，实体资本对信用具有促进作用。

经济学家鲁道夫·希法亭认为，在资本流通时间内，为使生产过程连续不断地进行，需要周期性地追加闲置的货币资本，同时技术的发展缩短了劳动时间和单件商品制造时间，资本周转更快，而固定资本投入更多，周转周期变长[2]。因为利润在生产中产生，而流通实现了它，这导致了市场尽可能地将所有资本转变为生产资本的倾向，并由信用货币代替金属货币，以降低流通费用，缩短商业技术的发展时间。

在剩余价值转化为积累，进而转化为资本的速度方面，资本周转时间的长度是决定性因素，商品价格的变化是重要因素。在生产中，执行职能的社会总资本的一部分不断以货币资本的形式闲置起来，资本闲置与以生产利润为目的的资本职能相互矛盾，为了将资本闲置降到最低，从而产生了信用。基于信用，人们将闲置资本提供给其他需要货币资本的经济主体，进而执行货币资本的职能。一切导致资本闲置的原因都同样成为信用关系产生的原因，一切影响资本闲置的因素都决定着信用的膨胀和收缩。生产循环的过程产生了提供资本信用的可能性，流通过程中出现的任何干扰都使追加资本变得有必要，以维持生产过程的连续性。阿道夫·希法亭从生产流通的角度阐述了信用产生的根源是对生产流通中闲置资本的充分利用这一观点。他认为，当暂时利益关系转变为长期利益关系时，信用越高，转化为固定资本的比重就越大。从中可知，实体资本和生产过程是信用产生的根源。

---

1 卡尔·马克思. 资本论 [M]. 北京：人民出版社，1975.
2 鲁道夫·希法亭. 金融资本：资本主义最新发展的研究 [M]. 北京：商务印书馆，1994.

经济学家姜波克认为，货币具有很强的流动性和便利性，这种便利性主要体现在资产的转换十分方便和迅速，且能无损失地实现，并具有很高的信用度。因此，货币资本对信用具有促进作用。

在实际资本管理中，最能体现信用的是借贷、租赁、融券等。在信贷中，信用大小取决于未来的还款能力和可抵押资产。未来的收入流越大，则其信用越大。而收入高低主要受生产率的影响，即实体资本的变现和获利能力。拥有的资产可以抵押、质押或担保这些措施都能相应地提高信用，因为这些风险缓冲措施提供了第二还款来源。一般来说，供应链信贷的坏账率在0.5%左右，房贷的坏账率在0.3%左右，车贷的坏账率在1.2%左右，信用卡和消费信贷的坏账率在1.8%左右，现金贷的坏账率在8%左右。由此可见，实体资本对信用具有促进作用。

在实际操作过程中，无论是债券、证券，还是保险等，都需要以信用为基础。这种信用体现在还款能力上，如房地产、机器设备、原材料、存货、汽车等固定资产，以及相应的提货单、汇票、商票、信用证、存款、股票、债券、保险等。当这些实体资本依托物或虚拟资本的票证所代表的价值足够大时，各家机构都愿意进行贷款、承保等。这说明，实体资本和虚拟资本对信用都有促进作用。

在一个经济体系中，信贷和货币是用于支付货款的两大基本形式。与此同时，一个人的支出是另一个人的收入。在没有信贷的经济体中，假设每个人的收入是10万元，相应地，支出的最大限度也是10万元，要提高支出就需要提高收入，而要提高收入就需要提高生产率。而在有信贷的经济体中，假设每个人的收入依然是10万元，但人们最大支出限度是15万元，其中多出的5万元是信用带来的，即人们收入多了5万元。人们的收入增加了，还款能力增加了，信用进一步提高了。这些收入将使商品或服务的需求增加，从而促使实体资本增加。因此，实体资本和信用之间是相互促进的关系。

在现实中，信用是货币及其延伸物（包括票据、信用证、股票、债券、保险、各种金融衍生物等货币的资本化形式）的基础，而这些虚拟资本的形式成为人们竞相追逐的对象，因而有必要就信用对虚拟资本的作用进行探究。

2. 信用对虚拟资本具有促进作用

在马克思的虚拟资本理论中，虚拟资本是信用制度和货币资本化的产物。虚拟资本与信用制度有着密切联系，商业信用和银行信用是资本主义信用制度的两种基本形式。虚拟资本是商业信用和银行信用过度膨胀，或者信用被使用到惊人程度的结果。从中可知，信用对虚拟资本具有促进作用。

马克思认为，信用形成的基础是生产者和商人之间的互相预付及预付所用的工具——汇票，并认为真正的信用货币不是以货币流通为基础，而是以汇票流通为基础的。马克思引用沙科凯兰《工业信贷和工业银行》一文阐述道："在产业关系之内，借和贷不断交替发生，它们互相结合，错综复杂地交叉在一起，正是这种互相借贷的增加和发展构成信用的发展，是信用的威力的真正根源。[1]"这不仅说明借贷对信用发展具有促进作用，而且说明了信用是借贷的根本。

马克思认为，人们之所以尽可能多地认股，是因为只要有足够的钱应付第一缴款，以后各期股款的缴付就可以求助于信用。也就是说，当无信用时，人们就不会去认股，即以股票为代表的虚拟资本的发展往往是以信用为基础，虚拟资本离开了信用就会成为"空中楼阁"。因此，信用对虚拟资本具有促进作用。

马克思认为，贷放是通过汇票的贴现来进行的，是通过不同形式的贷款，即以个人信用为基础的直接贷款，以各种证券、股票作为抵押的贷款，特别是以提单、栈单及其他各种证明商品所有权的单据作为抵押的贷款来进行的，是通过存款透支等手段进行的。从中可知，信用对借贷资本具有促进作用，没有信用就没有借贷资本。

经济学家尼古拉·阿克塞拉认为，直接信用和间接信用构成了经济体系的金融负债，这种金融负债以不同的金融工具或金融形式出现，如货币、债券、保险、证券和其他衍生形式。同时，他认为，货币、支付制度和金融机构的存在是经济行为所处环境具有不确定性和信息不完全的产物。货币本质是信用性，让一种或另一种工具来履行货币的职能常常具有习惯性和信用性，一旦人们信任某种工具，它就会被接受作为交换媒介和价值储藏的手段。货币、债券、保险、证券和其他衍生产品都可算作虚拟资本。因此，信用对虚拟资本具有促进作用。

《证券日报》对鄂尔多斯市进行调查发现，当地民间借贷崩盘后重创其保险

---

[1] 卡尔·马克思.资本论[M].北京：人民出版社，1975.

业[1]。由于当地民间借贷很容易变现且利润丰厚，其成为民众的主要投资渠道，而保险、股票、基金、银行理财、债券和信托等金融产品被搁置一边。而后来的民间借贷资金链断裂，造成了该市房地产泡沫破裂、人口流失和煤炭价格下降，同时导致人寿险、信贷险等各类险种销售量下降。这说明，违约是保险发展的阻碍，即不良的信用对保险具有阻碍作用。

李振宇等人认为，信用有广义和狭义之分，广义的信用是指参与经济活动的当事人之间建立起来的以诚实守信为基础的履约能力；狭义的信用是指受信方向授信方所做的在特定时间内付款或还款承诺的兑现能力和意愿。信用是从属于商品交换和货币流通的一种经济关系，是维系企业、消费者、金融机构等之间关系的纽带。因此，实体资本对信用具有促进作用，而信用对虚拟资本具有促进作用。

随着信用和资本市场的发展，大量的货币被转换成股票、债券等各种有价证券。由于信用体系的高度发展，货币开始演变为一种代表一定价值、变现力较强的资产，这种资产本身没有价值，它只代表一种可以取得收入流量的权益凭证，货币更加无形化和虚拟化。信用的过度膨胀导致虚拟经济泡沫的产生，虚拟资本不断创新，派生出了金融衍生品，金融衍生品发展了虚拟资本的形式，将信用资源充分利用起来。这说明信用是虚拟资本的基础。

张晓晶认为，符号经济（虚拟资本）赖以存在的基石是信用，并认为随着符号经济的发展，信用的基石作用也不断得到强化[2]。这说明信用对于虚拟资本具有促进作用。

哈耶克指出，一个国家的通货形成了层次结构，其发行的货币处于这个层次中的最下一层，其上一个层次是中央银行的信用，再上一个层次是各商业银行的信用，最上一个层次是众多个别私人间的信用[3]。这一方面说明最有信用的是基础货币，其次是中央银行，再次是商业银行，最后是私人，因而即便允许私人发行货币，人们通常也会选择基础货币来交易或储值；另一方面说明信用是货币的前提，信用对货币具有促进作用。

美国著名未来学家、经济学家乔治·吉尔德认为，当信息通过银行和其他金

---

[1] 苏向杲.民间借贷崩盘后遗症重创鄂尔多斯保险业[N].证券日报.2014-05-22.
[2] 张晓晶.符号经济与实体经济：金融全球化时代的经济分析[M].上海：上海三联书店，上海人民出版社，2002.
[3] 弗里德里希·冯·哈耶克.货币的非国家化[M].姚中秋，译.海南：海南出版社，2019.

融机构向经济金字塔上方移动时，就失去了具体的内容。信息流动性与金融工具的透明性成反比，而与其流动性成正比。吉尔德还认为，创造流动性是金融中介机构的工作，货币和存款信息中没有任何令人惊异的信息，即货币和存款的信息为零。这主要是因为底层信息都是具体的，经过加工处理后，信息变成概括性的，如在个人信贷中，通过底层信息可以知道每个人的违约率、每次交易的违约损失率，但将这些信贷打包成资产证券化产品时就需要分类（假设分为三类），然后计算出每类的违约率和违约损失率，这时信息就失去了具体性，但分类后得到的违约率和违约损失率的信息流动性越高，透明性就越差，而货币的流动性得到提升。因此，金融工具或虚拟资本对信息的使用提高了信息的流动性，流动性促进了虚拟资本的发展，所以流动性对虚拟资本具有促进作用。

在对资本的实际操作与管理中，国债信用好、流动性高但往往收益低，而消费贷等信用低、流动性差但往往收益高。因而，有必要就虚拟资本与稳健收益的关系进行探讨。

3. 虚拟资本对稳健收益具有促进作用

中国国际经济交流中心副理事长黄奇帆认为，金融的第一本质是为有钱人理财并为缺钱人融资，第二本质是信用、杠杆、风控。没有信用就没有金融，信用是金融的立身之本，是金融的生命线，脱离金融本源的任何理论都是不成立的，这个本源就是信用。他认为，企业的信用主要是现金流、利润、抵押物、企业高管人员等。现金流比利润还重要，因为即便利润很高，一旦资金链断了，也是死路一条，而回报率尤其是未来的回报率也是信用的一种。如果回报率、现金流不好，那么抵押物或担保也是一种信用。金融的第二本质是杠杆，信用是杠杆的基础，没有杠杆就没有金融，但杠杆率过高就会产生风险，同时一切金融创新都是想方设法把杠杆放大，而一切金融危机的本质就是杠杆率过高。金融的精髓是设计一个风险比较小、有一定信用基础、可靠、不容易坏账的杠杆率。黄奇帆认为，金融的要义是为实体经济服务，为小微企业服务，为"三农"服务，为结构调整服务。从中可知，信用、杠杆率、风险和金融之间有着紧密联系，信用是金融的基础，对金融具有促进作用；金融对杠杆率具有促进作用，为了追求更大的利润，就要提高杠杆率。由此可见，信用对虚拟资本具有促进作用，虚拟资本对稳健收益具有促进作用。

美国财政部前部长、经济学家盖特纳认为，金融创新推动了金融系统杠杆率的提高，增加了风险，同时监管没有跟上金融创新的脚步。他还称美国超过一半的金融负债游离于银行体系之外[1]。从中可知，金融创新促进了虚拟资本的发展，但金融创新往往都是通过绕开监管或者一些其他人为规则，不断提高杠杆率以获得更高的收益。因此，虚拟资本对杠杆率、收益率具有促进作用。

美国前财政部长罗伯特·鲁宾曾经运营一家有大量衍生品业务的金融机构，他认为，这些衍生品在获得转移风险的好处的同时，也会因为它们的复杂性及增加杠杆率的趋势带来极大的危害。盖特纳认为，投资者更乐意为杠杆率大幅增加的机构提供资金，从而使这些机构得到的监管约束变得更加薄弱。这说明衍生品金融等虚拟资本对杠杆率具有促进作用，对一些风险具有转移作用，但会带来其他方面的危害。

资产证券化专家郑磊以银行的信贷资产证券化为例，阐述了证券化对银行的资产负债表具有"瘦身"效果，能增加收益并增强资本金头寸的观点。他还认为，证券化的显著优点是只需要较少的资本金就可获得较大的利益。其主要是借助证券化技术将资产包的现金流进行重构，往往将资金划分为优先级和劣后级，劣后级占比通常在30%以下，这就提高了杠杆率。与此同时，证券化后可以提前回收资金并可以获得服务费。因此，虚拟资本对收益率、杠杆率具有促进作用。

在资本管理和实践中，有一条经济规律颠扑不破：风险和收益高度相关，高风险伴随着高收益，高收益也蕴含着高风险。因此，有必要就稳健收益对风险与不确定性的作用进行探讨。

4. 稳健收益对风险与不确定性具有促进作用

全球著名的财经专家洛丽塔·纳波利奥尼认为，所有危机都是金融泡沫的恶果，利润向来与风险并存。很多研究表明，金融机构具有期限错配、高杠杆率等内在的脆弱性，在管理上存在严重的委托及代理问题，即信息不对称，这些都是导致金融危机反复发生的原因。这说明利润与风险高度相关。

美国经济学家莱因哈特和罗格夫在对66个国家和地区800多年金融历史数据

---

[1] 蒂莫西·盖特纳. 压力测试：对金融危机的反思[M]. 北京：中信出版集团，2015.

的研究基础上指出，金融危机具有极多共同之处，金融危机产生的主要标志性特征有：资产价格大幅度上升、债务负担加剧、经济增长率波动、账户出现赤字等。从中可知，金融危机主要是期限错配、高杠杆率、信息不对称加剧所导致，资产价格大幅度上升是收益率上升的表现，更是支出收入比提升的表现。因此，高杠杆、高支出收入比会引起风险的爆发，即杠杆率、支出收入比、收益率对风险与不确定性具有促进作用。

上海大学刘康兵博士通过一个包含期权的动态投资模型，同时分析了投资决策的最优时序和最优投资水平的序贯决策，并且将不确定性和投资不可逆约束引入包含资本市场不完美的投资模型，考察了信息不对称对投资等待的期权价值和不确定性对边际风险溢价的影响，以及这种情况下厂商投融资决策的相互关系[1]。他证明了在不对称信息条件下，资本预期边际价值降低而使得边际风险溢价上升，导致不确定性程度增加、外部融资溢价上升，从而加深了厂商所受融资约束的程度。他证明了不确定性程度与收益之间的关系：不确定性程度高，边际风险溢价相对也较高。

5. 风险与不确定性对实体资本具有促进作用

英国经济学家卡萝塔·佩蕾丝认为，金融资本具有与生俱来的流动性，而生产资本则基于以下两个原因束缚于具体的产品：一是由于那些已安装的具有专有操作功能的设备；二是由于特定的地理区域与供应商、消费者或分销商的网络联系。金融资本在意的主要是潜在的收益率，而生产资本在产品、工艺和市场方面的知识则是其成功的基础，这些知识可能是科学技术专业知识或管理经验，也可能是创新的才能或企业家的冲动，但它们总是涉及特定的领域，只具有部分的流动性。

金融资本与生产资本都需要面对风险，这些风险的大小随环境而变化。金融资本在本质上是无根基的，生产资本则扎根于其所能胜任的领域，甚至扎根于固定的地域；金融资本会逃离危险，但生产资本则不得不面对每一场风暴，或迅速抓住机会，或低头躲闪，或继续创新，或另寻出路。从中可以看出，这里的金融资本往往对应着虚拟资本，而生产资本对应着实体资本。虚拟资本对收益具有促进作用，当风险大时，虚拟资本往往是躲避，而实体资本则会在风险大的时候进

---

1 刘康兵. 资本市场不完美、不确定性与公司投资[M]. 北京：经济管理出版社，2012.

行扩张。因此，风险或不确定性对实体资本具有促进作用。

经济学家琼·罗宾逊认为，一旦人们承认经济是存在时间因素的，历史是从一去不复返的过去向着难以预知的将来前进，那么与钟摆类似的来回摆动的均衡观就站不住脚，甚至整个经济学体系都需要重建。基于这种历史观，琼·罗宾逊特别强调不确定性在资本主义社会经济分析中的重要作用，并认为凯恩斯所论证的问题的本质是不确定性，如对有效需求、生产就业和收入水平起主要影响作用的投资规模之所以容易发生变动，就是因为投资是联系现在经济和未来经济的纽带，它涉及未来的不确定性问题。从上述内容可知，投资受不确定性影响，而在主流经济学中，投资主要是指增加生产设备、购买原材料、增加销售费用等。也就是说，投资主要涉及实体资本。因此，不确定性对实体资本具有促进作用。

综上所述，资本的核心要素之间存在相互促进关系，即实体资本对信用具有促进作用，信用对虚拟资本具有促进作用，虚拟资本对稳健收益具有促进作用，稳健收益对风险与不确定性具有促进作用，风险与不确定性对实体资本具有促进作用。

资本各要素之间，除了存在相互促进的关系外，还存在相互制约的关系。下面我们将详细阐述资本要素之间相互制约的关系。

1.3.2 资本构成要素之间相互制约的关系

1. 实体资本对虚拟资本具有制约作用

虚拟经济是以实体经济为基础，为实体经济服务的。虚拟经济自身并不创造利润，但参与利润的分配。任何现代经济体系都离不开虚拟经济，就像人体离不开血液循环体系中的心脏、血管等一样。虚拟经济的适度发展有利于更好地为实体经济服务。

实体经济在寻找市场，拓展收益回报，而虚拟经济在颠覆市场，竭泽而渔地榨取实体资本所创造的价值。实体资本追逐利润，但是关心未来的市场。虚拟资本追逐市值，关心的是从实体资本中攫取的权利。因此，实体资本与虚拟资本之间存在相互制约的关系。

张晓晶认为，实体经济是第一位的，符号经济是第二位的，从而突出了实体经济在整个经济体系中的主导性地位，阐明了要重视实体经济而不要盲目发展符号经济的价值取向。实体经济对应的是实体资本,符号经济对应的则是虚拟资本,所以实体资本是第一位的,虚拟资本是第二位的,实体资本在资本中起着主导性作用,重视实体资本是经济增长和发展的关键,更是虚拟资本发展的基础。因此,虚拟资本的发展不能盲目,需要以实体资本为基础、支撑和约束。

马克思认为,将货币作为生息资本让渡给第三者,不论货币所有者还是其他人都将该货币作为资本,其具有产生剩余价值和利润的使用价值,在执行完职能后回到货币所有者手中,它不是被付出、卖出,而是被贷出。马克思认为,一切借贷资本,不管它们的形式如何,也不管它们的偿还会怎样受它们的使用价值性质的影响,都永远只是货币资本的一个特殊形式[1]。这说明借贷资本和生息资本受货币资本的制约,在货币资本一定时,用于借贷的资本多,用于购买生产资料或商品的资本就少,反之则多。因此,货币资本、借贷资本和生息资本之间具有相互制约的作用。

马克思认为,产业资本家或商人拿到汇票来贴现或申请一笔贷款时所需要的,不是股票或债券,而是货币。为了获得货币,他们就把那些有价证券抵押或抛售出去。从中不难看出,实体资本对虚拟资本(股票、债券等)具有制约作用,因为再生产资本扩大,虚拟资本就会减少。谢平和邹传伟认为,金融是现代经济的核心,金融发展的根基是实体经济,离开实体经济,金融就会成为无源之水、无本之木。从上述内容可知,虚拟资本受实体资本的制约。

前国际货币基金组织首席经济学家、麻省理工学院教授西蒙·约翰逊在2009年写过一篇文章叫《安静的政变》,他认为,美国之所以在20世纪70年代前重视实体经济,是因为当时美国是由军火工业集团主导。美国里根总统实行了减税政策后,债务急剧增加,美国金融集团取代了实体工业集团的地位,把美国的工业经济架空了。经济学家陈平认为,美国金融危机的根源是"美国病",即高利润的金融挤掉了其他实体经济产业。英国历史学家艾瑞克·霍布斯鲍姆则认为,这是"英美病",英国因为同样的病而走向衰落。到1850年,英国工业生产总值占了全球一半,但赚钱不多,赚钱最多的是海运和金融。因此英国1850年后开始搞去工业化,结果"一战"前英国就开始走向衰落了。意大利裔美国经济史家阿

---

[1] 卡尔·马克思. 资本论[M]. 北京:人民出版社,1975.

瑞基写了一本书叫《漫长的20世纪》，这本书总结了资本主义历史上几次金融霸权的兴衰：最开始是意大利建立起金融资本强国，接下来是荷兰、西班牙、英国和美国，每一次新建立起的霸权，最后都因金融恶性扩张取代实体经济而衰落。因此，实体资本与虚拟资本之间存在相互制约的关系。

《巴塞尔协议III：全球银行业的大挑战》的作者迪米特里斯·肖拉法认为，金融和银行业原来是以虚拟资产而不是实物资产为基础的永动机，而最近则是以快速增长的堆积如山的债务为基础。美国前任美联储主席马瑞纳·伊寇斯警告说："银行系统可以创造的货币数量是没有限制的，但生产设备和劳动供给是有限的，这些只能慢慢增加。[1]"即实体资本和虚拟资本之间存在相互制约的关系，同时虚拟资本以实体资本为基础。

盖特纳认为，当那些自命不凡的鹰派对所谓的实体经济充满信心，并认为不论市场发生什么，实体经济始终将以最佳的状态运行时，实体经济却面临如此庞大的信贷规模和繁荣的房地产市场，脆弱的金融似乎更趋于导致一系列的实体经济疲软。从中可知，实体经济和虚拟经济二者之间相互制约，同时由于虚拟经济是基于实体经济而发展起来的，因此，实体经济对虚拟经济具有制约作用，即实体资本对虚拟资本具有制约作用。

卡萝塔·佩蕾丝认为，尽管进步和创新的概念是与生产资本联系在一起的，但在重大变革来临之际，负有责任的生产资本会变得保守，而金融资本推动了新的企业家崛起[2]。生产资本会勇于面对自身的风险，或勇于抓住机会，但重大变革对于现有生产资本所对应的资源、知识等来说是一种未知的存在，无法应对，只有躲闪，因此显得保守。

同时，卡萝塔·佩蕾丝认为，旧范式中有利可图的投资机会几近枯竭，生产资本面临着创新收益递减和市场饱和的状况，其利润对金融资本来说已没有吸引力，但对生产资本来说仍然有利可图，而生产资本仍然占据经济体的大部分。此时发生技术革命的迹象已经显示出来，但其对生产资本并无太大的吸引力，金融资本却蜂拥而至。虽然它们仅占经济体的一小部分，但获得了高收益，并推动了

1　William Greider. Secrets of the temple[M].New York：Touchstone/simon & schuster，1987.
2　卡萝塔·佩蕾丝：技术革命与金融资本：泡沫与黄金时代的动力学 [M] 北京：中国人民大学出版社，2007.

技术革命。信心增强之后，金融资本通过自身行动创造财富，生产资本成为金融资本操纵和投机的又一个对象，金融资本和生产资本几乎完全对立了。

尽管如此，生产资本的新范式为新产品、工艺或服务开辟了广阔的空间，同时也为重振原有产业提供了机遇，但金融资本控制着局面，生产资本只能顺应规则。随着账面财富和真实财富之间不协调性的加剧，生产资本和金融资本的对立在崩溃中完结，金融资本回归现实。随之而来的是，为了应对崩溃，各种规则尤其是规范金融资本行为的规则得到推广，金融资本和生产资本之间的关系则需要重新建立。在新的规则下，生产资本被明确视为财富的创造者，金融资本则是其促进者，从而技术变革遍及整个生产领域，金融资本可以从获得的利润中得到自己的份额。

随着生产资本的技术延伸和地理迁移，金融资本发现能获得丰厚回报的投资机会日益减少，这促使金融资本寻找其他有利可图的事物，如支持重大技术发展、贷款给其他个人或组织等，委托贷款就是这样产生的。虽然卡萝塔·佩蕾丝用的是金融资本和生产资本的说法，但虚拟资本和实体资本的关系与之更加契合。

经济学家、未来学家乔治·吉尔德认为，存钱者获得低熵，投资者获得惊异（信息）。这两股截然相反的推动力是经济活力的源头。当大部分投资变成低熵时，货币本身蕴含的熵就会变大，可能出现贬值或流动性不足的问题，经济便开始停滞不前。也就是说，当投资变成低熵，即实体资本变成低熵时，作为投资的货币就承载了更多熵，这就使得虚拟资本的熵升高。此时，资本市场将出现"脱实向虚""资金空转"等问题，原本受实体资本约束的虚拟资本不受约束了，即虚拟资本反过来制约实体资本，这是一种病态。

南京邮电大学的郑千千博士认为，在发达的信用制度条件下，首先在借贷关系和金融活动的形式上，进而在当事人的意识中，在实体资本之外产生了虚拟资本，实体经济和虚拟经济的关系本质上是实体资本和虚拟资本的关系[1]。马克思在生息资本的基础上提出了虚拟资本，而生息资本的提出是基于借贷关系的发展，特别是利息这个经济范畴的普遍化，一切可以获得的固定收入都可被看作一定数额的资本带来的利息。郑千千、朱炳元认为，按照马克思的分析，生息资本的存在和

---

[1] 郑千千，朱炳元.马克思虚拟资本理论及其现实意义[J].苏州大学学报（哲学社会科学版），2014（4）

利息的独立是虚拟资本形成并存在的客观经济基础，因为虚拟资本本来并不存在，而只是根据一定收入虚构出来的资本。

虚拟资本是以实体资本的存在为现实基础，以一种间接、曲折的形式代表一定的真实存在的物质财富。东北财经大学王春娟教授论述道，虚拟资本和实体资本既有区别又有联系，二者的区别在于虚拟资本自身没有价值，是实体资本的纸制复制品；二者的联系在于虚拟资本与实体资本在本质上有相通的一面，即都能带来剩余价值。

在主流经济学中，一般投资主要是增加生产设备、购买原材料、增加销售费用等，投资主要涉及实体资本，而储蓄则是将收入存入银行，放入证券、基金等资本市场，或投入保险市场中进行保值增值，即储蓄涉及虚拟资本。在一定的假设前提下，萨伊定律和凯恩斯的观点都是对的。比如，在物质极度匮乏时，供给是可以创造需求的，而在物质极度丰富时，供给会因为满足同一需求的替代品太多而无法找到需求。因此，投资和储蓄之间的关系随条件的变化而变化，但在通常情况下，投资对储蓄具有抑制性；在某些特殊情况下，储蓄对投资具有支配性。相应地，在正常情况下，实体资本对虚拟资本具有抑制性；在某些特殊情况下，实体资本被虚拟资本所抑制。美国就是一个典型的实体经济被虚拟经济所抑制的经济体，它的农业、制造业的产值占其GDP的比例不足12%，而金融服务业占比超过20%。

在2008年以前，美国的实体经济以3%左右的速度增长，金融则以20%左右的速度增长，金融衍生品更是以80%左右的速度暴涨[1]。最终，在2008年爆发了金融危机。而后，以美国为代表的西方发达国家打着救经济的旗号滥发货币，造成了全球范围内的流动性过剩和金融资产的迅猛增长，导致金融市场的规模大大超过实体资本的承载能力，以金融为代表的虚拟资本耗费了太多资源，进而抑制了实体资本的发展。

明清时期，衢州府利用生态环境和自然资源的优势发展木植业和造纸业。开化县杉木质优量多，以"栽杉为生"，吸引了徽商来投资。他们创造了"拼"的经营方式，卖方山主出让山林经营权（使用权），仍保留山林所有权；而买方的商

---

[1] 刘鹤. 两次全球大危机的比较研究 [M]. 北京：中国经济出版社，2013.

人则预付"拼"金,取得山林的使用权。双方以契约形式确立山林的所有权和使用权的关系。商人采取山林承包的形式,创造了集种(栽)植、管理、砍伐、运输、贩销于一体的经营管理体制,使商业资本转向木植生产。

明清时期商业资本投向生产,部分地改变了当时传统的商业资本与土地、高利贷相结合的狭窄道路,扩拓了商业资本发展的新途径,使商业资本走出困境,推进了商品经济的发展[1]。这里的商业资本是虚拟资本,即当虚拟资本足够大时,可以借助技术创新、制度创新等手段来化解其本身困境,强化实体资本。

从经济发展史来看,以金融为代表的虚拟资本必须服务于实体资本,并以实体资本为基础,因为人类的发展和生活质量的提升是靠实体资本的发展,但实体资本的发展离不开虚拟资本为其管埋和对冲各种风险与不确定性。

2. 虚拟资本对风险与不确定性具有制约作用

经济学家奈特总结道,人类对付不确定性的方法主要有两种:一是集中化,保险就是这种形式的代表;二是专业化,企业的联合有助于克服不确定性,在不确定条件下,一部分人努力获得信息,以比他人获得更多的机会[2]。类似保险、信托、资产证券化等虚拟资本的产品都是为应对风险与不确定性而发展起来的。因此,虚拟资本对风险与不确定性具有制约作用。

以虚拟经济最发达的美国为例,美国联邦国民抵押贷款协会(房利美)在1970年开展了房地产抵押贷款支持证券业务,以减少还款的不确定性,将其需要持有10年甚至更长时间的"死"资产盘活,增加了自身的流动性,这大大缓解了其融资风险。

从近40年金融产品的发展来看,各金融工具发展起来的目的之一就是化解风险、对冲风险。比如,美国联邦储备委员会于1980年签订首份货币互换协议以防范汇率风险;1981年投资银行发行了零息债券以转嫁利率风险;1981年投资银行所罗门兄弟公司首创利率互换金融衍生品以防范利率风险;1982年芝加哥期权交易所正式开展期权交易以防范市场风险;1982年堪萨斯市交易所开展期指期货以对冲市场风险;1982年大通曼哈顿银行率先发行可调利率优先股以防范市场风险;1983年商业银行开展动产抵押债券业务以防范信用风险;1984年商业银行通过远

---

[1] 陈学文.明清江南商品经济与商业资本发展的新格局[J].浙江社会科学,2011(3):114-117.
[2] 弗兰克·奈特.风险.不确定性与利润[M].北京:华夏出版社,2011.

期利率协议来转嫁利率风险；1984年芝加哥商业交易所国际货币市场开始交易欧洲美元期货期权以转嫁利率风险；1985年Valley国民银行和Marine Midland银行率先将汽车贷款证券化来化解其违约风险；1985年商业银行开发保证无损债券来减少风险；1986年商业银行参与抵押债券以分散风险；1987年雷曼兄弟和美林公司通过担保债务凭证以转嫁风险；1993年美国信孚银行首创信用违约互换来转移信用风险，等等。

从美国金融市场各种产品推出的初衷可知，债券类、证券类、保险类、衍生类等金融有价证券都是为了转移、防范、化解各种风险，如利率、汇率风险，同时通过各种选择权类金融产品来锁定不确定性，降低风险。因此，虚拟资本对风险与不确定性具有制约作用。

张晓晶认为，符号经济的存在是因为不确定性，不确定性遍及经济生活的各个方面，因为经济存在于历史时间之中而不是存在于逻辑时间之中，并认为可将不确定性分为两类：一是初级的不确定性，它是由于自然的随机变化和消费者偏好不可预料的变化所带来的不确定性；二是次级的不确定性，它是由于信息不对称而引起的不确定性。在张晓晶看来，初级的不确定性是外生的，而次级的不确定性是内生的，但我们认为这两种不确定性都是内生的，因为消费是经济体的要素，资本也是。符号经济或虚拟资本的存在的确是因为风险与不确定性的存在，虚拟资本是为了转移或分散相应的风险与不确定性。因此，虚拟资本对风险与不确定性具有制约作用。

中国基金业协会会长洪磊在《2018·径山报告》一篇题为《现代金融体系中的资本市场改革》的分报告中谈道，要深化我国金融衍生品市场改革，提供高效的风险管理工具是其中的重要一环。同时，基于国外成熟市场的经验，机构利用衍生品工具来规避特定风险，进而管理资产的波动性和收益，这种做法丰富了投资策略，并增大了不同机构之间风险收益的差异性，从而降低了系统性风险。因此，虚拟资本对不确定性和风险具有制约作用。

同时，一些知名经济学家也认为在市场信心不断增强的时候，金融衍生品和其他金融创新的目的是对冲和分散风险。在盖特纳以纽约联储主席的身份要求银行进行内部压力测试的时候，因为经济持续增长，违约率低，银行赚了不少钱，人们变得过于自信，不再谨慎，而是冒着更大的风险加杠杆。但各种虚拟资本的产品是为了获得稳健收益而产生的,这时其不得不对冲、分散掉风险。因此,虚拟资本对风险具有制约作用。

大量的资本实践也证明了虚拟资本对风险与不确定性具有制约作用。比如,在没有卖空的证券市场,一些投资者会首先购买看多的证券,同时借助融券工具来卖出看空的证券,以此来降低风险与不确定性;再如,目前我国有色金属行业通过期货市场买入看多的铜矿、铁矿石等来锁定成本,同时卖出精铜、钢材等来锁定销售价格,从而降低风险与不确定性。其中,西部矿业股份有限公司就通过此操作,在2008年实现了5.7亿元的净利润。

在利用各种虚拟资本所对应的金融工具来管理风险与不确定性时,人们往往需要相关信用来背书,风险越高,需要的其他担保、兜底等能力就越强。因此,有必要对风险与不确定性和信用之间的关系进行探究。

3. 风险与不确定性对信用具有制约作用

盖特纳研究了泰国1997年的金融危机,他认为,泰国相关部门隐瞒信息可能有助于避免短期的阵痛,但如果国际货币基金组织说出真相,则会极大地摧毁泰国的信用,各个市场不再信任泰国,可靠信息的缺乏会让投资者设想最坏的结果。他认为在金融危机中,不确定性是信心的敌人。从中可以看到,不确定性对信心具有抑制作用,而信心即信任,所以不确定性对信任具有制约作用,也可以说不确定性对信用具有制约作用。

美国风险研究专家威雷特认为,风险是关于人们不愿意看到的事件的发生具有不确定性的客观体现,风险的核心是不确定性。根据信息论,信息是消除某种不确定性的东西,而不确定性本质上是一种信息不完全的状态。如果信息增加,不确定性就会减少。对于信息不完全性,可以通过信息披露制、市场准入制度、质量管理制度等多种方式来确保信息透明,从而降低风险与不确定性。

张晓晶认为,不确定性对应的是信息,信息是不确定性的负量度,信息的增多就意味着不确定性的减少,因而应对不确定性就变成如何掌握更多信息的问题。从中可知,风险与不确定性和信息是相互对立的。

一般而言,标准普尔评级机构公布的3A级债项在未来5年违约的可能性很小,只有不足0.2%。但2008年金融危机后,从标准普尔评级机构的内部数据来看,其公布的 3A 级债项的违约率为 28%。从统计数据来看，这是因为标准普尔评级机构的预测出现了错误，但其根本原因是各种风险与不确定性大增导致过去的有效信息失去了预测功能。也就是说，风险与不确定性对信用具有制约作用。

在资本管理过程中，各种风险与不确定性往往对信用是一种消耗。当信用高时，相应的收益就低，因为信用高的客户往往有多家资金方愿意提供资金，价格竞争就不可避免，最终导致收益下降。因而，需要对信用与稳健收益之间的关系进行研究。

4. 信用对稳健收益具有制约作用

马克思阐述了信用的经济功能，称其节约了流通费用，促进了利润率的平均化，加速了资本的集中，促进了股份公司的形成，对市场经济的运行起到了重要的调节作用。信用制度一方面促进了资本主义生产的发展，促进了生产力的发展和世界市场的形成；另一方面催生了资本主义生产方式解体的各种要素。马克思从信用出发，分析了在信用基础上产生的虚拟资本，从虚拟资本的角度看到信用扩张、信用危机。从马克思的阐述中可知，信用对利润率具有制约作用，因为信用的发展促使利润率平均化。

经济学家费雪认为，即使一个社会没有货币，而是进行物物交换，利息仍然存在。利息的存在并不依赖于货币，而依赖于市场，即物品交换。也就是说，人类相互信任的守约交换是产生利息的关键，当存在守约交换时才会产生利息。因此，信用对稳健收益具有制约作用。

德国金融理论学者阿伯特·韩认为，信用越扩张，利率越低，资本商品的生产就越多；信用越萎缩，利率越高，资本商品的生产就越少。这说明信用对利率或收益率具有制约作用。

自凯恩斯发表《就业、利息和货币通论》及希克斯提出 IS–LM 模型后，社会对他们的批判就没停止过。艾伦·梅尔森和卡尔·布伦纳曾指出，"对货币需求的深入分析必然要求人们区分货币和银行信用，一旦区分货币和银行信用，人们就必须分析公众愿意持有的债务总量、决定债务总量的市场过程、决定货币和信用均衡的各种力量，将银行信用纳入货币和产出分析，这必将超越 IS–LM 模型，超越凯恩斯经济学范式"[1]。伯南克与艾伦·布林德发表的《信用、货币和总需求》

---

[1] Karl Brunner, Allan H.Meltzer. Money,Debt,and Economic activity[J]. Journal of Political Economy，1972，80：351-370.

成功将信用市场纳入总体宏观经济模型,将经济体系区分为信用市场、货币市场,从一般均衡角度考查信用市场冲击对总体经济的影响。若该模型信用供给曲线向下移,则意味着信用总量减少、国民生产总值降低、国库债利率降低,同时贷款利率提高。伯南克认为,大萧条就可以看作信用供给曲线向下移动,其根源是贷款风险不断提高、银行面临挤兑危险而大幅增加流动性资产。从伯南克的分析来看,信用下降是因为贷款风险提高,银行面临挤兑风险,而信用下降后借贷减少,同时借贷利率上升,即货币性资本和借贷资本等减少,收益率上升。

北京大学姚长辉教授认为,企业负债率过高,不利于产业升级和技术创新;企业贷款期限过短,不利于企业构筑长远梦想,也将导致优质资产的偿付危机。关于这个观点,从小微企业贷款的实际经验来看,2019年小微企业的年利率平均在6%左右,而不同行业产业资本的利润也不尽相同,如批发行业年利润率在5%~10%,在这种情况下,批发行业就无法有过多的资本来进行产业升级和技术创新。这些事实表明,如果金融或虚拟资本过于强势,必然带来实体资本或产业资本的软弱,而如果虚拟资本价格过高,就必然带来更多信息不对称的客户进入,甚至出现包装机构刷信用的情况,从而降低金融机构的收益率,因此信用对收益率具有制约作用。

一般来说,高收益和高流动性不能兼得。原中国工商银行行长杨凯生在2014中国绿公司年会"改变的年代:现实与远见"上,在谈到余额宝等互联网金融时表示,对于余额宝低风险、高收益,高流动性、高收益的原理他还没有琢磨透。他表示,有两条金融的基本规律不会被颠覆,第一条基本规律:风险和收益高度相关,高风险伴随高收益,高收益也蕴含着高风险。第二条基本规律:流动性和收益率也是相关的,通常来说流动性越强的产品,收益率应该越低;流动性越低的产品,收益率可能会越高。这就是定期存款比活期存款利率高的原因。100元现金放到口袋里,流动性最强,但是没有收益,今天放到明天还是100元。所以他对余额宝高流动性、高收益感到困惑。

依据余额宝的运作流程,可以对此进行解释:当钱打到余额宝中,按照市场的交易规则,一般是采取T+1的方式,但支付宝的用户量大,每天都有多笔资金进出。当用户撤资时，支付宝可以垫资给用户，而后在T+1与基金之间进行清算。不少P2P平台（互联网金融点对点借贷平台）开始做活期理财时，号称在高收益的同时也可以实现高流动性，主要也是采取平台垫付资金的方式。投资者对投资项目有一定的流动性需求，而一般来说高流动性和高收益不可兼得，平台为了吸引用户，通过有效创新，开发出能实现高流动性和高收益兼顾的产品，然而这类产品并不适合做大，因为高流动性主要依靠平台垫资实现，如果规模太大，平台容易出问题。高收益和高流动性二者不可兼得，说明二者之间是相互制约的关系。

经济学者珀森德关注的流动性是资本市场交易的流动性状况，而货币政策关注的是金融体系里的货币流动性。流动性泛指可以直接或间接用于支付的现金或可变现的各类金融资产。当流动性过剩不断加剧，经济金融稳健和持续发展的不确定性就增加。有流动性就意味着需要进行正常的交易，只要进行交易就会产生费用或成本，而为了让产品、服务或资产能够以一个合理的价格顺利变现，就需要进行信息收集（如用户行为、用户偏好）和信息匹配，必要时还需要打折来进行促销，这些行为在产生收入的同时也都会产生费用和成本——人力成本、各种资源消耗成本、交易费用等，因此流动性高则稳健收益率低，流动性低则稳健收益率高，流动性对稳健收益率具有制约作用。

原中国工商银行董事长姜建清认为，流动性过剩对商业银行的稳健经营产生了一定的负面影响，导致金融资产膨胀，投资收益率下降，还导致信贷市场进行过度竞争，非理性地降低贷款条件和下浮利率，从而放大了信用风险和利率风险。流动性过剩相对应的是流动性不足，甚至是流动性黑洞。珀森德对流动性黑洞的定义是：金融市场在短时间内骤然丧失流动性的一种现象。如当某件事情发生后，市场利率大幅度上升，各家商业银行按照同样的风险管理原则来降低市场参与度，甚至抛售资产，金融市场出现一边倒的现象，而市场流动性的缺乏可能直接导致信用环节断裂。从中可知，流动性过剩对金融资产或虚拟资本的膨胀具有促进作用，流动性对收益率具有制约作用。

在资本实践中，一些产品要求的收益率过高，甚至远远超过市场的正常水平，也超过了客户的承受能力。比如，某抵押类贷款的目标客户群是银行、信托等同类产品的客户,但其年化利率定为20%,而银行、信托等同类产品的年化利率为8%,那么该贷款业务的违约率将是市场一般水平的2~4倍,因为优质的客户都被银行、信托等吸引走了,愿意承担高出市场2倍利润水平的往往是一些劣质客户。在经济环境好的情况下,这些客户的信用表现与优质客户无异,但在经济环境严峻时,其信用表现将比优质客户差很多,甚至会有不少客户破产。

当破产大面积出现后,大量的失业导致有效需求不足,最终一些实体资本也消散,但市场需求依然存在,此时收益率将提高。当大量的企业成立,即实体资本增加时,竞争会变得十分激烈甚至发生价格战,最终导致收益率下降。因此,稳健收益与实体资本之间存在制约关系。

5. 稳健收益对实体资本具有制约作用

哈耶克认为,货币会对物价和生产造成影响,几乎货币数量的任何变动都会影响到相对价格,从而影响到受相对价格制约的生产数量和生产方向。这里的相对价格与前面提到的收益率有一定的关联,如商品A的相对价格一般是指商品A的价格相对于商品B的价格,其等于商品A的价格/商品B的价格,而收益率等于商品A的价格减去商品A的成本后除以商品A的成本,在商品B的价格和商品A的成本保持不变的情况下,相对价格与收益率是等价的,但不一定相等,因此货币数量的变动总会影响商品的收益率,且影响受收益率制约的生产数量和生产方向,这说明货币对收益率具有制约作用,而收益率对生产数量和方向,即机器、厂房等实体资本具有制约作用。

凯恩斯认为,资本的边际效率等于贴现率,用此贴现率将该资本的未来收益折为现值,则该现值等于该资本的供给价格。在任一时期,若对某类资本的投资增加,则该类资本的边际效率会因为投资的增加而减少,这受两个方面因素的影响。一方面,当该类资本的供给增加时,其未来收益下降;另一方面,当该类资本的产量增大时,其生产设备所受压力加大,故其供给价格提高。短时期内后者是主要影响因素,但时间越长,前者的作用越大。在凯恩斯的论述中,资本主要指实体资本。因此,实体资本与收益之间具有制约作用。

在投资和储蓄的分析中,新剑桥学派的经济学家认为,正统观念是以萨伊定律为基础形成的。根据萨伊定律，储蓄量决定投资率，他们对此的看法是，储蓄不能支配投资，储蓄不能不受投资量的支配。新古典学派经济学家认为，在任何时候，储蓄额总是一定的，只要通过利率的调节，储蓄可以全部转化为投资。当利率提高时投资减少，反之则投资增加。因此，稳健收益对实体资本具有制约作用。

凯恩斯还认为，投资和储蓄是由不同的人出于不同的目的进行的，其中投资是由公司管理者、企业家决定的。企业家会根据收益高低来调节投资，当收益率高而投资少时就会增加投资，一旦收益率降低到企业家不能承受的范围，投资就会减少。储蓄是由居民决定的，居民储蓄增加就意味着消费减少，从而减少了有效需求。此时，供给就相对过剩，价格随之下降，导致企业收益率下降，进而导致投资减少。因此，稳健收益对实体资本具有制约作用。

中国社会科学院刘煜辉研究员认为，生产型国家在遭遇流动性冲击后，实体经济和较强的工业部门成为经济抗击打的弹性所在。当流动性退潮，成本下降时，制造业的竞争力就变强，经济承压后很快能恢复到均衡水平。经济危机一般会导致流动性变弱，而此时经济体系中的实体经济就是经济抗击打的关键；而在流动性变好的时候，各种贷款等融资成本下降，实体经济竞争力则更强。因此，收益率对实体经济具有制约作用。

刘康兵博士将信贷市场信息不对称的意义与投资项目的可分性假设结合起来，通过一个最优信贷契约模型证明，在类似斯蒂格利茨和韦斯（1981）的信贷配给均衡中，企业家使用外部融资的边际成本为无穷大，因此他们有不可抗拒的激励选择削减哪怕是一个货币单位的投资支出，这种行为导致信贷配给消失，信贷市场获得一个出清的均衡结果。同时，他还证明信贷歧视不会成为一种均衡现象，但企业家对初始计划投资的削减幅度和其实际资本支出取决于企业家拥有的净财富水平，也就是说，厂商的投资受到融资约束。在收入不变的情况下，融资成本越大，即支收之比越大则投资越少，因此稳健收益对实体资本具有制约作用。

当前，有不少研究认为是融资限制了厂商的固定投资，其实厂商减少固定投资的根本原因在于这些投资的收益率低，使其无法接受比较高的融资成本。比如，刘康兵将营运资本投资作为一个内生变量引入追加现金流的简化型Q模型，证实了厂商应用营运资本平滑固定投资的假说,并且固定投资对现金流的敏感性有显著提高。同时他认为,现有文献中使用的简化型 Q 模型低估了融资约束对厂商固定投资的长期影响,这为融资约束假说及其数量效应提供了新的证据。但这是忽视了厂商的投资收益而得到的结论,没有看到问题的核心本质是厂商收益率低。

在实际资本实践中,稳健的收益率往往是阻碍实体资本发展的关键因素。资本是追求高利润的,当资本所有者从现金贷中获得年化 50% 的收益率时,他们是不愿意将资本转化为年化收益不到 12% 的实体资本的。当投资者通过房地产投资可以获得 20% 的收益率时,他们也不愿意将资本投入收益率只有不到 5% 的制造业中。

同时,实体资本过多也将导致收益率快速下降,关于这一点,最典型的就是太阳能行业。该行业是一个对环境保护有着重要贡献的高科技行业,但随着众多资本的投入,其收益率不断递减,导致这个行业出现亏损。

综上所述,资本的核心要素之间存在相互制约关系,即实体资本对虚拟资本具有制约作用,虚拟资本对风险与不确定性具有制约作用,风险与不确定性对信用具有制约作用,信用对稳健收益具有制约作用,稳健收益对实体资本具有制约作用。

1.4 资本自成稳定系统

资本的核心要素之间既存在相互促进关系,又存在相互制约关系。这非常符合华东师范大学张应山教授与其合作者们提出的具有两种因果关系的稳定逻辑分析模型[1]的特征,即资本的核心要素构成了一个稳定性系统,如图 1-1 所示。

---

1 张应山,茆诗松,詹从赞,等. 具有两种因果关系逻辑分析模型的稳定性结构 [J]. 应用概率统计,2005,21(4):366-374.

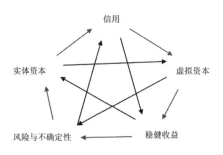

图 1-1 资本各要素及其构成的稳定系统

综上所述，资本系统的核心要素包括实体资本、信用、虚拟资本、稳健收益、风险与不确定性。这些要素之间存在相互促进和相互制约的关系。

货币首先被用来购买生产厂房、机器设备、原材料等，然后经过各种技术加工和组合，原材料被转化为商品，最后经过商业运营和货币运营，商品被转化为货币。这些货币分配给各参与者，分别成为工资、利息、租金、利润等。为了更好地理解资本是一个稳定的系统这一观点，我们可以借助人体的血液循环来类比资本要素及其相互之间的关系。

在经济体系中，货币就类似血液，实体资本类似血液循环的右心房和右心室，因为实体资本有创造利润的潜力，并包含着其他"营养"；信用则类似于血液中的氧气，因为信用是资本存活的关键；收益则类似于血液中的营养物质；虚拟资本则类似于血液循环体系中的左心房和左心室。货币（血液）从实体资本（右心房、右心室）经过技术创新、组织创新或产品创新等（肺）释放出旧技术和信息（二氧化碳），同时载入新技术和新信息（氧气），新技术和新信息被信用（血红蛋白）携带进入虚拟资本（左心房、左心室），进而流入整个经济体系各组织（身体组织），在各组织内利用具有高信息价值、高信用的货币进行生产以谋取生存和发展（血液携带的营养物质和氧气被组织消耗以获取能量，促进自身生存和发展），同时产出信息价值低、信用相对小的商品（身体组织消耗能量，产生二氧化碳和其他物质），最后这些商品被消费（肝脏对一部分物质进行分解和合成等）。

1.4.1 资本的稳定系统是驾驭资本的基础

资本要素所构成的稳定性系统是大数据分析的基础。不论是以张应山的多边矩阵理论为指导的稳定系统分析方法，还是随机矩阵理论；不论是我们提出的非线性稳定网络分析方法，还是在实际中提炼的以均值、方差、偏度、变异系数等所构成的大数据分析基础，都是分析资本要素及其彼此关系的重要手段。

在理解资本规律后，驾驭资本的关键就在于充分利用大数据进行量化分析。比如，通过大数据来量化融资方在不同经济环境下的现金流，建立起现金流的"水文"模型；通过大数据来量化融资方在不同情景下的信用；通过大数据来量化股票、债券、期权等未来的价格走势，并以此来制定套利保值、对冲化解风险的策略；通过大数据来量化并预警杠杆率、收益率、成本收入比等的变化，并及时预警；通过大数据来量化各种风险与不确定性；等等。与此同时，我们还应在资本的实践中深入感悟资本的规律，提高对资本的驾驭能力。

1.4.2 大数据赋能资本各要素

在大数据时代，大数据技术等将赋能资本各要素，从而提高生产效率、商品销售能力、资金回收能力等，使所得现金流更加稳健。

在大数据时代，信用相关数据不仅有持牌机构的信贷和保险等跨时空与守约所需数据，而且可通过互联网金融机构的信贷记录、电子商务交易记录来补充这些数据，借助社交媒体和运营商等来缓解信息不对称现象，并通过银行转账、第三方支付数据来弥补流动性信息。与传统征信相比，大数据征信数据的来源更广、更丰富多样，时效性也更强。

在大数据时代，为了满足不同消费者或投资者的个性化需求，金融机构需要设计个性化的金融产品。其核心就是基于用户的个性化需求，从开始设计到最终生产，对产品进行不断细分、降维等，以找到其共性，从而不断地进行模块化、原子化，然后进行组合，并借助大数据、人工智能等技术将生产或服务过程自动化、智能化，降低人的干预程度，最终打造出金融服务业的C2B（消费者到企业）模式。

在大数据时代，人们的工匠精神、契约精神、攻守精神、利他精神和企业家精神将是人们共同富裕的保障。工匠精神有助于提高劳动、商品或服务等的价格，从而增加收入；契约精神有助于使用信贷，增加杠杆从而增加收入；攻守精神有助于充分利用不同资产的收益和风险来建立组合，从而确保收益；利他精神有助于彼此和睦相处，从而塑造一个稳健的环境，确保收入稳健；企业家精神有助于商品或服务的创新，以及洞察新机会，从而增加收入。

在大数据时代，风险依然存在，因为各种不确定性依然存在。不同种类的异质性造成了各种不确定性，从而带来了各种风险，如信用风险、市场风险、操作风险、流动性风险、集中度风险、法律风险、地区风险和渠道风险等。为了缓解不确定性，人们借助大数据、人工智能、机器学习等手段，充分利用风险的可测性进行预测。在预测过程中又带来了模型风险、数据风险等，其中数据风险需要特别注意，这是大数据时代所必须面临的风险。

第 2 章
实体资本——资本之土

> 只有发展实体经济,才是中国的未来之路。
> ——经济学家 陈平

2.1 实体资本的概念

实体资本是指能定期带来收入的以实物形式和货币形式表现的资本，如在生产过程中的各种机器设备、原材料、场地和生产的商品，以及商品或货币运营、流通等过程中的资本。

2.1.1 马克思理论中的实体资本

马克思认为，实体资本主要由生产资本和商品资本构成。这种提法在商品供不应求的时代是没有问题的，但随着科学技术的发展，物质逐渐丰富后，货币资本和商业资本的重要性越发凸显出来。货币资本、商业资本都缩短了流通时间，提高了流通效率，它们应该归属到实体资本中。

在马克思所说的产业资本循环中，产业资本在其运动中顺次经过购买、生产和销售三个阶段，相应地，具有货币资本、生产资本和商品资本三种职能，其完成三种不同的职能，价值得到增殖并转化为货币形式。

马克思认为，货币有五种主要职能，分别是价值尺度、流通手段、贮藏手段、支付手段和世界货币[1]。①价值尺度是货币充当计量其他一切商品价值量大小的尺度，将其他商品的价值表现为一定的价格，即不需要实在的货币，只要有想象的或观念的货币即可。其本身也是商品，凝结着一般的人类劳动，是一般等价物。②流通手段是指货币充当商品交换的媒介。商品流通主要表现为，先将商品出售转化为货币，而后用货币购买所需要的商品。③贮藏手段是指货币被人们当作社会财富的一般替代品和独立的价值形态保存和贮藏的职能，但作为贮藏手段的货币，必须是实在的和足值的货币。④支付手段是指货币作为交换价值而用于清偿债务、缴纳赋税和租金等方面的职能，其以交换双方的信用为前提，并借助一定的契约形式来实现货币支付手段时，不是直接作为交换媒介，而是用于支付欠款，如在商品生产和交换中，由于各种商品的生产时间和销售时间各有不同，必然会出现赊销赊购现象，货币在清偿此类欠款时执行的就是支付手段的职能。⑤世界

---

[1] 卡尔·马克思. 资本论 [M]. 北京：人民出版社，1975.

货币是指在国际市场上发挥一般等价物作用的货币,其主要表现在三个方面:一是作为一般的支付手段,用来支付国际收支的差额;二是作为一般的购买手段,用来购进外国商品;三是充当社会财富的一般代表,由一国转移到另一国,如支付战争赔款、输出货币资本等。

随着经济的发展和科学技术的进步,金银货币逐步被纸币所代替,有形的纸币又被无形的电子货币所代替。随着货币形式的发展和国际经济联系的加深,黄金作为世界货币的职能大为减弱,某些经济实力雄厚的国家的货币也可以在一定程度上起到世界货币的作用。货币的五种职能之间存在有机的联系,它们共同体现了货币作为一般等价物的本质。

随着经济的发展,企业规模扩大,产品数量不断增加,市场范围不断扩展,产业资本家独立完成产业资本循环各阶段职能的收益不断降低,而且复杂度不断增加。于是,一部分商品资本从产业资本中分离出来,并专门从事商品买卖活动,这使商品资本转化为商品经营资本。其有助于缩短流通时间、扩大市场和提高利润率等。

马克思认为,商品经营资本和货币经营资本不是产业资本的特殊种类,并指出"庸俗经济学家混淆了商品流通、货币流通特有形式产生的商品资本形式和货币形式,从而将商品经营资本和货币经营资本说成生产过程本身必然产生的形式"[1],同时指出,亚当·斯密的经济学理论在商业资本上已陷入困境。这说明商品经营资本和货币经营资本与产业资本是存在联系的,但它们不是生产过程必然产生的形式。

2.1.2 商品经营资本

《周书》中关于商品经营资本的阐述有"农不出则乏其食,工不出则乏其事,商不出则三宝绝,虞不出则财匮少"。司马迁在《史记·货殖列传》中写道,昔者越王勾践困于会稽之上,乃用范蠡、计然。计然曰:"知斗则修备,时用则知物,二者形则万货之情可得而观已。故岁在金,穰;水,毁;木,饥;火,旱。旱则资舟,水则资车,物之理也。六岁穰,六岁旱,十二岁一大饥。夫粜,二十病农,九十病末。

1　卡尔·马克思. 资本论 [M]. 北京:人民出版社,1975.

末病则财不出，农病则草不辟矣。上不过八十，下不减三十，则农末俱利，平粜齐物，关市不乏，治国之道也。积著之理，务完物，无息币。以物相贸易，腐败而食之货勿留，无敢居贵。论其有余不足，则知贵贱。贵上极则反贱，贱下极则反贵。贵出如粪土，贱取如珠玉。财币欲其行如流水。[1]"这就是说，商品经营资本不是现在才有，2000多年前的商人已经在使用了。

商品经营资本是商品资本在不断丰富、多样化后自然而然发展起来的。在商品供不应求的时代，商品被生产出来后，消费者会购买并消费，商品经营资本的价值被掩盖。在商品供过于求的时代，尤其是大数据时代，商品销售竞争更加激烈，商品经营资本有助于将商品变现，其重要作用将更加突出，如借助实时广告、推荐系统等都能使商品资本更快地转化为货币资本。如果说生产资本是将货币资本转化为商品资本，那么商品经营资本则使商品资本快速地转化为货币资本。它是商品再生产的重要组成部分。因此，商品经营资本是实体资本的构成之一。

随着经济的不断发展，农、牧、林、渔业在经济中的占比逐步降低，工业在经济中的占比逐步提高。随着经济的进一步发展，服务业逐渐在经济中占到最高的比重，如美国GDP中80%是服务业。这时商品经营资本之间的竞争更加激烈，为了提高商品经营资本的运转效率，货币运营资本应运而生。

2.1.3 大数据时代凸显货币经营资本的价值

为了提高资本回流效率，确保所追逐的利润能够以低成本顺利、安全地回到自身手中是非常关键的。这就需要货币经营资本的支持。

在古代，一开始保护货物安全主要靠镖局，后来则出现了票号，票号成本更低，也更安全。其是一种专门经营汇兑业务的金融机构，山西票号是其代表。这种票号大多是从商业资本转化而来。

在大数据时代，货币经营资本更加重要，竞争将更激烈。因为今天的货币经营者（第三方支付）手中拥有极其庞大的数据数量，如支付宝有至少50PB(1PB相当于10万GB)的数据，有各类商品经营者、用户消费者等的数据。这些数据虽然仅仅是用户的支付数据，但支付宝可以从数据中分析和挖掘出每家机构未来的趋

---

1 司马迁.史记[M].北京：中华书局，1982.

势，并从中挖掘出更多商业机会，这也许就是京东不支持用户使用支付宝的原因之一。同时，从用户的支付数据中，平台可以推断出客户的收入情况，以及用户之间的关系，而这些关系远比社交关系更实在，因为经过金钱检验的社交关系将是更牢靠的关系。这就是货币经营资本的力量。

在大数据时代，实体资本中的商品经营资本和货币经营资本的价值更加重要，这和以前重生产资本和商品资本而轻商品经营资本和货币经营资本不同。

在改革开放初期，我国的实体资本以生产资本、商品资本为主，而今天，商品经营资本和货币经营资本的作用更加突出，因为我国处于低端商品或服务"供过于求"，而高端商品或服务仍"供不应求"的阶段，各中低端商品或服务供给者为了销售产品而不得不通过各种营销手段等来刺激消费。咨询公司也开始纷纷涉足营销传播领域，比如，2016年世界著名的咨询公司IBM斥资2.4亿美元收购了数字营销公司代理商Ammiratia，埃森哲出资1.75亿美元收购了英国广告代理商Karmarama等，这充分说明了商品经营资本的重要性。而在货币经营资本方面，众多企业，如第三方支付平台支付宝、财富通（微信支付）等得到快速发展，则说明了货币经营资本的价值。

接下来的章节将详细阐述实体资本各要素的含义和特点。

2.2 实体资本的构成要素

根据亚当·斯密、马克思等人的研究成果，以及实体资本管理与实践经验来看，实体资本的核心要素是货币交易支付类资本、生产资本、商品资本、商品经营资本和货币经营资本。

2.2.1 货币交易支付类资本

马克思认为，货币资本之所以存在不是因为货币具有支付手段的职能，而是因为劳动力处在和它的生产资料分离的状态，而要消除这种分离状态就得把劳动力卖给生产资料的所有者，使劳动力的使用权归属于买者，这种资本关系之所以会在生产过程中出现，只是因为这种关系在流通行为中，在买者和卖者相互对立的不同基本经济条件中本来已经存在。货币要执行货币资本的职能需要一定的社会条件，这种社会条件在奴隶社会就是奴隶制度，因为奴隶制度的存在，货币才能购买奴隶。货币资本能够购买劳动力，也是因为制度将生产资料和劳动力分开。

马克思认为，货币资本表现为资本预付的形式，处于能够执行货币职能的状态中[1]，即处在能够执行一般购买手段和支付手段的职能状态中。在《资本论》中，马克思阐述道，货币资本的作用更多是通过 $G-W-G$ 或者 $W-G-W$ 的形式表现出来，其中 G 是一般等价物，W 是商品，即一切商品都通过 G 转化为货币，货币便成为所有其他商品的转化形式，这种作为一般等价物的货币与凝结着社会必要劳动时间的产品进行交换，G 主要是黄金、白银等通货资本，此时货币主要担负的职能是价值尺度和流通手段、支付手段。因此，此时的货币资本就是货币交易支付类资本。

1. 货币的论述

要深入地理解货币交易支付类资本，就需要理解货币。

从我国 5000 多年的经济发展史来看，货币产生于商品交换，但由于其是一般等价物，为了维护商品交换市场的稳定，以及降低交易成本，货币应由有效的机构统一发行。在汉朝，各诸侯都可以发行货币，导致经济混乱、社会不稳。

货币发行量受到商品量、货币流通速度的制约，若发行量过大，会引发恶性通货膨胀，如宋朝使用纸币交子，但其大量发行导致物价上涨几十倍，从而使持有货币的人们倾家荡产。恶性通货膨胀导致人们对货币失去信心，如明朝发行了大量"大明宝钞"，但这些纸币最终成为废品，堆在街上没人要。今天，世界上仍然存在这种现象，如非洲索马里兰就出现了满街堆放的钞票，且一顿饭都需要几大摞钞票。

亚当·斯密阐述了货币的起源，他认为货币是商品，并且肯定了货币是在交换中产生的观点，他认为，货币是在劳动分工的基础上发展起来的，是一种能使

1　卡尔·马克思. 资本论 [M]. 北京：人民出版社，1975.

商品交换得以顺利进行的技术工具。

大卫·李嘉图也认为，货币是商品。马克思将商品分为普通商品和货币商品，他认为，货币既是商品，又不同于一般商品，货币是起着一般等价物作用的商品，而货币只有在和其他商品的关系中才能充当一般等价物，货币背后是一种社会关系。马克思写道："实际需求和自私自利的神就是钱，钱蔑视人崇拜的一切神并把一切神都变成商品。钱是一切事物的普遍价值，是一种独立的东西，它剥夺了整个人类世界和自然界本身的价值。钱是从人异化出来的人的劳动和存在的本质。这个外在本质统治了人，人却向它膜拜。[1]"这说明货币是一种社会力量，是一种普遍的价值，而且是一种独立于商品存在的价值，具有主宰和支配一切的力量。

马歇尔认为，货币的主要职能分为两类，分别是当场买卖的交换媒介、充当价值标准或延期支付的标准。尼古拉·阿克塞拉认为，货币主要有支付功能（交换功能）、计账单位、价值贮藏等职能，货币的本质是信用性。他认为，让一种或另一种工具来履行货币的职能常常具有习惯性和信用性，这说明货币受信用的影响。

凯恩斯的流动性偏好理论主要强调了货币的储值功能，而货币数量论则强调货币的交易功能，弗里德曼将二者结合在一起，认为货币需求主要取决于三大类因素：人们的总体财富或永久性收入、决定资产配置的债券利率和预期的股市回报率，以及预期的商品或服务的价格通胀率。商品或服务预期的价格通胀率代表持有商品的回报率。储值功能主要是指贮存价值的功能，这主要是因为未来具有不确定性，不确定性越大，流动性需求就越大，对于货币储值功能的需求也就越大。

2. 货币不等于货币资本

马克思认为，货币并不简单等同于资本，只有在一定的经济条件下，货币才会转化为资本，这些经济条件是：生产资料的资本家所有制度、劳动（劳动力的使用）成为商品，以及货币一定数量的积累。商品流通是资本的起点，商品生产和发达的商品流通或交换，即贸易是资本产生的历史前提。资本以货币为表现形式，但货币并不都是资本，只有当货币执行生产流动的职能并带来价值增值时才是真正的资本。

在实际操作中，一些货币被存储于金融机构，并没有用于实际生产。这些货

---

[1] 卡尔·马克思，弗·恩格斯. 马克思恩格斯全集（第一卷）[M]. 北京：人民出版社，1956.

币仅仅是货币,而货币交易支付类资本将被用于购买原材料、机器设备、厂房、支付劳动者工资等。

经济学家们关于货币的性质有很多争论,下面将对此进行讨论。

3. 货币非中性是常态,中性是瞬态

哈耶克的货币中性理论得以实现需要三个条件:①货币总流量一定;②价格随供求状况的变化而变化,且完全伸缩自如,即价格无黏性;③一切长期契约都建立在对未来价格正确预测的基础上。上述三个条件缺一不可。

但正如凯恩斯和新剑桥学派所说,对未来价格预测完全正确需要掌握未来完全确定的知识和信息,而这是不可能的。尽管随着大数据技术的发展和大数据的积累,人类对未来价格预测的准确率有所提高,但人类对未来的价格预测仍不精准,这使得条件③不成立。

除此之外,在实际的资本管理过程中,股票、外汇、期货等的价格都与前一个交易日具有显著的相关性,即价格具有黏性。比如,对于一个企业或组织来说,即便知道商品供给不足,也不会轻易改变价格,如原油价格已经连续下降了6个月,而中国石油只有少数几次价格调整,因为这其中涉及组织的信誉等其他因素;再如,2018年、2019年,大数据分析师的需求量很大,但供给量变化相对较小,需求量比供给量多10倍以上,但其工资增长率相对比较小,整体上跳槽者的工资在以往工资基础上涨幅最多只有30%,而不是完全按照供需状况变化,因此条件②也是不成立的。

从根本上来讲,哈耶克的货币中性理论是要限制各国中央银行的行为。但中央银行发行货币不仅有利于维护经济稳定,而且可获得铸币税。铸币税是货币发行者的重要收入来源,从我国古代历朝货币发行政策来看,铸币税受多方争夺,并最终决定着经济的稳健性。因此,条件①也不能成立。

从理论上讲,货币存在中性的状态,但从实际来看,货币中性是一个临时性状态而非常态。

4. 货币在实体资本与虚拟资本中的差异

马克思关于资本的理论认为,货币主要具有价值尺度、流通手段、贮藏手段、支付手段,以及世界货币五种职能。西方货币理论认为,货币的基本职能主要是交易媒介和价值贮藏。

马克思认为，有必要将两种货币资本进行区分："他们在这里是把货币资本和在生息资本意义上的货币资本混为一谈了。其实，前一种意义上的货币资本，始终只是同资本的其他形式，即商品资本和生产资本相区别的一种资本经过形式。[1]"

这些功能在实体资本和虚拟资本中的比重不同。

在实体资本中，货币主要是进行支付清算、转账结算等活动，这是货币的价值尺度功能。在交换过程中，货币成为一般等价物并可表现任何商品的价值量，因而交换和支付是实体资本中货币的重要特性，这时候其支付、交换或流通功能占 80% 的作用。

资本家用来购买生产资料和劳动力、为了生产剩余价值而预先垫付的资本就是预付资本。由于生产资料和劳动力在生产过程中对价值形成，从而对剩余价值的产生起着不同的作用，生产资料在为资本家所有时，即使在生产过程之外也是他的资本；劳动力却只有生产过程之内才是单个资本的存在形式。劳动力只有在它的买者手中，即暂时性拥有它的使用权的资本家手中，才成为资本。预付资本的数量取决于一定生产规模的总周转时间，以及构成周转时间的生产时间和流通时间之间的比例。因此，预付资本、应付资本、待付资本是采购过程中的资本。不难看出，货币资本不仅是资本预付形式，且随着经济发展，也是资本应付、待付的形式。但不论是预付资本、应付资本还是待付资本，都主要具有货币的交易和支付功能。

作为虚拟资本的货币主要具有贮藏手段和世界货币的职能，此时货币是以独立的价值形式和社会财富的一般代表而存在，主要以储蓄等方式贮藏起来，而后通过信贷、投资等方式来调解货币流量。

作为货币的贵金属因为供应数量十分有限，人们可以将黄金等金属货币作为理想的财富持有形式。这是因为金属货币本身具有交易媒介和价值贮藏两种功能，但在信用货币本位制下，货币供应量不再具有金属货币本位下客观存在的自然屏障，币值的稳定主要取决于货币当局对信用的控制能力和决心。在实践中能保持

---

[1] 卡尔·马克思. 资本论 [M]. 北京：人民出版社，1975.

币值长期稳定的地区并不多见，这使得信用货币作为价值贮藏功能的吸引力大大下降，而随着商品经济的发展，其作为交易媒介的功能非但没有被削弱，反而有增强的趋势。

随着金融业的发展，货币的价值贮藏功能逐渐被其他金融投资品替代，促使货币的交易媒介和价值贮藏功能分离。在虚拟资本中，货币性金融资产是能够充当交易媒介的金融资产，很多货币市场的金融工具属于货币性资本，如可转让活期存款、定期存款、银行承兑汇票、票据贴现、回购协议、信用支付、支票等。在货币市场中，国库券、金融债券、同业拆借都属于借贷类资本。因此，在实体经济中有货币资本的概念，而在虚拟资本中也有货币资本的概念，但二者有很大的差异。

为了区分实体资本中的货币资本和虚拟资本中的货币资本，需要从二者的功能上进行命名，在实体资本中的货币资本可称为货币交易支付类资本，在虚拟资本中的货币资本可称为储值物权类资本。

货币交易支付类资本与储值物权类资本的区别主要在于其具有不同的功能。储值物权类资本具有价值贮藏的功能，而货币交易支付类资本主要具有交易媒介、支付手段等功能。价值贮藏功能与交易媒介功能是随着经济发展、金融发展而逐步分离的。货币的价值贮藏功能随着经济发展，以及各种金融工具的出现逐步退居次要位置。同时，其交易媒介职能的地位更加突出。

储值物权类资本主要起到价值贮藏的作用，可以转化为货币交易支付类资本。其特征是信用高、流动性强、期限短。这便为获取流动性来解决支付问题提供了充足的便利性。同时，货币交易支付类资本也很容易转化为储值物权类资本，因为货币市场存在隔夜拆借金融工具，使这样的转化非常容易进行。这使得储值物权类资本与货币交易支付类资本更加难以区分。

5. 货币交易支付类资本如何获利

马克思认为，货币资本处于能够执行货币职能的状态中，处于能够执行一般购买手段和一般支付手段的职能状态中，这不是由于货币资本是资本，而是由于货币资本是货币，货币状态的资本价值只能执行货币的职能。这些货币的目的是转化为商品，而商品的结合形成生产资本的实物形式。货币资本是货币形态表现的资金，可以立即投入流通，购买生产所需要的生产资料和劳动力。在这一过程中，劳动者得到工资，生产资料拥有者获得相应的补偿和利润，出租土地者等获得租金（工资、利润、租金都是收入来源）。

企业要从工人工资、租金、支付货款等货币交易支付类资本中获利，一般是充分利用这些货币投入生产，从运营中来获利。除此之外，企业还可以充分利用延期将其存放到银行、信托等机构获得一定收益。

哈耶克提出，自由货币理论成立的前提是同一地区、同一时段可以接受两种或两种以上货币，并且其可以按照固定的比率迅速兑换，但事实上兑换比率是不断变化的。同时这种兑换需要到固定点兑换，否则就是人人既可以使用货币A，也可以使用货币B。但因为每个人的信息有限，货币A在某一刻能兑换更多货币B，若交换的对方不了解这一信息，另一方就可以从中牟利，这样使机会主义成行，引起各种纷争。到一个固定点兑换可以减少这种纷争，但带来了额外的成本。

任何一种货币都既是价值存储器，又是各种货币和商品或服务之间的交换媒介，同时各种货币之间都可以进行直接或间接的兑换或套利。全汉昇在1969年探讨美洲白银流入中国问题的论文中就提到，1600年左右，中国的黄金与白银价格之比为1:5.5~1:7，而西班牙的兑换比为1:12.5~1:14，西班牙人发现在二者之间套汇可以获得75%左右的利润。

货币交易支付资本是购买生产原料、厂房、设备的关键。随着购买生产消费所需，生产开始逐步转变为生产资本。下面将进一步论述生产资本的含义和特点。

2.2.2 生产资本——大数据定制化生产

马克思认为，资本价值取得了一种实物形式，这种形式的资本不能继续流通而必须进入生产消费，这时货币资本即转化为生产资本。资本家不能把工人当作商品出售，因为工人不是奴隶，资本家买到的仅仅是在一定时间内的劳动，即将劳动力作为商品生产要素来使用。不论生产何种产品，劳动者和生产资料都是必备的生产要素，进行生产时必须将它们结合起来，从而转化为一个具有更高价值的产品，于是实现生产就成为资本的一种职能。

在生产过程中，需要组织好各生产要素，使生产资本可持续并发挥最大价值，这就需要生产资本具有独立性及系统性。

1. 生产资本需要独立自主和系统化

在实际生产中，传统企业并没有管理好生产资本。无论是过去还是现在，生产资本都应坚持"独立自主"的原则，立足于自身，如碳纤维、石墨烯等新材料制造业。生产资本的核心在于拥有独立自主的技术、生产设备、忠诚可靠的研发与技术人员，因为技术领先方往往不仅不会轻易将技术交出来，而且会限制技术输出、技术人员外流。

这就需要生产资本拥有者立足于自身，进行探索研究。在企业中，真正的专家往往是少数人，而大多数是平凡之人，但一群平凡人也完全可以干出不平凡的事。

企业应如何协同好一群平凡的人来干一件不平凡的事？一般而言，这需要系统化，即生产资本以系统化的方式存在，仅靠平凡人也能正常运转。在系统化的方式下，少数人的工作是改进系统并研发新系统，而大多数人员的主要工作是维护系统。

随着生产资本的独立自主和系统化，制造业仍要坚守自身的核心——制造技术。在互联网企业中，谷歌公司做无人驾驶是因为它拥有地图技术和数据处理的核心技术。阿里巴巴从原来的做B2B（企业到企业）、淘宝而后推出支付宝，是因为做电子商务不可避免地要用到支付和清算技术，其由此积累了足够的数据，进而掌握了大数据技术。

2. 大数据定制化生产是生产资本的趋势

在生产资本丰富的制造业中，哪怕是一个简单的五金加工厂、汽车零件制造厂，也要思考如何保证产品质量、生产效率和人员管理，以及如何面对客户的多样性需求，并快速满足客户的需求。如螺丝生产企业需面对客户对多种型号螺丝的需求，这种需求不仅有口径大小的需求，而且有不同形口的要求，如"十字"或"八边"形口。

在大数据时代下，各种传感器、数据分析挖掘算法、人工智能等技术将应用于生产制造过程中。各种传感器的使用将有利于充分收集数据，如收集生产过程中生产环境的温度、湿度、机器的性能变化、产品的质量等数据；数据分析和挖掘算法被用来分析和识别产品瑕疵率等；而后生产流程将根据知识图谱来识别出不同的应对方案，如停止生产、改进某工艺等；最后，生产系统将根据预案调整工艺参数，然后继续生产。

在一些制造企业中，各种统计、数据挖掘算法已经被应用于生产，如钢铁制造业利用线性回归和神经网络技术来寻找钢铁的配方；新材料制造企业通过统计实验设计和质量控制来寻找最佳的配方，并在生产中控制配方所需成分的量。统计实验设计是为了找到最优的生产工艺参数，质量控制是为了充分利用生产数据来提高生产质量，其中比较著名的是六西格玛管理等方法。这些方法都是在实际生产中提出来的，有些最先被运用于化工、新材料等行业。

其实，这些方式和方法在互联网行业也经常被使用，如互联网中称为 AB 测试的方法在统计学中被称为对照—实验设计；在互联网企业中被称为监控预警的方法在统计学中被称为质量控制。在大数据时代，各行业对本质相同的方法有各自的命名和称呼方式。

大数据定制化生产以生产制造为核心，以数据资源、大数据技术为支持。这种模式不仅有利于满足消费者的个性化需求，也有利于供给侧结构性改革的落地，更有利于企业最大化地发挥资本的作用。因为随着生产流程的不断自动化、系统化和智能化，利润将进一步提升。

> 典型案例 1

信息技术的定制化生产模式——戴尔和西部数据

世界知名企业戴尔公司是一家计算机制造商，它们采取按照"订单"配置进行生产的方式，这些配置包括机型、CPU、内存、网卡、外观设计、操作系统等。它们将电脑拆分成一个个可以个性化定制的特征，以便于客户选择。如果你到戴尔公司的网站上查看商品，会发现各种配置组合是一个庞大的数字，据估算至少是 5 的 40 次方，这样庞大的配置几乎可以满足世界上每个人的个性化需求。戴尔公司在 2019 年营业收入为 922 亿美元。

> 世界上最大的计算机硬盘驱动器制造商之一西部数据则充分利用分析法生产出了业内高质量的产品。为此,它们改变了产品生产制造流程,以便在整个生产过程中监控产品质量,即使硬盘还在生产线上,也可以被相应的系统进行扫描、编码、检验和跟踪。最终西部数据利用大数据分析方法将其产品的次品率降低到百万分之一点九。

典型案例2

家具的定制化生产模式——尚品宅配

在大数据时代,将生产资本利用到极致的情况比比皆是,如我国的家具制造商尚品宅配。

尚品宅配对个性化的生产进行了降维处理,将整件家具的生产转换成一个个零部件的生产,总部的订单管理系统对其进行统一分配调转,其生产流程如图2-1所示。

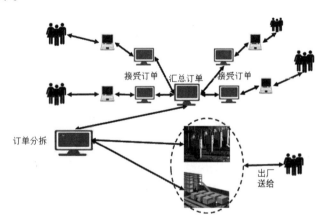

图 2-1 尚品宅配生产流程

全国各地的消费者在网上下单,尚品宅配接受订单后,会将全国各地的订单统一输入总部订单管理系统进行调配。在订单汇总之后将进行关键的一步——订单细分和归类，即将订单中的各种家具拆分为各种规格零部件的子订单，生成与其对应的"身份证"，如条形码或二维码。接着安排工厂生产每个部件，在保证个性化的前提下，最大化地提高生产效率。而后就是按照工艺进行生产，最后按照不同的订单将部件进行组合、包装，并配送给相应的消费者。

整个生产过程会控制在 10～15 天，各地门店收到配件后将其送到顾客家里，并根据固定的"组装程序"进行组装，短短两三天就能完成安装。

借助条码扫描，尚品宅配得以建立社会化协作的柔性供应链。在生产流程上，进行工厂作业、资源调配和供应商供货的相关人员都可以依照系统信息显示的订单要求执行，几乎不需要人工沟通。所以，对于这样一条供应链，与其说是人借助信息化工具完成操作，不如说是电脑指挥人进行操作。

借助这一系统，尚品宅配将产能提高了 10 倍，将材料利用率从 85% 提升到 93% 以上，将出错率从 30% 降低到 3% 以下，将交货周期从 30 天缩短到 15 天以内。最重要的是，这种方式使其彻底实现了零库存，每一件产品在生产之前就完成了销售。

典型案例3

农业生产资本的新模式

在农业生产上，大数据照样可以发挥作用。农业有其特殊性，产品生产具有固定的周期性限制，并且在产出过程中会有各种各样的因素干扰，大到天气水文，小到仓储物流。然而农业是保障人类生存的基本产业，如今互联网浪潮席卷世界，是时候对农业做出一些改变了。

试图优化农场的旧金山农业科技初创公司 Ceres Imaging 尝试利用海量的数据来帮助农户优化作物的水源及营养供应，宣称要打造"数据驱动型"农场。

Ceres Imaging 在加利福尼亚州 2 000 ~ 20 000 英亩（809 ~ 8 094 公顷）的 4 块农场上收集数据，建立相应的数据模型，并用收集到的数据帮助当地的农户。

Ceres Imaging 具体的做法是将传感器、摄像头等一系列零件整合进一个小型的、模块化的盒子，这个盒子可以方便地与无人机、小型飞机进行组合。随之，它与为农场提供空中播种、杀虫剂喷洒之类的公司合作，以收集大范围农场的实时数据，再与一些固定区域的图像传感器结合，共同收集大量农场数据。公司将这些数据进行处理，并上传至云端，就可以方便地了解农场土地及作物的详细情况。农户可以使用任何接入互联网的设备查看这些信息，从而做出相应的决策。

通过上述典型案例可知，随着生产资本各要素结合过程中自动化、智能化和系统化程度的不断提高，生产资本借助大数据技术所创造的价值将更大。这些价值体现在：商品更加受欢迎，消费者愿意用更高的价格来购买这些商品。

2.2.3　商品资本——智能库存

马克思认为，商品资本作为已经增殖的资本价值，是直接由生产过程产生的以职能形式存在的商品形式[1]。资本在商品形式上必须执行商品的职能，构成资本的物品本来就是为市场而生产的，必须卖掉，转化为货币。这类资本既不会作为产品要素起作用，也不会作为价值要素起作用，但由于不同商品或服务的销售速度不同，同一资本价值对商品要素和价值要素起作用的程度也不同。因为商品是作为使用物品被消费者购买，其商品的价值并没有发生变化，仅仅是形式交换，所以一切商品流通的这个简单行为同时成为资本的职能。

1　卡尔·马克思. 资本论 [M]. 北京：人民出版社，1975.

正如马克思所说，如果商品没有按它们的用途在一定时期内被消费，则有可能变坏并丧失它们的使用价值，同时也丧失作为交换价值承担者的属性。因此，对商品资本需要进行各种保护，如采取冷冻措施以降低商品变坏的可能性。

部分商品资本是库存或存货，当库存过多时会造成过高的库存管理成本，库存成本往往占产品成本的 50% 左右。作为库存的商品资本是没有收益的，同时还将增加成本，因为仓储管理、物品装卸等都需要成本。

利用大数据进行库存管理有两个方面的好处：一是降低库存数量；二是提高库存管理的效率。在大数据时代，尤其是 C2B 模式逐渐成为生产、服务的主流模式后，商品资本占比进一步下降，如尚品宅配充分利用 C2B 模式实现零库存，这时候就不存在商品库存管理，只有一些原材料的库存管理。

典型案例

<h3 style="text-align:center">库存智能管理——戴尔公司和京东物流</h3>

美国戴尔公司的电脑配置有 5 的 40 次方种组合，如果将每种配置都保留一定的库存，则其库存是一个天文数字。戴尔公司对其历史上订单数据进行挖掘，确定出普遍的顾客配置选择，将 5 的 40 次方种可能的配置降低到几百万种。戴尔公司确定了最常见的配置后就可以提前准备相应的库存，这种做法大大降低了其库存数量。

为了提高库存管理效率，京东物流在其仓库内通过射频识别标签来跟踪、监测库存量和货物所在位置，减少了卸装货的时间。

通过上述典型案例可知，库存配置可以通过挖掘消费者购买记录进行优化，同时可以借助大数据技术来提高库存管理效率，以使其更加自动化、智能化和系统化。这些库存管理手段仅仅是降低商品资本的次要手段，更重要的是将商品资本转化为货币，而这就需要借助商品经营资本。

2.2.4 商品经营资本——实时广告与现代物流

马克思认为，商业资本（也称商人资本）主要分为两种形式，分别是商品经营资本和货币经营资本。其中，商品经营资本主要是作为媒介实现商品资本的形态变化，它是通过商品的不断买和卖来实现的[1]。

而现代经济学将商业资本和产业资本混为一谈，没有看到商业资本的特征，更没有看到商品资本转化为货币是形成产业资本再生产过程的一个阶段。但商品资本只有持续不断地转化为货币，才能保持自身资本的性质，而商品只有从其生产地转移到消费地，才能被消费，才能实现商品到服务的转化。这涉及包装、仓储、保管、装卸、物流运输、营销、广告等必须支出的费用。最后是借助各种运营方式将商品销售出去，如借助分销商来销售，采取打折促销等运营方式。

商品经营资本在自行销售的生产者手中只是其资本再生产过程中的一个特殊形式。这种职能已经不是生产者的附带活动，而是由于社会分工所形成的专门用于买卖的资本。它在市场上一直处在形态变化过程中，并总是作为在流通领域内流通资本的转化形式存在。在买卖过程中，相同的是商品，不同的是货币。商品经营资本作为预付的资本，先购买商品，而后将其销售出去，即商品经营者不生产商品，而只是经营商品，起到中介作用。

1. 渠道商是商品经营资本的最佳表现

今天，人们对商品经营资本的理解更加透彻。比如，企业的销售渠道往往是由各家代理商、经销商、批发商等组成，众多企业依赖销售渠道来获客，往往都会对销售渠道进行准入筛选，而后企业向销售渠道提供2%~3%的返点。这是典型的利用商品经营资本进行获利的方式。

从信贷机构的不同渠道所带来的资产表现来看，渠道风险是不容忽视的。信贷机构追求业务量，因此渠道商为其带来了大量不良客户。这是因为好客户是有限的，且争夺好客户的成本更高，而渠道商获得返点也是有限的，渠道商为了自身利润最大化，就不得不"饮鸩止渴"。这种行为导致信贷机构不得不一边准入新渠道，一边封禁旧渠道，一些机构甚至开始"去渠道化"。

1　卡尔·马克思. 资本论[M]. 北京：人民出版社，1975.

但一般机构都缺乏获客能力和基础，必须和渠道商合作。渠道商是一把"双刃剑"，其获客能力可帮助机构迅速占领市场，同时其所引来的不良客户也将为机构带来风险。渠道商是独立的经济体，其自身需要投入成本，同时也需要获得投资回报。因此，机构与渠道商的合作，不仅需要依靠准入机制，定位好渠道商的功能，进行精细化管理，更需要建立利益一致的激励机制。比如，通过降低获客费用，允许渠道商参与利润分成的方式，来管控渠道商仅获客而不管客户质量的弊端。

渠道商的产生是社会分工的要求，是经济不断发展所带来的专业化分工的必然结果。渠道商是产业升级不可或缺的一分子。与此同时，其所代表的商品经营资本是资本不可或缺的组成部分。可以肯定的是，对其完全否定或过分依赖都不合适。只有"取之有道，用之有度"，才能发挥"物尽其用"的效果，因为这不仅能降低机构自身的商品经营资本，而且能够调动更多自身之外的商品经营资本，以确保商品迅速转化为货币和利润。

2. 实时广告是商品经营资本的变现方式

随着互联网信贷的发展，各种贷款超市如雨后春笋般冒了出来，这些贷款超市往往都是自己先投资获得一些客户，然后将客户卖给银行信用卡中心、消费金融公司、互联网小贷等机构获得更多收入。在金融领域，贷款超市、流量平台会为银行、保险引流获客，银行自身也会为其他金融机构引流获客，如银行代理其他银行、证券、保险、理财、基金、信托等金融产品，其本质就是充分利用自身的客户资源来获取相应的佣金。

自2000年以来，我国广告规模年增长率保持在6%以上，而互联网广告规模的年增长率最低为22%，互联网广告规模在整个广告规模中的占比逐年上升，从原来不足1%提高到2019年的50.3%，已经占了我国广告规模的一半以上，如图2-2所示。

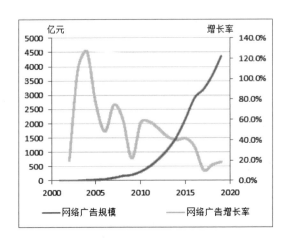

图 2-2 我国互联网广告规模及其增长率

广告业务如此迅猛地发展,主要是因为消费者有太多的商品可以选择。从主流经济学来看,这是好现象,因为可供选择的商品越多,人们的自由度就越高,也越有快乐的感受。

3. 物流是商品经营资本的最后一公里

除了广告、营销外,物流也是体现商品经营资本的重要领域。不论是国外物流企业 FedEX、UPS,还是我国物流企业顺丰、菜鸟裹裹,往往均采取一个统一的调度指挥中心加多个操作中心的运作模式。这是因为每项物流内容都不复杂,但掌握物流实施状态和运作情况,并能及时有效地处理衔接中出现的问题和突发事件需要一个能力强、指挥灵的调度指挥中心。

物流收入中 85% 来自运输服务和仓储服务,而增值服务、信息服务和支持物流的收入仅占 15%。第三方物流企业的盈利途径可分为四种:货运代理、运输仓储、管理咨询和供应链管理。货运代理和运输仓储是物流公司采用最多的两种盈利途径。

物流公司要保持稳定的现金流,需要注重物流的关键要素,如车队、仓库、装卸设备、信息系统、快递人员、管理人员、激励机制和规章制度等。物流公司的核心价值在于,提高资本周转的速度和效率,从而提高利润率。

减少流通时间、降低流通成本对于参与生产的货币资本、生产资本或商品资本所有者而言是非常重要的,因为这都可以增加留在他们手中的利润。这就给商品经营资本的所有者带来了机会,他们愿意承担营销、物流、装卸等全部成本和责任,并从生产的利润中拿走一块作为投资回报。

物流、渠道商、广告都是商品经营资本的表现形式,都是一种独立的资本形态,因为商人预付货币资本,而这种资本自行增殖,所以其能执行资本的职能。又因为它只从事一种活动——作为媒介实现商品资本的形态变化,所以它只能向货币转化。

商品经营资本存在的根本目的是提高商品转化为货币的效率和速度,因为资本的流通时间会影响周转时间。在商品资本转化为货币资本的过程中,其转化效率和速度的提高必然会付出成本或费用,这些成本或费用则需从生产出来的剩余价值中扣除。虽然这个环节看起来没有创造价值,但资本具有时间价值,而提高转化效率和速度降低了相应的成本或费用,增加了货币资本、生产资本和商品资本量,间接地创造了价值[1]。同时,商人承担了营销的全部费用和责任,并投入了大量的时间和精力。因此,商品经营资本应从生产所创造出来的剩余价值中拿走一部分作为自身的回报。

要提高从商品资本转化为货币的效率和速度,除了发挥商品经营资本的作用之外,货币经营资本的作用也是不容忽视的。

2.2.5 货币经营资本

马克思认为,货币经营资本是货币在产业资本和商品经营资本的流通过程中独立出来的一种特殊资本[2]。其作为商品经营资本中的一部分,不仅是一般货币资本,而且是正在执行这些技术职能的资本。

著名经济学家厉以宁在其著作中论述了西欧集市贸易产生的过程,地方性规模较小的市场逐步发展为集市,并逐渐形成了一批职业商人,他们经过长期经商活动积累了贩运、采购和销售的经验,也结识了不少同行[3]。随着商业的发展,这些商人中分化出一些经营货币的商人。这首先是因为集市贸易不断发展开始具有国际贸易的性质,不同地区的商人带着不同的货币来交易,这些铸币的成色、重

---

1 大卫·哈维. 资本的限度 [M]. 北京:中信出版集团,2017.
2 卡尔·马克思. 资本论 [M]. 北京:人民出版社,1975.
3 厉以宁. 厉以宁讲欧洲经济史 [M]. 北京:中国人民大学出版社,2016.

量各不相同,市场上并不是每一个人对这些货币都非常熟悉,从而增加了交易成本和购买商品的难度。其次市场上出现了伪造货币,货币成色被人为降低,以及金币、银币、金块、银块之间的兑换比例经常波动等,交易者对此感到十分头疼。最后因为出现了抢劫等犯罪活动,进一步刺激了货币保管、汇兑等需求。

在商品流通和交换中,人们不断地进行汇兑、兑换、收付、平衡差额、往来账登记、货币保管等活动,这些技术性的业务已经同那些必要的行为分开,从而使执行这些职能的预付资本成为货币经营资本。货币经营业资本作为媒介,承担着货币流通的各种技术性业务,其本身是一种不创造剩余价值的劳动,但这种劳动由一类特殊的代理人或资本家替其余的整个资本家群体担负起来。

货币经营业在本质上区别于商品经营业的地方在于,商品经营业在商品的形态变化和商品流通交换中起中介作用,而货币经营业就是经营商人和产业家处在流通中的资本性货币(资本的货币形式),货币经营者所完成的各种活动,只是他们为之服务的商人和产业家的活动。

1. 货币经营资本创造的价值

任何商品所有者都愿意提高货币流转的效率和速度,希望现金流从一个时空形态转移到另一个时空形态而不滞留过多资金,并能快速到达资金目的方手中。为了通畅、快捷地完成货币流转,货币经营业就必须完成各种纯粹技术性的劳动。

这种纯技术业务与常见的吸收存款、理财等将各种资金聚集在一起的业务不同,如银行等是将存款集中转化为贷款,将贷款作为资本的支配权让渡给生产企业,而货币经营资本主要是将一些集中的资金分发给不同的个人或企业,如企业发工资等。

从我国货币经营业(如支付宝)的发展来看,其解决的不仅仅是支付问题,更重要的是跨时空交易的彼此信任问题。

在电子商务发展过程中,买家要将钱付给卖家,同时卖家将商品配送给买家,其面临的一个最大问题是,买家、卖家彼此不信任致使交易难以达成。货币经营资本将买家、卖家信用转换为货币经营业主自身信用,以其信用来促使买家、卖家交易达成,推动了消费升级。因此,这种收付货币业务本身形成一种劳动,使现金流流转得更加顺畅、快捷,从而创造价值。

货币经营业是从国际交易中发展起来的,或者说是从跨货币体系交换中发展起来的。在不同的铸币体系中,体系外的商人首先要将自身的货币换成该体系内的货币,而后购买产品或服务,这就产生了货币兑换行业。尤其是在金属货币时期,铸币的成色、重量等都可能不同,但在交易时必须用一种铸币进行结算的情况下,就体现了使用当地铸币的必要性。货币兑换行业提高了货币兑换的便利程度,提供了相关知识服务,如提供不同语言、不同法规等知识服务。

2. 货币经营资本起源于兑换

货币经营资本主要是满足兑换货币需要的资本。在经济实践中,各种货币很复杂,货币发行方很多,同一类货币的成色也可能不同。以古代的铜钱为例,这些铜钱在刚刚发行时就因为制钱的模板不同和工艺问题而产生了不同,而后随着流通中的各种磨损,铜钱的重量也变得不一样,甚至有可能成为"小钱"。

除了同一种货币因磨损需要进行兑换外,各种货币之间也需要进行兑换。但不同货币之间该怎么折算?相互兑换的比例是多少?如果这些问题都需要在双方交易时解决,这将大大降低市场交易的效率,抬高交易的成本,以及造成交易的极大不确定性。于是,专门从事货币兑换业务的钱庄应运而生,其重要作用就在于降低了交易成本,提高了交易的便利性。

但货币兑换需要一定的专业能力,如对各种货币的鉴别能力、评估能力,同时货币兑换业务需要相关人员花费时间,并且也需要场地,所以,进行货币兑换需要缴纳一定的手续费,这说明货币兑换需要投入资本。

随着货币兑换业务的发展,支付清算等业务也逐步得以发展。支付清算需要货币铸造、货币发行、货币流通、货币验真、货币回收等各种技术来支持,更需要资本来支持。这就是货币经营资本的价值,其保障了商品或服务向货币的转化。

3. **货币经营资本主要表现为支付清算**

支付清算系统是经济发展的重要基础设施,更是防范系统性风险的关键抓手。在 2008 年美国次贷危机中,货币经营资本对于阻止危机的蔓延发挥了不可忽视的作用。2008 年以前,由于大量金融衍生品的交易缺乏中央集中清算安排,部分交易资金链断裂而导致危机爆发。从 2017 年起,我国第三方支付机构按照中国人民银行的要求逐步接入网联系统,有效地管控了现金贷、P2P 等金融产品引发的系统性风险。

2018年，美国总统特朗普决定退出伊核协议，恢复对伊朗的经济制裁，并对继续购买伊朗原油的国家实施二级制裁，包括禁止其进入美国市场，不允许其使用国际金融系统，如美国掌控的国际支付系统"环球同业银行金融电讯协会"（SWIFT）。为此，德国和法国不得不建立一个新的国际支付系统。从这里可以看出支付系统在货币经营资本中的作用。

从中国人民银行历年每个季度的支付体系运行报告中可以看出，支付工具分为现金支付工具和非现金支付工具，非现金支付工具有四类，分别是票据、银行卡、贷记转账等其他结算业务和电子支付。从2020年第一季度数据来看，支付金额最多的是贷记转账，为644.12万亿元，其次是电子支付。同时，交易笔数最多的是银行卡，为610.58亿笔。

各国的支付系统是很复杂的，不像人们想象的那么简单。人们使用的支票、商票、POS、ATM、网上支付、条码支付、跨境支付等各种方式背后都有大量的系统支撑。这些系统之间又有各种复杂的逻辑关系。

以我国的支付体系为例，其涵盖中国人民银行建设的各种基础支付系统，银行、第三方支付内部的支付业务系统，银联、网联的系统，支持金融发展的债券、证券登记清算系统，以及人民币跨境支付系统等，如图2-3所示。

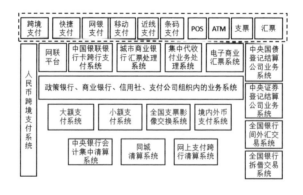

图 2-3 我国当前的支付体系

随着支付互联网化、移动化，支付便捷与安全之间的平衡成为一个重大问题。在支付产品中，安全性是最重要的，必要时即便牺牲一点产品的便捷性也要保证产品的安全性。

在支付清算的过程中，因为涉及金钱流动，不可避免地存在各种欺诈、违法违纪行为，因此，支付安全是支付清算中的一个重要内容。尤其是在大数据时代，支付清算的各种身份验证等都有对应技术可进行破解。支付清算风险是不容忽视的。

诈骗者利用各种手段来迷惑付款者，而付款者与真正的收款者很难识别这些手段，最终付款者辛辛苦苦赚来的钱可能就被诈骗者收走了。比如，企业使用二维码收费时，诈骗者将自己的收费二维码覆盖在企业的二维码上面，以此骗走钱款。如果货币经营者能及时提醒相关企业并询问其是否改变了收费账户，那么就可以规避一些支付风险。

支付风险是全面风险管理的新增课题之一。支付机构一直非常重视支付安全。从 2018 年支付宝公布的信息来看，支付宝借助其支付大数据和 AI 技术设计其自动驾驶的风控方案，实现了用户风险控制策略的个性化。这套方案的核心理念就是充分利用大数据的联动性，对客户进行分群，进行多目标（覆盖率、打扰率、失败率和限权率）的优化。最终其损失率仅为国外先进第三方支付公司损失率的 1/200。

除了用于风险管理之外，利用货币经营资本的数据还可以进一步变现。

4. 利用货币经营资本的数据变现

支付清算是银行的中间业务之一，是指银行无须动用自己的资金，依托业务、技术、机构、信誉和人才等优势，以中间人的身份代理客户承办收付和其他委托事项，提供各种金融服务并据以收取手续费的业务。银行的中间业务是在银行的资产负债信用业务基础上产生的，是与货币支付、资金划拨有关的收费业务，并对信贷业务具有促进作用。支付清算的工具包括银行汇票、商业汇票、银行本票和支票；清算方式包括同城清算和异地清算，异地清算主要有汇款业务、托收业务、信用证业务等。支付清算的核心是充分利用已有支付清算系统实现资金划拨、清算、转账等。从支付清算中，很容易衍生出另一块代理类业务，如代客户收付业务、其他银行等机构的支票托收业务等。

支付清算不仅是资金的流动，更是信息的流动。过去支付是为了完成交易而进行货币转移，各机构和支付工具仅发挥支付功能；在大数据时代，支付的本质没有变,但支付价值超越支付本身,从支付信息中衍生出的客户偏好、客户信用、客户的社交网络等信息更有价值。

第三方支付已经不再只具备支付清算功能,还可以观察客户的身份信息、资产情况等。身份信息主要包括客户账户稳定性、消费区域个数,以及根据支付金额大小和账户稳定性识别出的客户职业等;资产情况主要是指通过支付流水可以分析出客户是否有房,是否有车,是否结婚,是否有小孩,当前资产大概有多少,资产是否持续增长等信息。同时,支付机构不仅可以相对准确地分析出不同人的消费内容、金额和时间点,还可以分析出客户当前资金需求的紧急程度,未来什么时间点最需要资金等信息。

同时,根据支付数据中客户之间的资金往来可以分析出客户之间的社交关系,如图2-4所示。

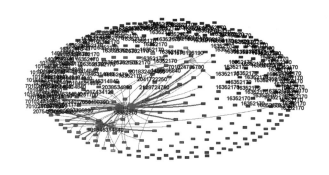

图2-4 某第三方支付客户之间转账的社交关系图

从客户转账的社交关系图中,人们可计算出联系人个数、关系紧密程度、持续时间长度、关系结构稳定性等,同时也可以推测出每个人的社会关系影响力。这种关系价值远比通个电话、彼此是微信好友的价值更高,因为这种社会关系是经过金钱检验的,社会关系双方只有彼此高度信任才会转钱。其价值在于分析不同社会关系的整体购买力,如房子、豪车这类商品的买主,其后基本都有坚实的社会关系支撑。

基于实体资本各要素的含义和特点,我们需要进一步搞清楚实体资本各要素之间的关系。

2.3 实体资本构成要素之间的关系

马克思认为,在各种形式的运动和相继更替中,一定量的资本同时分成生产资本、货币资本和商品资本等不同形式,这些形式不仅能互相替代,而且总资本价值的不同部分也不断地并存于这些不同的状态中,并执行职能[1]。也就是说,实体资本中各要素之间存在相互促进、相互制约的关系。

2.3.1 实体资本构成要素之间相互促进的关系

马克思认为,资本作为整体是同时地、在空间上并列地处在它的各个不同的阶段上,但每个部分都不断地依次由一个阶段过渡到另一个阶段,由一种职能形式过渡到另一种职能形式,从而依次在一切阶段和职能形式中执行职能,这些形式是流动的形式,它们的同时性是以它们的相继进行为中介的,每一种形式都跟随在另一种形式之后,而又发生在它之前,因此一个资本部分回到一种形式,是由另一种资本部分回到另一种形式而决定的。

一个稳定的结构模型往往需要五个元素,因此,资本至少要分为五个阶段,分别为货币资本、生产资本、商品资本、商品经营资本和货币经营资本。这五个阶段之间不仅是连续的,而且正像马克思所认为的那样,资本的每个不同部分能够依次经过相继进行的各个循环阶段,资本过渡到下一个新阶段是由它离开另一个阶段所决定的,每一个特殊循环都有资本的一种职能形式作为它的出发点和复归点。资本的每一种职能形式都是总体的特殊一环,并且每一种职能都决定总体的连续性,一种职能形式的循环决定着另一种职能形式的循环。马克思描述了资本的生化关系,其中涉及货币资本、生产资本、商品资本、商品经营资本和货币经营资本。货币资本对生产资本具有促进作用,生产资本对商品资本具有促进作用,商品资本对商品经营资本具有促进作用,商品经营资本对货币经营资本具有促进作用。

1　卡尔·马克思. 资本论 [M]. 北京:人民出版社, 1975.

1. 商品经营资本对货币经营资本具有促进作用

马克思说，信用制度的另一方面与货币经营业的发展联系在一起，货币经营业与商品经营业的发展齐头并进。这说明商品经营资本与货币经营资本之间存在相互促进的关系。

社会分工产生了不同的商品经营者，他们促使商品资本转化为货币。即使没有这些商品经营者，生产商也需要组建相关的专业部门来承担商品经营者的功能，因而商品经营资本是一直存在的，只是先前没有独立出来，而是与商品资本混在一起。同时，在购买或销售阶段，货币资本或销售收回的货币额度比较大或跨时空时，就需要借助一些机构来完成相关支付等。为了满足这种需求，于是产生了货币经营资本。比如，汽车是一种商品资本，为了将其转化为货币资本，就需要通过营销等方式吸引消费者购买，当消费者决定购买时就需要用货币来换取汽车，无论是现金支付，还是转账、汇款都需要货币经营者来帮忙收取相关货款，这需要资本进行相关收支设备的投入。因此，商品经营资本对货币经营资本具有促进作用。

商品经营业使商品资本从产业资本中分离出来，而与信用制度分离的货币经营业是货币流通的中介。货币是商品经济发展的结果，因此，商品经营资本对货币经营资本具有促进作用。

【典型案例】

商品经营资本对货币经营资本具有促进作用——阿里巴巴和富友集团

阿里巴巴最开始开展的是 B2B 的业务，这是一种商品经营资本，其存在的目的是使商品能够更好地销售出去。接着，淘宝业务开展起来，这是 C2B 的业务，这仍是一种商品经营资本，因为其目的是让商品能够更好地销售出去。在淘宝发展过程中遇到的最大问题是支付货款问题，卖家和买家通常不在同一地域，必须进行电子支付，而这就必须解决支付过程中所产生的

> 信任问题，因此阿里巴巴推出了支付宝，为买卖双方提供支付和收款的通道，并解决了双方的信任问题。
>
> 　　上海富友集团原本是为其他机构提供支付清算服务，以便于各种基金、理财等货币交易支付的流转，主要投入的是货币经营资本。但为了支付清算业务的进一步发展，他们开始做电商服务，也就自然发展出了商品经营资本来促进其支付业务的发展。
>
> 　　从这两个例子可以看出，商品经营资本对货币经营资本具有促进作用。

　　商品经营业和货币经营业都提高了商品转化为货币的效率、速度，货币经营业还提高了货币回收的效率和安全性。因此，货币经营业对货币交易支付资本具有重要意义，下面将详细阐述二者的关系。

2. 货币经营资本对货币交易支付资本具有促进作用

　　在马克思所说的资本循环中，为了确保购买生产资料和劳动力所支付的货币的安全，收支双方往往会通过货币经营机构进行汇兑、保存、支付、记录等。货币经营资本跨越空间越大，类似的交易跨越空间就越大。同时，货币经营资本的效率越高，货币交易支付资本的回收率就越快。因此，货币经营资本对货币交易支付资本具有促进作用。

　　货币经营业帮助企业主购买产品需要支出货币，而协助其回收销售款则需要收回货币，在这个过程中货币经营者不仅需要做支付清算工作，还需要完成货币兑换、记账、保障货币安全等方面的工作，这些都需要资本支持。一旦缺少资本支持，支付安全、清算准确性都得不到保证，从而使货币受损，进而降低货币交易支付资本。因此，货币经营资本对货币交易支付资本具有促进作用。

　　货币经营资本使货币流通更加顺畅、快捷，更快到达卖方手中，这使卖方购买和支付手段的准备金增加。因此，货币经营资本对货币交易支付资本具有促进作用。

> 典型案例

货币经营资本对货币交易支付资本具有促进作用——支付宝

支付宝于 2003 年推出，其主要目的是解决交易双方之间的信任问题，以及提高交易支付的便捷性。自推出之日起，其支付交易额逐年上升，从开始每天万元发展到如今每天上百亿元的支付额。为了确保支付、清算、结算快速、顺利和安全，支付宝每年要投入大量人力、物力，并且投入逐年增加，这吸引了越来越多的用户使用支付宝进行支付和交易。从本质上讲，支付宝是一种货币经营资本，而其支付款则被淘宝卖家用于进货、购买生产原料、支付劳动者工资等，因此也是货币交易支付资本。

货币经营业提高了货币回收效率和安全性，回收后的货币将被用于再生产，如购买生产原料、支付劳动者工资等。因此，货币交易支付资本对生产资本具有重要作用，后面将详细阐述二者的关系。

3. 货币交易支付资本对生产资本具有促进作用

在马克思所说的资本循环中，生产所需要的生产资料和劳动力需要货币资本来支付，因而，货币资本对生产资本具有促进作用。

马克思认为，$G-A$（资本货币—劳动力）是货币资本转化为生产资本的一个具有特征性质的因素，因为它是以货币形式预付的价值得以实际转化为资本、转化为生产剩余价值的重要条件。如果货币是第一次转化为生产资本，或者对它的所有者来说是第一次执行货币资本的职能，则必须在购买劳动力之前，首先购买厂房、机器等生产资料，因为劳动力一旦归货币资本支配，就必须具备生产资料以便把劳动力充分利用起来。而在后续的再生产过程中，生产所需要的原料等不断被消耗，一旦无货币交易支付资本来购买原料等，生产将停止。因此，货币交易支付资本对生产资本具有促进作用。

劳动力和生产资料只是生产的因素，而要生产出产品就必将将其结合在一起。这种结合就是生产过程。在生产过程中，货币交易支付资本转变为生产资本，生产资本的多少往往由货币交易支付资本所决定。因为生产资本在执行自己的职能时，会不断消耗自身的组成部分，使它们转化为具有更高价值的产品，所以生产资本需要货币交易支付资本不断地对其进行补充。由此可见，货币交易支付资本对生产资本具有促进作用。

货币交易支付资本转化为哪一种商品都不影响结论，因为货币是一般等价物，一切商品都用它们的价格来表达，等待着向货币的转化。货币交易支付资本转化为何种商品是由生产决定的，它使货币形式的资本转化为一种实物或服务形式的资本，进而进入生产消费中。因此，货币交易支付资本对生产资本具有促进作用。

资本的目的是获得利润，而从货币交易支付资本到生产资本都是资本的投入阶段，只有将其转化为商品或服务才能被消费者消费，进而转化为货币并获得利润。因而，有必要研究生产资本与商品资本的关系。

4. 生产资本对商品资本具有促进作用

马克思认为，作为由生产过程本身所产生的已经增殖的资本价值形式——商品已成为商品资本[1]。生产资本在执行其职能时，会不断消耗自身的组成部分，使其转化为一个具有更高价值的产品量，这就是商品资本。因此，生产资本对商品资本具有促进作用。

在生产资本中，一旦企业主的错误导致一种消费品产出过多，而另一种产出过少，即生产并没有反映需求，从一个生产过程到另一个生产过程的资本转移就可能会产生问题。因为机器（如简单的车床或最简单的工具）有时可以有非常广泛的用途，但机器也可以设计成非常特定的用途（如用于复杂的纺织），除此以外别无用途。因此，生产资本对商品资本具有促进作用。

以汽车生产为例，汽车生产公司将钢铁、玻璃、橡胶等通过CAD、机床、铣刀等按各种工艺转化为汽车零件，然后借助相关技术将各种零件组装成汽车。在这个过程中，各种汽车零件、组装厂房、设备等是生产资本，汽车则是商品资本。沿着供应链往上追溯，钢铁、玻璃、橡胶、零件加工机器、厂房等是生产资本，而汽车零件则是商品资本。再继续向上追溯，铁矿石、煤炭、锅炉、厂房等是生产资本，而钢铁是商品资本。在这个过程中，各种生产资本不断被消耗或折旧，而后转化为商品资本。生产资本大，往往商品资本也比较大。因此，生产资本对

1　卡尔·马克思.资本论[M].北京：人民出版社，1975.

商品资本具有促进作用。

资本所有者拥有商品资本并非最终目的,其目的是将商品资本转化为货币。这就需要借助商品经营资本来提高商品资本转化为货币的效率和速度。因而,商品资本与商品经营资本之间存在一定关系。

5. 商品资本对商品经营资本具有促进作用

马克思认为,商业资本"只要处在流通过程中的这种职能作为一种特殊资本的特殊职能独立起来,作为一种分工赋予特殊一类资本家的职能,商品资本就成为商品经营资本或商业资本""商品经营资本无非是生产者的商品资本,这种商品资本必须经历它转化为货币的过程"。同时,马克思认为,商品经营资本主要是作为媒介实现商品资本的形态变化,它是通过商品的不断买和卖来实现的[1]。也就是说,商品资本越多,越需要更多商品经营资本来支持其实现形态变化。因此,商品资本对商品经营资本具有促进作用。

马克思认为,如果从事商品买卖活动的是生产者本身或其代理人,则商品经营资本就是生产者的商品资本,并论述道:货币经营业和预付在它上面的资本只需要批发商业的存在,进一步说,只需要商品经营资本的存在就可以发展起来。商品经营资本唯一的活动就是通过商品的不断买卖来实现商品转化为货币,商品资本越多所需要商品经营资本就越多,因为为了保持并加快销售的速度,提高流通的效果,不得不增加商品经营资本。因而,商品资本对商品经营资本具有促进作用。

大卫·哈维认为,资本只有在运动中才能保持为资本,所以商品资本必须不断转化为货币资本,否则就无法维持自身资本的性质,而这种转化的速度和效率对资本家尤为重要,因为流动时间会影响周转时间,进而影响利润率,同时转化会产生成本,必须从生产出来的剩余价值中扣除。减少流通时间和节省必要的流通成本对参与生产的资本家来说十分重要,因为这两种手段都可以增加留在他们手中的剩余价值,这为商品经营资本提供了机会。因此,商品资本对商品经营资本具有促进作用。

1　卡尔·马克思. 资本论 [M]. 北京:人民出版社,1975.

> 典型案例

商品资本转化为商品经营资本——东风集团

东风集团是一家以生产汽车为主,生产资本、商品资本都比较雄厚的公司。随着业务的发展,东风集团逐渐将其销售部门独立出来,采取类似做法的还有中石化、中石油等。原本以生产资本、商品资本为主体的公司逐渐将销售剥离出来,而销售所投入的是一种商品经营资本。

综上所述,货币交易支付资本对生产资本具有促进作用,生产资本对商品资本具有促进作用,商品资本对商品经营资本具有促进作用,商品经营资本对货币经营资本具有促进作用,货币经营资本对货币交易支付类资本具有促进作用。

实体资本各要素之间,除了具有相互促进的关系外,还具有相互制约的关系,接下来我们将详细阐述其各要素之间的相互制约关系。

2.3.2 实体资本构成要素之间相互制约的关系

马克思重视实体资本各个组成部分之间的相互关系,但没有明确指出或忽视了其组成部分之间的制约关系。在《资本论》中,马克思讲道,由于农民解放,俄国的地主用雇佣工人代替从事强制劳动的农奴来经营农业,这些地主经常抱怨货币资本不足,因为他们在出售农产品以前必须对雇佣工人支付较大数量的现金。其实即使他们有了充足的货币资本,也不一定能够买到足够可供支配的劳动力,因为由于村社实行土地共有,俄国农业劳动者还没有完全和生产资料相分离。这说明货币资本不足,会使生产资本和商品资本显得过多,同时也暗含了货币资本、生产资本、商品资本、商品经营资本、货币经营资本之间的制约关系。

1. 商品经营资本对货币交易支付资本具有制约作用

马克思认为,商品资本流通中的一些附带事项,部分同商品经营资本的独特职能混淆在一起,商品经营资本只是不断在市场上处在形态变化过程中并总是局限在流通领域内的流通资本的一部分转化形式,因为有一部分商品交换是在产业资本家之间直接进行的。

马克思认为，对商品经营者来说，其资本最初必然以货币资本形式出现在市场上，因为他不生产商品，而是经营商品，那么他首先必须购买商品，也就是说，他必须是货币资本的所有者。从这一点可以看出，在货币资本一定的情况下，当一定的货币资本转化为商品经营资本时，商品经营资本增加，而货币资本减少，因而商品经营资本对货币交易支付资本具有制约作用。

梅建军认为，信用制度使商业资本或商品经营资本支配着很大一部分社会总货币资本，使商业资本在所购买的商品最终出售以前可以再进行购买，这种转手买卖在扩大商品流通范围和规模的同时，常常会造成虚假需求，使生产和消费严重脱节，误导产业资本盲目扩大再生产，而且从整体来看还会造成产业结构不合理。产业结构不合理最主要的原因是商品经营资本过大导致整体货币资本和生产资本不足，而且集中于某一个产业或商品中。因此，商品经营资本对货币交易支付资本具有制约作用。

尽管商品经营资本对货币交易支付资本具有制约作用，但货币交易支付资本有助于提高商品资本转化为货币的资金回收效率。因此，货币交易支付资本与商品经营资本之间存在制约关系。

2. 货币交易支付资本对商品资本具有制约作用

马克思认为，货币资本和商品资本之间的区别主要表现为职能之间的区别[1]。虽然二者都处于流通阶段，但货币资本的目的是转化为必要的生产资料，而商品资本的目的是将商品转化为货币。因而，货币交易支付资本对商品资本具有制约作用。

马克思认为，商人的资本可分为两部分：一部分是商品资本；另一部是货币资本。商人需要通过采购将货币资本转化为商品资本，同时需要通过售卖将商品资本转化为货币资本。在售卖的过程中，货币资本流到他手中，而在采购过程中，商品资本流到他手中，而且其中一部分越大，则另一部分越小[2]。因此，商品资本与货币交易支付资本存在相互制约关系。

货币资本是资本的预付，进行购买得到生产资料和劳动力，这些生产资料和劳动力将决定商品，进而决定商品资本。当商品容易转化为货币，即商品资本比较少时，则货币资本需要就多。为了追求利润，企业会生产更多的产品，需要更

1　卡尔·马克思. 资本论[M]. 北京：人民出版社，1975.
2　卡尔·马克思. 资本论[M]. 北京：人民出版社，1975.

多的生产资料和劳动力，货币资本相应地增加。例如，苹果手机在 2013 年左右很容易转化为货币，为了获得利润，他们需要更多厂商为其生产，也就需要更多的生产资料和劳动力。

当商品转化为货币比较困难，即商品资本比较多时，企业为了控制风险，则会减少生产，减少购买生产资料和劳动力，货币资本相应地减少。比如，2014 年前后，因为中国楼市价格不稳定，钢筋需要量减少，以及钢铁产能过剩，市场对铁矿石的需求量下降，所以商人在铁矿石上投入的资本减少；再如，2014 年石油价格下跌，为了控制风险，美国页岩气减少生产，生产所需工具和劳动力也相应减少，相应的货币资本减少。因此，货币交易支付资本对商品资本具有制约作用。

按照供需理论，货币资本类似于生产消费的供给方，而商品资本类似于生产消费的需求方，当供大于求时，货币资本大于商品资本；当供不应求时，则货币资本小于商品资本。因此，从表面来看，货币交易支付资本与商品资本之间存在相互制约的关系。

3. 商品资本对货币经营资本具有制约作用

马克思认为，商品资本是直接由生产过程本身产生的职能存在形式，如果商品生产在整个社会范围内按资本主义的方式经营，则一切商品从一开始就是商品资本的要素。商品资本是在流通开始以前就从生产过程中取得了资本的性质。

在商品资本一定的情况下，商品资本越多，流通中转化为货币的资本越少，需要进行收取等技术性运动的货币就越少，货币经营者的业务就越小，所需要的货币经营资本也就越小；商品资本越少，流通中转化为货币的资本越多，需要进行收取等技术性运动的货币就越多，货币经营者的业务就越大，需要的货币经营资本也就越大。因此，商品资本对货币经营资本具有制约作用。

如果商品经营资本太多，即商业很发达，各种交易很多，货币经营资本发展很快，那么商品资本相应就较多。但对一个社会来说，产业资本是一定的，其被过度用于商品经营资本和商品资本，则货币资本必然减少，这就意味着各种生产资料和劳动力减少，也就必然导致生产资本的缩小。虽然商品经营过程中各种货币收付、汇兑量很大，在其他条件不变的情况下，货币经营资本相应增加，一开始会导致货币资本和生产资本相对缩小，但商业发达后，对商品需求量变大，生产资本会逐渐增加,同时货币资本也会相应增加,直到实体资本系统达到新的平衡。

如果商品经营资本很小,即商业不发达,只有很少的资本去做商品经营,商品流通相对缓慢,货币流通也相对缓慢,货币经营资本也就比较少。然而正如前面所说,对一个社会来说,产业资本是一定的,如果起初货币资本相对较多,生产资本也较多,在其他条件不变的情况下,随着时间的推移,商品量变多了,但无法流通或者被消费,那么生产资本和货币资本都会减少,一直到实体资本系统达到新的平衡。

货币经营资本主要用于兑换、支付清算等。货币经营资本少,就意味着货币经营业发展相对落后,相应的需求无法得到更好的满足,也就会吸引更多生产资本。因此,货币经营资本与生产资本之间存在制约关系。

4. 货币经营资本对生产资本具有制约作用

如果货币经营业比较发达,相应的需求能得到满足,则商品资本会迅速转化为货币,这种情况下有充足的货币资本进行预付,进而有足够的生产资本,这样会减少其他资本转化为生产资本。如果货币经营业发展相对落后,则资本积累需要完全靠自身积累,生产组织无法实现规模化生产,相应的需求无法得到满足,这时会吸引更多资本转化为生产资本。比如,东南亚货币经营资本的发展是相对比较慢的,但各种生产资本逐步迁移到东南亚,为其带来了相对丰厚的生产资本。因此,货币经营资本对生产资本具有制约作用。

货币经营资本过剩,则货币经营业的竞争将非常激烈,企业为了赢得竞争会吸引更多的资本进入货币经营业,造成生产资本相对不足,如美国实体经济空心化就是这种情况。因此,货币经营资本对生产资本具有制约作用。

货币经营资本对生产资本具有制约作用,但生产资本是生产商品的,只有商品存在,才会产生商品经营资本。因而,生产资本与商品经营资本之间存在制约关系。

5. 生产资本对商品经营资本具有制约作用

生产资本是资本价值进入生产消费活动,劳动力把生产资料作为商品形成要素来使用,创造出超过劳动和生产资料价值的价值。马克思认为,任何商品生产的经营都同时是剥削劳动力的经营。劳动力在雇佣阶段是资本,而生产产品销售的好坏或转变为货币的难易程度，一方面有赖于产品自身使用价值的大小，另一方面有赖于劳动力与生产资料的结合方式等，劳动力与生产资料之间的搭配最终决定着使用价值和价值，而价值最终决定了交换价值。若交换价值高，商品容易转化为货币，商品经营资本需求量就小；若交换价值不高或竞争激烈，那么商品经营资本需求量就比较大。商品的价值会随劳动力和生产资料的不同而不同，因而生产资本多，商品交换价值大，商品转化为货币相对容易，所需商品经营资本就少；而生产资本少，商品交换价值小，商品转化为货币相对困难，所需商品经营资本就多。因而，生产资本对商品经营资本具有制约作用。

典型案例

生产资本与商品经营资本之间相互制约——戴尔集团

戴尔集团是计算机生产厂家，其销售模式主要采取直销模式，这种模式能够降低商品存货，相应地，也就会降低生产资本，使商品经营资本占比看起来很高。未来的 C2B 或 C2M 模式，均是商品经营资本占比很高，而生产资本相对来说很低的模式。

综上所述，货币交易支付资本对商品资本具有制约作用，生产资本对商品经营资本具有制约作用，商品资本对货币经营资本具有制约作用，商品经营资本对货币交易支付资本具有制约作用，货币经营资本对生产资本具有制约作用。这说明，货币交易支付资本、生产资本、商品资本、商品经营资本、货币经营资本之间不仅存在相互促进的作用，也存在相互制约的作用。

2.3.3 实体资本自成稳定系统

实体资本的核心要素之间存在两种逻辑关系：既存在相互促进关系，又存在相互制约关系。这非常符合稳定逻辑分析模型，即实体资本的核心要素彼此之间构成了一个稳定系统。实体资本的生产资本、商品资本、商品经营资本、货币经营资本、货币交易支付资本所构成的稳定系统，如图 2-5 所示。

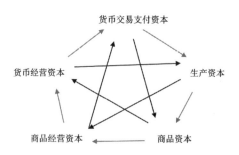

图 2-5 实体资本各要素构成的稳定系统

如前文所述,实体资本是经济的右心房和右心室,其中,商品资本如同右心房的三个入口(上、下腔静脉口和冠状窦口)和静脉血管,商品经营资本如同右心房,货币经营资本如同右心房与右心室的三尖瓣膜,货币交易支付资本如同右心室,生产资本则如同连接肺动脉的出口。通过下腔静脉进入的血液在经过小肠时会携带营养物质(各种生产资料和劳动力),还需进入肺中加载氧气并排出二氧化碳等废气。同样地,资本在完成了生产资料和劳动力的购买后就可以组织生产了,生产需要技术、组合方法、流程等的创新,并以货币来计量成果——以数据方式呈现,如财务报表、质量控制过程表、市场响应表等,这些数据更容易引起人们的注意,而且这些数据往往蕴含着充足的信息,因此可以认为,实体资本通过产品创新或营销方式创新获取的最大化的利润最终表现为财务报表等数据。

实体资本的核心能力在于未来创造价值并获得利润的能力。实体资本所创造的利润是整个经济体系的利润来源,但不是与实体资本相分离的,而是蕴含在现金流中。现金流是如此重要,有必要专门对其进行阐述。

2.4 现金流价值及管理

现金流往往分为三种,分别是现金存量、现金流出与现金流入。现金存量是一个常量,现金流出是企业或个人相对比较容易控制的,真正的难点是现金流入。

因此，本节关于现金流的介绍以现金流入为主。

虽然企业最初的现金流入来自自有资本和借入资本，但这些资本会被企业经营、周转所消耗，而其产品再生产、长期经营资本则需要通过融资、产品销售、设备折旧等方式获得。企业最终的目的是盈利，融资性现金流与产品销售的现金流之间存在差异，因为产品销售的现金流有收益和利润，并有可能形成现金。

2.4.1 现金流的重要性

对企业来说，现金流是非常重要的。对企业掌舵人来说，现金流就是战争中所用的兵，当企业主手中有"兵"的时候，企业主就可以拥"兵"自重；但当企业主手中的"兵"不断地被消耗的时候，则是"现金流，企业之大事，死生之地，存亡之道"。其实，只要对现金流有一定理解，就会发现支配现金就如同军事用兵。

1. 现金流与现金的区别

现金不等于现金流。现金是一个存量，其本身具有超越自身价值的能力，如在全款购房中，即使买家提出价格优惠的要求，商家往往也愿意接受，这种价格上的优惠额便是现金的超值部分。除此之外，现金还具有让人充满信心的能力，其本身就拥有影响力。

广义的现金包括流通性很高、可以迅速变现的债券或现金等价物、短期（或长期）的市场债券，长期和短期证券，包括美债、企业债及货币市场基金（Money Market Funds，MMF）等。它是一种非营利性资产，持有量过多会给企业造成较大的机会损失，会降低企业整体资产的获利能力。比如，2018年6月，美国苹果公司的现金储备突破了2 500亿美元。这些现金足以让苹果公司买下通用电气。苹果公司应该高枕无忧了吧？

虽然苹果公司庞大的现金储备说明其有充足的现金进行并购、产品升级，以及拓展新业务等，以弥补一些领域的短板和应对风险，但也说明其现金没有得到充分利用。这可能是因为其公司决策层没有找到好的投资项目，或者能力有限，没有把足够的钱用在研发上，无法推出新的革新产品，或若找不到新的商业增长点，导致公司有钱没处花，对于未来的增值投资不够。

但现金流是一种流量，会在经济主体账上进进出出。比如，A企业的销售额为5 000万元，但现金只回收了1 000万元，而其短期内要支付的成本为3 000万元，那么A企业的现金流是–2 000万元。

健康的现金流是企业持续发展的前提，是衡量企业经济效益和发展能力的重要指标。企业现金流的顺畅与否对企业的生存和发展具有直接影响。现金流的多少能清楚地表明企业经营周转是否顺畅、资金是否紧缺、支付偿债能力大小，以及扩大经营规模是否过度，对外投资是否恰当，资本经营是否有效等，从而为投资者、债权人、企业管理者提供非常有用的信息。

尤其是对初创企业来说，现金流是其活下来的基础。虽然利润是创业的终极目的，但不是初创企业运转的必要条件。对于初创企业而言，只要其产品或服务的收入现金流与总费用的现金流大体相当即可有效运转。这就需要在平衡运转过程中所需要的货币交易支付资本、生产资本、商品资本、商品经营资本和货币经营资本。

2. 现金流与利润的区别

通俗地讲，利润是企业通过经营赚到的钱。比如，A企业生产的畅销产品，成本是3 000万元，而销售额有5 000万元，那么企业的利润就是2 000万元。值得注意的是，企业的利润很可能只是账面上的，因为A企业可能有4 000万元销售额短期内收不回来。

很多创业公司很关心利润，认为这是公司和业务生存下去的核心基础，却忽略了关系到当下生存的现金流。如果现金周转得好，企业就能存活，自然能获得利润。如果只是关注利润，而过多的库存和应收账款耗尽了现金，那么利润最终只能留在报表里。

目前，有很多种方法可以从财务的角度去粉饰利润，如将大额投资的设备进行折旧来降低财务报表中的成本，但这种方法不能改变企业要支付一大笔钱，现金流受到影响的事实。即便一年后企业能大幅盈利，如果当下没有现金流，要生存下去也只有获取外部融资一条路，而融资这条路始终是千军万马过独木桥，能走通的是极少数。

3. 现金流决定着企业生死

有一年在股东大会上，巴菲特抱着尤克里里唱了一首歌，结尾唱了三遍"现金流"。在另一年的股东大会上,他又表示:"现金流是氧气,99%的时间你不会注意它,直到它缺席。"美国著名战略管理专家 W. H. 纽曼则指出:"在制定资本运用和来源战略时,最需要关注的是现金流动。"现金流就是企业的血液,只有流动起来,才能产生价值,才会推动公司的发展。

正如马克思在《资本论》中阐述的,对于每一个新开办的企业来说,第一推动力和持续动力都是货币形式的资本,不同形式的资本在企业不同阶段发挥着"第一推动力"和"持续动力"的作用。对于企业来说,"第一推动力"就是创业者通过特定的资源创造一个有机的系统,这是真正意义上的投资。"持续动力"则是不断推动企业运转下去的现金,这不是指创业者持续不断、没完没了地投入现金,因为创业者如果有这样无限数量的现金也就不需要创业了。这种"持续动力"来源于创业者创造的企业系统,该系统具有不断造血的能力,这种造血能力对企业来讲,就是不断地将产品或服务生产出来,并顺利销售出去,以及及时收回销售货款。

企业的应收账款不能及时收回往往是现金流断裂的重要原因。应收账款往往掩盖了真实的现金流,从而给企业决策者带来错误的信息。应收账款收不回来相当于企业为客户提供了无息商业贷款,这会占用企业的现金流,并必然存在信用风险,且风险随着应收账期增长而变大。在实际经营中,应收账款应得到严格管理,且不算到现金流中,这样才能更好地发挥现金流的价值。

在过去的经营实践中,很多企业因现金流断裂而破产。比如,一家服装贸易企业的负责人不断地用现金从服装厂购买和定制衣服,而后将衣服卖给外贸商,外贸商则每两个月付一次款,这最终导致该企业破产。另一家企业本身现金流稳定、利润也不错,但企业负责人为了追求更多的利润投资了其他行业,该投资最终导致该企业破产。类似这样因为现金流断裂导致企业主违约,甚至企业破产的事例比比皆是。其根本原因在于企业负责人没有合理规划自身每个环节所需要的资金储备,也没有统筹好现金流,导致自身现金流不可持续。

在实际工作中,不少企业因没有业务现金流而出现很多问题。首先,长期的现金流断裂带来的是人员散漫,各个部门不知道该做什么。现金流对企业具有滋养、催化和融合的作用。当有业务的时候,也就是有现金流的时候,市场团队、运营团队等都有目标,可以不断改进或优化渠道、运营策略来提高现金流的质量。当无业务的时候,首先,每个团队都将失去目标,每个人都将松懈下来,这个时候,最着急的应该是企业高层和相关部门的负责人;其次,团队人员开始大量离职,原本理顺的团队成员关系开始陷入混乱;最后,没有现金流时往往也是企业负责人开始裁员的时候。在现金流充足的时候,哪怕一个协助类职能的工作人员都对确保现金流稳定起到作用,但无现金流时,其就没有价值。因此,对现金流进行管理是必要的。

2.4.2 现金流管理

现金流管理围绕着经营、投资和筹资展开,并兼顾风险和收益。从个人角度看,现金流主要是指工资、投资收益、融资现金流,养老等社会福利现金流,或者通过共享经济平台(如猪八戒网、滴滴打车)获得的经营性现金流。对于企业而言,其现金流是指经营性现金流、投资性现金流、政府补贴返税现金流等。现金流贯穿于个人或企业生产活动的全过程,是其"血液循环系统",所以对现金流的管理不能仅停留在监控和掌握上,更要注重挖掘自身生产过程中的问题并不断优化。

1. 现金流管理

现金流管理的目的是在现金的流动性与收益性之间做出合理的选择,力求做到既满足企业正常生产经营活动的需要,又不使企业现金被闲置,以获取最大化的长期利润。在实践中,人们将现金支撑超过半年的企业视为越过"安全线"的企业,将现金支撑超过1年的企业视为越过"健康线"的企业。

要管理好现金流,企业可以从以下几个方面入手。

(1)尽可能早地收回货款。在大数据时代,各经济主体可以充分利用第三方支付系统(如支付宝、微信支付)来提高回款效率和便捷性,同时让客户严格按照合同约定的付款方式支付,从而确保有效的现金流入预期,为以后控制应收款打下基础。为了更早地收回资金,企业甚至可以给客户一些小小的折扣。

(2)要支付出去的费用,在合法、合理的范围内,尽可能晚地支付,把现金留在自己公司账上,而不是让它们早早地去别家公司。

(3)大型生产设备或固定资产尽量租用,这样可以省下一大笔即时开支。

（4）花在库存上的钱不能产生任何收益和利润，一定要控制好库存。另外，为了适应大数据时代的消费升级，企业可逐渐从规模化生产转变为以 C2B 为主的生产模式，将各种生产过程不断进行细化、模块化，通过智能化改进，降低商品资本和商品运营资本，并借助推荐系统和精准广告手段进行营销，以降低库存。

（5）闲置资金一定要投在一个安全的理财产品上。

（6）定期（每天或者每周）制作现金余额和应收款项余额报告，这样才能知道公司什么时候会断粮，以及能做多大的业务。

现金流管理就是要保障现金流不断稳健增长，因为现金流越大，流速越快、越稳健，企业的财务基础就越稳固，适应能力和变现能力就越强，抗风险能力也越强。现金流管理可以根据企业的三大经济活动来进行管理。

2. 企业三大经济活动的现金流管理

企业现金流管理主要是指经营活动、投资活动和筹资活动中的现金流管理。如果说资产负债表和利润表主要体现了企业在特定报表时点的财务状态及报表期间的财务表现，那么现金流量表则提供了第三个维度——现金流——来进一步展示企业的基本面。如果人们能够综合来看这三张表，那么他们就能从更立体的角度了解企业的财务情况，并帮助其制定投资决策。

（1）经营活动的现金流管理。经营活动的现金流变化主要指企业开展主营业务所产生的现金流入和支出。将某个时期的经营活动所带来的现金净流入和利润表里的净利润数据，以及资产负债表里的存货或应收账款周转天数等数据相结合来看，往往可以帮助人们更好地判断企业整体的盈利能力与价值。

在企业内的经营活动中，现金流往往有如下情景：①通过股东出资，或从信贷机构借款形成企业的货币交易支付资本；②利用货币交易支付资本购买先进的机器设备等固定资产和原材料、雇佣工人等，形成生产资本；③企业通过组织工人利用机器设备对原材料进行加工，将原材料转化为产品或服务，这时商品资本就形成了；④ 产品需要存储、运输，还需要通过各种营销手段卖出去，这个过程所需要的资本是商品经营资本；⑤商品被卖出去后，回笼的可能是现金、支票、商票或者是赊销形成的应收账款，现金流的回收既需要支付技术和系统的支持，更需要记账，以便发现企业存在的问题并不断优化，这就是货币经营资本。

如果经营活动的现金流管理不善，盲目追求经营多元化，将造成企业资金分散，再加上对新行业、新领域不熟悉，企业将出现经营亏损，甚至现金流断裂，巨人集团就是这方面的例证。

（2）投资活动的现金流管理。企业的投资活动主要包括企业收购、处置子公司和购建、处置长期资产的业务等。较大的投资支出可能预示着企业未来业绩的提升，但也不能一概而论。一般情况下，通过对比一段时间内（如近2~3年）企业投资活动的现金流情况，能帮助人们对企业发展潜力有更好的认知。如果该企业持续投资，且利润、经营性现金流持续正增长，那么该企业可能有一个良好的未来。

通过比对历史财务数据及同行业对标企业的表现，往往能更有效地甄选出绩优标的。一般来说，当一家轻资产企业的净利润上升时，其经营活动现金净流量的变动与净利润的变动是比较一致的，如果不一致，那可能说明该企业的净利润存在一些"水分"。比如，净利润中存在非经常性损益（非经营性或偶发性的损益，如出售长期资产损益、出售子公司股权损益等），或者部分利润是通过"牺牲"现金流而赚取的（如给客户放长应收账款收款账期或者采用寄售模式，以获取更多利润）。

当遇到净利润可能存在"水分"的情况时，我们可以结合企业年报的相关内容来辅助判断，如管理层对业务及主要财务数据变动的解释、现金流量表的附注、主要利润表项目的注释，以及非经常性损益的描述与披露等。

对于收购型企业来说，企业年报中的重大并购、商誉减值等信息披露也是综合评价其并购整合能力及协同发展潜力的关键。对于IPO（首次公开募股）募集资金未完全使用的企业来说，IPO募集资金使用情况及现金流量表的表现是综合评价其投资规划、执行以及投后管理效率的关键，也可用来衡量该企业是否能通过有效投资为投资者赚取合理的回报。

投资活动的现金流管理不善将导致企业亏损，甚至破产。比如，德隆集团、三九医药等企业就因兼并过度导致资金紧张和资金链断裂。

（3）筹资活动的现金流管理。企业的筹资活动主要包括企业与其权益类投资人和债权人（如银行）的资金往来活动。筹资活动现金流是企业对日常经营所获取现金流的一个很重要的补充。当企业盈利能力好,投资项目回报高于筹资成本时,企业倾向于通过筹资活动来获取资金以进行业务扩张。在遇到筹资活动现金流量较大的企业时,应适度关注这类企业的融资成本,以及在一定历史期间融资现金流量的变化情况,如2020年6月特斯拉的市值在1 843亿美元左右,而其自身的营业收入净现金流仍然为负(2019年营业利润为 –6 900万美元)。

通常来说,当一家企业融资现金流入逐渐减少或由正转负,或者融资成本明显高于同行业可比公司时,金融机构就要谨慎行事了。因为这通常预示着债权人(通常是较为敏感且拥有较完善风险识别机制的金融机构)可能已经嗅到了一些敏感的味道,并做出了积极的措施以降低其风险。在遇到这类情况时往往还需要关注企业财务报表中的借款或股票抵押、质押等情况,以及是否存在借款财务指标违约的情况,并进一步作出评估。

现金流对刚刚起步的创业者的重要性远远超过对成长性企业和成熟企业的重要性。创业者往往都没有资金,纵然有能力也无法施展,因而哪怕是非常小的现金流创业者也会抓住,而且只有从小做起,才能在过程中锤炼自身的能力,并在磨炼中浴火重生。

企业经营获得的现金流对于一个创业项目来说十分重要,因为创业项目并不是拿着投资人的钱租一个办公室、搞一张营业执照、招一伙人就能干起来的。创业项目是能够让资金增值的载体,必须有前期投入,并在运作过程中显示项目的核心优势,根本还是在于现金流。当有稳定的现金流时,创业项目如果想使该现金流扩大或增加其稳定性,那么可以寻找风险投资或私募股权投资,具体需要多少资金按照项目需求来确定。

2.4.3 现金流所带来的选择机会

在没有任何交易成本的理想情况下,企业随时都能无限量筹措到所需资金,现金流是无任何作用的。在一个信息不完全和充满不确定性的真实世界中,现金流的价值是不容忽视的。正如沙克尔所定义的,现金流是对尚不存在的情况缺乏了解时的应对工具,如果一项资产能够规避这种因缺乏了解而造成的后果,那么它将是具有流动性的[1]。

---

[1] 郑凌云. 现金何以"为王":企业现金流期权定价研究[M]. 北京:中国时代经济出版社,2016.

每个人能够坦然面对未来的各种不确定性的关键在于其拥有稳定的现金流。在现实生活中，中产人群焦虑的根本原因是在面对各种不确定性时，自身无持续、足量的现金流来支撑。各家企业的负责人焦虑也是因为公司业务没有稳定、持续的现金流来应对各种不确定。现金流的本质是提供灵活性以应对未来的各种不确定性，拥有现金流就拥有了对未来的消费、投资的灵活选择权。

这里的灵活性是指对新环境的反应和主动适应能力。在现实生活中，不论是个人还是企业，没有灵活性就将面临生存问题。灵活性可分为状态灵活性和行为灵活性，也可分为成功适应未预知变化的能力，以及承受这种变化的能力。

无现金流就无灵活性。经济学家希克斯曾阐述道：由于持有缺乏现金流的资产，未来本可能对他敞开的机会被压缩。乔恩斯等学者则在一个信息模型框架下，对现金流与灵活性之间的等价关系进行了探讨。

不论对于个人还是企业而言，现金流类似一种保险、一种兜底协议或者一种期权。现金流是一种自我储备，更是取信他方的关键。存在不确定性和有风险的情况时，现金流的保险功能也类似一种期权，现金流拥有者可以选择当前不使用以应对未来的不确定性和风险。对于个人来说，现金流是可以选择当前不使用以应对未来的消费。

从选择权出发来衡量现金流的价值时，现金流让不存在外部融资的企业获得了投资机会。现金流的期权价值等于投资机会的投资价值，这时的期权就类似美式交换期权，即在到期日前任何时间都可以执行。但当外部存在融资时，以外部融资来满足投资需求就类似欧式交换期权，即只能在到期日行权。现金流的价值就对应美式期权和欧式期权二者价值之差。

2.4.4 现金流价值的定价理论分析与实证结果

最早对现金流价值进行研究的是经济学家凯恩斯，他在《就业、利息和货币通论》中将人们持有现金的原因归为交易动机、预防动机和投机动机，其后很多人对现金流做了研究。微观经济学领军人物史蒂芬·莫里斯（Stephen Morris）在1983年尝试将现金流和资产定价模型（Capital Asset Pricing Model，CAPM）联系起来，并分析了企业现金流对企业系统性风险的影响，结论是现金流太小可能增加企业的系统性风险。虽然有很多人在研究现金流,但往往将现金流和现金的概念混淆了,本质是将流量和存量两个概念混淆了,这里的现金流是一个流入量的概念。

1. 资本价值不同

相同的资本在不同时间或不同领域对经济的价值是不一样的。比如,同样是100元人民币,今天的价值和明天的价值是不同的。创造方式不同,其价值也是不同的。人们通过技术创造获得100元,与通过煤炭资源获得100元,以及金融业务中获得100元,其价值是有所不同的。

融资机构不同,资本本身所含价值也不同。比如,A、B两家机构都愿意向一家创业公司投入500万元并换取相同的股份,A是世界知名投资机构,B是一家地方投资机构,其负责人是创业公司负责人的多年好友。从资本价值上看,A机构所投入500万元资本的价值更大,因为A机构可以以自身信誉、资源等为创业机构带来更快的资本积累速度和效率。

2. 现金流价值的边际不同

在经济学理论中,当市场处于一般均衡状态时,货币边际效用将保持不变。但是正如行为金融学或者行为经济学中所讲的,一般均衡或者局部均衡很难实现,价格信息不能传达有效信息,即有效市场假说失效。在这样的市场上,现金本身的边际效用会因为商品、地区或时间的不同而不同,也受经济参与者自身需求、意识、认知的影响。这时一些资金的边际效用比另一些低,这就是所谓的"心理账户"效应。

现金流的边际效用不仅对不同的企业不同,而且对不同的人也不同。假设现金的边际效用为MU_H,时间和其他各种成本边际效用为MU_C,主流经济学认为现金效应是不变的,即$MU_H = \dfrac{MU_1}{P_1} = \dfrac{MU_2}{P_2}$。

其中,P_1和P_2分别是商品1和商品2的价格,MU_1和MU_2分别是商品1和商品2的边际效用。

随着商品数量增加,边际效应保持不变,但价格发生了变化,且变化量为P。相对于原价格,价格变化率分别为$\dfrac{P}{P_1}$和$\dfrac{P}{P_2}$,则现有价格分别为$\left(1-\dfrac{P}{P_1}\right)P_1$和

$\left(1-\dfrac{P}{P_2}\right)P_2$，对应的现金边际效用发生了变化，分别为 $\dfrac{MU_1}{\left(1-\dfrac{P}{P_1}\right)P_1}$ 和 $\dfrac{MU_2}{\left(1-\dfrac{P}{P_2}\right)P_2}$。

在商品边际效用不变的情况下，现金的边际效用 MU_H 发生变化。P 增大，则货币的边际效用 MU_H 变小；P 变小，则货币的边际效用 MU_H 增大。在"经济人"的假设下，边际效用最大化。当现金足够多的时候，现金边际效用变小，而时间等边际效用非常大，所以人们不愿花时间而愿意花钱。也就是说，当 $MU_C > MU_H$ 时，人们愿意花钱而不愿意花时间；当 $MU_C < MU_H$ 时，人们愿意花时间而不愿意花钱。

假设距离消费者 200 米左右的 A 商店衣服价格为 125 元，计算器价格为 15 元，而距离消费者 5 公里左右的 B 商店衣服价格为 120 元，计算器价格为 10 元。一般而言，多数消费者选择到 A 店购买衣服，到 B 店购买计算器。因为对消费者而言，B 店计算器的现金边际效用为 A 店的 1.5 倍，且远大于时间等边际成本；而 B 店衣服的现金边际效用是 A 店的 1.04 倍，且与时间等边际成本相差不大。因此，选择去计算器价格较低且距离远的商店购买计算器是"经济人"的理性选择。

3. 现金流价值的期权定价模型分析

郑凌云从现金流的看涨期权定价模型、看跌期权定价模型着手建立起现金流的期权价值模型。当不存在外部融资时，现金流价值就是现金流美式看涨期权价值与美式看跌期权价值的组合；而当存在外部融资时，要计算出以现金流美式看涨期权价值与对应的欧式看涨期权之差，以及美式看跌期权价值与对应的欧式看跌期权之差，这两个差的组合即现金流的价值[1]。

在期权定价模型中，投资等待损失越大，现金流的价值越大，且随着等待损失增长，现金流价值呈现对数式增长，同时现金流价值随着持有现金流的机会成本或应对债务的保障增长而递减。现金流价值随着波动性增大而减小，这与经典期权定价模型不同，但与事实并不矛盾。因为现金流期权价值是美式期权价值和欧式期权价值之差，这两个期权价值都随波动性扩大而增加，但前者的增加幅度要小于后者。现金流的价值主要受现金流的流量大小、持续性和稳定性等影响。在现金流价值评估中常用现金流折现的方式，有时也用计量实证的方法，如法玛

---

[1] 以现金流来满足投资资金需求类似一个可以任意时间执行的看涨期权，即美式看涨期权；而以外部融资来满足投资资金需求类似一个到期日才能执行的看涨期权，即欧式看涨期权。

（Fama）等人的市场方法。

4. 现金流价值的实证分析

郑凌云用现金流期权价值模型对我国上市公司现金流价值进行了实证分析，结果显示，我国上市公司每单位的平均现金流价值约为 1.43 元，即现金流每 1 元的价值为 1.434 8 元，其中，现金流的投资期权价值为 1.89 元，保险期权价值为 0.76 元。从行业来看，农、林、牧、渔业的现金流价值最大，为 4.34 元，这主要是因为其投资期权价值比较大；而信息技术的现金流价值最小，为 0.63 元，主要是因为这类企业现金流持有太多，这表明科技类企业具有良好的投资价值，但由于其持有的现金流相对较多，从而摊薄了其现金流价值。同时，郑凌云从股本规模的角度分析了现金流的价值，并得出随着股本规模增加，现金流单价的价值减小，但总的现金流价值增加的结论。

彭科维茨（Pinkowitz）和威廉姆森（Williamson）利用法玛等人的市场方法估算了美国企业的现金流价值。其结果是，股东对 1 边际美元现金流所要求的平均价值在 0.94 美元 ~ 0.97 美元。但如果按照企业特征分别估算，则现金流价值差别很大，一般在 0.27 美元 ~ 1.76 美元。对于成长性企业或未来投资需求不确定的企业来说，现金流价值更大；而对于成熟的、更大的企业而言，现金流的价值相对小一些。但他们得出的部分结果与实际是背离的，如难以进入资本市场的企业，他们的现金流边际价值更低。

福克纳（Faulkender）和王（Wang）在 2005 年基于不同企业的大样本，使用检验超额股本回报的方法规避法玛等人所用方法本身的潜在误差，得到两个结论：一是对于任何企业，现金流的边际价值平均为 0.94 美元；二是当企业的现金持有水平和财务杠杆率过高时，现金流的边际价值大幅下降。对于进行分红的企业来说，其现金流边际价值提高了 0.13 美元，而对于难以获得外部资本的企业而言，现金流边际价值显著高于财务约束较小的企业，且财务约束企业与非财务约束企业的现金流边际价值之间的差异非常大。

不同类型企业、行业的现金流价值是不同的，因为其资本是不一样的。不同的资本所对应的现金流是有所差异的。接下来，我们将从实践层面分析实体资本不同要素所产生的不同现金流。

2.5　大数据时代下实体资本的现金流获取

过去，实体资本主要靠生产商品、出售商品来获得现金流。但随着大数据技术的发展及应用，实体资本的现金流获取变得日益多元化、智能化，如业务外包代加工、商品出租、实时广告、第三方支付等。

2.5.1　生产资本的现金流——代加工厂模式

劳动力、原材料、机器、厂房、技术专利等都是生产资本，这些生产资本都可以产生现金流。有的通过授权各种技术专利的使用权来获得现金流，如苹果公司、谷歌公司、高通等；有的则通过厂房租赁来获得现金流，比如，很多老厂房因环保政策等原因逐渐被拆，但往往厂房都留着，经过改装后以商业办公的用途进行出租来获得现金流，这些办工区因为所处的具体位置、周边的交通和饮食等不同，租金也不同，如在上海浦东新区陆家嘴每天每平方米的租金可能在10元左右，而在闵行区浦江镇的租金可能在2元左右。

制造业是最能体现生产资本的行业，是一个国家最核心的竞争力之一，尤其是在战争时期，其重要性更加凸显。对于制造业来说，获取现金流的关键是制造出更先进的工业产品以满足客户需求，同时还要确保有充足的订单。为了生产更加先进的工业产品，制造业首先要基于客户需求来研发相应的技术和工艺，其次以智能化的生产流水线来确保各种个性化的需求，最后要确保生产资本得到最大化的利用。

以航空发动机为例，其被誉为现代工业"皇冠上的明珠"，其制造水平代表着一个国家的科技、工业和国防实力。现有加工手段容易导致航空发动机的关重件出现各种制造缺陷，严重影响了新一代航空发动机的研制和生产。在航天领域，卫星电推进器等关重件存在微米级加工精度、高表面质量、大幅曲面薄壁结构等极端制造"瓶颈"，极大影响了航天飞行器的性能、寿命及可靠性。

除了要突破工业产品的关键技术外，相应的生产需要自动化、智能化，以适应个性化需求。

最大化地利用生产资本就要解放思想，让生产资本每时每刻都能获得现金流。比如，对一个叉车拥有者而言，叉车是一种搬运、卸载物品的重要工具，如果让它能每时每刻都带来收入，一种方式是自身拥有物流仓储，在仓储中使用叉车来提高效率，给自身带来现金流；另一种是将叉车出租，给自身带来现金流。总体来说，生产资本产生现金流主要有两条途径：一是直接投入生产产生现金流；二是租赁后投入生产获得现金流。

除了利用专利授权、厂地租用、技术创新和智能化生产等来获得现金流之外，企业还可以发挥劳动力的作用来获得现金流。比如，各种饭店或酒店主要靠为客户提供食物获得现金流，其核心是厨师有较高的厨艺。

在市场上，很多外包公司招人并对他们进行相关培训后，将其派驻到其他公司工作，这样的公司主要是借助劳动力来获得相关现金流收入，如 IT 外包、审计外包、风控咨询等。

除了外包之外，另一种是依赖劳动力的代工厂。这种模式就是充分利用自身的生产流水线以及工人优势，根据品牌方的产品设计进行加工。此类比较典型的商品是手机、衣服、鞋子、面包等，它们往往由代工厂制造。比如，苹果手机就是通过富士康来代工，富士康则通过生产各品牌的手机等电子产品来获得现金流，其将自身的生产资本发挥到极致。

典型案例

代加工厂现金流模式——富士康和台积电

代加工是分工和专业化发展的必然趋势。随着科学技术的快速发展，代加工也将是实现充分就业的关键。富士康是我国有名的代加工厂，主要为苹果等科技公司提供制造服务。其产品主要有机顶盒、路由器、交换机、手机等。

富士康代工苹果手机的流程一般是：苹果公司首先进行一系列的严格审核，挑选出优质的零件材料供应商，并且从这些供应商手上采购零件，然后将这些零件卖给富士康,等富士康将零件组装完成之后,再按照相应的流程,将这些组装产品卖回给苹果公司。

富士康的现金流入主要是由将组装产品卖给苹果公司所获得,而其现金流出则主要是因采购零件材料、支付工人工资等产生。其现金流的核心在于获得足够的现金流入量,并通过批量采购零件来降低现金流出量。根据其2015年到2019年的财报数据来看,购买零件材料的成本占比达到80%,而且逐年上升,而人工成本占比则只有5%,且逐渐下降。富士康2019年财报显示,其利润为38.1亿美元,约270.5亿元人民币。

成立于1987年的台积电也是一家代工厂,它是全球最大的专业集成电路服务商。台积电不遗余力地进行研发投入和招纳人才,使其成为全球首家提供7纳米代工服务的专业代工厂。

台积电的利润非常高,高过富士康很多,同一时间甚至是华为利润的1.6倍,净利润可达765.6亿元。台积电能有这么高的利润收入是因为全球60%的芯片代工订单都在它手里。早年台积电的忠实用户是苹果和华为,现在它已经拿下了高通的芯片订单,全球顶尖的芯片公司都选择了台积电。

无论是富士康还是台积电,都是充分利用生产资本来获得现金流,并发展得非常好的企业。其二者的区别在于,富士康主要是通过发挥技术工人的技能来生产,而台积电主要是通过发掘研发人员的研发能力并创造出高精度的工艺流水线来生产。

随着大数据技术的发展,富士康、台积电都将大力发展智能制造,即充分利用物联网技术对生产流水线上的各种数据进行收集,利用图像识别、机器学习、人工智能等技术来分析和挖掘生产流水线上的数据,并得出各生产环节的制造模式参数以确保生产结果符合客户需求。也就是说,未来生产资本所需要的不再是纯粹的机械工程师。正如郭台铭在2016年世界互联网大会上所说,"富士康未来不再需要机械工程师,而是懂得运用大数据的判断者"。这样的做法将使生产资本的现金流更加稳定、可靠和持久。

2.5.2　商品资本的现金流——租车模式

制成品、半成品等商品资本只有销售出去才能换回现金流。商品除了来自自身生产外，也会通过代理商、经营商等获得，而后转手卖给其他需要者。

商品被销售出去的前提是产品的质量获得用户的认可。在销售商品的过程中，企业需要借助各种营销手段来达到目的。一般而言，人们可充分利用大数据技术来提高销售量。其核心过程是：首先制定业务目标，如提高销售量；其次收集数据并提取特征建立模型；最后根据模型结果来制定营销策略。

大数据分析和挖掘只是工具，能利用其来提高销售量的前提是对产品和客户都有深入的了解。在产品层面，要了解产品的目标客户、核心功能、辅助功能、技术先进程度、外形外观、质量、价格等；在客户层面，要了解客户的收入、需求、个性化自我强度、认知、购买习惯、情绪等。如果根据用户收入、偏好等来识别出合适的产品，并在恰当的时间推送给客户，那么客户购买率会大大增加，从而能提高商品资本转化为货币并产生现金流的效率，如图2-6所示。

	用户维度				
		收入	偏好	购买间隔	情绪	评价
产品维度	外型	1 000				
	功能	2 000				
	质量	1 500				
	价格	120				

图2-6　客户与产品洞察表

商品能够转化为货币并获得现金流的前提是产品能够满足消费者的需求，同时能为消费者带来价值。比如，人们到理发店理发后会为这种服务付费，一般的理发通常是几十元，而有的复杂的理发项目可能要上千元，甚至上万元。因为理发不仅能给人们带来舒服感，也能改善人们的精神面貌，或者会使人显得时尚。这是每个客户愿意付款的原因，同时也是理发店获得现金流的关键。

在大数据时代下，商品资本除了通过销售商品获得现金流外，还可以通过租赁、共享商品等获得收入。比如，造船厂造出来的船可以不通过销售而是通过出租的方式来获得现金流，房地产公司也可以通过出租房屋的方式获得相应的租金收入。

随着共享经济的不断发展，一些企业以租赁、共享等方式获得了现金流，丰富和完善了商品资本获得现金流的方式。

长租公寓是房地产市场中一个新兴的行业。房产中介或第三方首先将业主房屋租赁过来，进行装修改造，配齐家具、家电，然后出租给需要租房的人士。这类长租公寓运营模式主要包括开发运营模式、资产托管模式、运营服务模式和待建运营模式。

开发运营模式主要是指房地产商自己开发并运营。房地产商组建专门的运营团队来负责存量房或新建租赁住房的运营，为租客提供租赁和增值服务，获取"资产增值和租金"，这是当前规模较大的房地产商常用的方式。

资产托管模式是房地产商将公寓托管给运营服务商，由运营服务商出租和进行租后管理。在这种模式下，房地产商承担房屋维护费和装修费用，享受资产增值和租金收入，而运营服务商则负责公寓运营，支出一定的管理成本，为租客提供租赁和增值服务，赚取托管费和租客增值服务费等。

运营服务模式是运营服务商从房产所有者处承包公寓（向房屋所有者缴纳固定租金），对房屋进行标准化装修，并且负责出租期间的运营和维护。这种模式的运营服务商赚取租金差价和服务费，而房产所有者享受资产增值和固定租金收益，自如采取的就是这种模式。

待建运营模式是房地产商受土地所有者/使用者的委托，提供土地规划、建造和运营服务，向所有者缴纳固定租金，并收取租客租金和服务费，赚取租金差价和服务费；土地所有者需要支付房企建筑费用，享受资产增值和固定租金收益。房企担任代建运营的角色。

这些是房地产市场中长租公寓的运营模式。房产是一种商品，这种商品可以通过出租来获得相关的现金流，其他商品一样可以通过租赁、共享的方式获得现金流，如汽车、自行车、图书等。

> 典型案例

租车模式——强生出租车

上海强生出租车公司的模式是典型的"上海模式"。强生出租车首先购买汽车（这些车从某种意义上讲就是商品资本），而后进行出租载客。每个租车客户需支付车费给司机，而后司机缴纳相关费用给公司。同时，强生出租车公司还开展了汽车租赁业务。

从强生出租车2019年的财报数据可知，其出租汽车的收入为9.27亿元，相应成本为9.66亿元。

上海强生出租车公司的出租车每隔10秒钟会自动向总部的服务器发送一条数据，记录其所在的经纬度、车速、车内是否有人、行驶方向等信息。这些数据有利于强生公司对出租车实施管理，降低出租车出交通事故的概率，提高现金流流入效率。

2.5.3 商品经营资本产生现金流——互联网广告业

商品经营主体往往是经销商、批发商或零售商，其从厂家获得商品或服务代理权，并在厂家价格上加价，销售产品后获得现金流。比如，五金店是从批发商处获得商品，在商品上加价后进行销售，以获得现金流。水果店、鲜花店也是如此。

在大数据时代，商品经营的核心是用户运营，关键在于用户获取、用户激活、用户留存、用户变现、用户推荐等环节。

用户获取主要是通过在渠道投放广告，这就需要采取精细化投放策略，不断优化所投放的素材，充分利用各种资源获得新用户。比如，以淘宝、天猫、京东为代表的电商主要依靠自身广告系统、推荐系统及技术服务系统等获得现金流。广告系统、推荐系统是当前电商平台获得现金流的核心阵地。

1. 精准广告获得现金流

对于互联网平台及电商而言，盈利一般都是靠广告。图2-7给出了四大主要互联网巨头2019年营业收入中的广告收入占比，阿里集团广告占其总收入的

54.70%，脸书的广告收入占其总收入的 98.50%，虽然亚马逊的广告收入占比低，但其增长率较高，为 41%[1]。

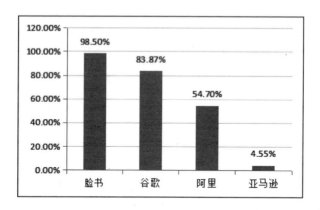

图 2-7 四大主要互联网巨头营业收入中广告占比

在大数据时代，精准广告是各家流量平台的重要收入来源。精准广告的核心思路是：基于利润最大化找到最合适的广告投放策略，公式如下。

$$\text{Max Profit} = \text{Max}[R(a, u, c) - E(a, u, c)]$$

其中，R 是受广告（a）、用户（u）与用户所处环境（c）影响的收入，相应地，E 则是受广告（a）、用户（u）与用户所处环境（c）影响的支出，收入和支出的差就是广告投放所带来的利润，如图 2-8 所示。

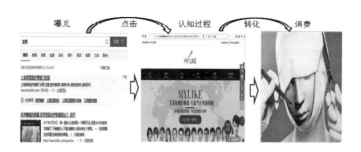

图 2-8 从广告到最终消费的转换

每次广告产生收益的关键在于点击率和转化率，点击率就是广告被成功点击并进入引导页的次数与点击次数的比值，转化率则是消费次数与成功进入引导页

1　王军伟. 风控：大数据时代下的信贷风险管理和实践 [M]. 北京：电子工业出版社，2017.

的次数的比值,因此收入等于点击率乘以每次转化的价值,即 $R(a,u,c)=h(a,u,c) \times v(a,u,c)$。其中,$h$ 表示点击率,v 表示点击后转化所带来的价值,总体表示单次点击行为为广告产品带来的期望收益。

在实际操作中,并不是所有广告都可以准确地估算出点击所带来的收益,因为点击率和点击转化所带来的价值很难准确估算,同时由于广告市场中合作关系错综复杂,因此,广告收费模式就有很多种类,如按展示时间长短收费的模式(Cost Per Time,CPT)指当下的主流模式允许某个品牌类广告主独占某个广告位并按照占用时间向其收费,新浪之类的门户网站就常用这种模式;按展示次数收费的模式(Cost Per Mille,CPM),即合作双方约定展示千次的计费标准,至于广告所带来的效益则由需求方评估,视频广告就常用这种方式计费;按点击率计费的模式(Cost Per Click,CPC)指需求方基于点击率估计和点击价值估计,通过竞价获得展示机会的广告模式,实时广告常用这种方式;按效果计费的模式,又可分为按销售计费、按转化计费、按投入产出比计费等,广告联盟常用这种方式。

从广告中获得现金流的本质是为企业吸引新客户,这种模式在大数据时代将是一个重要的现金流来源,今天有很多企业在这么做,如上海汇鱼30%左右的收入来源于为各银行卡中心导流客户;今日头条、百度、360等都通过利用自身优势为其他机构引流来获得收入。在严监管的情况下,一些风控机构,如同盾,也开始进入引流市场。

除了渠道广告投放外,企业还常常通过各种活动获取用户,如各种节日和事件促销活动等。除了渠道投放广告、搞活动外,用户运营更为重要的是通过建立相应的任务体系来让客户带客户。比如,拼多多以拆红包、现金签到和邀请好友砍价等方式获得新用户,通过开发一些任务,让用户用最小的代价获得大量经验值,以诱惑用户每天至少登录一次。

2. 客户洞察与分析挖掘

客户激活、留存、变现和推荐都需要对客户进行深入洞察和分析挖掘。尤其是从事引流获客的机构,最重要的就是精准营销,而精准营销的关键在于对产品的理解及对客户的洞察。

对客户洞察与分析挖掘的主要流程如图2-9所示。首先,要明确目标客户是谁,并深入理解其需求、客户自我意识、情感过程、认知过程、消费习惯等，这样才能更好地激活、留住客户；其次，要深入理解企业或机构的产品特征、客户定位和后期服务等，这样能在不损害企业或机构利益的前提下，更好地服务客户，也能为企业相关产品引入更多用户，进而获得更充足的现金流；再次，企业要结合客户需求及所服务企业或机构的产品特征，设计出能够"黏"住客户的产品或服务，以保证客户能够长期稳定地使用企业平台，这样可以降低成本；最后，需要引入各种渠道（如短信通道服务商、外呼中心、性价比对服务提供商、第三方支付服务商等），以提高自身的黏性并获得更大的现金流。

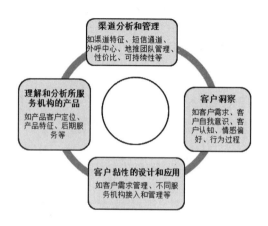

图 2-9 客户洞察与分析挖掘

在获取用户后，就需要激活用户，即留存新用户。激活用户通常有两种方式：一是利益刺激；二是紧贴用户需求提供产品或服务。利益刺激往往需要一些资源倾斜，并以红包、折扣券、优惠券等方式来诱惑用户"活"起来；紧贴用户需求提供产品或服务，则需要不断优化产品或服务，并设计出新的产品或服务。

这两种方式都需要大数据支持，因为利益刺激需要资源，而资源往往是有限的，这就需要对用户进行分层，识别出不同的用户对不同的利益刺激的响应情况，以进行有针对性的刺激。产品或服务的优化和设计也需要大数据，因为根据过往用户的查询行为、选择比较行为、交易购买行为、使用处置行为、分享行为等数据，能够找到已有产品或服务的可优化点，并确定尚未满足的需求，以设计新产品或服务。

3. 存量客户运营

随着用户增长势头趋于平缓，新增用户空间逐渐缩小，存量用户的稳定和价值提升是巩固规模优势、保持业务收入持续增长的关键所在。比如，截至 2019 年，移动、联通和电信三大运营商用户共计 15.9 亿，新增用户有限，存量客户运营将是其核心竞争力。

存量用户运营主要是通过挖掘用户数据，分析不同客户的生命周期，然后借助精细化运营、差异化服务及新产品来进行客户关怀、服务及维系挽留，有效保有客户规模，从而实现客户保有和价值提升。

存量用户运营实践往往是从用户分群、提升客户稳定性和客户贡献度着手。用户分群主要从客户价值、客户活跃度、客户历史交易额等出发，建立客户价值模型、客户稳定性模型和客户贡献度模型。

用户分群主要是指根据用户历史行为（访问频次、间隔、时长、最近一次访问距今时间）将用户生命周期划分为新用户、成长用户、成熟用户、衰退用户、沉睡用户和流失用户。

客户价值模型是从客户贡献度、忠诚度方面入手，分析客户历史贡献、当前贡献、业务量多少、朋友圈大小等。客户稳定度模型主要是从基础属性、业务捆绑、消费行为、业务使用、消费趋势等方面分析客户，具体包括使用产品类型、终端品牌、增值业务使用情况、最近半年付费次数、用户平均收入下降趋势等指标，如图 2-10 所示。

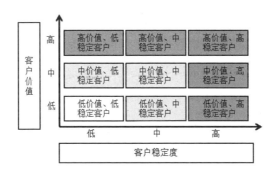

图 2-10 基于客户价值与稳定度细分客户群

企业基于不同客户的价值和稳定度,将有限的营销资源进行合理分配,如追求高现金流的企业应该将营销资源优先给予高价值、中低稳定客户。

在客户分群的前提下,要提高客户稳定度,就需要知道客户的稳定度为什么不高,通常企业可通过调查问卷或对数据的分析挖掘得到相关原因。数据分析得到的结论往往需要与问卷调查得到的结论相互佐证,因为问卷调研投入成本高,但有效性不尽如人意,而用户行为数据透露的信息有可能被分析人员歪曲解读。

在明确了客户不稳定的原因后就需要优化产品,因为持续为客户提供优质的产品或服务是存量客户运营之本,存量客户运营归根结底是以客户的需求为出发点,满足客户需求,让客户感觉愉快,只有这样,存量客户才能稳定下来。

除了优化当前产品或服务之外,企业需要围绕用户的兴趣点或紧急需求来提供产品或服务。比如,用户对华为 mate 30 感兴趣,企业可提供相应产品来提高客户黏性,也可以根据成为客户的时长、积分等来提升客户黏性。同时,也要通过创新来不断完善产品,提供超乎用户预期的服务等来提高用户稳定度。

在客户分群的前提下,除了提高客户稳定度,企业还需要提高客户价值。企业需要围绕客户的需求不断优化客户服务。比如,运营商可以将原本 59 元的套餐提高到 79 元,也可以通过交叉销售的方式来提高客户的价值;汽车推销人员向客户推荐汽车保险以及提供车抵押贷款,或者根据客户行为增加一些活动,如客户购物满 200 元,送 30 元优惠券等。

用户激励体系和用户触达是存量客户运营的关键。首先企业不能将用户激励体系等同于积分、勋章等具体方案,每家企业需要结合自己用户的需求、产品卖点等设计自己的用户激励体系。然后需要考虑如何触达用户,目前常用的方法有四种,分别是主动推送、系统消息提示、发短信和发邮件,其中后两者的效果在大多数场景下很差。主动推送有以下几个要点:①推送内容。发布的内容只有做到数量多、分类多、及时性强、个性化才可以保证效果;②推送通道。推送可触达的设备越多则效果越好;③推送策略。要考虑对哪部分用户推送、什么时间推送、每天推送多少条、推送文案是否加图、文案生硬程度等。推送也要做好管理,以保证发布内容和频次的稳定及分类的合理,同时建立报表,及时分析每条信息的效果,以便于调整策略,保证推送效果。

一些线下门店存量客户的维护除了采取上述措施外，还可以根据客户的具体需求开展具有一定主题的小型聚会，培养客户黏性，如理财客户沙龙、高净值客户沙龙等。

在存量客户运营方面，电信运营商是最早面临新增用户增速下降而不得不重视存量客户运营的机构。电信运营商的存量客户运营策略主要为建立防御体系来应对竞争，基于存量客户的分层、分级提供个性化服务，并利用有限资源来提高客户的稳定性和价值等。其核心可以分为如下六大方面。

（1）利用各项业务强化对存量客户的渗透。企业需要根据客户特征进行产品或服务开发，如电信运营商的语音业务是基于客户的不同类型（家庭客户、公司客户、校园客户等）提供服务；根据产品或服务的特征推出产品或服务，如电信运营商将上网分为有线、无线；围绕"衣食住行娱健教"开发增值类服务，如电信运营商提供音乐、阅读、手机支付、一卡通、位置定位等服务。

（2）加强对存量客户的营销活动。随着新增客户量的逐渐减少，营销措施向存量客户倾斜是用户运营的必然方向。在存量客户规模大而营销费用有限的情况下，对存量客户进行分层、分类是有必要的。比如，对于普通存量客户，推出力度小的优惠；对于中等存量客户，可增加优惠力度；对于有流失倾向的存量客户，要有针对性地推出优惠力度大的营销活动。

（3）抓住一切渗透机会并丰富渗透方式。利用用户的交易行为进行交叉销售，需要注意的是，要将各种渗透的比率控制好，这是影响成本和客户购买的关键。

（4）强化客户体验，提升存量客户价值。不断提升产品或服务来满足消费者的个性化需求，以此不断提高存量客户的价值。

（5）对维护存量客户的产品或服务进行转化升级。通过业绩考核、奖金激励等措施引导各渠道升级产品或服务。

（6）提升存量客户的运营效率。充分利用大数据技术收集数据、挖掘数据，做好客户分层、分级和产品特征提炼，以便为客户精准匹配满足其个性化需求的产品；充分利用App、电话、短信、代理人等方式加大客户接触点；及时准确地评估存量运营效果，对渠道、产品、客户、营销通道等存量客户的运营效果进行分析，并通过 A/B 测试[1] 寻找效果最优的营销方式。

存量客户运营是未来运营的核心，也是企业利润的核心来源。这就需要企业上下一心、各部门之间协同来维持好客户，从而获得稳定的现金流。

典型案例

广告业的现金流模式——阿里妈妈

阿里妈妈是隶属于阿里巴巴集团的国内领先的广告营销平台，拥有核心商业数据，每天有超过 50 亿的推广流量，每天完成超过 3 亿件商品的推广展现，覆盖高达 98% 的网民，实现了数字媒体的一站式触达。阿里妈妈可以结合当前用户的兴趣推广其想要的商品。

阿里数据库存放了大量广告主的商品信息，可能有几千万或者上亿条，到底应该把哪些展现给用户看呢？它会根据用户的点击率及广告主对商品的出价计算出一个分数，将商品按照这个分数排序后依次展现。

其广告展示的特点：①闭环生态提供完整的用户行为和广告计划数据。②其主体大多数是中小广告主，相比品牌营销，更加关注收益的增长。③广告主的诉求比较多样（点击、购买、展现、回报率），通过对点击出价来竞争流量，即采取 CPC 模式。④广告投放需考虑媒体平台的要求。

平台的广告投放不仅要考虑广告的营收，而且要考虑广告投出去以后用户喜不喜欢，真正投出用户喜欢的东西用户才会愿意点击，愿意购买。

GMV（成交总额）是指用户点击广告后购买商家商品的成交额，成交额越高，商家越开心，用户也越开心，因为用户买到了自己想要的商品，商家卖出了自己的货物。

CPC 模式是指对商家或广告主按照点击扣费，但是费用由广告主出价决定。虽然每次 CPC 的费用仅在 0.1 元到 2 元不等，但阿里妈妈的广告收入在

---

[1] A/B 测试，又称对照实验，即为一个目标制订两个方案，让一部分用户使用方案1，另一部分用户使用方案2，系统通过数据分析来识别出最优方案，为后续全面实施相关方案提供数据基础。

> 2019年超过了1 400亿元。这主要得益于淘宝每天近50亿的流量，其为淘宝每天带来相对稳定的现金流。

2.5.4 货币经营资本产生现金流——第三方支付业

货币经营业与商品经营业的不同在于，货币经营业往往与金融机构紧密联系在一起（借助银行间交易市场进行同业拆借），同时也与企业、个人紧密联系在一起。它处于整个经济系统的核心位置，关系到经济体的方方面面，往往需要得到监管部门许可后才能开展业务。

1. 银行、保险等金融机构的现金流

按照"巴塞尔协议"，各家金融机构至少有自身资产8%的资本，那么这些资本如何产生现金流？

银行是一个古老的机构。它从个人、企业或金融机构吸收存款并支付相应的利息，并将这些存款借给个人用于消费、借给企业用于经营、借给金融机构以缓解流动性压力。在进行放贷时，银行的贷款利率往往是存款利率的2倍甚至更高，由此产生的利息差是银行的现金流来源之一。

通过利差来获得稳定现金流的机构不仅仅有银行，还有消费金融、互联网小贷、小贷、保付代理、担保和供应链金融等机构。这主要是因为个人消费信贷、小微企业经营信贷都拥有巨大的市场，各种机构进入该市场有助于降低融资门槛和融资成本。

同时，银行会通过自身支付、清算、会计等方式为其他企业或个人提供各种服务来获得服务费用，如通过财务咨询、代收代付等获得的服务费用。这些服务费用也能为银行带来现金流。除此之外，银行还可以充分利用自身金融专业知识进行贵金属、外汇、股票等投资，以获得套利现金流。

保险机构也是经过监管部门许可后成立的货币经营机构。其通过保险产品（如寿险、财产险、车险、健康险、意外险、理财类产品）获得保费或理财资金，然后通过投资获得红利或利息，同时也在保险定价与真实出险之间获得费用差，这些都是保险机构的现金流来源。对资产管理和信托机构而言，为客户进行资产管理而获得的服务费用及管理后得到投资收益的分成是其现金流的主要来源。

投资银行或证券机构也是监管部门许可的货币经营机构。该类机构的现金流往往来源于为上市公司、发行债券的公司提供承销服务、咨询服务等。同时，证券机构还通过为客户提供证券交易服务获得佣金收入。

2.第三方支付机构的现金流

第三方支付机构是消费升级的重要平台之一，其主要是为客户提供便捷的支付清算服务。第三方支付机构如支付宝、微信支付等是从为客户提供便利中获得一定的服务费用，如提现费用、支付费用、其他增值服务费等，也通过沉淀资金获得利息。

在2017年以前，第三方支付机构中的沉淀资金以大额存款的形式获得利息收入，但随着中国人民银行要求各第三方机构缴纳准备金，这块收入逐渐下降至0。未来第三方支付机构的核心收入就是为客户提供支付、清算、保管等所获得的费用。

从支付历史来看，一开始人们只能在银行自身体系内进行转账、汇款等活动，但随着跨银行体系的转账、汇款需求不断增加，于是建立了银联跨行交易清算系统，实现了银行系统之间的互联互通。随着互联网业务的发展，第三方支付逐渐发展并繁荣起来，但第三方支付直接与银行的连接使一些业务失去了监管，致使洗钱、欺诈等风险事件时有发生。为此，非银行支付机构网络支付清算平台成立，各支付机构线上支付通道直接通过网联平台与各家银行对接。

同时，支付宝、微信支付等多家第三方支付平台在商家安放了自身的支付码，商家为了提高订单成功率、运营效率，就产生了将多种第三方支付整合在一起的需求。这就是聚合支付，它是将多个第三方支付接口做成一个统一的入口，然后借助流量进行变现，如广告、电商等。这种聚合支付是第三方支付一个较好的发展方向。

支付的前提是客户拥有资金，并能够在各种交易中合规、通畅、便捷地转移给对方。货币经营资本另一个产生现金流的方式就是通过信用支付、虚拟信用卡支付来促进消费。其也可以通过立即获得收入的方式来支付货款，如美国的trialpay通过广告费用来支付贷款，而通过收取相应佣金和商户成交分成来获得现金流。

同时，货币经营资本还可以充分挖掘自身的汇兑、支付、清算等数据，开发出类似芝麻信用、支付宝"数据罗盘"等的产品来获取客户、管理存量客户并控制自身风险，从而获得高附加值的服务收入。

典型案例

第三方支付的现金流模式——支付宝和微信支付

支付宝和微信支付是我国第三方支付的典型代表，其用户数量超过8亿，营业收入主要为服务手续费收入、客户备付金利息收入、增值服务收入等。

它们针对个人用户转账、提现、信用卡还款等交易收取服务费。比如，支付宝于2016年10月12日起对个人用户转账到银行卡（包括本人卡和他人卡）和账户余额提现两项业务收费（具体收费标准略）；又如，微信支付自2017年12月1日起，对每位用户每个自然月累计信用卡还款额超出5 000元的部分按0.1%进行收费（最低0.1元），未超过5 000元的部分继续免费，等等。

它们借助自身的用户优势，向商户或企业提供收付款、POS机布放、款项查询、转移支付、退款等服务，从而收取服务费。例如，不同行业的微信支付手续费费率标准不同，通常为结算金额的0.1%~1%，其中大多数为0.6%。而传统POS机刷卡的手续费率通常在1%~3%。上述两部分收入是支付行业传统的收益来源，其增长主要依靠规模效应。

客户在使用支付宝、微信支付平台进行消费或转账的过程中，由于存在结算周期的时间差，因此会在备付金账户内沉淀一定规模的资金。这部分资金的利息收入归第三方支付机构所有，但只能用于银行存款、基金购买，不能用于放贷。根据WIND资讯的数据统计，2017年，备付金利息收入在支付机构总收入中的占比大约为9.52%。但随着中国人民银行逐步推进支付机构客户备付金集中存管制度，第三方支付机构依靠沉淀资金获取利息收入的空间越来越小。因此，第三方支付机构提高了用户提现等费率，如本来免费的微信提现如今规定变为提现额度在 1 000 元及以下免费，1 000 元以上收费。

支付宝、微信支付平台通过累计客户信息、聚合交易信息、制造支付场景等方式，衍生出诸如互联网营销、征信、金融等增值服务，分别对企业客户及个人客户提供金融服务或产品销售。例如，支付宝平台开展小额贷款、网络银行、在线融资、在线理财、保险等业务；微信支付通过信用卡还款、借款、手机充值、理财、保险服务及为其他机构（如京东、美团外卖）引流来获得收入。

2.5.5 货币交易支付资本产生现金流——比特币

货币交易支付资本往往以现金、银行存款等形式存在。其以存款形式存在时仅能获得一定的利息收入，而现金往往无收益，甚至还要向货币发行方交纳铸币税。

1. 铸币税是货币交易支付资本的重要现金流

铸币税是指货币发行方在发行货币后，持有货币者因货币贬值导致自身财富减少，而货币发行方的财富相应地增加。比如，金属货币的实际价值远远小于其面值，这种差值越大，则铸币税就越多。

人类早期是通过贝壳等实物来交换物品，此时并不存在铸币税。因为贝壳等实物不是人们可以任意制造的，它必须通过商品交换才能取得。但随着生产的发展和交通的便利，获取贝壳越来越容易，市场上的贝壳越来越多，逐渐产生了通货膨胀，甚至是恶性通货膨胀，贝壳不能继续成为货币，而后青铜等成为货币。

在金属货币早期，货币以等值的黄金或白银铸造，其本身的价值与它所代表的价值是相等的，铸币者得不到额外的差价收入，铸币税实际上就是铸币者向购买铸币的人收取的费用扣除铸造成本后的余额，该利润归铸币者所有。

随着经济的不断发展，货币发行者逐渐发现，货币本身的实际价值即使低于它的面值，同样可以按照面值在市场上流通使用。秦朝统一六国后，秦始皇规定以黄金为上币，以铜为下币，而珠玉、龟贝、银锡等宝藏不为币，货币由官府统一发行。在汉朝早时，汉朝皇室允许私铸货币，从此货币金属含量不断下降，由原来的12铢降到后来的不到半铢,这种不足半铢的货币后来被定为法定货币。到隋朝时,各种货币都是计重钱,但自唐朝开始,货币转为非计重钱。从此,货币成为一种信用货币。到唐后期,货币汇兑、柜坊等各种以信用为支撑的业务产生,因为铜钱禁止出境。到宋朝,今成都地区被限制使用铜钱,只能使用铁钱,且铁钱不得流出成都地区外,这使当地的人们发明了名为"交子"的纸币。明清时期交子得以发行,而后还出现了盐钞等替代性货币。

实际上,铸币税就等于货币面值与实际价值之间的差价。差价越大,铸币税越多。当然,铸币税不是无限的,因为货币的铸造数量不仅要受到贵金属产量的限制,而且货币面值与实际价值之间的差价越大、铸造的货币数量越多,则货币贬值越大,从而迫使铸币者提高货币的实际价值。

货币从以实物、金属为代表的商品货币,发展到以纸币、票据为代表可兑换实物金属的代用货币,再发展到不能兑换金属货币的信用货币,再发展到以民事关系为载体的民法货币,最后发展到以根据区块链技术发行的数字货币为代表的观念性货币。

随着经济发展,铸币税的内涵发生了很大的变化,因为低成本的纸币取代了金属币,并进一步出现了信用货币、虚拟货币,纸币也仅占货币总量中的一部分。货币发行者通过以下几条途径获取铸币税。

(1)在汇率保持稳定时,经济体的通货膨胀几乎为0,甚至发生通货紧缩,导致实际货币需求上升,居民将向主管部门出售经济体之外的资产以获取本地货币,此时主管部门通过印制钞票换取外汇储备,从而获得铸币税。

(2)对一个执行固定汇率制度的经济体而言,当其他经济体出现通货膨胀时,该经济体内商品的价格将随着其他经济体商品价格的上升而上升,货币实际购买力下降,人们的货币需求上升。此时,该经济体随着内部商品价格上升收取了铸币税,且不减少相关储备。

(3)当一个经济体的潜在经济增长引起实际货币需求增长时,如果主管部门为了满足社会实际货币的增长需求而新增货币供给,那么该新增的货币也取得铸币税。

(4)当一个经济体内商品供给过剩且存在失业现象时,主管部门将实行扩张性财政政策,这会引起实际货币的超额需求。如果其增加的货币供给恰好能满足经济体通过公共工程建设所引起的实际货币的超额需求,就不会出现货币的超额供给,其由此而获得铸币税。

这里,货币发行不仅指现金发行,而且包括广义的货币创造。在实际经济体系中,90%以上的货币是由银行系统创造的活期存款。在这样的情况下,谁将获得铸币税?来自通货的铸币税由通货发行者所有,而由活期存款产生的铸币税归商业银行获得。

美元是当今世界上最主要的货币,但其本质就是"欠条+承诺"。处于流通中的每一张美元都是一张债务欠条,并在每一天都产生利息,而且利滚利地增加。1971年前,美国采用金本位制,且遵循1944年美国规定的35美元兑一盎司黄金的官价。但一旦国际收支恶化,采用金本位制经济体的货币就会贬值,黄金就会流失到国外。由于当时黄金的交易完全是在自由市场进行,所以黄金大多由那些货币价值高于黄金的国家抛售。这必然导致该国货币流通量的下降,引发通货紧缩和物价下跌。物价的降低有助于增强国际竞争力、改善国际收支。于是会发生国际收支改善—货币价值增加—黄金储备量增加—货币供给量增加—产品价格上升—国际收支恶化等逆向循环。在这种循环中,如果国际收支自动达到均衡,货币的固定汇率制就可以维持下去。

1971年8月,美国尼克松总统发布了"新经济政策",给世界经济带来了冲击,人称"尼克松冲击"。这一新经济政策的金融战略重点是停止美元兑换黄金。从那时开始,美元便逃脱了黄金的束缚,成为独特的世界货币。如果以黄金价格来衡量美元的价值,截至笔者写稿,黄金价格为1 768美元/盎司,而按照1944年布雷顿森林体系确认的35美元兑换一盎司黄金的官价,今天一美元的价值只有1944年一美元的1.98%。虽然今天的一美元和1944年的一美元在名义上价值是相同的,但实际价值却有天壤之别,根本原因就在于剩余98.02%的价值被当作铸币税收走了。

这样庞大的利息收入终究被谁收走了?是发行美元的货币系统及创造出美元的银行系统。美国通过美元在全世界范围内征收铸币税,这就迫使其他国家努力推动本国货币国际化。

2. 以比特币为代表的观念性货币

比特币是利用区块链技术创造出来的数字货币，是一种观念性货币。2008 年爆发了全球金融危机，该年 11 月 1 日，一个化名为中本聪（Satoshi Nakamoto）的人在一个隐秘的密码学讨论小组上发表了《比特币：一种点对点的电子现金系统》，这是一篇研讨陈述，陈述了他对电子货币的新设想，并提出了比特币概念。

中本聪认为，金融机构作为可信赖的第三方处理电子支付信息，内生性地受制于"基于信用的模式"的弱点，他提出的比特币是基于密码学原理而不是基于信用，这使任何达成一致的双方能够直接进行支付，而不需要第三方的参与。该电子支付系统主要解决两个问题：伪造货币和重复支付。

读者可将区块链想象为商票，每个商票就是一个区块，区块上记载了相应时间和下一块的 ID，类似票据上的公司盖章和背书。在商票中，企业用公司盖章来认证每一张票据，而在区块上则使用公钥和私钥系统进行加密，如 SHA256 算法、Scrypt 算法等。

比特币本质上是一堆复杂算法所生成的特解。特解是指方程组所能得到无限个（其实比特币是有限个）解中的一组，而每一个特解都是唯一的。以人民币来比喻的话，比特币就是人民币的序列号，你知道了某张钞票上的序列号，你就拥有了这张钞票。

比特币地址是大约 33 位长的、由字母和数字构成的一串字符，总是由 1 或者 3 开头，如"1DwunA9otZZQyhkVvkLJ8DV1tuSwMF7r3v"。比特币软件可以自动生成地址，生成地址时也不需要联网交换信息，完全可以离线进行。

比特币地址和私钥是成对出现的。比特币地址用来记录你在该地址上存有多少比特币。你可以随意生成比特币地址来存放比特币。每个比特币地址生成时，都会有一个对应该地址的私钥生成。这个私钥可以证明你对该地址上的比特币具有所有权。人们可以简单地把比特币地址理解成银行卡号，将该地址的私钥理解成对应银行卡的密码。只有在知道银行卡密码的情况下才能使用银行卡上的钱。所以，在使用比特币钱包时请保存好你的地址和私钥。

用户可以买到比特币，同时还可以依照算法运用计算机进行大量运算来"开采"比特币，即通过计算机解决一项复杂的数学方程组，这个方程组被设计成只有 2 100 万个特解，所以比特币的上限就是 2 100 万个。要挖掘比特币，可以下载专用的比特币运算工具,然后注册各种合作网站,把注册来的用户名和密码填入计算程序中,再点击运算就可以开始了。用户"开采"比特币需要与其他"淘金者"相互竞争,因为比特币网络会新生成一定量的比特币作为赏金,奖励最先获得正确答案的人。

完成比特币客户端安装后,可以直接获得一个比特币地址,当对方付钱的时候,只需要自己把地址粘贴给对方,对方就能通过同样的客户端进行付款。在安装好比特币客户端后,系统会分配一个私钥和一个公钥。比特币是类似电子邮件的电子现金,交易双方需要类似电子邮箱的"比特币钱包"和类似电邮地址的"比特币地址"。和收发电子邮件一样,汇款方通过电脑或智能手机按收款方地址将比特币直接付给对方。但比特币需要备份含有私钥的数据,以保证财产不丢失。如果硬盘不幸被格式化,个人的比特币将会完全丢失。

随着比特币总量的增加,新币制造的速度减慢。2009年比特币诞生的时候,每笔赏金是50个比特币。其诞生10分钟后,第一批50个比特币生成了,而此时的货币总量就是50个。随后比特币就以约每10分钟50个的速度增长。当总量达到1 050万时(2 100万的50%),赏金减半为25个。当总量达到1 575万(新产出525万,即1 050万的50%)时,赏金再减半为12.5个。直到2140年,人们挖掘的币数量才能达到2 100万个的总量上限,而目前,被挖出的比特币总量已经超过1 800万个。

与法定货币相比,比特币没有一个集中的发行方,而是由网络节点计算生成,谁都有可能参与制造比特币,而且比特币可以全世界流通,可以在任意一台接入互联网的电脑上买卖。不管身处何方,任何人都可以挖掘、购买、出售或收取比特币,并且在交易过程中外人无法辨认用户身份信息。比特币体制是可以自给自足的,译成编码可抵御通货膨胀,防止他人搞破坏。

以贵金属为代表的实物货币、以代用货币为代表的替代性货币、信用货币、以纸币为代表的强制性货币、以电子货币为代表的观念性货币都是在交换过程中产生的,其目的是降低交换成本。但比特币本质就是通过计算机技术和两层加密的区块链生成的网络内公认的唯一识别码。在大数据时代,以现金、信用货币等为代表的货币逐渐减少,而观念性货币在增加,如各种论坛币、比特币等。这些观念性货币只是交易中所产生的货币的一种投影。因此,其本质是靠出售产品或服务获得现金流。

除此之外，一些主流的比特币交易平台通过收取交易费和增值服务费获得收入。不过，这些比特币交易平台的交易费率非常低。为了盈利，这些交易平台也在寻找更多的盈利点，其中开发衍生产品及推出新的交易币种便成为突破口。"融资融币"等类金融衍生品开始出现，莱特币等其他虚拟货币也成为扩充的交易品种。

在实践中，实体资本产生现金流的过程也遇到了一些问题和挑战。接下来，我们将详细描述这些问题和挑战，以及对此的解决方案。

2.6 实体资本的问题和挑战

美国是当前世界公认的最发达的国家之一。但从美国 GDP 的结构构成来看，其实体经济的占比在逐步下降。美国 2019 年的 GDP 中，20% 以上为金融服务业，制造业占比不足 11%，农林牧渔业占比不足 1%。按照 14 个行业大类来看，美国经济结构是严重失衡的，金融服务业占比过高，而实体经济中制造业呈现空心化。这是美国 2008 年发生经济危机及产生贸易逆差的根本原因。

商品或服务是实体经济体的产出，如小麦、玉米、矿产、煤炭、面包、衣服、汽车、住房、医疗服务、娱乐、教育培训等。这些商品或服务的消费依赖人们的收入或信用，但信用也是靠未来收入来支撑。

人们只有不断提高生产率才能提高自身的收入，但 60% 的就业人员是由小微企业来发工资，即 60% 的就业人员的收入取决于小微企业的生产率。小微企业要提高生产率就需要不断积累相应知识、更新设备等。不论是更新设备还是员工培训等都需要有资金来支撑，但小微企业要获得融资是很难的。

2.6.1 小微企业融资难的问题

在大数据时代，个性化定制产品或服务模式将是主流，也是价值创造的关键模式。个性化定制产品或服务模式不仅是大企业的生产模式，而且是众多小微企业提高生产率的关键。

小微企业个性化定制产品或服务模式初期需要购买设备和吸引优秀的人员加入，这就需要融资。在中期，小微企业更需要不断完善和优化自己的设备，以扩大生产规模，或者引入新的设备，这也需要融资。

小微企业很难通过发债或者上市出让股权的方式获得融资，而往往是靠信贷融资。在实践中，发行债券需要达到一定的标准，如股份有限公司的净资产不低于3 000万元人民币，有限责任公司或其他类型企业净资产不低于6 000万元人民币，或者债项信用评级达到AA及以上等。小微企业本身净资产往往在3 000万元以下，信用评级往往在BB左右。这就是说，发债对小微企业而言是不可行的，更不要说上市发行股票。小微企业可以通过银行等信贷机构获得信贷融资，然而信贷需要有足够的还款能力或足额的抵押物，但小微企业往往无足够的现金流收入来支持信贷，更无足够的资产来提供抵押、质押。

同时，由于债务短周期和长周期的存在，信贷机构的放贷意愿也呈现出周期性。在经济扩张期，信贷机构愿意放贷，但此时小微企业因为商品或服务的价格处于上升期或需求量大，收入足够支撑其各种支出并能支撑企业扩张的需求，贷款意愿小。在经济衰退期，信贷机构放贷意愿收缩，但小微企业因商品或服务的价格下降或需求疲软，收入不足以支撑各种支出，存在强烈的贷款意愿。正是信贷机构的意愿周期与小微企业的意愿周期之间的错配，导致小微企业融资成为问题。

小微企业融资是挑战，更是机遇。小微企业融资往往是信贷融资，信贷机构担心它们的资产成为不良资产，对此，金融机构可以通过金融产品创新来解决该问题。比如，建立小微企业信贷业务的信用违约掉期来化解小微企业融资违约所带来的问题，并降低金融机构门槛；建立产业基金，通过为小微企业融资提供担保来鼓励金融机构向小微企业提供融资；监管部门通过鼓励小微企业资产证券化来降低小微企业融资的风险，同时可以委托相关金融机构为多家小微企业发行债券或资产证券化产品来获得资金，支持小微企业的发展，等等。

也有人认为，小微企业融资难主要是因为信贷机构没有合适的小微企业风险管理技术和稳定的获客渠道。阿里巴巴旗下的网商银行以服务小微企业为目标，向小微企业和个人创业者提供经营性贷款，这些小微企业是入驻阿里巴巴平台的商家，阿里巴巴根据交易等经营数据来做风险管理。

对于大多数信贷机构而言，获取小微企业客户的渠道是自身产业链、合作商圈等，其实信贷机构还可以同消费信贷业务一样，通过互联网来获得客户，因为小微企业的企业主是个人。因此，小微企业融资难并不是真正的难点。

从阿里金融、360金融小微企业授信风控管理技术来看，绝大多数小微企业的信用与企业主的信用是高度一致的，其还款能力往往依赖企业主的经营能力。因此，小微企业的风控核心是掌握企业主自身的信用和还款能力，对拥有信用卡、消费金融、普惠金融产品的银行等持牌金融机构而言，这也不是难点。

在实践中，小微企业真正的难点在于如何做好贷中管理。因为持牌金融机构本身受到资本充足率等监管要求的制约，放贷都非常谨慎。同时，从利润最大化角度考虑，在资本一定的情况下，以信用卡为代表的循环贷、抵押贷、大企业信用贷是信贷机构的最佳选择，因为这些产品贷中管理方案成熟，如循环贷可以采取降低授信额度、冻结等手段化解风险，抵押贷则可以在风险出现后通过处置资产来保全自身利益，而大企业信用贷可以采取债转股、兼并重组等方式来化解风险。小微企业的贷中管理到目前为止没有好的化解风险的方法，这是真正需要突破的点。

在实践中，无论是小微企业产业担保基金，还是供应链金融、贸易融资等，其核心在于小微企业贷中管理方法及对应的化解风险的措施。因此，小微企业融资难的解决方案重点在于贷中管理。

贷中管理的关键则在于第三方支付数据的充分利用。比如，通过消费者购买商品或服务的数据，信贷机构可以知道小微企业的运营能力、盈利能力等。但第三方支付也会遇到一些问题。

2.6.2 第三方支付的问题

在大数据时代，第三方支付是重要的基础设施。货币经营原本是银行等机构所特有的职能，随着电子商务的发展，原有货币经营机构提供的支付方式在支付效率、时间等方面不能满足业务发展的需求，也不能提供良好的客户体验，电子支付应运而生。

2004年12月，阿里巴巴公司推出支付宝，在淘宝购物平台的强大影响下，其交易规模飞速增长，仅用4年便以超过2亿用户的绝对优势胜过美国的PayPal，成为全球最大的第三方支付平台。

继阿里巴巴公司之后，国内相继出现了一系列类似的支付平台，如微信支付、网银在线等，这些产品均以较高的收益回报率和服务便捷性被广大用户使用。此外，以拉卡拉为代表的线下便民金融服务提供商的出现，以及银联电子支付推出的银联商务等多项金融服务，使第三方支付平台在最近10余年呈现迅猛的发展态势，第三方支付企业进入了持续稳定的"黄金"增长期。

由于这一时期第三方支付企业集中发展且影响力逐渐增大，甚至对银行等金融业造成了较大冲击，因此，从2005年开始，国务院及相关部门陆续发布了一系列相关政策，用于规范电子商务市场的发展，以及进行网上支付环境建设，如2005年《电子支付指引（第一号）》、2010年《非金融机构支付服务管理办法》、2013年《支付机构客户备付金存管办法》等。

由于国内第三方支付的快速发展，片面发展和安全风险等隐患逐渐暴露出来，因此监管部门对第三方支付的态度开始发生转变，这主要从2014年以后的一些具体政策措施中可以看出。比如，2014年3月13日，中国人民银行支付结算司发布《关于暂停支付宝公司线下条码（二维码）支付等业务意见的函》，紧急叫停了虚拟信用卡和二维码支付。同年4月10日，中国人民银行和原中国银行业监督管理委员会[1]联合发布《关于加强商业银行与第三方支付机构合作业务管理的通知》（银监发〔2014〕10号）。尽管银监发〔2014〕10号文件中的20条规定都是针对商业银行提出的，但事实上每一条都指向第三方支付机构。2015年中国人民银行《非银行支付机构网络支付业务管理办法》出台；2016年3月中国人民银行颁布《国家发展改革委 中国人民银行关于完善银行卡刷卡手续费定价机制的通知》；2016年4月中国人民银行出台《非银行支付机构分类评级管理办法》；2016年8月《二维码支付业务规范（征求意见稿）》《银联卡受理终端业务准入管理规则》相继出台。

为了保护客户的资金安全，2017年，中国人民银行明确规定，第三方支付机构在交易过程中产生的客户备付金，今后统一交存至指定账户，由中国人民银行

---

[1] 2018年4月8日，原中国银行业监督管理委员会和原中国保险监督管理委员会合并为中国银行保险监督管理委员会。

监管，支付机构不得挪用、占用客户备付金。

第三方支付机构也从原来的直接连接银行改为连接非银行支付机构网络支付清算平台（网联），这是对第三方支付机构清算业务进行监管的关键一步。因为原来第三方支付机构清算可绕过监管和授权，监管部门无法监控资金流向，让诈骗、洗钱等犯罪行为有了可乘之机，而通过网联或中国银联进行清算则可以有效管控相应风险。

无论是连接网联，还是向中国人民银行缴纳备付金，都将影响第三方支付机构的利润。原来第三方支付机构可以凭借巨额的沉淀资金获得利息收入（该收入占其总收入的11%），也可以通过自身的谈判能力来降低银行的清算费用。但如今利润的两块核心来源萎缩了，第三方支付机构面临挑战和压力。

但随着网联的出现，各第三方支付平台支持银行等渠道将无差别。第三方支付机构未来的发展更需要以合规为前提，以支付技术为基础，不断围绕着客户需求发展出各种具有更好体验的支付方式。

除此之外，围绕小微企业融资难的问题，第三方支付机构可以充分挖掘自身数据来服务信贷机构。比如，向信贷机构提供需要融资的小微企业的经营能力、盈利能力、支付风险等数据来降低信贷机构的风险，从而获得现金流。

除此之外，为了使比特币能够合规，以使用比特币进行支付、清算，第三方支付机构可以借助区块链技术来解决多方比特币之间的兑换、支付、清算等问题。

2.6.3 比特币的问题

比特币涉及计算机技术和经济学。从计算机技术角度看，比特币是以区块链技术为基础产生的，技术本身没有对错。从经济学角度看，比特币涉及共识和信任。共识可分为计算机共识、治理共识和市场共识，其中治理共识和市场共识的本质是人的共识。计算机共识主要是通过分布式存储、计算等方式实现，但其在无中心调度的情况下，容易受到恶意攻击，或者因差错不同步等，导致各个节点上备份的内容产生不一致，从而打破机器共识。

治理共识主要是指比特币社区中的成员同意发展一种对整体有利的决策，如比特币社区扩容、增加分叉等都需要在治理共识框架下决策。市场共识主要体现在均衡价格的形成过程中。但比特币社区各方利益并不一致，这使相应决策总会损害一些成员的利益，这就需要时间不断进行调和。但如果存在独裁者则会出现治理共识坍塌。

在比特币中，这三种共识相互交织在一起，技术人员往往将机器共识泛化而忽视了人的共识。但技术的使用者是人。人首先具有动物性，其次才有社会性。动物世界的竞争法则是弱肉强食，社会的竞争规则是信任，而信任脱胎于弱肉强食。比特币基于区块链技术，在自身环境内因信息透明，信任可有可无，但在自身环境外，没有信任机制是无法继续下去的。

1. 比特币的安全问题

任何一家机构都可以发行比特币，这就使各比特币本身的价值有所不同。因为各个经济体发行的货币都是以自身信用为基础，但不同机构的信用不同，就会造成比较多的骗局，而且交易平台通常是一个网站，会遭到黑客攻击，或者被主管部门关闭。比特币会成为各种不法活动的温床。

典型案例

比特币诈骗案——香港GBL平台负责人携款潜逃

2013年10月底，香港GBL平台负责人携款潜逃，超过2 000万元人民币资金下落不明。这个交易网站的程序写得非常差，没有使用SSL安全协议，甚至连用户名都是明文存储，违背了编程的基本常识。GBL采用依靠经纪人发展新客户的"类传销"模式发展。

2013年10月22日，因看好比特币的行情，东阳市民乔先生在网上搜索到比特币交易平台GBL公司，并通过第三方支付机构在该交易平台充值9万元用来买卖"比特币"。2013年10月26日，他发现该交易平台的工作人员不在线，一些正常的交易程序也无法启动，一查才知道该公司的注册地址是假的，充值的9万元全部被骗。这是东阳市第一起因购买"比特币"被诈骗的案件。警方提醒在网络上购买"比特币"的市民要注意甄别网站真假，防止上当受骗。

任何人都可以开办比特币交易平台，开发一个交易平台与开发传统网站没有区别，而且开源网站上有现成的 PHP（超文本预处理器）类库可以调用。因此，任何比特币交易平台都可能成为黑客攻击的活靶子。

典型案例

比特币遭受黑客攻击

比特币交易平台承担了大部分"比特币兑换现金"和"现金购买比特币"的功能，而交易平台里的比特币实质上储存在网站服务器里。全球最大的三个兑换平台分别是 Mt.Gox、Bitstamp 和 BTCChina。其中，Mt.Gox 是最早的比特币交易平台，2010 年成立于日本。

Mt.Gox 网站因为 2014 年 2 月 7 日遭到网络攻击，不得不临时停止比特币提取业务，从而引发了交易混乱和用户不满。2014 年 2 月 25 日，Mt.Gox 官网页面显示为空白，用户无法登录 Mt.Gox 交易平台。网站首页随后贴出《告顾客书》，称为保护用户和交易平台，将暂停所有交易。该平台上比特币行情大跌，比特币市场遭遇的信任危机持续发酵。2014 年 2 月 28 日晚，该公司宣布，其已经向日本东京地方法院申请破产保护，因为该交易平台的 85 万个比特币被盗一空，包括用户交易账号中的约 75 万个比特币，以及 Mt.Gox 自身账号中的约 10 万个比特币。依据当日的交易行情，其损失估计约 4.67 亿美元。而 Mt.Gox 总资产为 38.4 亿日元（约合 3 760 万美元），流动负债为 65 亿日元（约合 6 360 万美元）。这一消息无疑是一枚在比特币拥趸者的头上炸响的重磅炸弹。

2014 年 5 月 27 日，Willy Report 网站通过对交易数据的分析得出结论：比特币去年的价格暴涨和 Mt.Gox 的交易量大增，或许源于虚假交易，甚至有可能涉及 Mt.Gox 的内部人士。如今越来越多的人开始怀疑比特币 2013 年 11 月的暴涨和 Mt.Gox 的交易量大增一定程度上源自一场诈骗活动。据称，一个被称为"Willy"的机器人每 5~10 分钟就会买入 5~10 个比特币，这种行为持续了至少一个月。

比特币除了面临安全问题之外,还面临着其他一些问题和挑战,如区块链中的51%攻击、密码破解、多种币种共存和引发通货紧缩等问题。

2. 比特币的挑战和机会

比特币的底层技术是基于区块链的技术。首先,该技术极易遭到"51%攻击"。任何个人或组织,只要控制一种P2P(个人对个人)货币网络51%的运算能力,就可以随意操纵交易、币值,这会对P2P货币构成毁灭性打击。很多山寨币就是"死"在了这一环节上。

其次,比特币本身以区块链技术为基础,采用RSA 256算法进行两次加密。以目前的技术,RSA 256的加密技术需要千年才能被破解,但随着量子计算机技术的发展,破解RSA 256可能只需几秒钟,这对于比特币来说将是毁灭性的打击。

再次,根据其设计原理,比特币的总量会持续增长,直至100多年后达到2 100万的那一天。但比特币货币总量后期增长的速度会非常缓慢。事实上,87.5%的比特币都将在最初12年内被"挖"出来。比特币的总量会不断膨胀,尽管速度越来越慢。因此看起来比特币似乎是通胀货币。

经济学家们对比特币所引发的经济问题的看法是不一致的。凯恩斯学派的经济学家们认为,比特币固定总量货币的特性牺牲了可调控性,而且更糟糕的是它将不可避免地导致通货紧缩,进而伤害整体经济。这是因为比特币的发行机制决定了它的货币总量增长速度将远低于社会财富的增长速度,进而引发物价持续下跌,使人们倾向于推迟消费,消费意愿的降低又进一步导致了需求萎缩、商品滞销,使物价变得更低,从而步入"通缩螺旋"的恶性循环。同样,通货紧缩货币哪怕不存入银行本身也能升值(购买力越来越强),人们的投资意愿会升高,社会生产也会陷入低迷。因此,比特币是一种具备通货紧缩倾向的货币。

比特币发展的经济学理论基础是经济学家哈耶克提出的货币非国家化理论,但经济史显示,货币都是非中性的,如中国汉朝时各藩国都可自行发行货币,最终引发战争。哈耶克提出货币非国家化是为了解决通货膨胀问题,但通货膨胀本质上不是货币的问题,而是经济发展的问题,是经济发展不平衡造成的。

最后,比特币的优点是去中心化,但因为去中心化,就很容易被其他人复制,导致其难以生存。比特币算法是完全开源的，谁都可以下载源码，只需修改某些参数，重新编译下，就能创造一种新的P2P货币。如果今天任何机构都可以发行数字货币，人们必然面临与1770年左右的欧洲、2000年前的汉朝一样的局面。各种数字货币都要与国家发行的货币进行兑换，那么这些数字货币存在的意义就不大了。

以比特币为代表的数字货币不仅存在技术问题，而且其本身没有任何价值可言。"挖矿"行为消耗人类大量的资源以解决人与人之间的信任问题，得不偿失。当前的人类秩序经过了5 000多年的演变，人的动物性依然存在，但因信任弱化了人与人之间弱肉强食的色彩。今天，人们所遇到的信任问题不是仅靠技术就能解决的，更需要人类突破自身的认知。

首先，"51%攻击"问题是区块链技术从出现到现在一直存在的，任何一个攻击者如果控制了全网51%的算力就可以修改相关交易记录。有人说预防"51%攻击"的方法就是快速增加全网的算力，但当网上利益足够大的时候，一些黑客组织就会组织力量来获得相应收益，受损的还是比特币使用者。

其次，以区块链技术为基础的数字货币都面临安全问题，因为区块链的安全是靠二层加密算法来实现的，如SHA 256加密算法、SCRYPT算法等，但这些算法是可以被破解的，2004年，山东大学密码学教授王小云就公布了MD5的破解报告。基于当前计算能力都有可能破解这些算法，今后运用量子计算机进行破解更是轻而易举。

中国科学院物理学家潘建伟院士说过："新一代量子计算机能够解决目前世界上最好的超级计算机都无法解决的问题，而速度将比天河二号快相当于百亿亿倍。"同时，潘建伟院士打了个比方："如果按中国10亿人口计算，百亿亿倍就相当于每个人能分到10亿台天河二号。"也就是说，量子计算机的速度可以彻底解决因计算效率带来的问题，即使计算速度最终仍然不够，那么还可以采用量子云计算的模式，这种模式就是将云计算平台的计算机更改为量子计算机，成为量子云计算平台，从而实现节能增效。相应地，通信效率在量子通信条件下也会有大幅度提升。2020年12月，中国科学技术大学潘建伟等人构建了76个光子的量子计算原型机"九章"，实现了具有实用前景的"高斯玻色取样"任务的快速求解，且比目前最快的超级计算机快一百万亿倍。据预测，在未来 40 年内，量子计算机将进入普通家庭，企业的应用自然更普遍。因此，基于区块链技术本身的加密算法是存在问题的。

最后，一个新事物的出现总会吸引很多人进来并引发投机泡沫，16 世纪的荷兰郁金香事件就是典型例证。区块链本身是技术，技术有自身的边界，不能将一项技术的力量无限放大，超越其边界将给人类带来灾难。例如，2008 年金融危机中人们使用的 Copula 函数就有其自身的边界和假设，超过这个边界和假设所得到的结果将是人类无法控制的。

在区块链风风火火的时候，有一种新的支票正在研究中，这就是基于量子技术的量子支票。2017 年，印度科学研究院的科学家 Prasanta Panigrahi 领导的团队从理论上证明，量子计算机可以创造和实现几乎不可伪造的量子支票。

随着量子计算机和量子通信等技术的发展，量子支票在未来很可能成为现实。量子型数字货币主要基于两个配对的量子比特进行身份和交易系统验证，几乎不可复制、伪造。该技术用在比特币中也将有效防止黑客攻击或暴力打开钱包。

随着量子货币、量子票据、量子支付的出现，用户交易信息被泄露或篡改等现象都将得以避免。同时，量子货币、量子票据或量子支付将使人们需要一个中心化的运营平台，因为人们需要进行量子比特的验证（类似今天银行需要对身份证进行三方核验一样）。

在大数据和量子时代，人们要考虑的问题不是伪造等信息虚假问题，而是如何规避量子计算的阻击，以及把握用户心理。在量子时代，最大的胜利者将是持牌的机构。当然，量子比特币、量子支票、量子支付的实现还有很长一段路要走，目前量子技术尚不成熟，还难以将其用到支付上。

第 3 章
信用——资本之金

信者，行之基；行者，人之本，
非行无以成，非信无以立。
——文学评论家 刘勰

3.1 信用的概念

在现代社会，信用是人们使用比较多的词。在2000多年前，孔子说"人而无信，不知其可也"，将人与人之间普遍的诚实和信赖看成维持社会正常运作的基本力量。在西方国家，契约文明是构成其信用文化的基础，这种契约精神源于西方文化，"约"是其信仰的神与人之间订立的契约，是神圣的，具有强制性和义务性。随着社会的发展，西方人与人之间的契约关系逐渐代替了其他关系，契约思想构筑了国家理论。

马克思引用沙·科凯兰的话说道："在产业关系之内，借贷不断交替发生，它们互相结合，错综复杂地交叉在一起。正是这种互相借贷的增加和发展，促使了信用的发展。这是信用威力的真正根源。[1]"他进一步阐述道，随着生息资本和信用制度的发展，一切资本都好像会增加1倍，甚至增加2倍，因为有各种方式使同一资本，甚至同一债权在不同的人手里以不同的形式出现。

在《资本论》中，马克思也就信用问题进行了相关阐述，但其所阐述的信用体系较为混乱。恩格斯就曾在其序言中抱怨该理论"不但没有草稿，甚至没有一个可以按照其轮廓来加以充实的纲要"。虽然马克思关于信用体系的阐述是混乱的，但从中仍然可以看到其关于信用的一些看法。在推导利润率下降的过程中，马克思也经常提到如果脱离信用就无法解答该问题。

王奇松认为，信用是和商品生产、货币经济相联系的范畴，是在商品货币关系的基础上产生的。在商品货币关系存在的条件下，信用是价值运动的一种特殊形式，这种形式的特点是贷者将货币借给借者，约期归还，借款到期后除归还本金外，还需支付一定的利息。信用关系产生于商品货币关系，因为在商品货币的交换关系中，一手交钱，一手交货，双方是对等的交换，当这一交换行为完成时，双方不存在任何经济上的权利与义务。但在信用关系中，贷者将货币支付给借款人，但贷款人当时并没有得到对等的价值，而是获得了要求借款者在一定日期后偿还本金、利息的权利，只有当本息得到偿还后，两者的关系才宣告结束。信用就是

1　卡尔·马克思. 资本论[M]. 北京：人民出版社，1975.

用契约关系保障本金回流和增值的价值运动。信用的根本职能就是调剂，是一种以借贷形式出现的调剂，提供和创造流通手段与支付手段的职能。

信用是经济发展不可或缺的重要组成要素。信用支付、信用消费能促进消费升级，减少消费者支付的痛苦。美国纽约大学的普里亚·拉古比尔和马里兰大学的乔伊迪普·斯里瓦斯塔瓦的研究结果表明，支付方式越透明，"付账的痛苦"就越大。根据蚂蚁金服公布的数据，信用分期使电商交易额提高了33%，客单价提高了41%。

信用对一个国家、一个民族都是至关重要的，因为一个社会只有讲信用，才能够形成一个良好的社会"信任结构"，而这个信任结构是一个社会正常运转的重要基础。可以说没有一个社会不强调与褒奖伦理层面的守信道德。在我国，崇尚信用的风尚有几千年的传统，《论语》就有关于"信"的诸多论述，如"自古皆有死，民无信不立""言必信，行必果"等。

3.1.1 信用是人的特性

信用，包含"言而有信""内外一致"之意，是人立身处世的基本条件，更是一个人道德品质的体现。西方的"契约"背后是法律、法规，需诉诸外在的第三方制裁来迫使每个人遵守。

随着互联网金融的发展，信用的重要性显得更加突出。很多人只是认为信用是自己的权利，但有权利就必须承担一定的义务。以债类产品为例，发行债券的人需要按时还款，并为自己无法按时还款的行为支付相应的滞纳金、违约金等。

信用是每个人的一项特质，没有实体形式，只有相关的信息记录。这些信息记录并不是共享的，因为要保护个人隐私等，各机构之间存在信息割裂。这种信息不对称引发了逆向选择、道德风险等问题。逆向选择和道德风险给银行、保险、证券等行业带来了很大的损失，这引起了监管部门的注意，其开始建立征信体系、下发数据治理规范等。

3.1.2 信用体系是货币转化为资本的中枢

货币转化为资本并不是一件容易的事情，如果大量的货币退出流通，则会造成通货紧缩，甚至出现经济危机。信用体系的存在化解了通货紧缩，货币资本以工资、利润、租金的形式付给劳动者、土地所有者等，他们又将这些货币存到银行等可以吸收存款的机构中，而后银行将这些货币借给企业，这保证了整个经济体系的稳定和可持续发展。这是信用体系成为核心的关键。同时，资本流通也给货币体系带来了额外的责任和负担，为了承担这些责任和化解这些负担，信用体系就必须成为金融运行的基础。

信用体系实际上是一种调节资本运动的调度系统，其类似于Hadoop（云计算系统）中的任务调度系统，或者数据仓库中的调度系统，或者人体的中枢神经系统。信用指挥和调度着各类资本，保障经济的发展。

货币可以通过信用体系转变为资本，一种方式是银行将存款货币通过借贷的方式转化为资本，银行用自身的汇票、支票等来代替货币，将货币的职能内化到它们的经营当中，并依靠补偿性存款和提款来提供永久的货币余额，而这些货币余额就可以转变为借贷资本。另一种方式是金融机构通过把货币聚集起来将其转化为资本，一分钱不能成为货币资本，但无数个一分钱被汇聚在一起则是巨大的货币量，这就是互联网金融的基础。众安保险的退货运费险保费只有0.3元，但每天淘宝上有上亿笔交易，退货运费险保费平均每天就有上千万元，这就是不容忽视的巨大力量。信用体系这种汇聚力量的作用在大数据时代变得更为突出。未来随着IPv6（互联网协议第6版）和量子技术的发展，信用体系的汇聚功能有可能与货币转化的第一种方式具有类似的作用。

3.1.3 信用形成于交换之中

马克思认为，信用形成的基础是生产者和商人之间的互相预付及预付所用的工具——汇票，并认为真正的信用货币不是以货币流通为基础，而是以汇票流通为基础的。为了说明他的观点，他曾引用威里塞姆的话："汇票没有办法加以控制，除非防止出现货币过剩，防止出现低利率或低贴现率，这样可以避免产生一部分汇票，并不至于使汇票过度膨胀。要判断汇票有多少是来自实际的营业，多少是人为制造的，只由空头汇票构成是不可能的，空头汇票是指人们在一张流通的汇票到期以前又开出另一张代替它的汇票，这样通过单纯的流通手段制造，就制造出虚拟资本。[1]"还引用了詹·惠·博赞克特在《硬币、纸币和信用货币》一书中的内容："如果汇票通过背书把所有权由一个人转移给另一个人，它毫无疑问是不以货币为转移的流通手段……平均来说，假定每张流通的汇票背书两次，则每张汇票在到期以前都进行过两次结算支付。[1]"

信用随着一般商品流通和交换的发展而发展，在货币成为一般等价物时，在流通和交换过程中就出现了以货币为媒介的商品购销、赊销等经济行为。

3.2 信用的构成要素

马克思引用洛克的话对信用进行了定义："信用，在它的最简单的表现上，是一种适当的或不适当的信任，它使一个人把一定的资本额，以货币形式或以估计为一定货币价值的商品形式委托给另一个人，这个资本额到期一定要偿还……这种信用通常立有字据，记载着确定的支付日期，这种可以转移的债券或凭据成了一种手段……[1]"这说明，信用包含信任、跨时空、信息、守约交换和流动性等要素。其中，跨时空可从"到期"中看出来，信息可从"立有字据，记载着确定的支付日期"中分析出，守约交换则可从"一定要偿还"中看出来，流动性主要从"可以转移的债券或凭据"中发掘出来。

金兆怀和张东敏认为，信用从广义的角度来说，包括以诚实守信为核心的道德规范和以借贷交易为核心的经济范畴。从经济范畴看，信用是建立在双方互信基础上的一种无须现付就可以获得物资、服务或资金的能力[2]。因此，信用的构成包含信任、跨时空、信息和按期偿还的守约行为等要素。

人类天性就有接近同类并构建自己的生活圈子，并以交换来提高自身生活质量的倾向。正如今天有各种消费信贷一样，在很早以前，人与人之间也存在未支

1 　卡尔·马克思. 资本论 [M]. 北京：人民出版社，1975.
2 　金兆怀，张东敏.《资本论》的信用理论与我国中小企业信用管理体系建设 [J]. 当代经济研究，2007, 144（008）：12-14.

付而获得货物的交换场景。根据刘易斯在书中的描述，2000年前的一块石片上有这样的话："阿德里梅纳的儿子马斯·莎马赫，向沃冉德·思里尔的女儿太阳女祭司阿玛特·莎马赫借两先克银子，他为此要支付利息。在收获时节，他要连本带利一起归还。[1]"从中可以看出：①存在时间、空间的间隔，即借款或交付与还款或支付之间存在时间间隔，同时二人不在同一地点；②涉及信息是否对称的问题，从现在的经验来看，贷方将钱委托给了借方，这往往存在信息不对称；③涉及能否守约交换的问题，在还款或支付的日子里，借方能否按时还款或支付是不清楚的；④涉及是否有足够流动性的问题，无论是贷方还是借方都涉及流动性问题——是否具备满足支付到期债务或借款人贷款需求的能力；⑤涉及信任问题，即贷方相信借方可以还款，借方相信贷方有能力贷款。

张晓晶认为，信用与信誉、信任有很多相似之处，它至少包含两层意思：首先是事前的某种承诺（这里的承诺相当于一种契约或合同，无论是口头的还是书面的），其次是对该承诺的履行，并认为履行事先承诺的保证是建立和维持信用的根本。经济学意义上的信用意味着财务或劳务上的交换存在时间上的先后。从中可以看出，信用包含信息、守约交换和跨时空等要素。

因此，信用是在交换中产生，主要包含信任、跨时空、信息、守约交换和流动性五个要素。

3.2.1 守约交换

亚当·斯密在《国富论》中认为，商品之间的交换是自古到今一切社会、一切民族普遍存在的经济现象。马克思也认为，物质交换是物质生产得以实现的前提。物质生产从来就是社会性的生产，它必须以许多个人共同活动为前提，而这种共同活动只有通过物质交换才能实现。霍曼斯发展了亚当·斯密和马克思的这一思想，认为交换不仅仅产生经济关系，还促进了社会发展和社会进步，产生了整个社会关系，并由此形成社会结构。

霍曼斯运用经济学、人类学、社会学及心理学等概念和理论展开人际交往研究，从经济理性出发揭示了人际交往、社会交换的最终目的是交换双方各自获得最大

1　王军伟. 风控：大数据时代下的信贷风险管理和实践 [M]. 北京：电子工业出版社，2017.

利益，认为交换具有经济性、社会性、目的性及主体性，这为解释人类社会普遍存在的社会交换行为提供了理论范式。

布罗代尔指出，在人类历史中，存在过许多种社会—经济交换形式，它们的多样性不妨碍它们的共存，或者正是由于它们的多样性，才能共存。交换可以分为互惠交换模式、市场交换模式等。

在日常生活中，人们讲的"诚信""可信""讲信用""一诺千金""答应的事一定办到""君子一言，驷马难追"等都表达了守信或承诺的意思。狄乔治认为，诚信行为既指与自身所接受的最高行为规范相一致的行为，又指将伦理道德要求的规范加于自身的行为，并指出诚信行为的最大特点是："道德规范是'自加的和自愿接受的'，所以对企业这个'非道德神话'的主体而言，'要强调商家及其最高管理层的自律'。"更为重要的是，他限定了诚信行为的范围，他认为至少要以伦理上"无可非议的、正当的正面价值"为最低的道德底线，也就是说，企业"自身所接受的最高行为规范"至少要高于这个底线。因此，信用具有守约交换的特点。

3.2.2 跨时空

马克思认为，信用是以偿还为条件的付出，一般地说就是贷和借的运动，即货币或商品的有条件让渡的独特形式的运动，信用使买和卖的行为可以互相分离较长的时间，因而成为投机的基础。这说明，跨时空是信用的构成要素之一，没有跨时空就没有信用。

经济学家康芒斯认为，信用的观念中有一种合理的原则——未来性。信用不仅有康芒斯所说的未来性，而且也有跨地区性。随着经济和金融的发展，金融机构之间竞争激烈，不得不开拓新市场，从而使信用具有了跨地区性。这就是说，信用具有跨空间性。

经济学家陈志武认为，信用和交易安全是金融的核心基础，金融的核心就是跨时间、跨空间的价值交换，所有涉及价值或收入在不同时间、不同空间之间进行配置的交易都是金融交易。这说明信用具有跨时空性。

马克·史库森认为，当前的新古典主义经济学方法是从横向的角度看经济，其市场是不受时间限制的，土地、劳动力和资本作为单独的实体共存，这就否定了任何时间结构。马克·史库森认为，对于整体经济还可以从"典型的企业家视角"观察，充分重视时间在经济学里的重要意义。所有的商人和企业家都非常关心时间要素——需要多长时间才能获取某一特定的投入品、完成一个项目、将最终产品在市场上出售、获取服务的报酬等，这种经济学就是将整个市场想象成一长串的处在不同完成阶段的生产过程。因此，跨时空是信用的构成要素之一。

在法律上，信用实际上有两层含义，第一层是指当事人之间的一种关系，但凡"契约"规定的双方的权利和义务不是当时交割的，存在时滞，就存在信用；第二层是指双方当事人按照"契约"规定享有的权利和履行的义务。从法律上看，契约可以是狭义的经济合同，小到两个企业之间的供货合同，大到两个国家之间的数以亿元计的债务；也可以是广义的社会契约，如你和你的父母之间的契约关系，你的父母有抚养你成人的义务，你也有赡养你父母的义务；信用具有非即时交割的特征，即跨时空性。如果权利和义务的实现是同时发生的，那么就不存在信用，这两者必须存在一定的时空差才会出现信用。因此，信用具有跨时空特性。

3.2.3 信息

信息泛指人类社会传播的一切内容，按照信息论创始人、数学家香农的观点，信息是用来消除不确定性的东西，并认为宇宙万物的基本单位是信息。控制论创始人诺伯特·维纳认为，信息是人们在适应外部世界并使这种适应反作用于外部世界的过程中，同外部世界进行互相交换的内容和名称。在电子计算机中，信息是电子线路中传输的信号。美国信息管理专家霍顿认为，信息是为了满足用户决策的需要而经过加工处理的数据，更确切地说是加工处理后的结果。

信息是客观世界中各种事物的运动状态和变化的反映，是客观事物之间相互联系和相互作用的表征，表现的是客观事物运动状态和变化的实质内容。数据、信息、知识三者的区别在于，数据是各种信息的载体，如数字、视频等，而信息是数据所蕴含的内容，知识则是基于信息沉淀下来的具有规律性的事实和方法等。比如，2019年2季度中国GDP年增长率6.2%，"2019年2季度""中国""GDP""6.2%"都是数据，而代表的信息是中国经济增长不错，而知识是：对于一个99万亿多元的经济体，要增长 6.2% 是一件不容易的事情。

信息的生产具有连带性和公共性，而消费却具有非排他性，因此在信息交换和信息获取中具有十分强烈的外部性。信息在资源配置中的作用不仅取决于外部材料的多少和质量，而且取决于行动主体的认知能力。信息在远古时期主要靠口耳相传或器物相传，信息传递速度慢且很容易发生信息扭曲；在近代主要靠邮政系统，相对快一些，但费用高；到现代则依靠电波传递，速度快但方式相对单一；当代主要靠网络，信息量大且多样，如我们的公司名称、职业、手机号码、收货地址等各种各样的信息，充斥于我们的生活中。

1. 信息是信用的要素之一

信息分散于生产者和消费者之间，他们各自拥有自己的私人信息，因而信息具有不完全性。在市场交换过程中，参与者分散决策，依赖于供需信息的交换传递来作出准确的生产和消费决策。兰格和雷纳等人认为，利用一种分散化的社会主义经济机制，通过边际成本定价的方式能够解决对信息量要求过高的问题，并能保证资源的有效配置。因为信息是与不确定性相联系的，特别是与事后不确定性相联系。

伯南克认为，世界充满交易费用，因此需要识别不同的借款者，如银行体系真正提供的服务就是识别好的和坏的借款者。银行等中介机构主要在流动性、风险和信息三个方面减少市场的无效性，即将具有利益冲突的角色目标协调起来，通过承担、转移或分配金融风险来化解风险，收集有关贷款者和债务人的私密信息。

谢平和邹传伟认为，小企业融资难的核心障碍在于小企业信息的特殊性，企业信息体现出的盈利前景、信用状况是最重要的考量因素[1]。企业信息有硬信息和软信息两种，这两种信息在特征、收集方式和认知因素三个方面有很大不同。在信息特征上，硬信息一般以数字形式存在，是定量的，而软信息一般是以文字形式存在，是定性的；在信息收集方式上，硬信息可以是非人格化的，能够通过信息技术获取，而软信息是人格化的；在信息包含的认知因素上，硬信息不含主观判断、意见或观察，而主观判断、意见和观察是软信息不可分割的部分。因此，硬信息更客观，并独立于语境，在传递过程中不失真；软信息不能脱离所处的语

---

[1] 谢平，邹传伟. 中国金融改革思路 2013-2020[M]. 北京：中国金融出版社，2013.

境，在传递过程中容易失真，因此硬信息的收集和使用可以分开，而软信息的收集和使用不容易分开，其收集者和使用者一般是同一人。

在银行贷款使用的信息中，硬信息主要包括企业财务报表和信用评分等，软信息主要包括银行在与企业长期和多渠道接触中积累的关于企业及其经营者的不能从财务报表或公开渠道获得的信息。大企业和小企业在信息内涵上有很大差异，大企业的信息以硬信息为主，相应的贷款技术称为交易型贷款，而小企业的信息以软信息为主，相应的贷款技术称为关系型贷款。因此，信息是信用的要素之一。

2. 信息不对称是常态

在物理学中存在黑洞的信息悖论，即落入黑洞的东西似乎会消失，而量子力学的原理却告诉人们，宇宙中任何信息都不能被擦除，而只会变得越来越复杂、庞大。普林斯顿大学教授胡安·马尔达西那在2013年提出"ER=EPR"的公式，ER是宏观虫洞，是连接两个不同时空的狭窄隧道，而EPR则是一对相互纠缠的粒子，二者等价的公式解决了黑洞的信息悖论问题：被黑洞吞噬的信息将通过虫洞从另一端被"吐出来"，且与量子隐形传态的原理相同。但信息被"吐出来"时会以黑洞霍金辐射的形式显现出来，在信息收集能力有限的情况下，人们只能得到部分信息，从而造成信息不对称。

每个人的信息对其自身而言几乎是全信息，但这些信息会散落在不同的地方。比如，一个人在某电商网站上散落着自身偏好时尚衣服的信息，在另一个电商网站上散落着对经济类书偏好的信息，而在信贷机构则散落着保守信息等。这就是说，该人对自身信息的了解几乎是完全的，而各机构仅仅有其一部分信息，所以机构与用户之间的信息是不对称的。

王则柯认为，由于利益冲突和信息不对称，自利性竞争的市场不仅未必带来高效率，还常常让大家陷入丧失交易利益的囚徒困境[1]。从博弈论的角度来看，如果交易双方均有两个策略，分别是信息不透明和信息透明，人们会发现信息不透明是自己的严格优势策略，因为不论对方信息是否透明，自己保证信息不透明都能使自身利益最大化。因此，信息不对称是信息的常态。

---

[1] 囚徒困境是指两个被捕的囚徒之间的一种特殊博弈，以说明即使合作对双方都有利，保持合作也可能是困难的。它反映了个人最佳选择并非团体最佳选择。

自资产证券化以来，银行的"发起即销售"模式使信息披露不充分，而复杂的产品设计严重恶化了金融市场原本就存在的信息不对称。巴菲特曾分享这样一个事实：住宅抵押贷款证券的招募书包含数以千计的抵押贷款构成的证券，而每个次级抵押贷款则是从住宅抵押贷款证券中挑出较差资产，将50份或更多不同程度的资产打包在一起。如果想了解一个CDO（担保债务凭证）产品，需要读"50×300"页的资料，而买50个CDO构成的资产包则需要读"50×50×300"页资料，这对一个想了解证券资产的人来说，是一个难以完成的任务。这么多资料还仅仅是数据，而非信息。根据对一些投资项目的研究，从财务报告、企业信息、各种特许文件、项目本身等需求方提供的资料，以及网上查的资料来看，越是设计复杂的产品，信息往往越不充分。

按照微观经济学理论，信息不对称主要有两种类型：逆向选择（由于信息缺乏，投资者难以选择出最好的项目，于是对所有项目都要求相同的利率，这将失去一些好项目，剩下一些不好的项目）和道德风险（如果投资者不能监控企业家的行为，企业家可能不选择使公司价值最大化的项目）。无论是逆向选择还是道德风险都是策略行为，受博弈规则所约束，因为企业家和投资者只要利益存在冲突，他们之间就存在利益争夺。

逆向选择的问题在于，市场交易的一方能够利用多于另一方的信息使自己受益而对方受损，价格被扭曲，并失去平衡供求、促成交易的作用。逆向选择的问题要靠交易者建立声誉、构建制度来解决，如交纳医疗保险、失业保障金、信号发送（拥有私人信息的代理人通过采取某种可被视察的行动来向委托人显示自己的真实信息），以及信息甄别（委托人设计某种方案来主动识别代理人的私人信息）。道德风险是指代理人的行动是委托人难以观察的，且最终的产出水平受到某种不可观察的随机因素的影响，这会衍生出委托—代理问题。道德问题主要靠激励机制和市场声誉的隐性激励机制来解决。

李东荣等人认为，在阿罗-德布鲁模型下，金融市场中不存在市场摩擦和信息不对称，但现实中是存在的，金融中介的存在是由于其具有以下三种作用：降低交易成本、降低信息不对称程度和降低参与成本[1]。信息不对称的存在提高了市

---

[1] 李东荣. 中国互联网金融发展报告（2015）[M]. 北京：社会科学文献出版社，2015.

场上信息传递与搜寻的成本，并最终导致市场失灵；交易成本的存在会扭曲市场交易行为。利用云计算、大数据等技术能够及时收集和处理信息的优势可以缓解信息不对称和降低交易成本，这体现在三个方面：一是通过技术进步带来的交易和支付方式的便捷性降低交易过程中的显性成本；二是基于云计算和大数据实现全联通，提高交易者的违约成本；三是通过多元的产品组合降低客户开发和管理等成本，同时减少用户交易过程中的执行成本和机会成本。

乐平认为，信用的发生不取决于金融体系整体上可支付货币的可靠性和可获得性（微观的信用分析都不会考虑，也就无从考虑宏观的现金可获取性），但信用是在信息不对称、不充分的情况下进行的。因此，信息是信用的要素之一。

3. 信息披露使信息更透明

巴塞尔委员会认为，信息透明度不足（主要是各家银行监管资本的信息披露往往力度不够，并且在资本的构成方面缺乏细节信息），造成难以对银行资本质量进行评估及在银行之间进行有效比较。

张晓朴认为，一般来讲，信息披露制度越完善，信息披露质量越高，金融体系抵抗冲击和风险的能力就越强[1]。这主要是因为在信息披露制度的约束下，各组织进行信息披露，可缓解信息不对称程度，并可以在相应的信息下通过机制设计等方式达成契约。

随着金融业的发展，一些金融交易不在表内体现，使金融交易的信息披露不足，甚至缺失，这使投资者很难区分机构的优劣和信用情况；同时，随着金融产品复杂程度加深，信息披露不到位，又经过层层包装，导致资金链的供给方能获得的基础资产信息等越来越少，信息经过层层加工后信息量越来越集中和失真，使投资者产生基础资产和产品的信用高而风险低的幻觉，并盲目乐观，增加了系统性风险；最后，激励规则设置不合理造成信息错误或伪造等情况的出现，如一些金融机构为了扩展业务，通过代理商进行销售，而在按件分成的诱惑下代理商会输送信用低的用户给金融机构，从而实现自身利益最大化。随着信息披露制度的完善，信息披露的内容越来越多，很多情况下一些重要的信息被淹没在信息海洋中，如中国银保监会要求保险公司每月上报的信息有上万个指标（依赖业务），俗称"万

1　张晓朴. 变革与稳健：银行监管和银行转型的思考[M]. 北京：中国金融出版社，2014.

行表",而一些关键信息如资本充足率、偿付能力却难以凸显出来。

3.2.4 信任

人们会发现,"相互信任同服从、仁爱、友谊和交谈一样,是把一国人民联系和维系在一起必不可少的条件"[1],齐美尔也指出:"没有人们之间相互享有的普遍信任,社会本身将会瓦解……现代生活是建立在对他人的诚实的信任基础上的,这一点的重要性要远比人们通常认识到的程度大得多。[1]"由此可以看出,信任是信用的基础。

经济学家约翰·穆勒认为,信用的基础是信任[2]。陈志武认为,信任是交易是否成功的关键之关键[3]。乔治·吉尔德认为,金融恐慌反映出流动负债和长期性抵押物之间的信任消失或断裂[4]。这也证明信用的基本元素中有信任。

乐平认为,信用支付的途径是信用展期、借新换旧或者形成一个复杂的信用支付链/网。资产价格主要由交易中的信用支付过程所决定,交易价格只要可以被信用支付,就获得了支撑,成为一个市场价格。因此,信用的核心是信任。

1. 信心的本质就是信任

要论述信任,就不得不提信心。在心理学上,信心是对行为必定成功的信念,信心包含对行动实现难度的外在认知、情绪和意识三个方面的构成要素。因为信心涉及认知过程,这种认知过程是对未来发展状况的预期,以及生存需求获得满足的评价和体验,所以也涉及行为过程和情感过程。因此,信心是人们生存需求、意识、认知过程、行为过程和情感过程的不同程度的体现。而信任在这里更多的是指在交换关系中,一方的利益必须靠对方兑现自己的承诺才能实现。

盖特纳认为,金融系统是建立在信任之上的,并认为这就是信贷这个词源于拉丁文信任一词的原因。存款者信任银行,将钱存入银行,并对其还本付息有信心,银行再把钱以更高的利息借出,同时确信不会存在所有人同时要求取回本金的情况。但如果人们对银行失去了信任,那么他们就会同时要求取回存款——发生挤兑。从盖特纳的观点中可以看出,其所说的信心本质就是信任。

---

[1] 费朗西斯·福山. 信任:社会美德与创造经济繁荣 [M]. 广西:广西师范大学出版社,2016.
[2] 约翰·穆勒. 政治经济学原理 [M]. 北京:商务印书馆,1981.
[3] 陈志武. 金融的逻辑 [M]. 北京:国际文化出版公司,2009.
[4] 乔治·吉尔德. 知识与权力:信息如何影响决策及财富创造 [M]. 北京:中信出版集团,2015.

2. 信任是互利共赢的预期

克劳斯·奥弗认为，信任是个体行为者或集体、法人行为者同其他行为者开始交往的认知前提。巴伯认为信任是一种期望，并将信任分为三类：一般性信任、技能信任和基于责任及义务的信任。周文认为，从社会学角度上看，信任其实是社会制度和文化规范的产物，是建立在制度、法规或伦理基础上的一种社会现象。

信任是人与人之间的关系，这种关系是一种互惠共赢的关系，而不是一种博弈的关系，但要让这种共赢关系维持下来就需要有规则。这些规则往往是基于结果制定的，企业中的信任建立在业绩之上，信贷机构与借贷者之间的信任是建立在信贷机构按时发放贷款并合理收费，以及借贷者按时还款的基础上。

在资本实践和管理中，信用是指"借"和"贷"的关系，是在一段限定的时间内获得一笔钱的预期。一个人借得一笔钱、一批货物（赊销），实际上就相当于他得到了对方的一个"有期限的信用额度"，这个信用额度也是有限的，因为对方对他的信任是有限的，而非无限的。

赵邦宏等认为，社会资本主要存在于人际关系和结构中，而信任是社会资本形成的基础。他还认为信任可扩展为商标、品牌和商品广告等手段，以将自己与他人区别开。

在心理学中，人与人之间的信任是个人价值观、态度、心情及情绪、个人魅力交互作用的结果，是一组心理活动的产物。信任是社会影响概念中不可或缺的一部分，因为影响或说服一个信任你的人是容易的。

弗朗西斯·福山在论述信任时，将信任分为传统信任和现代信任，二者的区别在于传统信任为人际信任，现代信任为系统信任，人际信任是亲属、熟人间的信任，而系统信任是陌生人之间的信任，通常来自对权威的信任和对有合法性的公权力的信任，是对专业体系的信任和对规则的信任。规则就是法律、正式规则和制度，在系统信任中对法律和制度的信任最为重要[1]。但法律和制度的滥用等会使系统信任崩溃，从而导致社会风气的恶化。正如弗朗西斯·福山试图证明的：一个国家的繁荣和竞争力是由某一普遍性的文化特征所决定的，即社会本身所固有的信任程度。然而信任程度的上限则是由道德习惯、法律和制度所决定的，对

1　弗朗西斯·福山. 信任：社会美德与创造经济繁荣 [M]. 广西：广西师范大学出版社，2016.

于一个文化共同体来说，每一个共同体成员遵守着相同的习俗、法律、规章制度等，这些习惯、道德、习俗、法律和规章制度是共同体成员之间相互信任的基础。

3. 信任降低不确定性

美国心理学家莫顿·多伊奇1958年通过著名的囚徒困境实验将信任研究引入心理学领域，信任他人意味着必须承受易受对方行为伤害的风险。因此，承担易受伤害风险的意愿也是人际信任的核心。

布雷特·瑞德认为，信任是预期其他人或组织会公平地对待自己，在经济学中不信任会造成交易成本更高、风险更大。

周文认为，信任的关键作用在于降低分工中的交易成本，降低对未来的不确定性和强化行为的稳定性预期[1]。因此，信任降低了风险与不确定性。

从信赖角度看，信任是愿意相信、依赖他方的意愿。从义务履行的角度看，信任是指各合作方会有效履行彼此之间的承诺。从风险角度看，信任是指在信息不完全的环境下对合作方的一种期待，相信合作方不会在交易中利用自身弱点获取收益，并愿意承担对方行为的不确定性带来的后果。

3.2.5 流动性

什么是流动性？各方很难给出一个公认的精确定义。根据经济学家凯恩斯的观点，流动性是一个模糊的概念，随着时间变化而变化，同时依赖于社会实践和制度。

经济学者萨尔和莱贝克将流动性量度标准归纳为四类，分别是交易成本标准、交易量标准、均衡价格标准和市场影响标准[2]。这些标准是量化市场流动性的度量标准，又被用于推断市场流动性。

经济学者弗斯泰尔和格纳科普隆斯在2004年将流动性归纳为五类，分别是支付手段；某一物品的市场可塑性及价格空间；市场的完全性；财务流动性，即履行承诺的能力；不同主体间物品转移的灵活性。从流动性的分类来看，流动性是指对某物品的灵活转移，且运用相应支付手段来履行承诺的能力。

---

[1] 周文. 分工、信任与企业成长[M]. 北京：商务印书馆，2009.
[2] Tonny Lybek, Abdourahmane Sarr.Measuring liquidity in financial markets[J].IMF Working Paper,2002, 2（232）：63.

1995年,加拿大金融机构监管局认为流动性是一种以及时而合理的价格产生或获取足够的现金或现金等价物来应对到期承诺的能力。1998年,美国联邦存款保险公司将流动性定义为一种有效的和经济的补充存款的不足和应对其他负债,同时支持资产增加的能力。从中可以看出,流动性主要是指有能力守约支付或交换。

1999年,英国财政部认为流动性是指拥有以一种金融所有权交换得到另一种金融所有权的便捷性。美国精算师协会在2000年将流动性定义为满足意料之中和意料之外的现金需求的能力。从中同样可以看出,流动性主要是指有能力守约支付或交换。

流动性能力可以从企业或组织的收入现金流和支出现金流的相对变化中来定义。

$$流动性能力 = \frac{销售收入_n}{销售支出_n} \div \frac{销售收入_{n-1}}{销售支出_{n-1}} \times \frac{自有资本}{月销售额} \times \frac{年销售额}{总资产额}$$

因为企业的收入减去固定支出以及管理和财务费用支出就是利润,若销售收入/销售支出增加,则营运能力增强,流动性能力增强。

根据各家定义及资本实践,流动性是一种通过按时交付或交换来应对到期承诺,或保持业务持续稳健开展的能力,即按时守约交换、保持业务持续稳健的能力。流动性大小往往与交易成本负相关,如股票在短期内买入或卖出所需要付出的成本。

在信息不对称特别严重的情况下,市场参与者在进行买卖时就会缺乏流动性,因为流动性与市场规模无关,而与市场参与者行为的异质性相关。其实,信贷机构是基于客户过去的行为来识别客户的信用情况的,因为人类的行为可预测的概率为93%,但当其行为异常时就无法进行预测。在信用中,这种异常行为就是客户流动性变化的原因。信贷机构原本预计该客户具有良好的信用,但他最后违约了,这是其行为发生变化导致的结果。

邓睿和吕明远认为,企业违约体现在无法按期及时、足额偿还债务本金和利息,其直接原因在于债务的周转接续出现问题,因此有必要在信用风险分析过程中对企业的流动性给予重点关注。随着不确定性增加,市场资金供给和资金价格波动会变得更为明显,对企业的流动性管理形成挑战,这也凸显出流动性分析的重要性。

在实际生活中,人们只有持有足额的货币才能如约交换,但能否持有足额的货币则受人们拥有的资产能否快速、低折扣地变现,或者其持有现金多少及筹措资金能力的影响。在金融中,流动性是指一种资产能够迅速、低折扣地转换为货币的能力,或行为主体筹措资金的能力。好的流动性意味着行为主体能够顺利地偿还所欠债务,或购买相应商品,反之亦然。因此,流动性是信用的重要组成部分。

尹久和孔令儒认为,市场上的流动性一旦螺旋式收缩或蒸汽式蒸发,即市场被挤兑,就会导致市场波动性增强,其表现为价格剧烈变化或交易中断,市场失灵或超调[1]。因此,流动性是信用的组成部分。

流动性是信用的一部分,不仅体现在理论中,而且也体现在实际操作中。阿里芝麻信用分数之所以在一定程度上代表了用户个人信用,正是因为芝麻信用分数充分使用了用户的支付、理财数据。理财数据代表了个人资产流动性,而支付流水记录代表了其经营能力及融资能力。支付流水和理财数据越大,意味着客户的支付能力越强,违约概率越小,信用则越强。一些POS贷产品也是基于客户的流动性来识别其信用。

王辉认为,在频繁发生的金融危机中,一般同时包含了流动性不足和不能偿付债务的现象[2]。由此,对金融危机的性质是流动性问题还是偿付性问题,各方一直争论不休,欧债危机再次激发了对该议题的辩论。基于20世纪30年代大萧条中银行危机的历史,王辉认为,金融危机的形成过程中同时包含基本面冲击因素和心理恐慌因素,两者引起的"不偿付性"与"不流动性"相互促进,使风险逐渐放大,最终形成了金融危机,这说明金融危机的性质既是不偿付性的,也是不流动性的,金融援助方案应该根据不同时段的特点来制订,相关结论在2007—2008年的美国次贷危机和欧债危机中得到进一步印证。

理查森也研究了是不流动性还是不偿付性导致了金融体系的坍塌这个问题,他认为不流动性和不偿付性都是造成危机的重要原因,银行危机的性质随时间而变化。通过观察大萧条中的银行危机,理查森提炼出两条经验事实:①当出现

---

1 尹久,孔令儒. 敏感性,流动性与金融市场波动逻辑 [N]. 金融时报-中国金融新闻网,2017-04-10.
2 王辉. 流动性危机还是偿付性危机:金融危机的性质辨析 [J]. 世界经济研究,2012(9):41-46.

流动性危机的时候，挤兑使银行被迫折价出售资产，偿付性危机也因此产生，而对资产折价的恐惧会使资产市场冻结；②已发生的不偿付性事件引起人们对银行发生偿付性问题的恐惧，导致挤兑，银行被迫停业，资产折价出售，流动性危机扩大。在两条经验事实中，挤兑和资产的折价出售始终是危机形态转化的关键环节，因而流动性危机和偿付性危机随时间变化而变化，且二者之间存在互相促进的关系，资产折价出售和挤兑是二者互相促进的枢纽，单独判断某次金融市场危机是流动性危机还是偿付性危机都有失偏颇。根据上述分析可知，偿付性和流动性归属在一起是合理的。

王亚婷总结了信用发生需要的条件：人与人之间的信任，产权制度的建立，契约制度的建立，经济主体重复博弈[1]。这说明信任、跨时空、信息和守约交换是信用的重要元素。在实际金融操作过程中，基于信任会产生跨时空且信息不对称的交易行为，如借贷、保险、VC、PE 等，在一方对项目信息了解得多，另一方了解得少的情况下，还存在能否按照契约进行交换的问题。因此，信用包含五大要素，分别是信任、跨时空、信息、守约交换和流动性。

3.3 信用构成要素之间的关系

从对信用、流动性等的研究成果，以及信用管理与实践来看，信用的五要素之间既存在相互促进的关系，又存在相互制约的关系。

3.3.1 信用构成要素之间相互促进的关系

在信贷业务中，如果客户每次分期都如约还款，往往会得到信贷机构的信任，且有获得期限更长、额度更大的信贷的机会。因此，守约交换对信任具有促进作用，信任对跨时空具有促进作用。

1　王亚婷. 马克思信用理论与信用经济价值研究 [D]. 上海：上海大学, 2005.

1. 守约交换对信任具有促进作用

在社会科学中，信任被认为是一种依赖关系，相互依赖表示双方之间存在交换关系，无论交换内容是什么，都表示双方至少有某种程度的利害关系，己方利益必须靠对方才能实现。从上述内容可以看出，信任的基础是交换，即守约交换对信任具有促进作用，同时只有交换双方守约交换才能增进信任，不能守约交换只会破坏信任。

市场通常被看作"看不见的手"，张维迎认为，市场同时也有一双"隐形的眼睛"，因为市场是有记忆的，每个人在交易中的所作所为，不论好坏，都会被记录下来，积累成他的声誉，而好的声誉意味着更高的信任、更多的客户、更大的利润[1]。因此，守约交换对信任具有促进作用。

弗雷泽认为，社会交换包括职位的交换，而这种交换也与信仰仪式、文化习俗息息相关。意大利阿里奇亚内米湖人为了获得祭司职位，必须先破坏前任祭司所保护的橡树树枝后再杀死他，就是一个奇特而很有说服力的例子。马林诺夫斯基认为，特洛布里安人的礼物"大多数是要求回偿的，只有丈夫定期给妻子的礼物是无偿的"。然而马塞尔·莫斯的研究表明，原始人之间的礼物馈赠都是以回礼为前提的，丈夫之所以送礼给妻子其实是因为妻子向丈夫赠送了自己的肉体，使丈夫得到了性满足。而且，原始人之间礼物的交换"不是以个体而是以集体之间互设的契约和义务为条件的"。礼物的交换品种很多，包括"仪式、宴会、妇女"等。"财富交换仅仅是其中的一项"，这样的自愿交换形成了初民社会的基本形态。

文化人类学家的田野调查研究使社会学家霍曼斯坚信交换是所有社会普遍存在的一种现象，人类不仅能够进行简单的经济上的物物交换，而且在此基础上发展出非物质方面的社会交换，交换成为社会整合及社会变迁的重要因素。霍曼斯的"社会交换理论"认为，任何人际关系，其本质就是交换关系。只有这种人与人之间精神和物质的交换过程达到互惠平衡时，人际关系才能和谐，而且只有在互惠平衡的条件下，人际关系才能维持。无论人际关系和谐还是维持都说明人与人之间相互信任了[2]。这说明交换过程产生了人与人之间的信任。

---

1 张维迎．市场的逻辑 [M]．上海：上海人民出版社，2010．
2 弗朗西斯·福山．信任：社会美德与创造经济繁荣 [M]．广西：广西师范大学出版社，2016．

基于信任，才会有跨时空的交往或交换，如在人际关系网络内进行借贷，在互联网购物和支付等。守约交换对信任具有促进作用，如多次进行信贷消费且遵守还款约定，借款人就能建立起声誉，从而可以吸引更多放贷人。又如，商品交易过程中卖方通过高质量、高品质的商品或服务建立起某种声誉，从而可以吸引渴望高质量商品或服务的买方，扩大自己的交易。

2. 信任对跨时空具有促进作用

陈志武认为，所有金融交易不管是股票、债券、借贷还是其他任何金融交易，都是通过金融合同来完成的，而人际金融交易是任何社会都必须进行的，只是实现人际金融交易的形式、方式不一样。在原始社会，"部落"公有制是一种实现形式，在人们没有自我的框架下，所有的东西都在群体间共享，以让彼此活下去的能力最大化，这里存在一种契约，即每个人都必须把自己的东西进行共享；在农业社会，人际金融交易也以人格化的隐性方式实现，如在家庭、家族这些血缘体系内盛行养儿防老，子女即是被人格化了的保险、信贷和养老投资品，这是一种隐性的合约关系，在这种合约关系下，规避风险和养老情况由子女的数量和质量决定，这很容易带来人口膨胀；在中世纪的欧洲，互助结盟组织依靠共同信仰实现成员间跨时空的利益交换；现在，金融市场为人们提供信贷、保险、证券、基金等金融产品。因此，信任对跨时空具有促进作用。

经济学家费雪认为，人们的投资行为受到时间偏好的影响，并认为人们对现在财货和将来财货的主观评价是不同的，一般都是重视现在而贬低将来，他认为这是人性不耐。投资者通常不愿意抑制现在的部分享受而去寻找良好的投资机会。他强调说，没有时间偏好就绝不会有现在与将来的任何交换，没有投资机会也就不存在自由竞争的市场。时间偏好或者投资都是基于对相关机构或产品的信任，如果没有信任就没有时间偏好，更没有跨时空。

跨时空是客观存在的，如人们以家庭为单位通过教养孩子来防老，就是出于对"血缘"的信任，这种信任是跨越时空的前提。因此，信任对跨时空具有促进作用。

3. 跨时空对信息具有促进作用

跨时空是指时间差或空间差，一般来说，跨时空对信息具有促进作用，因为跨时空就说明物体发生了运动和相互作用，而事物运动状态和变化的实质内容就是信息。

跨时空交换使人们对于信息的追求更加猛烈。因为未来是不确定的，跨空间也具有不确定性。为了化解这些不确定性，跨时空交换的双方都会积极地收集信息。在大数据时代，每个拥有大数据资源的个人或组织都有能力进行预测，进而降低不确定性。因此，跨时空对信息具有促进作用。

4. 信息对流动性具有促进作用

经济学家诺斯认为，由于互动过程中每个人所拥有的有关他人行为的信息均不完全，因而每个人在社会选择中处理、组织及利用信息时均存在一定心智能力上的局限。这种信息的不完全使交易费用比较高，即流动性缺乏，因此信息对流动性具有促进作用。

巴塞尔委员会认为，如果某些资产能够在无损失或极小损失的情况下快速而轻易地变现，则可认为该资产具有流动性，同时他们认为流动性主要依赖于所处压力情景、需要变现的数量及所考虑的时间跨度。

乔治·吉尔德认为，经济学上的流动性就是自由。流动性是各种资产或资源以一个合理的价格进行顺利变现的能力，它表示投资的时间尺度（卖出它所需多长时间）和价格尺度（与公平市场价格相比的折扣）之间的关系，流动市场的一个特点是在市场上任何时刻都有买家和卖家。流动性的另一个定义是，下一次贸易的价格与上一次贸易的价格相等的可能性。如果一个市场上有许多买家和卖家，那么这个市场的流动性就非常高，在这样的市场中订货对货物价格的影响不大，同时可以将一个货物的买卖次数看作该货物的流动性。一般来讲，现金的流动性最好，其次是活期存款，再次是短期国债，接着是蓝筹股，再接着是一般股票，然后是长期债券，最后是城市中心小户型物业及城市外围大户型物业。格林斯潘和圭多惕提出用外汇储备与短期债务和的比作为衡量宏观经济中流动性的指标，该指标越高说明流动性越好。

5. 流动性对守约交换具有促进作用

姜波克认为，货币是具有很强的流动性和便利性的支付手段，这种便利性主要体现在资产的转换十分方便、迅速且能无损失地实现，并能十分方便地进行支付。

因此，流动性对守约交换具有促进作用。

巴塞尔委员会认为，风险较低的资产往往具有较高的流动性。从信用风险看，发行人的高信誉和低次级从属性通常能够增加某项资产的流动性，而从市场风险看，低久期、低波动性、低通胀风险和可以兑换货币计价从而降低汇率风险等，都可以增加某项资产的流动性。最后，巴塞尔委员会认为，要检验资产是否具有流动性，主要看其是否可以变现或用于抵押借款。从上述内容可以看出，守约交换是产生流动性的关键，流动性高则需要的时间短，且价格折扣比率小。

增加交易成本可降低资产的流动性，如增加印花税可降低股票的流动性，T+0交易比T+1交易更具流动性。一项资产有它的交易市场，既有卖家又有买家，而资产要有高流动性，必然是因为有很多买家等着购买该资产。买家有购买能力需要同时具备两个条件：一是有钱，二是愿意买，二者缺一不可。当存在多个买家和卖家进行连续不断的守约交易时，该资产就具有高流动性。因此，流动性对守约交换具有促进作用。

人们对待自己的亲人往往是利他的。福山认为，就人类而言，现实世界的裙带关系不仅基于社会缘由，更基于生物血缘缘由，将资源传给亲人的欲望是人类政治中最持久的常态。与无遗传关系的陌生人合作被生物学家称为互惠利他，至于进行社会合作的基础，可以在囚徒困境游戏中找到答案。政治学家罗伯特·阿克塞尔罗德组织了解答囚徒困境游戏的电脑程序比赛。该比赛结果显示：最优策略是"一报还一报"，即如果对方在较早比赛中采取合作态度，则我方采取合作态度；而如果对方在较早比赛中采取不合作态度，则我方采取拒绝态度。但在现实博弈中，需要防止双方陷入相互惩罚的状况，为此罗伯特·阿克塞尔罗德建议增加处理反馈机制，具体做法是：①允许一定比例的背叛博弈者不受惩罚；②如果博弈者无意中选择了背叛并引起对手的背叛，那么博弈者不要继续背叛[1]。

罗伯特·阿克塞尔罗德认为，合作的基础不是真正的信任，而是关系的持续性。从长远来说，双方建立稳定的合作模式的条件是否成熟比双方是否相互信任更加重要。守约交换是建立信任的关键，同时要守约交换就需要自身具有相应的偿还性，偿还性要求有流动性和支付清算来支撑，在支付清算等没有技术问题时，关键在于是否有足够的流动性；即便有足够的流动性，当支付清算技术不行的时候，

---

1 罗伯特·阿克塞尔罗德.合作的复杂性：基于参与者竞争与合作的模型[M].上海：上海人民出版社，2017.

人们也不能如约交换。在马来西亚、印度尼西亚做信贷业务的从业人员都清楚，他们的支付清算基础技术不到位导致很多人违约。因此，流动性对守约交换具有促进作用。

阿罗和德布鲁认为，委托代理问题的存在就是因为信息不对称。信息收集和监督都需要花费成本，所以不同的人对于同一事物的看法不同，进而产生了各种获利的机会，使交易产生并产生了市场。

综上所述，守约交换对信任具有促进作用，信任对跨时空具有促进作用，跨时空对信息具有促进作用，信息对流动性具有促进作用，流动性对守约交换具有促进作用。

信用各要素之间除了有相互促进的关系外，还有相互制约的关系，接下来我们将详细阐述各要素之间的相互制约关系。

3.3.2 信用构成要素之间相互制约的关系

1. 信息对于守约交换具有制约作用

马克思曾引用富拉顿的观点说道："几乎每种信用形式都不时地执行货币的职能；不管这种形式是银行券，是汇票，还是本票，过程本质上是一样的，结果本质上也是一样的。"马克思认为，鸦片战争为英国打开了中国的门户，开辟了新的市场，激发了英国人投资办工厂、购置机器等的热潮，因此人们认购股份，而后缴付股票的账款，当付款的期限来临时，人们不得不借助信用，这导致了1848年到1857年的经济危机，商业银行多半为此蒙受损失。同时，其为获取贷款而对印度和中国实行委托销售制度，伴随各种各样的欺诈，最终造成市场商品大量过剩。这说明，信息不对称的加剧会降低守约交换的可能性。

从交易对手信用风险来看，交易对手可能会因资产价值的变化而选择性违约，这种情况不仅在场外衍生品交易中存在，而且在一些交易潜在对手比较多的市场同样存在。比如，获客市场在需要客户企业数量比较多时，一个客户被推到多家信贷机构，而不是一家机构，不同机构给的价格不同，客户中介因掌握了丰富的市场信息可以随时更换信贷机构。因此信息对于守约交换具有制约作用。

2. 守约交换对跨时空具有制约作用

互联网小贷公司的坏账率在3%左右，而一般小贷公司坏账率很低，甚至低于 0.5%。小贷公司往往只做某个地方的客户,如果客户守约还款,就能够获得优质的服务,如果客户不守约还款,则其服务申请会被拒绝,那么客户就不得不从其他地方的机构获得服务。在监管部门的支持下,我国农村各地区一般会有相应的村镇银行,各村镇银行的坏账率是不同的,这一方面与银行内的风控体系不同有关,另一方面与不同地区的守约交换意识不同有关,而不同的守约交换意识将决定村镇银行是否愿意继续经营下去。如果村镇银行不愿意经营下去,那么该地区的居民就需要到其他地方获得相关服务。因此,守约交换对跨时空具有制约作用。

3. 跨时空对流动性具有制约作用

从经济学家希克斯提出和阐发,经济学家科塞尔进一步补充的期限选择和流动性升水理论可知,短期债券的流动性比长期债券的高。从会计角度看,流动性资产的期限一般都在 1 年内,甚至更短。因此,跨时空对流动性具有制约作用。

在期货、期权等交易中,越临近交割月时,企业产品的波动性就越小,因为投资者会慢慢地退出保值交易。同时,在期货理论中,随着合约交割时间的临近,企业持仓成本会不断减小,直至为 0,因为没有交易或流动性,相关持仓成本自然就会降低。反之,距交割日越远,各种投机、套利者越多,相关流动性就越高。因此,跨时空对流动性具有制约作用。

对于信贷资产而言,其期限越长,流动性越小,因为偿还周期长。比如,1 周期信贷产品通常采用到期还本付息的方式;3 月期信贷产品可以按照周、半月、月、季度还款,但通常采用按月还款的方式;10 年期信贷产品通常采用按年还款的方式。期限越长,资产流动性越差,因为该资产变现的可能性低,从而使其流动性变低。因此,跨时空对流动性具有制约作用。

4. 流动性对信任具有制约作用

宁波大学孙向超针对我国居住流动性比例逐年增长的情况研究了居住流动性与人际信任之间的具体关系,该研究结果显示:居住流动性越强的个体,其人际信任水平明显越低。这表明个体的居住流动经历会对他们的信任产生负向预测作用。虽然该研究是一项社会心理学方面的研究,但其表明流动性对信任具有制约作用。

流动性是把"双刃剑"。如果没有流动性,人们的财富就会缩水,因为一些创新的、冒险的、探索的、积极的经济活动都将被推迟。这种情况下,人们会因财富缩水变得谨小慎微,彼此之间的信任也大大降低。因此,流动性对信任具有制约作用。

如果流动性过度，则意味着外部有稍许干扰，流动性就会成为洪水猛兽，湮没一切。这将使人感到恐惧，对原本所依赖和信任的机构或人也不再信任，甚至这些机构或人有可能已经没有能力应付这种巨大的流动性，因为流动性越高，各种资产价格波动性往往越大，进而引发交易对手风险。因此，流动性对信任具有制约作用。

5. 信任对信息具有制约作用

乔治·吉尔德认为，当发展迅猛的企业将勇于冒险的创业者和忐忑不安的储户之间的距离拉大的时候，人们就开始怀疑在银行和其他金融机构里的商业精英和储户的差距能否得到弥合。在经济繁荣接近顶峰时出现的银行挤兑现象，主要原因就是信息不透明和不对称引起的恐慌。

北京大学彭冰认为，金融体系始终都要连接资金的供需双方，将社会上富余的资金动员起来并使之得到有效的运用。在这个过程中信任一直处于核心地位，资金盈余方要把自己对资金的控制权交给短缺方必须是基于某种信任，而解决信任问题的方案是大数据。大数据是信息的载体，即信息可以解决信任问题。因此，信息与信任之间存在相互制约的关系。

"人类惯于恐慌，正如人们惯于的某种非理性信念，造成了泡沫与恐慌交替"[1]，人们的非理性信任导致其忽视了一些信息，从而引起信息不对称。因此，信任对信息具有制约作用。

区块链技术是一种去信任的技术。在利用比特币进行交易时，设想 A 用比特币向 B 买入某一货物，A 向 B 支付比特币这一过程无须两人之间有任何了解，也无须受信任的第三方机构介入，就可以在区块链系统内有保障地进行。这是去信任的真正含义。但在交易的另一端，A 如何确保 B 会按时向他交付合格的货物？只要做不到一手交比特币、一手交货，就存在不容忽视的交易对手信用风险。区块链的去信任环境不能简单外推到区块链外。区块链在自身环境内因各种信息充分、透明且对称，此时的信任虽然很小，但有充分的信息作支撑，仍然可以进行交易，但在自身环境外，没有信任机制就无法继续交易。也就是说，信任与信息不对称

---

[1] 蒂莫西·盖特纳. 压力测试：对金融危机的反思 [M]. 北京：中信出版集团，2015.

之间具有相互制约作用。

某知名信贷机构在自己的生态圈内可以将风险控制得很好,但当其向生态圈外扩张时,对一些信任的用户进行放贷,最终坏账率远远高出生态圈内的,这主要是因为信息不对称导致其无法正确评估流动性和守约可能性。信任,尤其是非血缘关系的信任,是双方根据对方的信息不断博弈得到的。信任越高则信息越对称。因此,信任对信息具有制约作用。

综上所述,信息对守约交换具有制约作用,守约交换对跨时空具有制约作用,跨时空对流动性具有制约作用,流动性对信任具有制约作用,信任对信息具有制约作用。

3.3.3 信用自成稳定系统

信用的核心要素之间既存在相互促进关系,又存在相互制约关系。信用的核心要素之间存在两种逻辑关系,这非常符合稳定逻辑分析模型,即信用的核心要素构成了一个稳定性系统。信用中的流动性、信任、跨时空、信息和守约交换所构成的稳定系统如图 3-1 所示。

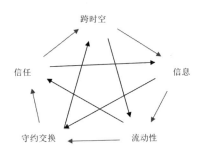

图 3-1 信用的核心要素构成的稳定系统

要塑造信用社会,仅靠人们的道德自觉是不牢靠的。在利益面前,个人可能不会遵守道德规范,因此就需要建立征信体系。基于客户的历史信贷行为建立起征信体系,可以有效降低成本,并促进信用社会的形成,这有利于市场经济的发展,因为市场经济的本质就是守约交换。

在大数据时代,信用数据除了金融信用数据之外,还有越来越多的可替代性数据,如水电煤缴费、电话缴费、支付清算、社交行为、求职跳槽行为等数据。

这些数据之所以能够成为信用的可替代性数据，主要是因为这些数据存在守约交换、流动性、信任和跨时空性。虽然人与人存在很多不同，但每个人行为的可预测程度都差不多，因为人们的行为都深受规律的影响。

从周一到周五，大多数上班的人在早上 7 点左右从家出发到附近的车站，然后乘车到公司，而在晚上 6 点左右从公司出发回到家，行动的路线基本是固定的。而到了周六、周日，他们要么宅在家里，要么出去。2004 年，美国桑迪实验室的博士生内森免费给 100 个志愿者发放了当时的高级手机，但志愿者需要授权内森记录他们的一举一动，最后内森收集到 45 万小时的数据，并开发了一个运算系统来探测重复的行为动作。他很快就发现，在工作日志愿者们在晚上 10 点到第二天早上 7 点人多待在家里，在早上 10 点到晚上 8 点之间待在学校，这些志愿者的行为只有在周末才稍有不同。内森的这个系统对于志愿者行为预测的准确率达到 90%，如根据一个志愿者上午的行为预测其下午的行为，可信度有 90%。

在一些信贷业务中，风控人员会通过客户的通话记录来识别风险。基于对上百万名客户的通话行为进行分析显示，一些公关性职业的通话行为在下午 6 点到第二天早上 8 点相当活跃，之后就进入一个沉默期；一些白领消费者往往从早上 8 点到晚上 10 点相当活跃，而后进入沉默期。

人们十分排斥随机，他们往往将自己每天的工作、生活提前安排好。人们的行为具有重复性或惯性，即行为的熵值几乎围绕 0 进行小幅度的波动。根据世界知名复杂网络专家巴拉巴西等人的研究，每个人的行为可预测程度为 93%，而剩下 7% 不可预测的行为往往是两个重复行为之间的行为。

在实践中，不论是年轻还是年长的人，行为的可预测程度几乎是相同的，但往往男人行为的可预测程度比女人的要低一些。机构要预测客户未来的行为，就需要知道每个人过去的行为。如果机构没有客户过去的行为数据，就无法对其行为进行预测。

在实际的信贷业务中，行为评分卡是复借用户、循环授信不可或缺的工具。该评分是基于用客户过去的信贷行为数据，如贷款时间间隔、历史最大逾期天数、借款平均用款间隔、客户性别等，模型预测准确率往往在 90% 以上，AUC[1] 往往在

1　AUC 系数表示 ROC 曲线下方的面积（在 0.5 到 1 之间），AUC 系数越高，模型的风险区分能力越强，而接收者操作特征曲线 (receiver operating characteristic curve, ROC) 被机器学习、数据挖掘、统计学习等用来检验模型对客户进行正确排序的能力。模型的分别能力越强，ROC 曲线越往左上角靠近。

0.8 以上，KS[1] 在 0.6 左右。这是能控制好信贷产品风险的关键工具之一。中国人民银行征信的一个重要作用就是各家金融机构共享了客户的行为数据，因此可以将新客户的逾期率控制在 3% 以内。

要记录好客户的过往行为就需要征信，尤其是第三方征信。征信的意义在于承认人性有缺陷，并对信用好的记录给予低成本的激励，对信用不好的给予高额惩罚，如拒绝其贷款申请，限制其使用公共设施等。

信用本身是一个稳定的系统。在征信行业，征信体系的建设应该围绕客户信息、守约交换、跨时空业务、其他机构对客户的信任和流动性来进行。

3.4 传统征信

征信是金融的基础，甚至是社会经济的基础。信息不对称是产生信用风险的关键因素，而征信就是帮助缓解各种交易过程中信息不对称的程度。过去在没有征信机构的情况下，各机构依靠自身的信息和员工的过往经验来控制风险。为了降低风险，一些商家发起设立非营利性组织以共享一些信息。这类模式类似一些风控人员建立的信息共享群，这些群不以营利为目的，只是用来互相通报信息，如张三在我就职的机构申请服务时是否在其他机构已经逾期。最初的征信机构是某个地区信贷机构共同搭建的平台，其只是为了内部成员的利益而运营，主要任务是收集和共享负面信息。

早期的个人征信报告没有标准格式，除了收集消费者的姓名、社会身份、地址和信贷信息外，还会从报纸上搜寻关于消费者犯罪、晋升、工作情况的信息，这些信息会被附在消费者的纸制信用报告中，同时其他信贷机构的查询信息也将被记录在征信报告中，因为这些查询信息是信用的重要组成部分，是有价值的。

早期的征信机构以地方征信机构的形式出现。由于地区之间经济利益、政治利益等并不一致，这些信贷机构之间没有互通信息，而是各自占有消费者的部分

---

1 KS：Kolmogorov-Smirnov，用于对模型风险区分能力进行评估，指标衡量的是好坏样本累计分布之间的差值，好坏样本累计差值越大，KS 指标越大，模型的风险区分能力越强。一般认为，KS 在 0.35 以上则模型可用。

信息，因此各家信贷机构关于消费者的信息是不完全的，覆盖的人数也有限，信息不对称依然存在。

随着计算机技术以及信用评分技术的发展，征信行业得以快速发展，征信机构充分利用计算机和数据库技术来整理、组织相关数据，提升了征信机构的运营效率。在数据电子化的过程中，一部分征信机构因无法实现数据自动化而被迫退出征信行业，另一部分征信机构因收集信息成本太高无法满足客户需求也被迫退出征信行业。计算机技术和数据库系统是现代征信发展的基石，并使地方性征信机构不断被兼并重组，消费者的信用信息得到有效的共享和交换。消费者信贷记录数量在不断快速增长，同时覆盖的消费人群规模也在扩大。

在征信行业相对混乱的阶段，消费者的个人晋升、犯罪记录都被写入征信报告中，而且该阶段的征信偏重于负面信息。在相对规范的阶段，征信机构收集已验证的相关信息，既包括正面信息，也包括违约、拖欠等负面信息，如消费者的持续还款记录等。在征信报告中，信息不仅包括消费者的姓名、地址和社会身份，而且包括查询、信贷和公共记录信息，这些数据以数字格式存储在各种设备中，并逐渐出现了征信服务自动化。

随着信贷市场需求的不断扩大，征信机构逐渐将银行、保险、消费金融、汽车金融等借贷行为的数据纳入征信报告中。征信报告被应用于房贷、车贷和各种消费贷款的自动审批过程。

相对于个人消费者的征信，企业征信的出现要晚一些，这主要是因为企业征信比个人要复杂很多。企业征信最早是为了管理企业供应链上所出现的信用风险，如赊销。企业征信机构通过收集企业的信贷历史来解决商业机构和该企业之间信贷交易的信息不对称问题，也会推出一些评分产品来预测企业是否有偿还贷款的能力。企业征信的非标准化给数据的自动化、批量处理带来了很多问题。一般企业征信报告包括以下内容：基本信息、公司结构、财务分析、风险分析、付款信息、公司历史营运状况、银行流水及公共记录等。

从监管层面来看，虽然个人征信发展很快，但个人征信涉及个人的隐私信息太多，以及信息本身的准确性对个人影响很大，因此监管机构对个人征信的监管要严格很多。这是正确的，因为即使像美国这样征信行业非常发达的国家，其征信报告中仍有 3%~25% 的数据是错误的，甚至有研究认为 90% 的个人征信报告都存在不同程度的错误。各种错误的数据导致 30% 的消费者被信贷机构拒绝贷款。

这些错误往往可以分为两类：一类是征信机构采集的数据错误或不完整，或者征信机构本身处理数据过程中带来了错误；另一类是消费者向征信机构提供了错误的信息，或者信贷机构等没有向征信机构提供相应数据或提供的数据有误。

3.4.1 美国征信的发展和产业链

美国征信的发展历史有 100 多年了，其发展过程中的经验和教训值得我们借鉴和吸取。美国征信行业起源于消费信贷的盛行，其先后经历了快速发展期、法律完善期、并购整合期和成熟拓展期。快速发展期在 20 世纪 20 年代～20 世纪 50 年代，这一时期经历了经济大萧条、"二战"等事件，导致个人违约率急剧上升；法律完善期在 20 世纪 60 年代～20 世纪 80 年代，这一时期有 10 多部与征信相关的法律出台，这些法律不仅对征信需求方、授信方、消费者和行业自身进行了全面立法规范，而且几乎每一部法律都经过了若干次修改，最终形成了以《公平信用报告法》为核心的法律体系，这些法律的保障是美国信用管理体系正常运行的前提，同时奠定了征信行业的法律基础；并购整合期在 20 世纪 80 年代～20 世纪末，这一时期信息技术的发展使征信机构从地方性逐渐向全国性发展，征信机构数量从 2 200 多家减至 400 多家，大多数征信公司被收购；自 21 世纪以来，美国征信市场逐步进入成熟拓展期，这一时期的特点是专业化和全球化，征信机构不再仅仅依靠提供征信查询服务获取收入，而是不断创新产品，提供多样化增值服务[1]。

美国征信行业主要可以分为两大类，分别是机构征信和个人（小微企业）征信，如图 3-2 所示。其中，机构征信可分为资本市场征信和普通企业征信，资本市场征信机构主要有标准普尔、穆迪和惠誉，普通企业征信主要有邓白氏。个人（小微企业）征信也分两大类，分别是传统征信机构（如 Equifax、Experian 和 TransUnion）和互联网征信机构（如 Credit Karma 和 ZestFinance）。

---

1 刘新海. 征信与大数据：移动互联网时代如何重塑"信用体系"[M]. 北京：中信出版集团，2016.

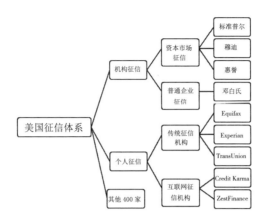

图 3-2 美国的征信体系

标准普尔、穆迪和惠誉主要是针对主体国家、大型公司和 ABS（资产证券化）等产品，个人征信（如 Equifax 等）主要是收集客户的信息，并提供相关征信评分。这个评分是通用评分，对于相应业务来说仅有通用评分是不够的，还需要有针对性地进行深入加工和挖掘以建立自身的评分。

美国征信产业链主要包括数据收集、数据处理、产品设计和产品应用，如图 3-3 所示。

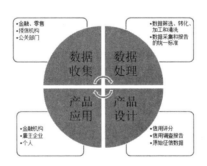

图 3-3 美国征信产业链

数据收集主要是依靠金融和零售等机构免费提供，而公共部门的数据由第三方数据处理公司简单处理后获得。对于收集的数据，征信公司彼此之间会进行信息共享并收取费用。数据处理主要是对采集的数据进行匹配、质量控制、特征变量抽取等，这是一个数据清洗、特征加工的过程。产品设计主要是在数据处理的基础上建立评分模型，形成信用评分、信用调查报告等产品。最后，征信产品被应用到各种业务场景中，如贷款、租房等，其使用方主要是金融机构、雇主企业和个人等。从美国征信行业发展路径来看，应用场景的拓展、法律法规的完善和技术的进步是行业发展的关键性推动力量。其主要特点是专业分工、边界清晰和协同配合。

美国征信行业目前将跨时空、信息、守约交换方面的数据都收集起来了，而对信任和流动性方面的数据的关注则少一些。目前，其征信数据包含的关系型数据（如Facebook）较少。

3.4.2　我国传统征信的发展和产业链

这些年，我国征信行业发生了翻天覆地的变化。在信贷初始阶段，风控关注客户的负债率，通过银行流水判断其收入，根据中国人民银行征信数据判断其负债。此时的征信主要是解决客户还款能力问题，尤其是与负债相关的问题。

到了信贷快速发展阶段，风控开始关注客户的稳定性。此时，征信数据主要解决多头借贷问题，这往往需要依靠中国人民银行征信或第三方数据。对于大部分金融机构来说，其数据主要来自中国人民银行征信数据、第三方数据和内部数据等。

我国的征信行业正处于形成阶段。在资本市场方面，评级机构主要有中债资信、中诚信、联合资信、大公国际等；普通企业征信方面暂时无权威的机构，个人征信机构目前以中国人民银行征信为主，市场征信为辅。

资本市场方面的征信评级机构要得到国际认可还有很长一段路要走，这主要是因为其评级数据、方法和结果的准确性有待进一步提升。在普通企业征信方面，征信公司以工商局的信息作为企业征信的核心数据，这不足以得到市场认可。相对来说，个人征信发展要好一些，这主要得益于中国人民银行在1997年开始筹建的银行信贷登记咨询系统。2004—2006年，中国人民银行组织金融机构建成了全国集中统一的企业和个人征信系统。

中国人民银行的征信中心主要从银行、信用社、消费金融公司、汽车金融公司和财务公司等获得相关贷款类数据。图3-4展示了征信报告的信息组成和来源，信息主要来自银行、信用社、小贷公司和其他行政机构上报中国人民银行征信系统的数据。

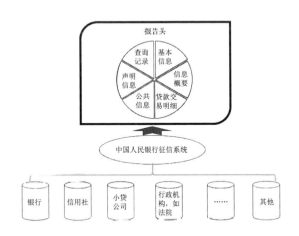

图 3-4 征信报告信息组成及来源

在过去一段时间，由于中国人民银行征信报告对上报数据有相当高的要求，一些互联网金融公司无法上报相关数据。但这些互联网金融机构为了业务发展，与一些能够上报中国人民银行征信系统的金融机构合作，这些金融机构为互联网金融机构提供资金支持，为了保证自身利益，互联网金融机构需要提供担保、"兜底"或者承诺一旦有违约即对其违约资产直接收购等服务。这些互联网金融机构为了保证资金的可持续，在客户违约后往往先垫付资金，而后自己催收。这使能够上报中国人民银行征信系统的金融机构所上报的数据就是"脏"数据，客户 A 实际已经逾期了，但征信报告上显示的则是其按时还款，这导致数据不够准确，给其他金融机构带来了麻烦。

同时，因为具有对接中国人民银行征信资质的金融机构主要服务于信用相对优质的客户群体，而对于信用资质相对差的客户则没有提供相关服务，也就不会在征信中显示相关数据。在过去 8 年里，我国互联网金融得以快速发展，一些无法上报中国人民银行征信系统的互联网金融机构拥有的客户中 85% 左右是优质客户，但他们在银行等机构仍然无法获得良好的评价，这是因为银行很难获得其过往借贷行为的数据。这些都导致传统征信所覆盖的人群有限，并阻碍了我国金融业的健康发展和系统性风险的管控。

我国传统征信中主要是贷款类的跨时空和守约交换信息，而对于客户的消费记录、信任和流动性数据都是缺乏的。没有良好的征信数据统一平台是当前我国金融业所遇到的问题之一。各家征信服务机构各自为政，如阿里巴巴有8亿客户的消费记录、理财数据，这是考察客户是否守约交换及其收入流动性的关键；而腾讯有10亿左右客户的社交数据，尤其是客户之间的社交关系数据，这是衡量客户信任的基础。

3.5 大数据征信

随着大数据时代的到来，尤其是互联网金融的发展，时代对征信提出了更高的要求，主要体现在：①互联网金融的真正价值在于服务数以亿计的长尾用户，虽然该人群的可支配收入在国家平均水平以下，但他们是居民的大多数，而且难以获得银行等机构的服务；②对客户体验的追求。过去信贷审批可能需要1天甚至更长，但今天审批是自动化的，突破了时空限制，面向全国甚至全世界。但中国人民银行征信中心的征信数据主要来源于银行等持牌金融机构，而年轻的互联网用户则缺乏与这些机构的交互信息，因此中国人民银行征信中心的征信数据无法完整地刻画这群人的个人信用状况。

2017年左右，现金贷的疯狂更是凸显了建立统一征信机构的必要性和紧迫性。当时，互联网金融机构各自为政，不愿意将自己的数据与他方共享，导致各方以邻为壑，各种欺诈者、骗子充分利用机构之间的不信任来骗贷。有机构对1 000万客户的数据分析结果显示，从2017年4月到2017年7月，无论是从人数占比，还是从授信金额占比，或是放款金额占比上看，共债[1]人群占比从30%快速上升到50%（如图3-5所示）。

---

1 用户共债分析是基于用户授权的短信信息挖掘分析得到的。

第 3 章　信用——资本之金

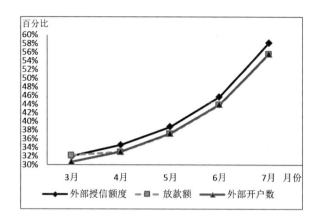

图 3-5　共债人群占比变化趋势

除了共债人群人数在快速上升外，相应的借款额度也出现了快速上升的势头。从图 3-6 中可以看出，共债人群的高授信额度人群占比在快速上升。这主要是受内部的行为评分卡影响，因为机构对客户进行提额是基于行为评分卡，不断提高客户授信额度的做法大大增加了系统性风险。

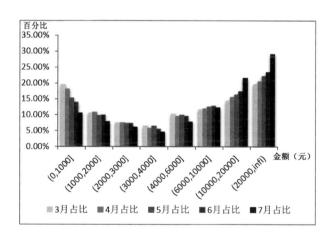

图 3-6　不同授信额度占比变化趋势

从长期来看，百行征信有限公司（以下简称百行征信）的成立是化解相关金融风险的有力举措，这将从根本上解决消费者共债问题，进而降低系统性风险。

百行征信的主要服务对象是网络小贷、网络借贷信息中介和消费金融公司等互联网金融从业机构及传统金融机构。它与中国人民银行征信中心相互补充，将所有金融机构都纳入征信体系。这有利于我国征信行业的发展，更有利于我国金融产品的创新和经济的健康发展。

百行征信的数据主要来源于各家网贷公司和小贷公司的借贷数据,而中国人民银行征信中心的数据主要来自银行数据,二者的关键区别在于能否获得百行征信的股东阿里巴巴的电商数据、支付数据,以及百行征信的股东腾讯的QQ和微信数据。因为电商和支付数据对于阿里巴巴来说是核心和命脉,更是商业基础;同样地,QQ和微信数据是腾讯的命脉和商业核心,直接获得这些原始数据将是困难的。但百行征信很有可能与阿里巴巴、腾讯、平安等达成这样一个可落地的方案:将阿里的芝麻评分、腾讯信用分、平安前海征信评分等共享给百行征信。这样,百行征信的征信报告会比中国人民银行征信报告多一些的评分数据和各种规则结果数据。

大数据征信是征信的一种方式或方法,其并不是要颠覆传统的征信方式或方法,而是对传统征信进行有益的补充,覆盖传统征信难以覆盖的人群,同时增加覆盖人群的数据维度,从而使金融机构对信用主体的判断更为全面、及时和准确。

3.5.1 大数据征信的数据特征

大数据征信的数据不仅包含持牌机构的信贷和保险记录,而且包含互联网金融机构的信贷记录、电子商务交易记录、社交媒体交流信息和运营商等数据。与传统征信相比,大数据征信具有数据来源更广、数据维度更丰富多样、数据时效性更强的特征。

(1)数据来源更广。这主要体现在大量来自第三方网站的信息可以作为新特征变量被纳入征信,如客户在购物网站上留下的购物数据、在社交工具上留下的社交信息,以及客户通过移动设备留下的行为数据等。各家的逾期率都是"养在深闺人未识",但从2018年左右的ABS(资产证券化)评级报告来看,花呗的逾期率为2.54%,不良率为0.41%,而同期银行的信用卡逾期率为11%左右,如交通银行的逾期率为13%左右,不良率为10%,平安银行的信用卡逾期率为11%左右,同期持牌消费金融机构捷信的逾期率为10%左右,不良率为3.7%左右。花呗之所以有这么低的逾期率和不良率,是因为其充分利用了客户购物、支付数据。这些数据将逾期率有效地控制在很低的水平。支付数据中蕴含着信用历史记录,不仅是因为其包含信用账户还款记录,还在于支付数据本身就蕴含着信用记录,如下单后立即支付与下单后两周后支付就具有不同的含义。

阿里巴巴的芝麻信用元素分为五类,分别是身份特质、行为偏好、履约能力、信用历史和人脉关系。

身份特质又分为就业信息和身份特质,就业信息由所在公司、综合职业(大学生、蓝领、白领、公务员等)构成,而身份特质则是根据用户在电商平台消费的持续性和稳定性水平、使用手机号码数、手机号稳定天数和收货地址稳定天数构成。

行为偏好主要是根据最近1年消费区域、支付业务场景(支付、转账等)、最近1年母婴类目消费金额或笔数、最近1年游戏类目消费金额或笔数、最近3个月家具建材类目消费金额或笔数、最近1年汽车类目消费金额或笔数,以及最近1年航旅度假类目消费金额或笔数来判断。

履约能力则是根据是否有车、有房、账户余额、最近1个月日均账户余额、最近1个月支付总金额、最近1个月消费总金额等来判断。

信用历史则由最近1、3、6个月授信机构数,最近1、3、6个月本人月还款金额,最近1、3、6个月逾期总笔数或总金额,是否出现逾期30天以上、是否出现逾期180天以上等构成。

人脉关系主要是联系人个数、联系紧密程度、关系持续时长、社交亲密人的平均芝麻信用分和根据资金往来计算的社交影响力等构成。

从芝麻信用评分的要素构成可知,其评分的数据来源十分多元化。

(2)数据维度更丰富多样。数据不仅包含信用主体过去的结构化数据,而且包含各种人与人之间的关系数据。比如,芝麻评分就使用了关系圈的数据,这些关系主要是从代付、转账等活动中分析得到;而腾讯信用分是基于社交网络得到。但社交网络数据能否降低坏账率?我们来看微粒贷和阿里金融目前的逾期率:微粒贷的逾期率不到0.3%,花呗的逾期率在2.5%左右,可见人与人之间关系圈数据对风控的影响非常大,它有效地降低了逾期率。如果大数据征信能将这类数据纳入其中,征信数据将有效提高风控管理水平,从而降低欺诈等风险。在我国70%左右的坏账是由欺诈造成的,而只有30%左右是由信用问题造成的。一些骗子或欺诈者借助QQ、微信等社交软件进行诈骗,而这是阿里巴巴的电商和支付数据中所不具备的,其包含一定的社交关系数据,并且往往是关系相对好的关系圈数据。

（3）数据时效性更强。在数据和量子时代，用户行为被数据化的程度达到前所未有的高度，各种智能设备、社交网络等以前所未有的速度收集和传递数据。这些数据距离事件发生时间很短，价值很高。随着边缘计算技术的发展，未来可将风控需要的数据指标通过客户的设备加工计算好后回传到信贷机构。

大数据征信与传统征信最大的不同在于数据来源广泛。大数据征信是大数据在征信方面的应用，其主要挑战在于：①数据分散在各处，需要建立共赢机制促进数据整合；②数据杂乱，需要进行清洗和质量控制来确保数据整齐、统一；③数据价值密度低，需要同时使用多个数据，将数据价值发挥出来；④数据安全问题突出，需注重数据完整性和隐私保护。完整性主要是指数据本身的安全，隐私保护主要是指保护用户个人的隐私信息，确保用户的人身、财产和社会安全不受威胁。

在大数据征信数据扩展来源的同时，各种与金融相关性弱的数据也被收集起来。从实践经验来看，这并不会降低风险管理的效果。比如，仅仅基于App、通话记录的数据，信贷机构也可以将申请评分卡的KS保持在30以上。

由于征信业务是围绕数据展开的，征信和大数据之间存在天然的联系。征信业务的每一个环节都是数据处理过程，如征信的数据采集、数据存储、分析挖掘及应用。征信的常见模式是提供主体过去的借贷纪录、通用信用评分。目前，市场上存在很多评分，如芝麻信用评分、百融信用评分、腾讯信用评分等。这些评分就是利用统计模型、计量模型、人工智能算法等将相关数据转化为某个数值来协助决策。由于机构不同、业务不同及对客户的洞察不同，相应评分的实质和含义也是不同的。

征信是大数据的应用场景，大数据技术如采集、存储、分析挖掘以及数据质量控制等，都可以用来提高征信的效率和准确性。

大数据征信之所以能够被注意到，主要是因为当前信息收集技术使信息收集成本急剧下降，这带来数据的不断暴涨，同时数据处理技术和分析能力的发展使数据的处理可以更快捷。

中国人民银行征信中心和百行征信都以收集数据为主。在未来一段时间内，中国征信行业将以中国人民银行征信中心和百行征信为核心。各家金融机构将接入中国人民银行征信或百行征信，但各家金融机构在获得这些数据后，对数据的使用和解读将是各家金融机构获得竞争力的关键。

3.5.2 大数据时代下中国人民银行征信报告的价值

在实践中，不同机构对于征信报告的理解和使用是完全不同的。比如，有些机构只用到了征信报告中最基础的数据，如一个客户累计逾期次数、平均授信额度、最大逾期天数等，至于对征信报告的深层次挖掘，部分机构还没有开展起来。

中国人民银行征信报告中有非常多的数据，不论是用于反欺诈还是用于信用评级都是足够的。当然，前提是其数据的质量足够可靠。为了保证中国人民银行征信数据在使用中是准确的，金融机构不仅要使用中国人民银行的征信数据，而且需要使用其他机构的数据，如阿里巴巴的交易信息、腾讯的社交信息、运营商的通信信息、公积金和社保数据等。这些数据主要是用来避免中国人民银行征信报告被扭曲，如一些个人或机构为了某些利益进行信用修饰等。这些被修饰或扭曲的数据仅仅从中国人民银行征信报告中是无法辨别的，但通过对多方数据进行相互交叉验证，信贷机构可以查找到相关扭曲的信息，并对其进行恢复处理，从而确保所使用的征信数据是真实、准确的。

百行征信已经获得了个人征信牌照。中国人民银行征信和百行征信数据之间的相互校验将是确保数据质量的一个关键。当然，百行征信也会遇到中国人民银行征信一样的问题，信贷机构仍需要其他机构的数据来补充，仍然需要一些数据技术公司来协助查找相关的问题，并利用征信数据来开发申请评分卡和行为评分卡等，同时也需要借助这些技术公司来为各金融机构提供市场营销策略、反欺诈策略、评分策略等。

如图3-7所示，中国人民银行征信报告包含申请者的性别、出生日期、婚姻状况、手机号码、单位电话、住宅电话、学历、学位、通信地址、户籍地址，也包含申请者配偶的姓名、证件信息、工作单位、联系电话，以及申请者的居住状况和工作变动状况的详细更新信息等。这些信息是客户的基本信息，对信贷机构而言也是非常关键的信息。除了这些基本信息外，其中还隐藏着其他信息。

一 个人基本信息

身份信息

性别	出生日期	婚姻状况	手机号码	单位电话	住宅电话	学历	学位
男	1981.08.15	已婚	1381***1234	010-66**1234	010-61**1234	研究生	硕士
通讯地址				户籍地址			
北京市西城区金融大街35号国际企业大厦A座3**室				北京市朝阳区春晓园北区7号楼C5**室			

配偶信息

姓名	证件类型	证件号码	工作单位	联系电话
山田惠子	外国人居留证	123456******8888	中国进出口总公司北京分公司财务部	1391***1234

居住信息

编号	居住地址	居住状况	信息更新日期
1	北京市朝阳区春晓园北区7号楼C5**室	按揭	2011.02.01
2	北京市海淀区学院路20号甲2号楼4**室	集体宿舍	2009.01.22
3	北京市西城区复兴门北大街4号楼6**室	租房	2008.02.01
4	北京市西城区西交民巷64号院1号楼2**室	租房	2008.01.22
5	北京市海淀区花园路10号院3号楼7**室	租房	2007.11.12

职业信息

编号	工作单位			单位地址		
1	中国人民银行征信中心***部			北京市西城区金融大街35号国际企业大厦A座3**室		
2	北京大学信息科学技术学院软件工程研究所			北京市海淀区颐和园路5号理科3号楼6**室		
3	清华大学信息科学技术学院			北京市海淀区清华园1号		
4	中科院微电子研究所			北京市朝阳区北土城西路3号		
5	IBM 软件中心			北京市朝阳区北辰东路8号		

编号	职业	行业	职务	职称	进入本单位年份	信息更新日期
1	办事人员和有关人员	金融业	中级领导	中级	2008	2011.02.01
2	专业技术人员	信息传输、计算机服务和软件业	中级领导	中级	2007	2009.01.22
3	专业技术人员	信息传输、计算机服务和软件业	一般员工	初级	2004	2008.02.01
4	专业技术人员	信息传输、计算机服务和软件业	一般员工	初级	2003	2008.01.22
5	专业技术人员	信息传输、计算机服务和软件业	一般员工	初级	2001	2007.11.12

图 3-7 征信报告的基本信息

通过客户填写的单位和地址信息，信贷机构可以利用爬虫技术来获得更多的信息，以判断客户所填写信息是否真实。信贷机构可以借助百度、高德等地图的标准地址库对征信报告提供的地址进行标准化处理，同时将地址转化为经纬度，然后将标准化后的地址、经纬度组建成一个家庭地址库和公司地址库，最后建立基于地址信息的动态风险客户识别机制，从而筛选出高风险客户。

利用征信报告中提供的客户进入不同单位的时间段、单位和地址信息，信贷机构可以构建客户之间的同事关系网络，通过家庭地址库和身份证号码还可以构建出家人关系网络，同时可以根据联系电话建立客户的关系网络。借助这些网络可以判断客户之间是否有团体欺诈和团体逾期的可能性，从而更好地防范欺诈风险。

同时，地址、单位等信息是社交网络分析中预测两个人之间是否存在关系的重要变量。如果两个人地址相同，并且这个地址是真实的，二者往往是夫妻、亲人或者合租关系。如果两个人有相同的单位，但这个单位人数比较少的话，他们往往相互认识；如果单位人数多，如富士康、阿里巴巴、腾讯、平安、中国银行等大公司，则可能相互不认识。

从客户的居住情况来看，信贷机构可以知道客户当前是否租房、是否在本地购房，从而判断客户还款的意愿度。从客户的职务变化和从事行业可以判断出客户的社会地位和收入情况，并估算出客户的还款能力和违约成本。

一旦放贷，信贷机构就需要对客户进行监控。对个人客户而言，主要风险是其失业或者配偶失业等导致还款能力急剧下降。预警监控就是监控客户及客户配偶就职的公司所处行业、公司自身发生的各种事件，并评估客户及其配偶的各种风险。比如，客户就职的公司负责人因违纪违法被公安机关逮捕，并且该公司所有权归公司负责人所有，那么该公司就很容易破产。如果知道公司破产的可能性为40%，相应的客户失业概率为40%，客户职位和职能决定了客户再就业的可能性为20%，那么就能估算出客户未来还款能力下降的概率，然后根据该情况决定是否提前回收贷款或暂不发放款项等。

客户的基本信息除了用于防范欺诈，判断还款能力、还款意愿、违约成本和预警监控外，对于贷后管理也是非常关键的。在贷后管理中，除了用到用户和配偶的联系方式、家庭地址和单位地址外，信贷机构还可利用失联客户的工作单位、家庭地址找到客户新的联系方式。比如，可通过客户家庭地址找到当地的社区委员会或村委会，也可以通过客户的单位电话找到客户的新联系方式等，尽可能将失联客户转化为可联客户，提高催收的触达率、回款率，降低信贷机构的资产损失。

征信报告的信息概要主要以表的方式呈现，将信贷分为四大类，分别是贷记卡、准贷记卡、住房贷款、其他贷款。征信报告提供了四大类信贷的笔数、月份数、单月最高逾期总额、首笔贷款发放月份、首次贷记发卡月份等信息。中国人民银行征信中心对于"账户数"的定义是：用户名下分别有几个信用卡账户、几笔住房贷款、几笔其他贷款。在这里，需要特别指出，信用卡的账户数并不等同于信用卡的张数，如对双币种信用卡按2条账户计算，则相应的信用报告显示信用卡账户数为2。图3-8所示为某客户征信报告的信息概要。

(一)信用提示

住房贷款笔数	其他贷款笔数	首笔贷款发放月份	贷记卡账户数	首张贷记卡发卡月份	准贷记卡账户数	首张准贷记卡发卡月份	本人声明数目	异议标注数目
3	2	2005.09	5	2005.03	5	2005.03	4	4

中征信评分

中征信评分	评分月份
568	2011.06

(二)逾期及违约信息概要

呆账信息汇总		资产处置信息汇总		保证人代偿信息汇总	
笔数	余额	笔数	余额	笔数	余额
3	170,000	1	20,000	1	10,000

逾期(透支)信息汇总

贷款逾期				贷记卡逾期				准贷记卡60天以上透支			
笔数	月份数	单月最高逾期总额	最长逾期月数	账户数	月份数	单月最高逾期总额	最长逾期月数	账户数	月份数	单月最高透支余额	最长透支月数
3	5	5,500	2	2	5	5,500	2	2	3	5,500	4

(三)授信及负债信息概要

未结清贷款信息汇总

贷款法人机构数	贷款机构数	笔数	合同总额	余额	最近6个月平均应还款
2	2	3	1010,000	552,000	6,000

未销户贷记卡信息汇总

发卡法人机构数	发卡机构数	账户数	授信总额	单家行最高授信额	单家行最低授信额	已用额度	最近6个月平均使用额度
2	2	4	80,000	30,000	20,000	15,000	4,000

图 3-8 征信报告的信息概要

通过信息概要中住房贷款的笔数可以知道,客户至少有 3 套房子,或者换过 3 次房子,且房子的面积越来越大。通过准贷记卡张数可以知道,客户有 5 张准贷记卡,但异议标注数目为 4 张,也就是说客户的身份信息被盗用,因此对于该客户信贷记录中的逾期需要注意是否为异议标注准贷记卡造成的逾期。

对于信贷机构而言,从征信报告的信息概要中还可以知道客户信贷的基本情况,如是否有逾期账户、逾期账户数量、发生过 90 天以上逾期账户数等,这些都是在放贷决策中具有影响力的指标。比如,一个用户的其他贷款账户数为 8,发生过逾期的账户数有 7 笔,其中发生过 90 天以上逾期的账户数为 7 笔,这就说明这个客户应该是黑名单客户,这有利于加快审批决策速度,改善客户体验。又如,通过首笔贷款发放月份可以衍生出客户的信贷时长等指标,从而提升信贷分析精准度。

对于能够查询中国人民银行征信报告的信贷机构来说,在开展信贷业务前就可以基于征信报告建立市场响应模型、申请评分模型、行为评分模型、催收评分模型、收益评分模型、反欺诈模型等,这是其他不能查询中国人民银行征信报告的信贷机构做不到的。不仅如此,对能够查询中国人民银行征信报告的信贷机构来说,征信报告提供了不同产品的逾期,如住房抵押贷款、信用卡、其他贷款的逾期,该类机构可根据相似产品找到合适的因变量 $Y=\{$ 逾期,正常 $\}$,基于自身数据,如网络申请的行为记录、电话调查等,可以建立"薄信用"申请评分和收益评分模型。因此,能够查询中国人民银行征信报告的信贷机构无形中就比不能查询征信报告的信贷机构具有更多的竞争优势。

图 3-9 是征信报告的信贷交易明细。信贷交易主要来自各信贷机构,一般包括发放机构、贷款目的、是否担保、截止日期、五级分类、本金金额、剩余还款期数、当前逾期和当前逾期金额等信息。基于这些相对原始的数据,信贷机构可以看到客户的具体信贷情况,结合银行的相关情况,还可以对这些数据进行加工以抽取多个指标,如最近 3 个月住房抵押贷款次数等。信贷机构可以基于这些信贷机构自身信息勾勒出申请客户的风险画像,如客户偏好什么样的信贷机构等。信贷机构通过研究客户偏好的信贷机构,如这些信贷机构的运营战略、运营体系、运营策略等,以制定自身更加有竞争力的运营体系和策略。

五级分类	本金余额	剩余还款期数	本月应还款	应还款日	本月实还款	最近一次还款日期
次级	400,000	108	4,055	2011.11.05	0	2011.09.05
当前逾期期数	当前逾期金额	逾期31—60天未还本金	逾期61—90天未还本金	逾期91—180天未还本金	逾期180天以上未还本金	
2	5,500	1,000	0	0	0	
2009年12月-2011年11月的还款记录							
N N N N N N N N N N N N N N N N N N N N N 1 2						
2009年10月-2009年11月的逾期记录						
逾期月份	逾期持续月数	逾期金额		逾期月份	逾期持续月数	逾期金额
2009.10	1	2,500				
特殊交易类型	发生日期	变更月数	发生金额	明细记录		
展期(延期)	2008.09.22	10	318,020	该贷款展期10个月。		
贷款机构说明						添加日期
该客户委托 XX 房地产开发公司偿还贷款,因开发公司不按时还款导致出现多次逾期。						2008.12.22
本人声明						添加日期
本人因出国未能按时还款,非恶意拖欠。						2009.12.12
异议标注						添加日期
该贷款记录正处于异议处理中。						2010.12.25

3. 2007年9月29日机构"A"发放的10,000元(人民币)助学贷款,业务号X,免担保,不定期归还,2011年12月28日到期,截至2011年6月30日。

五级分类	本金余额	剩余还款期数	本月应还款	应还款日	本月实还款	最近一次还款日期
正常	2,000	——	1,000	2011.06.30	1,000	2011.06.09
2009年07月-2011年06月的还款记录						
. . . . N . . . . N						
特殊交易类型	发生日期	变更月数	发生金额	明细记录		
展期(延期)	2008.11.14	12	5,000	该贷款展期12个月。		

图 3-9 征信报告的信贷交易明细

图 3-10 是征信报告的公共信息明细,公开信息主要包括税务、法院、行政处罚、住房公积金和电信等违约情况,以及相关日期、额度等,可以帮助信贷机构更加全面地了解申请客户到底是什么样的人。当一个人的税务等出了问题,往往其信用表现也比较差,向其放贷的信贷机构需要审慎。

四 公共信息明细

欠税记录

编号	主管税务机关	欠税总额	欠税统计日期
1	北京市东城区地税局	500	2009.05.11
2	甘肃省靖远县国家税务局	700	2008.03.17

民事判决记录

编号	立案法院	案由	立案日期	结案方式
1	北京市宣武区人民法院	——	2008.09.11	判决
2	北京市东城区人民法院	——	2007.05.09	判决

编号	判决/调解结果	判决/调解生效日期	诉讼标的	诉讼标的金额
1	被告张十五赔偿原告李四人民币 500,000 元	2009.07.09	房屋买卖纠纷	500,000
2	被告张十五赔偿原告王五人民币 200,000 元	2008.10.11	房屋买卖纠纷	200,000

强制执行记录

编号	执行法院	执行案由	立案日期	结案方式
1	北京市西城区人民法院		2008.09.11	执行结案
2	北京市宣武区人民法院		2007.05.09	执行结案

编号	案件状态	结案日期	申请执行标的	申请执行标的价值	已执行标的	已执行标的金额
1	执行完毕	2009.09.15	房屋	420,000	房屋买卖纠纷	420,000

图 3-10 征信报告的公共信息明细

图 3-11 是征信报告的本人声明部分,此部分是为了防止出现违背客户自己意愿的业务,如因为证件丢失,其他人冒充贷款,这种情况可以通过本人声明使相应的贷款、信用卡等无效,确保客户征信报告中的信息是出自客户的意愿。

五 本人声明

编号	声明内容	添加日期
1	本人身份证丢失,2011 年 1 月后的新业务均非本人办理。	2010.10.14

图 3-11 征信报告的本人声明部分

图 3-12 是征信报告的异议标注部分,此部分是为了防止出现因为误操作,或者非还款意愿和还款能力造成的业务,如用户电话并未欠费,电信公司出错导致用户征信记录不良的,就需要进行异议处理。又如用户身份证丢失,有人利用其丢失的身份证办信用卡、贷款等出现逾期,造成身份证真正的主人背负逾期和不必要的麻烦,也需要进行异议处理。信贷机构要防止这种情况出现,最好还是查询公安部的挂失身份证数据库。

六 异议标注

编号	标注内容	添加日期
1	中国铁通甘肃分公司报送的固定电话并未欠费,异议正在处理中。	2010.12.16

图 3-12 征信报告的异议标注部分

图 3-13 是征信报告的查询记录,此部分是记录客户最近 1 个月和 2 年内的查询次数,以及查询的目的和查询明细。查询记录对信贷机构来说非常关键,因为通过查询记录可以看到客户在哪些信贷机构贷款,以及目前状态是怎样的,从而避免出现多头授信和过度授信的问题。

七 查询记录

查询记录汇总

最近1个月内的查询机构数		最近1个月内的查询次数		最近2年内的查询次数		
贷款审批	信用卡审批	贷款审批	信用卡审批	贷后管理	担保资格审查	特约商户实名审查
0	0	0	0	7	0	0

信贷审批查询记录明细

编号	查询日期	查询操作员	查询原因
1	2010.02.10	D/xykcrmz	信用卡审批
2	2009.12.14	B/kmzui	贷款审批

图 3-13 征信报告的查询记录

在实际操作中,查询次数是申请评分卡的一个关键性指标,通常其 IV(信息价值)在 0.3 左右。此外,查询次数可能来自信贷机构审批、贷后需要查看的客户征信报告等,因而审批查询次数代表客户在一段时间内的贷款需求及贷款需求的紧急程度。如果客户还款能力只有 10 万元，而其他机构已经审批了 12 万元，而后客户又来本信贷机构进行申请，本机构就需要谨慎了。信贷机构给予客户超过其还款能力的授信额度是对客户的过度授信，这会使客户的违约收益进一步提升，客户违约的概率也将相应提高。

3.5.3　大数据时代下的其他数据价值

根据《中国征信》在 2018 年第 2 期的文章来看，中国电信与中国人民银行征信中心进行业务合作，中国电信将自身业务开展中形成的客户向征信中心报送。这就是说，中国人民银行征信中心覆盖的人群数量未来将持续上升，同时数据维度将进一步丰富。

对无征信或薄信用的客户来说，运营商数据是征信的基础，因为其通话记录、通讯录、短信和在网时长等信息，以及在运营商手里的信用表现数据将是建立征信模型的基础，此类模型的区分能力只能达到基于征信报告所建立的模型区分能力的 75% 左右。

在大数据时代，我国征信机构将以中国人民银行征信、百行征信为主，市场上其他公司为辅。征信公司的核心竞争力在于数据源的完整度、数据覆盖人群及客户画像能力。征信公司天然就是数据公司，而数据公司的核心竞争力在于对独特数据源的掌握和挖掘能力。

我国征信行业应该不仅仅有中国人民银行征信、百行征信，还应该存在一些从事数据治理、模型或算法、决策引擎等业务的企业。对一个完整的征信行业来讲，仅有中国人民银行征信、百行征信是不足以控制风险，也不能体现出未来金融机构的价值的。

3.5.4　大数据时代下的征信关键在于理解数据

未来的金融机构将获得相同的征信报告数据，其关键在于各机构如何分析和理解这些数据。一说到分析数据，很多人想到的是机器学习或各种算法——线性回归、决策树、随机森林、神经网络、支持向量机、深度学习等。但对于长期从事数据分析和挖掘的人来说，这些都不是最重要的。最重要的是了解和精通整个过程，如商业目标是什么，如何理解和确定业务数据，如何获取和处理数据，如何探索这些数据，如何建立模型，如何评估最终结果，如何上线，如何优化等。

一个标准的数据分析或挖掘流程如图 3-14 所示。

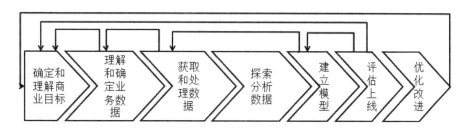

图 3-14 标准的数据挖掘流程

标准数据挖掘的过程就是一个不断反复的过程，从确定和理解商业目标开始到优化改进为止，共有七大环节。在这些环节中，建立模型仅仅是一小部分工作，因为在实际工作中，建立模型只占整个流程 5% 的时间和精力，更多的时间要花在基于商业目标来理解和确定业务数据、获取和处理数据上。一个大数据挖掘项目真正产生价值的部分，往往在于对业务流程的熟练把控和对业务数据存储的了解，更在于对业务数据的获取和处理，因为商业目标都是确定的、清晰的，但现实的数据往往分散在各地，从而导致大数据项目无法落地。

在这个数据挖掘流程中，哪个环节对最终效果影响最大？关于这个问题，到目前为止在金融领域还没有看到相关的评估，这里用我们参与过的 2008 年由美国 FDA（食品药品监督管理局）发起的 Microarray Quality Control（微陈列质量控制）二期（简称 MAQC-II）项目的一个结果来说明。这个结果发表在 *Nature Biotechnology* 上，当时全世界 30 多个国家的 1 000 多个科研团队参与这个项目，该项目共有 13 套基因芯片数据，最终得出 3 万多个各种方法的数据分析或挖掘流程（这里用模型来表达显得不合理，用流程显得更加合理）的结果。基于该结果，科研团队评估了数据处理流程中团队、数据项、预处理、模型或分类算法、测试方法等因素对效果的贡献。MAQC-II 的随机效应方差成分如图 3-15 所示。

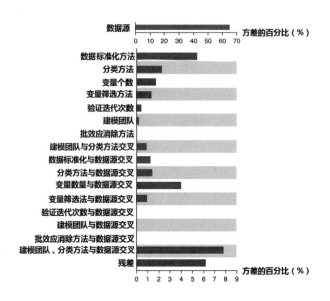

图 3-15 MAQC-II的随机效应方差成分分解后贡献图

从图 3-15 的结果可知，数据源对整个分析或挖掘效果影响最大，可以解释数据分析或挖掘效果方差的 65% 以上，而其他基本小于 8%。例如，数据标准化方法可解释其方差的 6%，分类方法的解释贡献不到 3%，选择的变量个数对数据分析或挖掘方差的解释仅仅占 2%，变量筛选方法对其方差的解释占到 1.8%，建模团队对其方差的解释占比不到 1%。

从各因子之间的交互效应方面看，建模团队、分类方法和数据源之间的交互效应对其方差的解释占比接近 8%，变量数量和数据源之间的交互效应对其方差的解释占比在 4%。从上面的分析可以看出，数据源是数据分析或挖掘效果的主要影响因素，其比例高达 65%；其次是数据标准化方法，再次是用什么样的团队和选择什么样的分类方法，接着是变量数量，这几个数据分析和挖掘的要素决定了最终效果的 85%。

以上虽然是从基因上对数据分析或挖掘流程的评估，但是根据 10 多年的数据挖掘和分析经验来看，不论是何种场景下的数据分析或挖掘的效果，65% 以上取决于数据源，而数据源、团队、分类方法和数据预处理四者可以决定数据分析或挖掘 85% 以上的效果。

一般来说，数据标准化处理的方式不一样，效果也会不同。因为在 MAQC-II

项目中，数据标准化处理方式因基因数据的不同而有所不同，但其核心思路都是通过背景平均值进行标准化处理。一般来说，变量数量越多越好，但前提是变量之间相互独立，而且可以从不同维度贡献信息。在基因数据中，由于基因之间互联互通，因此各基因表达数据之间高度相关。在实际的信贷数据分析和挖掘中，基于征信报告所加工出来的100个变量中，有90个变量与其他10个变量之间具有高度或中度线性相关性。因而，在信贷评分模型或违约率模型中，变量个数在9~20个都是合理的。

在分类方法上，MAQC-II项目主要有神经网络、判别分析、随机森林、线性模型、最近邻、逻辑回归、最大似然估计、朴素贝叶斯、最近重心法、偏最小二乘法、支持向量机和决策树等算法。不同算法之间的差异如图3-16所示，总体来说差异不大，判别分析、决策树、偏最小二乘法、逻辑回归、神经网络等的影响都是正向的。

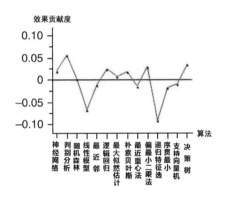

图3-16 不同算法对结果的影响

一些方法改进也能说明不同算法得出的结果差异不大。比如，逻辑回归通过梯度下降法、牛顿法、迭代加权最小二乘法等得出结果，最终ROC（受试者工作特征）曲线或KS指标都只是有比较小的改进。又如，利用混合逻辑回归多个片来做信用评分与1个片相比，KS没有大的提升；在推荐系统中，奇异值分解（SVD）是一种关键的方法，可各种SVD改进算法的效果虽然往往与改进前相比有所提高，但是非常有限的。

在大数据时代，算法和模型是否真的非常重要，谁也不敢给出答案。但无论是当前的深度神经网络、深度随机森林、对抗生成网络等各种新式的算法，还是一些统计模型，如回归模型、逻辑回归、偏最小二乘等，都有自身的边界，这些边界是开发模型的人、应用模型的人或使用模型的人需要特别注意的。要防止成为"拿着榔头"的人，把所有问题都看成"钉子"，因为不同的数据往往需要使用不同的算法，不同的业务需要从不同角度看相同数据。

在征信产业中，模型服务将是不可或缺的一环。知名公司 FICO 公司、华院分析等都提供模型服务，是征信产业中的重要成员。还有许多公司也逐渐提供模型服务，如拍拍贷等。

虽然 MAQC-II 研究的是基因芯片的数据而非对金融数据的流程评估，但其得出了目前唯一一个对数据处理流程的各因素进行评估的结果，并以量化手段证实了数据源的重要性。在实际研究各种算法的过程中，人们发现一些改进算法的效果往往比原有的方法高 3% 左右。这说明，不断扩展数据及丰富数据的维度才是大数据风控的基石，也说明大数据征信产业中的一个重要环节是数据供应。

根据前面数据处理流程的效果评估来看，在固定数据源的情况下，数据标准化对数据分析或方差的效果影响最大：6%/(1−65%)=17%；其次是分类算法，人们经常提到的神经网络、决策树、支持向量机、深度学习等对评估指标的方差影响效果在 8% 左右。这个结果表明，在给定数据源的大数据分析或挖掘项目中，人们更应该将精力放在数据预处理上。在实际操作中，数据预处理是后续指标建设的关键，如计算出过去 12 个月客户交易之间的平均间隔，这是一个非常有效的指标，但数据预处理没有做好，将导致该指标无法计算。数据预处理是影响最终效果的重要方面，也是大数据的根本所在。

3.5.5 征信产业中的数据治理

大数据征信产业中的一个重要环节是数据治理，也就是前面说的数据预处理。多数企业遇到了数据散落在各地、多个团队做出的报表结果不一致等问题，其根本原因就是数据治理没有做好。一个数据治理完善的企业，不会出现数据散落各地的情况，更不会有报表结果不一致的情况。

数据治理是一项基础工作，是大数据征信产业中承上启下的重要一环。它是建立良好营销响应评分、申请评分、行为评分、催收评分和利润评分等的基础，是各征信数据供应方所提供数据联动的关键。如果数据治理做不好，即使再好的数据也无法发挥其价值。以一家互联网金融平台为例，在其数据治理之前，模型上线需要花费3个月，结果还不准确，模型维护时经常出错。但进行数据治理之后，其模型上线只需要1周，而这1周99%的时间花费在新业务特征开发上，真正上线只需要1分钟。同时，在数据治理前，申请评分卡的KS最多达到25，而数据治理后，可获得变量增加了1 000个左右，新申请评分卡的KS至少为30。

大数据需要对数据联动地分析和挖掘，尽可能将所有数据联结起来，而不是静态地分析一个数据。其前提条件就是做好数据治理。

数据治理没有统一的标准，但其基本原则是以业务问题或目标为基础，从简到繁，逐个解决。因为数据治理很多时候是出力不讨好的事情，以业务问题为出发点，可以将数据治理的价值充分体现出来，使数据治理更加容易落地。从简到繁是为了快速将业务问题解决掉，建立团队的信心，而一旦从难处入手，很容易导致业务问题无法解决，最终数据治理的价值也因业务问题而被低估，并使团队信心受挫。

如果说数据供应的是蔬菜，则技术平台提供了厨房，模型服务提供了刀、铲，数据治理就是将蔬菜等洗净、切好，但要做出一道可口美味的菜肴还得有厨师。风控决策分析服务就是征信产业的"厨师"，其不同于金融机构内的风控，但二者的目标一致，即在风险一定的情况下，使利润最大化。

3.5.6 征信产业中的风控决策分析

风控决策分析服务是提供解释数据、模型结果并根据特定业务制定测试标准的服务。在实际工作中，此类服务提供商是基于在不同市场所积累的决策经验提供服务的，因为这是一项具有挑战而又有价值的服务。这也是征信产业最能体现征信价值的地方，从各种数据中挖掘出风险信息，缓解交易过程中的信息不对称程度，降低风险和交易成本，帮助商业机构更加有效地决策，并获得更高的利润率。

在实际的风控决策分析中，对于通过审核的客户还需要进行授信，授信主要是基于还款能力。比如，在企业信贷业务的实际操作中，其额度授信的评判标准有行业、企业规模、净资产负债率、盈利能力、现金流及担保方式等。这是一种典型的长期还款判断标准，企业还款来源是利润现金流、新负债或转贷。

中小企业往往存在规模小、经营稳定性差、报表不真实等问题。在使用上述企业的额度授信评判标准时，中小企业资信状况普遍不高，同时缺乏相应的担保或抵押物。对信贷机构而言，因为中小企业的风险很难控制，所以审核标准更加严格，这将使中小企业融资更加困难。

为了缓解小微企业融资难的问题，各种信贷方式发展起来，如贸易融资、商品融资、税收融资等。

贸易融资的审贷标准为信用记录、贸易背景、交易对手、客户违约成本—金融工具的组合使用—银行的贷后管理操作手续。贸易融资则关注每笔真实的业务，对单笔业务进行授信，通过资金的封闭运作确保每笔真实的业务发生后资金能够回笼。比如，阿里金融会对淘宝上的商户进行放贷；贸易融资往往需要与平台机构、供应链核心机构合作。

根据"巴塞尔协议"，商品融资指在商品交易中，运用结构性短期融资工具，基于商品交易(如原油、金融、谷物等)中的存货、预付款、应收账款等资产的融资。对于这种融资，借款人除将商品销售收入作为还款来源外，没有其他生产经营活动，且在其资产负债表上没有什么实质性的资产，因此其本身没有独立的还款能力。在商品融资中，信贷机构往往需要期货部门进行配合来锁定市场风险。

税收融资是指信贷机构与一些提供税收服务的机构进行合作，以企业的税收数据为基础来提供信贷服务。其核心是解决给企业授信多少比较合适的问题，且该服务往往是由拥有税收数据的机构来提供。

在征信产业中，除了各种大机构外，也有一些专业的服务机构，这些专业机构主要是服务于垂直领域的机构，如一些房产评估机构等。

3.5.7 征信产业中的评级

征信产业中的评级与信贷机构常用的申请评分、行为评分和征信分数有所不同。申请评分、行为评分和征信评分是衡量行为主体在某些信用产品中的违约概率，但这些分数是假设一旦发生违约，则损失率为100%，或者这些分数忽视了损失率或利润的因素。风险高的人也有信用，只是需要被合理定价。比如，违约率高的人也许从某家机构贷不到款，但只要遵守风险—收益关系准则，提高利率、降低授信额度或缩短期限等，该问题就可以解决。

评分是基于个体的可得数据并利用统计学或数学工具计算得出的一个分数。该分数具有一定的排序能力，从而保证决策行为科学高效。分数通常是一系列代表某个质量的数值，也可以用一系列等级符号或标签来表示。这些数值或等级符号就是评级的结果。

评级是预测风险大小的好工具。评级所依赖的预测模型往往是基于过去的数据来评估未来事件发生的相对可能性。在缺乏数据的情况下，人们可以使用专家模型。这些专家模型往往是一个机构在初期所采用的模型，随着业务的发展将逐渐被预测模型所替代。

在大数据时代，信用评级是指利用统计模型将相关数据转化为某个数值区间的数值以指导决策。这种模式不仅相对客观、高效，而且在大数据系统中可以快速部署、修改和完善。但其所用的数据具有滞后性和不完全性，因此，信用评级仍会引入人的主观判断来修正信用评级的结果。

在大数据风险管理实践中，人们经常在大数据模型给出结论后，让经验丰富的审批人员再审判一下。某金融科技的风控就是这么做的，但其实际结果则显示其人工审核没有降低坏账率；而银行采取这套方案时，人工审核可以显著降低坏账率。这是审批人员的经验和能力的差别所导致的。

在实际业务中，不仅在信贷业务的评级中会引入人的主观判断，在结构化产品的评级中同样会引入。

1. 资产证券化的评级流程

通过对上百份资产支持证券信用评级报告的研究发现，评级机构对于数量多、分散度高、同质性强和违约分布稳定的基础资产，往往会根据静态样本池来测算和分析其拟证券化资产的评级。

具体方法是根据静态样本池，分别计算出每一期的平均违约率增量，再根据平均违约率增量计算出拟证券化资产池存续期间各期的平均累计违约率，进而推算出拟证券化资产池存续期内的预计累计违约率，然后通过计算每一期间预测的违约比率在存续期内预测的累计违约率中的占比得到违约时间分布。

同时，由于每个静态样本池的统计期间不同，将每个静态样本池在各自统计期间末的累计违约率除以其对应的时间段累计违约率在存续期内预计累计违约率中的占比，即映射出每一个静态池拟证券化资产池存续期内的预期累计违约率。

接着，假设拟证券化资产池的累计违约率服从对数正态分布，根据静态样本池的累积违约率对基础资产违约率分布的参数进行估计。

再接着，基于宏观经济环境、拟证券化资产池和静态样本池的统计特征差异等因素对估计出的对数正态分布参数进行调整。

最后，基于对数正态分布估计出的参数和不同目标信用等级水平来计算出拟证券化的资产池违约率比率。

典型案例

资产证券化的评级

下面以某公司2019年的信用分期为例来说明上述资产证券化的评级方法。

从表3-1可以看到6个资产静态池的历史表现，该静态池资产的总体违约率在3.5%左右，但由于最近3个月的资产没有得以充分表现，难以准确预测其未来趋势。

表3-1 6个静态样本池的累积违约率

时期	2018年9月	2018年10月	2018年11月	2018年12月	2019年1月	2019年2月
1	1.00%	0.80%	0.90%	0.85%	0.87%	0.89%
2	2.70%	2.50%	2.40%	2.60%	2.70%	
3	2.90%	2.90%	2.60%	3.10%		
4	3.10%	3.10%	2.95%			
5	3.40%	3.60%				
6	3.50%					

从表3-2可以看到6个资产静态池的新增违约率。随着表现期的推进，新增违约率呈递减态势，同时在表现期的前2期各种违约集中爆发，因为该

该资产是分期产品,前 2 期违约率高说明其风控应该提高反欺诈能力,以降低该资产的整体违约率。

表 3-2 6 个静态样本池的新增违约率

时期	2018 年 9 月	2018 年 10 月	2018 年 11 月	2018 年 12 月	2019 年 1 月	2019 年 2 月
1	1.00%	0.80%	0.90%	0.85%	0.87%	0.89%
2	1.70%	1.70%	1.50%	1.75%	1.83%	
3	0.20%	0.40%	0.20%	0.50%		
4	0.20%	0.20%	0.35%			
5	0.30%	0.50%				
6	0.10%					

从表 3-3 中的违约时间曲线可知,70% 的违约在前 2 期已经暴露出来,80% 的违约在前 3 期已经暴露出来。

表 3-3 违约时间曲线

时期	平均新增违约率	平均累计违约率	违约时间曲线
1	0.89%	0.89%	24.21%
2	1.70%	2.58%	70.60%
3	0.33%	2.91%	79.49%
4	0.25%	3.16%	86.32%
5	0.40%	3.56%	97.26%
6	0.10%	3.66%	100.00%

从表 3-4 可知,从 2019 年 3 月来看,2019 年 2 月的资产池在第一期表现为 0.89%,那么其预计累计违约率为 3.68%。2018 年 12 月的资产是 6 个静态资产池中表现最差的,那么可回溯到 2018 年 12 月来识别出各种影响因素,如获客政策变化、风控模型调整、客户本身变化等,找到关键问题后制定相应措施解决。

表 3-4 静态样本池的预计累计违约率

时间	实际违约率	数据长度	已发违约率	预计累计违约率
2018 年 9 月	3.50%	6	100%	3.50%
2018 年 10 月	3.60%	5	97.20%	3.70%
2018 年 11 月	2.95%	4	86.32%	3.42%
2018 年 12 月	3.10%	3	79.49%	3.90%
2019 年 1 月	2.70%	2	70.60%	3.82%
2019 年 2 月	0.89%	1	24.21%	3.68%
2019 年 3 月	1.00%	1	24.21%	4.13%

表 3-5 展示了基于表 3-4 中的预计累计违约率得到的对数正态分布的参数，均值为 −1.428 4，标准差为 0.028 0，而后基于对宏观经济的判断和对业务产品的理解对该参数进行了调整，调整后的均值为 −1.450 7，标准差为 0.055 2。

表 3-5 静态样本池的预计累计违约率的参数估计和调整后的结果

参数	调整前	调整后
均值	−1.428 4	−1.450 7
标准差	0.028 0	0.055 2

表 3-6 展示了该信贷机构未来资产拟证券化的目标信用等级、信用等级对应违约率以及目标违约资金占比。从表中可看出，若该机构未来资产拟证券化，且目标信用等级为 AA+，则其劣后级厚度至少为 27.90%。当然这是没有经过压力测试下的厚度，真实的参数还需要经过压力测试才能获得。

表 3-6 未来资产拟证券化目标违约比率

信用等级	信用等级对应违约率	调整前参数所对应目标违约资金占比	调整后参数所对应目标违约资金占比
AAA	0.03%	26.39%	28.33%
AAA−	0.05%	26.29%	28.11%
AA+	0.08%	26.19%	27.90%
AA	0.10%	26.14%	27.80%
AA−	0.20%	25.98%	27.48%
A+	0.50%	25.76%	27.02%

从上述评级方法中可以看出，引入人的主观判断是有必要的，也是不可或缺的。

2. 统计模拟的评级方法

除此之外，信用评级还运用统计模拟的方法来进行损失分析。运用统计模拟的方法主要是因为资产池中基础资产比较少，要通过统计模拟的方法来获得大量的数据。

第一步，根据单笔基础资产每年的累计违约率来计算其条件违约率，即 N 年前没有违约的在 $N+1$ 年违约的概率，该概率往往是根据信用评级公司对每笔资产的评级或自身建立影子评级模型所得到的评级与累计违约率的对照表，通过插值等方法来确定，同时根据担保、债权优先级等来估算回收率。

第二步，估算出资产违约率相关系数矩阵，其合理估计是量化的关键，主要是结合行业、地区等因素来估计。

第三步，生成 N 个独立随机数，并通过对违约相关系数矩阵进行 Cholesky 分解，将独立随机数转化为两两相关的资产价值随机数，同时通过计算违约临界资产价值点来判断是否违约；除此之外，也可以基于相关系数矩阵直接生成关联随机数，即通过假设基础资产池中各资产之间的相关来生成一个随机数矩阵（目前支持多元正态分布的随机数生成），再与各资产违约阈值比较，从而判定是否违约。

第四步，生成违约损失，即各笔资产违约总额之和。

第五步，通过多次重复运行上述过程（如运行100万次）来得到资产池违约分布和损失分布。

基于此违约分布或损失分布，结合现金流分析和压力测试，得到各层级证券的临界违约率（Break Default Rate，BDR），将其与上述得到的不同信用评级下可接受评价证券需要承受的情景违约率（Scenario Default Rate，SDR）进行比较，若BDR＞SDR，则可赋予该层级对应的评级，不断重复直至完成整个资产评级。

3. 影子评级及动态池评级方法

信用评级还会使用影子评级方法。这种方法是基于权威评级机构的评级结果和相关资产的信息（如标准普尔对各家企业的评级结果以及各企业的财务报告、股东结构、行业前景等信息）建立模型，然后利用个人信用评分的方法建立起评级模型，最后通过模型对其他企业或资产进行评级。

资产不同，信用评级方法也将不同，若交易存续期内基础资产存在较大的不确定性，运用"动态池"评级方法将非常合适。动态池评级方法通常有以下步骤：首先，将基础资产的收益率、违约率、月还款率和购买率作为影响基础资产现金流入的核心要素；其次，通过发起机构的历史数据确定核心要素在基准情景的取值；再次，对上述各指标施加与证券目标信用等级相适应的压力，从而计算出目标级别压力水平下资产池的现金流入情况；再接着，根据交易结构来构建现金流分配情况，如优先级的本金和利息等；最后，判定其在目标信用等级压力下是否会违约，并确认获得哪个信用等级。

4. 评级机构

信用评级机构是征信行业的关键组成部分。任何证券化产品要顺利在市场上发行都要进行信用评级。评级机构对发行人、证券的优先级份额进行评级，主要是综合考虑证券化过程中可能给证券产品带来风险的各种因素，并给出信用增级建议。证券化产品往往涉及非常复杂的金融工程技术，这对投资者来说很难理解，而且仅仅尝试理解某个证券化产品的复杂结构就需要付出大量的精力，更不用说在多个产品之间进行比较了。而评级机构作为独立的第三方，既有专业知识和能力，还能以简单的、标准化的符号来说明产品的等级，为投资者提供参考。

同时，评级机构给出的评级也是双方进行定价的参照物，其缓解了发行人与投资者之间的信息不对称，降低了交易成本，促进了交易顺利进行，确保了证券市场的流动性，促进了证券市场的健康、有序发展，并为监管部门提供了必要的信息，有助于监管部门及时发现并化解风险。

评级机构的公信力不是来自行政命令，更不是来自自我吹嘘，而是来自长期实践后的评级结果与真实结果之间的相对一致性。数据是评级的基础，这些数据不仅包括评级所需要的数据，也包括评级机构的结果数据。评级机构的公信力也来自评级判断的独立性，这往往要求评级机构的董事、高管和在职人员不得成为其他公司的董事或高管。

在征信行业不断发展的过程中，信用产业也暴露出一些问题，如评级机构本身的问题、隐私数据保护等。

3.6 信用产业中的问题及挑战

随着信用产业的不断发展，一些问题也逐渐暴露出来。比如，有的评级机构通过向评级对象收费来更改评级结果，这使人们质疑评级机构的独立性和客观性。又如，信用产业虽然本质上是数据产业，但数据却得不到有效保护。

3.6.1 评级机构需要戴"紧箍咒"

在征信行业中，各数据供给公司、评级机构等，都需要戴上"紧箍咒"。2008年金融危机后，美国国会进行的一项调查结果显示，尽管信用评级机构早已知晓危机即将到来，但这些评级机构并未降低相应企业的评级，同时它们明明知晓部分结构性产品有十分可疑的银行贷款，却未发出警告。

评级机构设立的初衷是确保评级判断的独立性，但评级机构是由人组成的，评级方法、评级流程需要高层管理者甚至董事会审批，这些管理者和董事与评级操作之间应该相隔离,但一少部分人与评级操作之间存在各种联系,使评级结果不准确。

评级机构是服务型公司,评级本身和公司所获报酬是不能挂钩的。但评级机构的报酬一般来自需要评级的实体,且尚无其他报酬来源。支付报酬的实体自然希望获得对自身有利的评级,这使评级出现一定的偏差。

真正关注评级结果是否客观、透明的是投资者,因为他们是资产的持有者和风险承担者,而不是需要评级的实体。也就是说,评级机构的佣金应该由其受益人来支付。在实际操作中,评级机构的佣金应该作为证券发行成本。这样的好处是,评级机构的定价是相对公开的,也能使人感受到评级的公正性。

在大数据时代,随着互联网金融的快速发展,众多个人或企业信用评分公司也得到快速发展。这些公司往往是从信贷机构处获得报酬,它们的标准自然偏向信贷机构,甚至成为信贷机构的帮手。在其协助下,信贷机构拒绝了一些小微企业和个人的信贷申请,甚至将其贷款收回。

无论是评级机构,还是评分公司,它们都偏向于向自己支付报酬的一方。那么该如何保证评级机构或评分公司的客观性和公正性?

监管部门需要对评级机构、评分公司的独立性、公正性进行严格审查,并责令这些机构或公司在管理、报酬获取、评级程序或评分流程、方法和数据等方面增大透明度。监管部门也需要对评级机构、评分公司的评级结果进行审计,以防止评级机构、评分公司肆意妄为。

评级机构与监管部门类似,都是市场的第三方,监管部门需要对评级机构进行监督,以确保评级机构的利益不与其他利益相冲突。为此,监管部门需要推动双评级,甚至多评级模式,并根据各自评级结果的独立性、公正性和客观性来控制其定价。比如,一家公司长期以来的评级结果主要是 A,而整个市场实际是 BB+,那么该机构的评级方法就存在问题,它的费用就可以降低。同时,另一家评级机构的评级结果非常准确,它给出 AA+ 的实体债券违约率为 0.6%,给出 BB+ 的实体实际违约率为 6%。该机构的评级结果非常客观、公正,它的费用就可以适当高一些。除此之外,监管部门可以根据结果的客观性和公正性来选择可靠机构。

为了更好地让小微企业等获得信贷服务,评级机构的费用应该与小微企业是否方便获得贷款等挂钩。这就是说，监管部门可以从激励机制上来让评级机构的评级更加公平、客观。

3.6.2 个人隐私数据如何保护

数据是信用评分的基础，但数据里面包含着个人隐私。除了常见的身份信息、联系信息、购物交易信息外，人们的生物特征信息也属于个人隐私。

信用评分机构的信息泄露现象客观存在，如美国第三大消费者信用报告服务商 Equifax 在 2017 年 5 月到 7 月遭到黑客入侵，导致至少 1.46 亿用户的资料泄露。英国资料保护组织和金融服务局在调查中发现，Equifax 存在很多过失，包括资料保存时间过长、IT 系统修补太慢，以及稽核程序出问题等。

个人隐私数据的保护主要依赖企业内部对数据保护权责的划分。一般认为，技术团队是数据的所有者，但事实显然不是这样的。技术团队不生产数据，也不拥有数据，而仅仅托管数据。业务部门是数据的生产者和所有者，对于数据定义、数据质量、数据敏感等级划分、数据应用和解释负全部责任。

数据需要根据敏感等级、使用频率等进行分类管理。对数据敏感性进行等级划分是保护数据安全的核心措施，因为不同敏感等级的数据需要对应权限才能访问，敏感等级越高，有权限访问的人越少，也就减少了出问题的可能性。同时，根据数据保存时间长度和使用频率进行压缩存储也有助于数据安全。阿里巴巴会将一些时间久且不常用的数据进行极限压缩，这样既减少了存储空间，又保护了数据安全。

数据安全一方面依靠技术来保护，如对敏感字段进行加密处理、隐藏等；另一方面还需要关注流程和人员管理，如通过堡垒机访问数据库，且控制显示条数等。

除此之外，在个人隐私数据保护政策不断趋严的情况下，信贷机构可采用边缘计算的方式来规避数据安全政策，同时充分利用手机的计算能力将用户的原始数据加工成信贷机构需要的指标，然后回传到机构进行风控决策。这种方式的好处在于，信贷机构不用采集用户的隐私数据，同时又能使用基于隐私数据加工的风控指标。

随着数据安全和个人隐私保护监管越来越严，手机内存和 CPU 等不断扩大，以及我国 5G 技术的逐步推广，边缘计算有很大可能成为解决该问题的核心技术。

虽然云计算中心具有强大的处理能力，能够处理海量的数据，但其需要将海量的数据传送到云中心，在云中心进行存储，这对个人隐私保护以及数据安全构成极大的挑战。

边缘计算指的是在网络边缘（靠近物或数据源头的一侧），依靠具有计算资源和网络资源的节点来处理、分析和挖掘数据，采用网络、计算、存储和应用核心能力为一体的开放平台，就近提供最近端服务。其应用程序在边缘侧发起，能产生更快的网络服务响应，满足实时业务、应用智能、安全与隐私保护等方面的基本需求。比如，用户通过手机申请信贷或者理财等服务时，会启动相应的应用程序根据用户手机以及填写的信息进行实时处理、加工等，然后将相关指标回传到服务机构，并得到快速的响应。此时，手机就是人与中心之间的边缘结合点。在理想环境中，边缘计算可在数据产生源处或附近进行分析和处理数据，而没有原始数据的流转，这样可减少网络流量和响应时间。

该模式不仅可以满足机构对实时、智能以及利用相关指标控制风险的需求，而且可满足日益严格的数据安全监管需求，同时又能保护客户的隐私。

第4章
虚拟资本——资本之水

> 给我一个现金流,我就把它证券化。
> ——美国华尔街名言

> 证券化的发展只受想象力的限制。
> ——美国华尔街名言

> 人们把每一个有规则的、会反复取得的收入按平均利息率来计算,把它算作按这个利息率贷出的资本会提供的收益。
> ——马克思

4.1 虚拟资本的概念

马克思认为,虚拟资本的形成是因为借贷行为的产生,银行等作为中介机构借入资本再贷出去,并认为债券、股票、本票、汇票、土地所有证等带利息的有价证券或所有权证书属于虚拟资本。按照马克思的论述,虚拟资本有狭义和广义之分,狭义的虚拟资本一般指专门用于债券和股票等有价证券的价格,它是最一般的虚拟资本。广义的虚拟资本是指银行的借贷信用(支票、汇票、存款等)、有价证券(股票和债券等)、存款准备金以及各种票据等形成的资本总和。

虚拟资本是一种收益索取权或所有权证书,该资本是"有名无实"的。比如,投资于福利债券的资本已被非生产地花掉了,资本本身已经不存在了,但其持有人每年仍可以获得确定的利息收入,以税收为还款来源。可见,福利债券并不是现实资本,而是定期收入的索取权证书。福利债券持有人A可以通过将其持有的债券转卖给B收回他的本金,但这只是B买进了A所持有的债权。不管类似交易反复进行多少次,福利债券的资本仍然是纯粹的虚拟资本;一旦债券不能卖出,这个资本就会消失。

如果说债券代表着"纯粹幻想的资本",那么代表着现实资本的股票是不是会形成现实资本呢?同样不会。因为资本不能同时"双重"存在,所谓"双重"存在是指既作为所有权证书即股票的资本价值存在,又作为在这些企业中实际已经投入或将要投入的资本存在。它只存在于后一种形式,股票不过是这个资本所实现的剩余价值的相应部分的所有权证书,但其本身没有多少价值,仍然是按照价格来交易。

这种证书成为现实资本的纸制复本,是"想象的财富"。该虚幻的财富看起来是由虚拟资本的价格涨跌所引起的,但虚拟资本的价格一般是由该证书在当前或未来的收益所决定的,且独立地运动,这会给人以"它们已形成现实资本"的假象。

马克思认为,虚拟资本所代表的货币价值也完全是虚拟的,不以它们部分的代表的现实资本的价值为转移。既然它们只是代表取得收益的权利,并不是代表资本，那么取得同一收益的权利就会表现在不断变动的虚拟资本上，随着虚拟资本索取权收益的大小和可靠程度的变化而发生变化。这导致了投机行为的产生，因为它不仅由真实的收益所决定，而且受投资人对其预期得到的收入所影响。

虚拟资本的总价值不等于其代表的真实资本的账面价格，因为其价格的涨跌不影响实际生产、运输等财富创造过程。虚拟资本往往是以有价证券的形式存在，而有价证券往往包含商品证券、商业证券、银行证券和资本证券。商品证券指的是提货单、运货单、仓库栈单等，而商业证券主要有商业本票、汇票等，银行证券则主要有汇票、本票和支票等。

以虚拟资本为本质的有价证券化工具是指各种金融机构开发出的不同的金融性工具，并以此开展金融业务活动。比如，信贷机构向消费者发放贷款之后，凭借资产证券化工具来提高资金的流动性。但信贷资产证券化产品这一被投行、信托机构等吹嘘得天花乱坠的金融产品，是比各种信贷资产更加"虚无缥缈"的东西。其基础资产是借给消费者的贷款，但其收益以及价格都是由预先计算的收入决定的，而这个"预先计算"的工作往往是由金融工程专家们依据近年来金融业务中产生的数据完成，因而其定价看似高深，实则随意，投机性很强。

根据金融发展的历史来看，各种金融产品种类繁多，但归根结底，这些变化并没有改变虚拟资本的本质，只是各种要素进行了新的组合。

4.1.1 虚拟资本对经济发展具有重要作用

制度经济学家认为，现代金融体系之所以复杂，是因为金融体系要实现它的两个基本功能：为资产寻找合适的资金、为资金寻找合适的投资项目，也就是说，金融是经济正常发展的润滑剂。

金和莱文通过实证分析证明，金融发展与经济增长之间存在很强的相关性。他们认为，是信息成本与交易成本的存在导致了金融市场和金融中介的产生及发展，其功能主要在于鼓励储蓄、配置资源、加快交易互换等。

罗斯·莱文等引入了金融功能的概念，将金融发展与经济发展联系在一起。金融体系具有风险配置、资源配置、监督激励、吸收储蓄等功能，金融发展内生于经济发展的过程中。

经济学家戴蒙德（Diamond）和布鲁格曼（Krugman）认为，在发展中国家，由于其经济结构刚性和供求弹性不足，以及经济发展落后，决定了金融市场尤其是证券市场上供给及相应需求不足，无法达到促进经济发展的要求。

中国社会科学院刘煜辉认为，自20世纪70年代布雷顿森林体系瓦解，美元信用本位确立后，金融便高度内生化。金融不再仅仅是将储蓄转化为资本的中介，而是已成为内生变量进入了生产函数，并逐渐成为最后财富分配的主宰者。

所有的事物都是具有两面性的，虚拟资本也不例外，它既能促进经济增长，也往往是经济危机的导火索。因此，人们须认真研究金融或者虚拟资本，因为它是经济增长和发展的关键性要素。

4.1.2 现代金融业是虚拟资本繁荣发展的表现

各种金融产品尤其是资产证券化产品，不仅经过虚拟而形成了双重存在的假象，而且借助于现代金融工程学的设计而幻化出多重存在。

资本形成机制的各种创新，使股市、债市、基金市场、期货市场、保险市场、信托市场及各种金融衍生品市场等得以快速发展，并由此汇成了庞大的虚拟资本。今天，金融体系能快速地实现资源要素的标准化、证券化和资本化，这三者结合的空间被无限地打开。

近50年，虚拟资本形成了一个庞大的市场，其主要由债券、股票、期货、期权、资产支持证券、股指期货、国债期货、外汇掉期等各种金融产品组成。

根据2019年统计结果，上海金融市场交易量为1 934万亿，而2019年中国GDP为99.08万亿。金融服务业得以快速发展，金融混业趋势非常明显，各种金融产品太过复杂，因而管理和驾驭资本的复杂度呈非线性增加。尤其是近年来，各种金融产品满天飞，但金融业或金融科技行业逐渐背离了实体经济，金融自身的发展成了目的，而抛弃了其理应发挥的社会和经济作用。

4.1.3 按权利对虚拟资本进行划分

默顿（Merton）和博迪（Bodies）提出了功能金融理论的分析范式，相对于承担金融功能的中介机构，金融系统的功能更加稳定。随着时间的推移和环境的变化，金融功能所产生的变化要小于金融机构的变化。其认为金融体系有六种核心功能，分别是清算和支付结算功能（主要是为商品和服务交易提供清算和支付结算手段）、资源转换的时态中介功能（主要是提供经济资源跨时空转移的方法和机制）、资源转换的规模中介功能（主要是聚集和分散金融资源以进行大规模投资或分散投资）、信息生产功能（主要是提供价格等信息以帮助协调不同经济当事人间的非集中化决策）、风险中介功能（主要是通过管理和配置不同行为主体间的风险，提高社会福利）、激励功能（主要是提供处理不对称信息与激励问题的策略和方法）。功能金融理论有助于我们从宏观层面理解金融体系，但对金融实际操作帮助比较小，因为任何金融产品都有这六种功能。

虽然各种形式的虚拟资本让人眼花缭乱，但合理的虚拟资本划分方式应从虚拟资本的财产权属性出发。因为虚拟资本的本质是商品价值运动的表现形式，是在货币商品形态基础上形成的财产权凭证。不同虚拟资本的形态是商品价值运动的不同层次的系统性跃迁，如虚拟资本的债类形态是第二形态。

各种虚拟资本都是以所有权证书的正本或副本的形式存在的。因为所有权以多种形式出现，而且任何形式的所有权证书都可以进行交易，如土地、矿山、林地的使用权都可以进行交易，甚至税收权利也可以进行交易。根据实际操作和各国的经验来看，财产权可细分为五类，分别是储值物权、债权、受益权、权益、选择权。

马克思认为，银行家资本的最大部分纯粹是虚拟的，是由汇票（债券）、国家证券（代表过去的资本）和股票（对未来收益的支取凭证）构成的。因此，以所有权中的各种权利来对虚拟资本进行划分，是一种可行的方案。

虚拟资本的不同形态表现为不同的金融产品。储值物权类资本主要是存储价值或证明物品、服务等的凭证；债权类资本主要是未来收益的优先支取凭证；受益类资本主要是对未来风险发生后索取经济补偿或索取资产增值的凭证，如保险、信托；权益类资本主要是未来收益的劣后支取凭证；选择权类资本主要是为了保证未来收益并管控风险而具有选择权的凭证，如期货、期权、互换和远期等。

这些是能够在未来变现并获得收入的索取权凭证。它们主要有三大特征：

①索取权证书，持有人凭借它可以获取未来的现金流；②未来的现金流是可以变现的，可以用于交换；③一般都有一个符号化的载体，如纸制符号、电子符号或其他符号。

所有虚拟资本形式都具有三大特征，但不同财产权类型的虚拟资本具有差异：储值物权类资本的未来现金流风险低，甚至几乎无风险，但其收益低，且基本上不改变个人或公司组织的资本结构，变现或交换是非常容易的；债权类资本的未来现金流具有上限，如以利息收入等为上限，而其风险主要取决于债类主体，且会改变债类主体的资本结构，从而导致风险增大，现金流不确定性增强，其主要存在信用风险和流动性风险；受益类资本未来现金流的不确定性主要是指不确定约定标的是否在确定受益期间内发生，其一般不会改变个人或组织的资本结构，主要用于转移风险和增加收益，但存在欺诈风险；权益类资本未来现金流的不确定性影响因素比较多和杂，会改变个人或组织的资本结构，主要存在市场风险和流动性风险；选择权类资本未来现金流的不确定来源于标的能否在约定时间内发生，或发生后能否达到约定标准。

在确定了按照权利对虚拟资本进行划分的基础上，为了更好地驾驭和管理虚拟资本，以及设计虚拟资本各种形式的产品，需要深入了解虚拟资本各要素的含义和特点，这将在下一节进行详细阐述。

4.2 虚拟资本的构成要素

如前所述，根据权利不同，虚拟资本主要分为储值物权类资本、债权类资本、受益权类资本、权益类资本和选择权类资本。

4.2.1 储值物权类资本

在任何组织或个人的财务报表中，货币资产都是不可回避的重要资产。它是指组织持有的现金及将固定或可确定金额的货币收取的资产，包括库存现金、大额存单、银行存款和其他货币资金。

储值物权类资本的扩大与否主要取决于未来不确定性的大小，不确定性越大，则储值物权类资本的需求就越大，反之则越小。

储值物权类资本的特征是流动性高、期限短、本金高度安全、收益率相对低。这类资本是因技术革新、管理改进、产品生产周期缩短、市场投放加快等所带来的资本闲置。这些闲置的资本会被存储到房地产、古玩、黄金或各种理财等产品中来保值增值。

4.2.2 债权类资本

各种理财产品或资产计划，甚至私募基金的底层资产往往是债权类资产。因此，企业或个人的闲置资金往往被转化为债权类资本。

债权类产品主要是指借贷、供应链金融、债权信托、项目融资、融资租赁，以及基于交易流水等的贷款（如POS贷、阿里小贷）等。尽管这些债权类产品在抵押、借贷、交易主体等方面均有所不同，但其本质都受信用风险影响。

在大数据时代，个人消费金融产品成为众多金融机构的必备产品。它们主要为了满足人们住房、买车、结婚生子、美容整形、购物、上学等所产生的借款需求。由此金融机构推出了各种各样的信贷产品，如现金分期、信用卡、消费贷、医美贷、企业贷、贸易贷、保险贷、住房抵押贷、股票抵押贷等。

因为消费是生产的根本出发点和落脚点，是经济发展的根本动力，所以满足消费所产生的资金需求不仅有助于提高个人消费者的消费能力，而且能促进企业的产品变现，也有利于经济的快速发展和人民生活水平的提高。

不仅各种传统金融机构推出债权类产品，而且其他机构，如阿里巴巴、京东等也推出了相应的债权类产品，如消费贷、订单贷等。这些债权类产品本质都是约定好相关期限，在未来还本付息。

供应链金融是指在对供应链内部的交易结构进行分析的基础上，运用自偿性贸易融资的信贷模型，引入核心企业、物流监管公司、资金流导引工具等新的风险控制变量，对供应链不同节点提供封闭的授信支持及其他结算、理财等综合金融服务。其以供应链中的核心企业为中心，对上下游企业发放贷款，并引导销售收入直接用于偿还授信。项目融资是以某种项目，如房地产项目、高速路项目的未来收入为抵押进行贷款，融资租赁是将要放贷款购买成贷方需要的机器设备而后以生产的收入作为抵押的一种贷款。POS 贷是以使用相关 POS 机产生的现金流为抵押进行放贷，信贷机构以企业产生的交易为依据进行放贷，如阿里小贷以淘宝卖家产生的交易为依据进行放贷。POS 贷和阿里小贷都是以交易流水为依据的借贷。

4.2.3 受益权类资本

在以信用风险为主的债权类资本中，资本拥有者往往不得不面临违约的风险，但哪怕是"黑天鹅"式的违约都将给资本拥有者带来损失。这就产生了资本拥有者各种确保自身收益的需求。保险、担保、信托等受益权类资本就逐渐发展起来。

人类社会从开始就面临自然灾害和意外事故的侵扰，在与大自然的抗争过程中，对付灾害的保险思想和原始保险形式出现。保险思想发源于经济贸易往来频繁的地中海沿岸诸文明古国，其最早的形式可能是古埃及石匠之间的互助基金组织，其向每个成员收取会员费以支付个别成员死亡后的丧葬费用。但真正意义上的保险是从 14 世纪意大利出现第一张现代保单开始发展起来的。

1591 年德国酿造业发生大火，后来相关方为了筹资和保证不动产的信用而成立了火灾保险合作社。1666 年，伦敦发生了一场大火，大火蔓延到全城，烧了五天五夜。第二年，牙科医生巴蓬开办了第一家经营房屋火灾保险的商行，1680 年改组为合股公司，主要客户就是经历火灾后的居民，他们为了防止灾害再次造成巨大损失而购买保险。在将奴隶作为货物贩卖的时期，海上保险逐步演变为以人的生命为保险标的，而数学方法和统计手段的发展更加促进了人寿保险业务的发展。不论海上保险还是人寿保险，都是化解或者转移风险的一种方式，所以保险是虚拟资本的一种。

在大数据时代，受益权类产品也很多，如运费险、信用保证保险、各种健康意外险，以及相应的各种信托产品等。运费险是随着物流的不断发展，并不断暴露出各种风险后，保险机构为了保护消费者的利益而设计的保险产品；健康险是随着消费升级，消费者对自身或家人健康的关注不断增多而发展起来的。这些都是围绕消费者的财产而形成的受益权类产品。

吴定富等认为，保险是分摊意外损失、提供经济保障的一种财务安排，实际上是将未来的不确定性大额损失转变为小额确定性支出[1]。这样的好处是个人需要面对的风险由集体共同承担。假设一个人直接面对风险时损失为10万元，而集体共同承担风险时每个人的损失可能只有200元，这对每个人而言都大大降低了风险。其背后的逻辑就是大数定律，即集体中所有人在同一时间面对风险的概率是非常小的，但每个人在未来都可能会面对风险。通过共同基金的方式，将一个人一时要承担的高额费用划分到多期中，起到了跨期价值交换的保障作用。

保险是一种社会化安排，面临风险的人们通过保险人组织起来，从而使个人风险得以转移、分散，由保险人组织保险基金，集体承担。当被保险人发生损失时，其可以从保险基金中获得补偿，因此保险本质上是一种互助行为。

保险的本质是受益权。在《中华人民共和国信托法》（以下简称《信托法》）和《中华人民共和国保险法》（以下简称《保险法》）等法律、法规中都明确规定了受益权。在信托中，受益权是受益人享受信托财产经过管理或处理后的收益的权利，信托受益权可以放弃，或者用于偿还债务，或者依法转让或继承，这说明受益权具有财产权性质；同时信托受益权权利的行使通过向受托人请求给付的方式实现，这说明受益权具有债权性质。信托受益权是属于兼具物权和债权性质的财产权。《保险法》规定受益权是指对保险金享有的请求权，同时也规定"任何单位或者个人都不得非法干预保险人履行赔偿或者给付保险金的义务，也不得限制被保险人或者受益人取得保险金的权利"。

保险受益权是受益人依照保险合同享有的保险金给付或补偿请求权，在保险标的约定事件发生后，受益人作为权利人有权利请求保险人进行给付或补偿，因而保险受益权是债权。同时保险受益权是一项财产权。财产权和非财产权依据的区分标准是：基于权利的标的是否具有财产价值。保险受益权是以金钱利益为标的的权利，具有财产价值，同时保险受益权和权利人的人格、身份可分离，即保险受益权可以放弃、变更和撤销。因此，保险的受益权是一种财产权。

担保也是一种分散风险的方式。担保是在借贷、买卖、货物运输、加工承揽

---

1 吴定富. 保险原理与实务 [M]. 北京：中国财政经济出版社，2010.

等经济活动中，债权人为保障其债权实现而要求债务人向债权人提供担保的合同。根据我国法律规定，担保有五种方式，即保证、抵押、质押、留置和定金。在国际交易中，信用证、福费庭、信用保险都是常用的融资和担保工具，其中信用证又可分为以交易为基础的信用证和以融资为目的的备用信用证。在债务人无法正常还款时，这些担保方式就会确保债权资本拥有者的利益，以确定性资金化解不确定性风险，从而确保收益稳定。

受益权类产品除了包括保险、担保，还包括信托类产品。我国信托业与国外信托业还是有很大区别的，2018年我国信托业中通道业务占比达到55%以上，而资产管理类信托占比仅17%左右。在法规中，信托类产品可以分为公益信托、资产证券化信托、财产信托、标准化产品信托、管理类信托等，其中管理类信托包含股权信托、债权信托、同业信托及事务信托。在2017年下发的《信托业务监管分类试点工作实施方案》中，信托业务被划分为八大类，即债权信托、股权信托、标品信托、同业信托、财产信托、资产证券化信托、公益信托和事务信托，其中债权信托、股权信托、同业信托及事务信托属于管理类信托。

根据"专业的事情交给专业的人来处理"的原则，闲置资金可以委托给信托机构来管理，资金持有人可以既是委托人又是受益人。信托是一种一般的、具有普遍性的财产管理制度和法律行为，同时又是一种金融制度。信托财产具有双重所有权，其中受托人持有名义上的所有权，受益人持有实质上的受益权。信托作为财富管理的一般模式，理财、基金、期货和保险都是信托一般原理在金融系统中的不同形态表现。信托从所有权中将受益权分离出来，并将其资产证券化，从而化解不确定性风险，确保收益稳定。

因此，保险、担保和信托是受益权类资本的重要表现形式，受益权类资本的核心就是以确定性资金化解不确定性风险，从而获得确定性收益。但并不是每个人都是风险中性或风险厌恶性的人，一些风险偏好性的人喜欢类似赌博的活动，储值物权、债权、受益权无法满足这些客户的需求。权益类资本是这些人的最爱，这是因为权益类资本的收益率可以达到30%以上，只是收益率在30%以上的概率因人而异。

4.2.4 权益类资本

除了债权类产品、受益权类产品外，一些权益类产品也逐渐受到投资人的关注，如众筹产品（如京东众筹）以及各种资产支持证券、私募股权、天使基金、标准化基金产品等。同时，借助大数据技术，金融机构推出了一些新产品，如托管凭证、文化交易、资产支持证券、资产支持票据等。

郑磊认为，结构化融资是以特定的基础资产信用为基础的资产信用融资，其不仅包括资产证券化，而且将基础资产扩展到特定的收入、企业运营资产等权益类资产，还与衍生品结合形成了合成型的证券化产品，同时还包括结构化金融产品，即以金融工程学为基础，利用基础金融工具和金融衍生工具进行不同组合得到的一类金融创新产品。资产证券化是将缺乏流动性但具有稳定预期的现金流资产汇集起来，形成一个资产池，通过结构性重组，使之成为可以在金融市场上出售和流通的证券，从而进行融资的过程，这需要用到现金流重组技术、期限分割、信用分级等技术。

郑磊认为，资产证券化与传统证券化的主要区别在于信用主体不同，传统证券化是以整个企业的信用为基础进行融资，而资产证券化是以企业的部分资产为基础进行融资。

自 2015 年以来，我国资产证券化市场、原油期货市场等都得到快速发展，不仅如此，各种能够做交易的产品或货物基本都有相应的交易所，如中药交易所、文化交易所等。最典型的是蚂蚁金服的余额宝，其本质上是一个货币基金，是凭借自身客户优势，与银行谈判得到的一个高利息的大额存款。

闲置资金往往通过私募股权基金、天使基金、股权转让、二级市场购买股权等来获取目标企业的股权或资产类权益。未上市的企业主要依靠股权基金融资，股权基金须等待企业上市后通过转让股权、管理层回购、并购转让等方式退出该目标企业，并最终获得投资收益。上市的企业可以借助并购基金并购、公开市场购买等方式获得相应权益，并购基金通过转让等方式退出并获得投资收益。权益类资本投入目标企业或资产的资金往往是确定的，但一般来说，其收益率为 100% 的可能性为 1%，收益率为 60% 的可能性为 20%，收益率为 30% 的可能性为 35%，收益率为 0% 的可能性为 20%，收益率为 –20% 的可能性为 20%，收益率为 –60% 的可能性为 4%，即权益类资本是以确定性资金投入来获得不确定性收益。

4.2.5 选择权类资本

诺贝尔经济学奖获得者、心理学家卡尼曼等人提出了"损失厌恶"效应，指出人类天生厌恶损失。权益类资产定价难，权益类资本有可能亏损，因而人们就产生了提高定价效率、确保高收益率并锁定风险的需求。期货、期权、互换和远期等选择权类资本应运而生。

用选择权阐述衍生类产品的关键原因是衍生类产品的交易规模大，如 2019 年美国的金融衍生品交易规模在 288 万亿美元以上，而美国 GDP 则为 21.4 万亿美元，全世界 GDP 为 86.6 万亿美元。这么庞大的金融衍生品交易规模都会面临交易对手信用风险，尤其在场外衍生品交易市场，各种衍生产品的交易对手信用风险是需要特别关注的。这种风险受产品市场价值所影响，交易对手会根据产品市场价值选择是否遵守合约。

选择权是指其持有人有权利在契约到期日或之前，以固定价格向对方购买（或出售）一定数量的标的资产（或商品）。选择权可分为买权和卖权两种。选择权最大的好处在于，买进选择权的一方在付出权利金后，可以取得履约与否的权利，却无须承担履约与否的义务。选择权就是一个持有人可以选择是否要履约的权利。

选择权主要包括：不同现金流序列之间的选择权，如 ABS、ABN（资产支持票据）等；债权或权益类之间的选择权，如可转债、可回购债、债转股等；是否可以撤销、追溯的选择权；合约是否生效的选择权，如保险；合约是否交割的选择权，如期权、期货、远期、互换等；其他各种虚拟资本的产品要素之上的选择权等。

选择权类资本的产品主要是用于风险管理。选择权的使用不是现在才有的，早在古希腊与古罗马时期，就有隐含选择权概念的使用权的运用。在 17 世纪荷兰的郁金香交易中，选择权再度被广泛使用，但随着郁金香市场的萎缩，选择权市场也宣告破灭。

随着经济的全球化和数字化，各种风险交织在一起。面对众多不确定性因素，决策者往往回避、转移和降低无须承担的风险，并保留可接受的风险。降低风险是通过预测不确定的事件并及时作出相应决策来实现的，但任何预测都受认知、数据等的影响而无法保证百分百准确，如谷歌曾推出的预测流感系统在实践中的表现就不尽如人意。使用选择权类资本的产品来转移风险，是一种廉价的、快捷的选择。今天的石油、食用油、金属等公司都可使用这些选择权类产品。

选择权类产品往往具有提高定价效率和锁定风险的功能。根据过往大量的研究和实践来看，期权、期货等选择权类产品具有提高基础资产市场定价效率、促进资本形成的作用，同时具有凭借各种对冲策略锁定风险，从而确保高收益的功能。比如，我国中国人民银行近些年通过与30多个国家签订上万亿元的货币互换协议来化解美元汇率的波动性风险。1979年，以美国所罗门公司为首的债券包销团销售IBM公司发行的10亿美元公司债券，但不久美国联邦储备系统发布声明，今后将不再实行固定利率的货币政策，这导致包销团面临巨大损失，所幸所罗门公司持有长期美国国债期货空头头寸，可以用来对冲包销期间的利率风险，最终它在期货市场获利350万美元，弥补了现货市场的大部分损失。

迪克·布莱恩（Dick Bryan）和迈克尔·拉弗蒂（Michael Rafferty）认为，衍生品也是资本，但是与传统的资本不同，这些衍生品不涉及基础资产的所有权，如股权资本涉及一家企业的所有权，债券涉及信用资本的所有权，而衍生品涉及选择权，其特征是具有在不同形式资本中的转换能力，是一种选择权。因此，选择权类资本是虚拟资本的重要构成部分。

衍生品往往对合约双方而言都是延迟交割合约、无资金准备的或有义务的。这使衍生品存在选择权。在远期产品中，合约双方在最初签订合约时并没有资金换手，而当基础资产的价格不断波动时，远期合约的价值也随之而变。当基础资产的价格不断上涨（下跌）时，远期合约的买方公司价值增加（减少），而卖方公司的价值减少（增加）。大多数远期合约到期时都要以实物交割进行结算，无论是基础资产价格上涨还是下跌，合约双方中的损失方都有权利选择违约。这使远期产品存在选择性。

同样，在期货产品中，合约双方都缴纳了一定的初始保证金，但往往不会超过合约价值的10%。与远期合约类似，期货合约的价值也是随着基础资产价格的变化而变化。与远期合约是由双方私下商定不同，期货合约是交易所安排的，保证金等可以降低期货合约双方的违约风险,但在足够大的利益诱惑面前,这种违约依然会发生。因此,期货存在选择性。类似地,互换产品是场外交易产品,但其履行期间往往小于远期合同的履行期间,而大于期货合约的履行期间,因此其违约风险介于期货和远期之间。因而互换一样存在选择性。

期权合约一般分看涨期权和看跌期权,买方有权利而不是义务来选择是否发起一笔交易。可以说,期权是一个合法合规、不损失信用的具有选择性的产品。它不像远期、期货、互换等,是靠不遵守契约精神而产生选择性,但这些选择性都是受利益驱动的。

随着选择权类资本的发展,其选择权的理念逐渐在服务业中得以运用。比如,软件行业已经允许用户先试用后付费,同时也给出用户在试用期满后购买软件所有权的选择权。

基于虚拟资本各要素的含义和特点,我们需要进一步搞清楚虚拟资本各要素之间的关系。

4.3 虚拟资本构成要素之间的关系

根据经济、金融和资本的研究成果,以及资本管理与实践经验来看,虚拟资本的五要素之间既存在相互促进的作用,又存在相互制约的作用。因为对主体而言,总资本是固定的,所以当某种资本多了,其他资本就会相应少一些。

4.3.1 虚拟资本构成要素之间相互促进的关系

从我国这些年的金融发展历史来看,储值物权类资本、债权类资本、选择权类资本都得到了快速发展,而且储值物权类资本(如房地产)的发展往往促进了债权类资本的发展(住房抵押贷款大幅增加)。同时,为了防止违约,各种选择权类资本也得以发展。可见,虚拟资本各要素之间存在相互促进的关系。

1. 储值物权类资本对于债权类资本具有促进作用

尼古拉·阿克塞拉认为，从具有内在价值的货币演变为符号货币，货币只不过变成了金融中介机构发行的负债，如纸币或电子货币等。人们接受把金融中介发行的负债作为一种支付手段[1]。这种货币能够作为支付手段的根本原因是居民或企业将自己的财富存储在第三方机构并获得相关凭证，这些凭证被其他人所认可。这就说明储值物权类资本是债券产生的基础。

经济史专家亚历山大·格申克龙提出，发展中国家在工业化进程中，企业通过银行融资比通过资本市场融资更有效率，这是因为国有银行可以克服市场失灵的问题，将国内储蓄用于高收益的、对国家经济发展有极大推动作用的项目，并且银行为企业提供资金支持时具有规模经济和范围经济效应。从这里可以看出，储蓄是银行贷款等的前提，即储值物权类资本对债权类资本具有促进作用。

经济学家彭文生认为，作为储值工具，货币是将今天的购买力推迟到明天，而信贷则是将明天的购买力提前到今天[2]。每个人都有把明天的购买力提前到今天的欲望或冲动。但在无多余储值物权类资本存在的情况下，即使经济体系中存在信贷需求，也是无法得到满足的，这时的信贷需求就只是潜在需求。在存在储值物权类资本的情况下，该资本将激发潜在的信贷需求，并能够保证信贷交换顺利进行，进而形成债权类资本。因而，储值物权类资本对债权类资本具有促进作用。

量化宽松货币政策可以释放出货币，但货币大部分会进入金融市场，如债券市场、大宗商品市场等。也就是说，货币对债券、金融衍生品具有促进作用，而从货币发展及借贷的发展可以知道，一般来说储值物权类资本对债权类资本具有促进作用。

2. 债权类资本对受益权类资本具有促进作用

保险可以被看作一种特殊的借贷行为。投保人是借出人，保险人是借入人，最终借款是否偿还主要看双方约定的保险事故是否发生。如果约定的保险事故发生了，保险人则按照合同约定进行补偿或给付。因此，债权类资本对受益权类资本具有促进作用。

保险起源于海上借贷，也称为冒险借贷，但由于冒险借贷的利息过高，被教

---

[1] 尼古拉·阿克塞拉. 经济政策原理：价值与技术 [M]. 北京：中国人民大学出版社，2001.
[2] 彭文生. 渐行渐远的红利：寻找中国新平衡 [M]. 北京：社会科学文献出版社，2014.

会所禁止，于是转变为无偿借贷制度，即由资本拥有者以借款人的名义向放贷方借款。如果风险发生，则借款人有偿还义务，否则就没有，而后其发展为空买卖契约，条件与无偿借贷相同。即便在今天，无论是人寿险、健康险、意外险都可以理解为投保人将资本借给保险公司，在其约定标的出现相应的情况时保险公司还款，否则保险公司不还。因此投保人不能通过保险获利，但可以获得相关给付或经济补偿。随着各种债权类资本的发展，各种信贷险、信用保证保险等快速发展起来，这种保险受到债权类资本发展的促进。因此，债权类资本促进了受益权类资本的发展。

信用保证保险的本意是转移信贷业务的风险，但在信贷严格的监管环境下，信贷机构为了覆盖风险而逐渐以信用保证保险来转移风险，同时也会要求担保兜底等。因此，债权类资本对受益权类资本具有促进作用。

3. 受益类资本对权益类资本具有促进作用

在人寿保险中，保险公司面临与死亡率相关的风险，如极端死亡率远高于其承保时所预测的死亡率的风险，以及因生活水平提高及医疗技术的发展致使人类寿命延长的长寿风险。为了转移死亡率相关风险，保险公司不仅可以借助再保险来分散风险，而且可以借助证券化工具将其证券化，并转移分散到资本市场。死亡率相关风险证券化的本质是将部分死亡率相关风险从保险公司的整体风险中"分离"出来，通过可独立交易的证券将其转移给证券投资者。这样可以帮助保险公司扩大融资渠道、提高资金利用率和增强偿付能力等。类似地，在财产保险中，保险公司也面临极端风险，如航天卫星发射的事故率、极端天气等，这些风险也可以通过证券化的方式转移给证券投资者。因此，受益类资本对权益类资本具有促进作用。

除了极端风险可证券化外，保险公司还要满足各种监管要求和法律法规，如要有相应的各种准备金，这些准备金也可以作为证券化的基础资产。公司在资金紧张时，可将相关准备金证券化，但需要经过监管部门的审批和同意。同时，保险公司可以对保单的内含价值进行证券化。其中，保单的内含价值是保单的净现金流的价值，该净值受保险收入、投资收益等现金流入，以及理赔、佣金、运营成本等现金流出的影响。因此，受益类资本对权益类资本具有促进作用。

4. 权益类资本对选择权类资本具有促进作用

选择权类资本主要是从基础资产派生出来的资本。衍生品使当事人能够对冲保留基础资产的风险。基础资产往往以权益类资本为主，如股票、托管凭证、期货等。因此，权益类资本对选择权类资本具有促进作用。

投资者基于对未来的预期投资权益类资本产品，但权益类资本产品的不确定性极大。为了化解这些风险与不确定性，各类衍生品被设计出来，目的就是提高定价效率、确保高收益率并锁定风险。因此，权益类资本对选择权类资本具有促进作用。

5. 选择权类资本对储值物权类资本具有促进作用

迪克·布莱恩（Dick Bryan）和迈克尔·拉弗蒂（Michael Rafferty）认为，在组合中的衍生品具有货币特征，这里货币不仅包括钞票和硬币，而且还包括记账单位、价值贮存、交易媒介等，因为衍生品是资本的流动形式和作为货币的形式，在更抽象的层面，衍生品具有贯通传统货币和资本之间的功能。因此，选择权类资本对储值物权类资本具有促进作用。

郑磊认为，从操作资产负债表的角度来看，传统的债务融资和股权融资这两种方式都集中在资产负债表右边，简称"表右融资"；而结构化融资或资产证券化归属于资产负债表左边，简称"表左融资"。

资产负债表的左边科目可分为五个部分：流动性资产、长期投资、固定资产、无形资产及其他资产。在流动性资产中，货币资金本身就是流动的资金形态，短期投资、存货都比较容易变现，同时存在应收而未收到的会计项目，其主要包括应收账款、应收票据、应收股利/利息/补贴等。这些应收款暂时还在付款方手中，企业无法使用，未来会在一定的时间内被陆续收回，而如果能将这些未来收入转化为可动用的现金，则能提高流动资产的使用效率，实现价值增值。实现方式主要有银行的贴现、保理及资产证券化等。

长期投资中的股权投资可以通过转手等方式变现，债权投资也具有到期后收回本金并在到期前按照双方约定获取固定收益的特点，可以转手。比如，银行以理财或同业资金的方式，取道信托、券商资管、基金公司为银行指定的客户融资，并从利息收入中扣除相应的比例支付给非银行机构作为通道费，而银行也能规避信用和风险资本占用的管制。其主要有企业过桥模式、财产权信托模式、银行自营资金模式、买断银行的票据资产或信用证业务、同业代付等，也可以将其证券化。固定资产和无形资产是否能证券化，关键是看这些资产能否产生稳定和可预期的现金流。

"表左融资"与"表右融资"的区别之处在于，"表左融资"可以将部分资产移出表外，代之以现金的流入，而此时的资产负债表右边科目不会发生变化。这是资产与现金之间的一种转换关系，这种转换不会影响企业资产负债表的右边，而传统的债务融资增加了表右内容，如流动负债、长期负债或股东权益，同时表左出现现金增加的情况。

郑磊认为，这两类融资最终都增加了现金，不管采用哪种融资方式，都能确保资产负债表平衡，"表左融资"丰富和完善了针对资产负债表的融资操作手段，这就是结构化融资的重大现实意义。不仅如此，"表左融资"也为一些整体经营状况不理想、不具备债权类融资或权益融资，但拥有某些稳定现金流资产的机构（如拥有收费权的公路、公用设施等）增加了融资渠道，缓解了部分企业融资难的问题。这也说明资产证券化或结构化对货币、现金具有促进作用。

根据美国等成熟市场的表现来看，机构可以利用选择权金融工具来确保资产收益和稳健性，同时可以采取更加灵活的投资策略，增大同类机构的风险收益差异性，降低整体系统性风险。与其他国家的成熟市场相比，虽然我国的选择权金融产品也在不断发展和完善，但资产管理机构仍然缺少有效的风险管理工具。比如，我国只有二只股指期货、两只国债期货，还没有股指期权、外汇期权、信用违约互换等，不同选择权类资本产品的参与者也受到限制，如银行、保险等不能参与国债期货。我国虚拟资本市场缺少选择权类资本产品风险管理工具，这使资金不敢进入市场，难以形成长期资本，而更多以储值类资本为主，即便投入市场，也只能选择追涨杀跌。可见，选择权类资本对于储值物权类资本具有促进作用。

因此，储值物权类资本对债权类资本具有促进作用，债权类资本对受益权类资本具有促进作用，受益权类资本对权益类资本具有促进作用，权益类资本对选择权类资本具有促进作用，选择权类资本对储值物权类资本具有促进作用。

虚拟资本各要素之间，除了存在相互促进的关系外，也存在相互制约的关系，接下来我们将详细阐述虚拟资本各要素之间的制约关系。

4.3.2 虚拟资本构成要素之间相互制约的关系

中国人民银行编制的住户部门金融资产负债表将家庭金融资产分为通货、理财、存款、证券(又细分为债券和股票)、证券投资基金份额、证券公司客户保证金、保险准备金、代客理财资金、资金信托计划权益等类别。目前，各国对居民金融资产存量的统计并不完善，相对而言，OECD（经济合作与发展组织）等国际组织的相关数据可得性反而较好，本书采用OECD财富分配数据库中的家庭资产组合数据进行研究，同时将通货、理财和存款归为一类，债券为一类，股票为一类，基金为一类，保险为一类。但基金是一种相对来说比较复杂的产品，即可以配置存款单、债券、股票、保险，也可以配置基金。为了排除基金的影响，我们假设每个国家的基金产品中的资产结构与家庭金融结构相似，这样就只需考虑理财和存款、债券股票和保险。从中国、日本、美国、德国、英国的家庭金融资产结构来看，不同国家的金融资产结构是不同的，如图4-1所示。

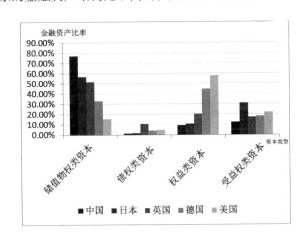

图 4-1 世界主要国家的家庭金融资产占比

我国与日本家庭的金融资产主要以储值物权类资本为主，受益权类资本为辅；英国的家庭金融资产则以储值物权类资本、受益权类资本为主，权益类资本为辅；德国家庭金融资产以储值物权类资本、权益类资本为主，受益权类资本为辅；美国家庭金融资产以权益类资本、受益权类资本为主，储值物权类资本为辅。

1. 储值物权类资本对受益权类资本具有制约作用

保险是受益权类资本中的一种，但这种受益权类资本并不是每个人都会购买，即便是金融发达的美国，其保险覆盖率（购买保险人数占总人口数量的比例）也只有4.5%，我国的保险覆盖率在3%左右。从保险的结构来看，2019年，寿险占我国保险总资产的67%左右，财产险中车险占我国保险总资产的14%左右，健康险占我国保险总资产的11%左右。保险在我国遇到了传统文化的挑战，如"如果你家未来发生火灾""如果你未来出车祸"等都是可能会出现的真实情景，但如此不吉利的话语将会让客户感到厌烦。

经济学家陈志武等研究发现，在我国各地，受儒家文化影响越深的地区，保险覆盖率越低，因为这些地区宗族、家族中成员间互通有无、分散风险冲击的能力更强，所以对外部的保险需求比较低。在我国，宗族、亲戚之间的互助就起着储值物权类资本的作用。比如，一个人买房子会挪用其姑姑、姨姨或叔叔等家里的资金，即当储值物权类资本大时，保险受益权类资本就会小。因此，储值物权类资本对受益权类资本具有制约作用。

受益权类和储值物权类资本都是人们应付未来不确定性风险的一种手段，目的都在于保障未来正常的生产、生活。所不同的是，储值类物权资本是将风险留给自己，依靠个人积累来对付未来风险，它可能使个人陷入保障不足的窘境。受益权类资本则是将所面对的风险转移，或者借助专业人士的管理来规避风险。因此，二者之间存在相互制约的作用。

对于大多数家庭或个人来说，保险的受益权类资本大小与保费的大小呈正相关，当风险出现后将获得相应的赔付。但人们靠保险的给付或赔付是不能够确保生活美好或财务自由的，人们更需要的是储值类物权资本。在保险中，随着财富的增加，受益权类资本的边际增量是递减的。在信托中，随着财富增加，受益权类资本的边际数量也是递减的，如2019年我国国内家族信托总资产为1 500亿元。因此，储值物权类资本对受益权类资本具有制约作用。

2. 受益权类资本对选择权类资本具有制约作用

保险是保险人对未来风险发生所致经济损失进行补偿的承诺，而保险人是否履约，取决于保险合同约定时间内是否发生约定的风险事故，以及这种风险事故造成的损失是否达到保险合同约定的补偿条件。

但并不是所有的风险都有保险人愿意承担,因为保险中的保费往往与赔付金额和事故发生率紧密关联在一起。事故发生率越高,赔付金额越大,保费就越大。比如,微粒贷的贷款金额为5万元,其损失率只有0.6%,而保险人给定保险金额为3万元,则保费只需要180元就够了,贷款年化利率为18%,保费为利息的2%。但某家机构的贷款金额为2 000元,现金贷损失率为15%,贷款年化利率为36%,保险金额为1 200元,相应保费也是180元,但该保费为利息的25%,因此,该机构不愿意投保。但若保费低于180元,则保险人不愿意承保。因此,保险并不会承保所有风险,它是选择性地承保。

从某种意义上讲,信用违约互换、期权、远期或期货等选择权类资本的产品就是保险类产品。比如,保险机构提供了信用保证险时就不需要提供信用违约互换。因为信用违约互换产品往往是场外衍生品交易,交易双方都存在信用风险,但保险机构的信用风险则很小,所以若存在能够替代信用违约互换交易的保险产品,则信用违约互换产品的规模将大大下降。因此,受益权类资本对选择权类资本具有制约作用。

3. 选择权类资本对债权类资本具有制约作用

选择权类资本的产品都是基于相关标的物进行设计以转移各种风险的。很少有国家的金融资产以衍生类产品为主。从资产证券化发展历史来看,资产证券化是为了解决房地产抵押贷款缺乏流动性问题而发展起来的。但随着债权类产品的发展,不论是信用卡、车贷,还是消费信贷,它们都可借助结构化释放出债权类资产所占用的资产。因此,选择权类资本对债权类资本具有制约作用。

4. 债权类资本对权益类资本具有制约作用

曹尔阶认为,资本市场最大的作用是超越了银行中介,以资金使用者同拥有货币的投资者之间的直接融资代替了银行的间接融资,促进了各种资产的票据化和证券化,并发展出了各种金融衍生品。通常如果利率下降,债券收益率将上升,而股票的收益率将下降。一个经济主体需要的资本总量是固定的,债券类的占比多了,相应的证券类占比就少,即债券对证券具有制约作用。

在会计中,会计恒等式为资产=权益=债权人权益+所有者权益=负债+所有者权益，其中负债对应的是债权类资本，而所有者权益对应的是权益类资本。从中可以看出，在资产一定时，债权类资本占比大，则权益类资本的占比就相应减少；反之则增多。也就是说，债权类资本对所有者权益类资本具有制约作用。

5. 权益类资本对储值物权类资本具有制约作用

获得权益类资本往往需要消耗权益所有者的储值物权类资本，如人们会将存款或理财的资金投入股票、基金产品。因为资产是有限的，所以当权益类资本多了，储值物权类资本就少了。反之，当权益类资本少了，往往意味着储值物权类资本就多了。因此，权益类资本对储值物权类资本具有制约作用。

因此，储值物权类资本对受益权类资本具有制约作用，受益权类资本对选择权类资本具有制约作用，选择权类资本对债权类资本具有制约作用，债权类资本对权益类资本具有制约作用，权益类资本对储值物权类资本具有制约作用。

4.3.3 虚拟资本自成稳定系统

虚拟资本的核心要素之间既存在相互促进关系，又存在相互制约关系。虚拟资本核心要素之间存在两种逻辑关系，这非常符合稳定逻辑分析模型，即虚拟资本的核心要素之间构成了一个稳定性系统。虚拟资本中的储值物权类、债权类、受益权类、权益类和选择权类资本所构成的稳定系统如图4-2所示。

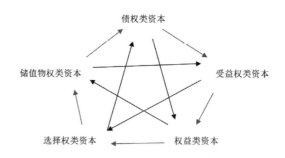

图4-2 虚拟资本的核心要素构成的稳定系统

再拿人体打个比方，虚拟资本就是经济的心脏，其中受益权类资本是连接肺静脉的入口，权益类资本是左心房，选择权类资本是左心房和左心室之间的二尖瓣膜，储值物权类资本是左心室，债权类资本是通过动脉血管的出口和动脉血管。

债权类资本将创新等生产带来的丰厚利润和本金分配给各利益相关方，同时也将创新等生产中的变化和不确定性带给各利益相关方，这就需要对风险进行对冲和转移，由此，受益权类资本得以产生和发展，如保险是先缴纳一定费用，在发生风险后获得经济补偿。为了进一步分散风险，需要以权益来抵消相关风险，从而促进了权益类资本的发展。权益类资本因受价格等各种因素影响而发生波动，为了对冲这种波动而发展出了衍生品类产品，如信用违约互换、期权等，选择权类资本得到发展。选择权类资本需要各种保证金来确保相应约定的价值，因此储值物权类资本得到发展。而储值物权类资本的充足必然促进信贷的发展，信贷将包含信用的货币输送到经济体各个组织内供其发展。

虚拟资本的产品都有一些共性，如都面向客户，都有期限等，但不同产权类型的产品具有不同的结构特征。

在虚拟资本的产品设计目标确定后，产品设计就是在既定的制度、技术和规则等的约束下，以金融理论为指导，用金融的规范语言来重构客户要解决的金融问题，并将具体金融问题分解为标的物、现金流、收益和风险等，然后为了解决问题而不断构造交易结构方案来确保产品风险小而收益大，并将相关权利和义务进行条款化和合同化。

虚拟资本的产品不仅是金融机构发展的基础，而且是合规的前提。正如监管部门所要求的，金融机构发行和销售资产管理产品，应当坚持"了解产品"的原则。金融机构人员要了解产品，就需要熟知各类金融产品的特性，尤其是交易结构。

对于虚拟资本的产品可以从不同角度来理解。从投资或资金供给端来看，金融产品的要素包括标的物、收益情况、流动性及相应的安全保障措施；从融资或资金需求端来看，其要素主要是额度、审批时间、是否满足金融期限和成本；从金融中介角度来看，其要素主要是自身募集能力、融资人偿债能力、额度、期限、成本和如何设计交易结构以合规地将资金输送到资产端，以及采取哪些措施确保资金能够安全地回到资金方手中。

虚拟资本的产品既不能从投资端，也不能从融资端的角度来设计，而要从处于二者之间的中介角度设计。这是因为中介处于投资者和融资者之间，既不会过于偏向投资方，也不会过于倾向融资方，而是以双方能够达成交易为前提，这样降低了二者的交易成本、搜寻匹配的时间等。机构往往首先从融资方了解到需求，即资金需要的时间、期限和金额，再根据监管政策来确定不同的融资方式，同时判断融资方是否有偿债能力等；其次再根据成本、期限和风险匹配到相对适合的投资者；最后设计出让各方都满意的交易结构，促使投融资交易完成。

站在机构等中介角度，金融产品需要从资金用途、收益、安全措施、融资成本、资金来源、现金流向等方面来设计相应的交易结构，并将其合同化和条款化。其中，融资成本往往与风险、安全措施紧密联系在一起，同时也与客户议价能力有重大关系；资金来源主要包括自有资金、外部资金，外部资金主要来自各大机构，如银行、信托等；交易结构是交易双方以合同条款的形式来承载双方经过谈判协商而达成的结构，包括标的、融资结构、资金流向、安全措施、相关结构、风险管理、退出机制等一系列安排。交易结构是在合规、合法的前提下，找到各种服务方来打通资金方与资产方之间的资金流转路径，往往经手的机构越多费用越大，融资成本越高。

虚拟资本的核心要素是按照不同的权利组成的，且相互之间存在紧密联系。在实践中，虚拟资本各要素所对应的产品也将有所不同。但其产品设计的核心关键在于"组合"和"细分"，即改变、增加或减少相关产品的期限、收益、流动性、安全性、信用风险和市场风险等。

4.4 数据化驱动虚拟资本的个性化产品设计

当前虚拟资本的产品以标准化产品为主，而在大数据时代，为了满足不同消费者或投资者的个性化需求，金融机构需要设计出个性化的金融产品。这种金融产品看起来是非标准产品，但实际上是标准化的。

金融机构如何通过标准化的产品来满足每个投资者或消费者的个性化需求？其核心是基于个性化需求，从开始设计到最终生产对产品进行不断细分、降维，以找到其共性，从而不断地将产品模块化、原子化，然后不断进行组合，而后借助大数据、人工智能等将生产或服务过程自动化、智能化，降低人的干预程度，最终打造出金融服务业的 C2B（个人到企业）模式。

C2B 模式是依靠大数据驱动的个性化定制模式，个性化是定制模式高附加值的最终来源。个性化的产品或服务都是不断往下细分，以找到共性的层次。以深度学习算法人脸识别为例，每个人的脸都有自己的个性，深度学习算法就是通过一定规则抽取上千万的人脸图片具有的共性特征，在人脸共性特征基础上进一步识别出不同人的脸，如图 4-3 所示。

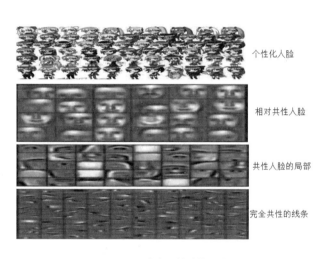

图 4-3 深度学习算法的层次

虚拟资本的产品可分为标准化产品和非标准化产品两类。对于标准化产品，监管部门往往给出相关认定规则或条件，如由中国人民银行、中国银保监会、中国证监会、国家外汇管理局联合发布的《关于规范金融机构资产管理业务的指导意见》中规定标准化债权类资产应当同时符合以下条件：①等分化，可交易；②信息披露充分；③集中登记，独立托管；④公允定价，流动性机制完善；⑤在银行间市场、证券交易所市场等经国务院同意设立的交易市场交易。除了标准产品就是非标准化产品。

虚拟资本的产品结构主要有时间结构、分布结构、风险结构、选择权结构、标准化结构和参数结构等。其中，时间结构主要有起止日、现金流的频率，而选择权结构则包含不同现金流的选择权、合约生效的选择权；参数结构主要有收益率、价格等；标准化结构主要是交易单位、计价单位、交易流程等。

4.4.1 债权类资本的个性化产品设计

债权类资本的产品往往是一些信贷产品或债券。不论是个人还是企业都有违约的可能，尤其在金融去杠杆、资管新规出台等背景下，自2018年以来凯迪生态、中安等多家上市公司相继出现了债务违约。截至2019年年底，共有1 318家A股上市公司的资产负债率超过50%，其中有36家公司负债率超过100%。也就是说，未来仍有不少上市企业的企业债将发生违约。

1. 客户定位决定产品设计的要素

过去，机构是先设计出产品而后去找客户，这是推销产品。但随着大数据技术的发展，机构对人群的细分越来越普遍，根据人群的需求去设计产品也逐渐成为趋势。

在该趋势之下，信贷机构针对不同的成长性客户推出对应的产品，如保单贷、公积金贷、社保贷、房抵贷、车抵贷、蓝领贷、白领贷、精英贷、小微企业贷等，其各自的目标客群将有所不同，利率、额度也不同。

根据目标客户群设计不同的信贷产品，则产品要素也不同。比如，小微企业信贷产品的核心要素是，贷款金额在5 000 ~ 500 000元，利率在15%左右。期限则按照贷款用途而不同，如周转性借贷时长3 ~ 12个月，扩充门店等投资借贷时长则需要3 ~ 36个月。客户的还款方式主要采用分期付款的方式，逾期后罚息按照日息0.05%计息。该产品的准入条件是年龄18 ~ 60周岁且在本地实际经营期限达3个月以上的客户，同时客户主要限制为从事正当生产、贸易、服务等行业的私营业主、个体工商户和城镇个体经营者等小微企业主。为了控制风险，也可以采取共同贷款的方式，即申请人的配偶也要作为贷款人提供相应资料。客户来源主要通过主动上门、合作渠道带来，风险主要是欺诈、还款能力、渠道的道德风险等。

资金方为了保障自身的资金安全，往往也需要一些安全保证措施，如通过住房、人寿保单、股票等抵押，也可以通过担保公司、关联人等来担保，或者借助信用保证保险等方式来降低风险。一些机构甚至采取展期、借新还旧、还旧借新等措施来确保自身资金安全。

2. 风控是信贷产品设计的关键

信贷产品设计成功与否对风控影响很大,因为"完美"产品要求客户填写的资料往往比较多,如提供最近 2 年的收入证明和支出记录、财务报表;提供最近 12 个月经过逐月核实的现金流;提供资金的原始凭证;提供抵押、质押或担保,并提供相关关系证明等。从风控角度看,这些要求没有错,而且也是非常重要的,但在现实中客户提供这些资料难度很大。同时,这样苛刻的条件完全有可能将好的客户过滤掉了,而留下的很有可能是一些从其他信贷机构无法获得贷款的客户。他们根本无法按要求实事求是地提供信贷审批材料,即使有些客户能提供,也不能通过审批,最终他们只能通过提供虚假资料和不真实的数据来获得贷款。这些虚假信息是按照风控条件量身定做的,当然也是被不合理的要求所逼迫捏造出来的,它们的蒙蔽性很高,往往误导风控的审批和决策,从而导致逾期并产生坏账。

信贷产品有不同的还款方式。如等本等息、等额本息、等额本金、先息后本(先还利息,到期还本)、按月付息并按季付本金、先一次付利息后按期还本、先一次付利息后到期还本等。这些还款方式中的分期还款方式可以增加客户与信贷机构的交互,而从还款带来的风险来说,先息后本的风险最大,因为当还款金额比较大时,到期日一次性还本,客户的资金压力非常大,客户逾期概率增加。按月付息并按季付本金的风险就相对小一些,但还是比等额本息、等本等息的风险大得多。与上述方式相比,先一次付利息后到期还本的风险要小一些,等额本息、等本等息、等额本金的风险更小,先一次付利息后按期还本的风险最小。

这类产品设计主要考虑的是定价、额度、期限、还款便利性和自身风控能力。对客户来说,最好的信贷类产品是额度高、期限长、利率低和还款方便的产品。但这些要素之间存在一定的制约关系,因而产品经理在设计产品时为了突出某个要素,需要降低对另外几个要素的要求。比如,有些客户对资金的需求特别紧急,即对审批时效要求特别高,所以产品设计可以简化申请过程以能快速给出审批结果。这要求机构具有较高的风控能力,以维持较低的利率,这样的机构产品特征是时效快、额度高和利率低。但当机构风控能力比较弱时,产品设计时要提高利率、降低额度以覆盖坏账、降低风险，因此这种机构的产品特点就应是时效快、额度低和利率高。再如，小微企业客户往往需要一定资金来维持企业运转或投资新项目，这些企业主关注的是资金额度是否足够，对时效性要求比较低，并愿意配合机构准备各种材料，因此这类产品的特点往往是额度高、时效慢、利率低。

债权类资本的产品设计要估计的利润，定价、期限和额度都会影响利息收入，而获客成本、坏账成本、资金成本、数据费用等是关键的成本项，同时债权类资本的产品设计也需要满足监管部门的要求，如年综合利率不得超过24%。

3. 融资租赁的产品设计

融资租赁是客户选择好设备等，租赁公司筹资购买后租给客户使用，客户付租金。融资租赁是根据加速折旧原则来收取租赁费，设备等可看作借贷资本。因此，融资租赁本质还是一种债权类资本。

融资租赁是仅将设备等的使用权租给潜在购买人，直到设备等的全部资金收回后，才将所有权转移给购买人。

融资租赁的形式也在不断变革，从一开始直接融资租赁到委托租赁，而后到出售后回租、杠杆租赁、联合租赁、转租赁等。在大数据时代，融资租赁类产品设计主要是基于客户的个性化需求，定制出各种交易结构的租赁产品。

4. 保理、典当的产品设计

商业保理到底是什么？商业保理是指供应商将基于与采购商订立的货物销售/服务合同所产生的应收账款转让给保理商，由保理商为其提供应收账款融资、应收账款管理及催收、信用风险管理等综合金融服务的贸易融资工具。应收账款包括销售货物，供应水、电、气、暖产生的产权，知识产权的许可使用等，以及出租产生的债权、公路等不动产收费权。商业保理主要是针对债权提供服务，保理公司承担了放贷主体和风险管理功能。其产品设计类似于供应链金融的产品设计。

在国际上，商业保理主要是围绕着应收账款开展业务。随着业务发展和大数据沉淀积累，商业保理逐渐成为一个放贷主体，其包括收益权保理、个人保理、POS保理等。只要商业保理的收益能够覆盖费用和损失就可以开展。

典当是指当户将其动产、财产权利作为当物质押或者将其房地产作为当物抵押给典当行，交付一定比例的费用，取得当金，并在约定期限内支付当金利息、偿还当金、赎回当物的行为。这是一种典型的抵押贷款模式，因而其产品设计类似于抵押贷款，典当物主要是以汽车、房产、珠宝、古董、字画、股票、债券等为主。

5. 供应链金融的产品设计

围绕着数据链、资金链等进行债权类资本的产品设计有很多，如基于POS刷单数据、第三方支付数据、ERP数据等进行评级和授信。无论是阿里小贷、京东金融，还是唯品会金融都是以真实的交易数据和行为数据为基础向客户提供金融服务。以今日头条为代表的金融则是以客户的游览信息、手机中的行为数据为基础向客户提供金融服务。

这些是供应链金融的一种形式。供应链金融有三大类融资形式：应收账款形式、存货形式和预付款形式。供应链金融企业要与核心企业或平台合作，如客户是电商卖家就可以找阿里巴巴、京东、美团等机构进行合作，这些核心机构或平台往往拥有真实的交易数据，并且对这些客户具有掌控能力。

在找到核心企业后，就要设计好业务流程。不同类型的金融产品业务流程会有差异，但其核心的业务流程均包括以下步骤：① 供应链上下游客户、供应链金融供给方、核心企业或平台之间签订三方合同；②银行确定相关质押物、应收账款、预付款，等候进行授信，同时其他相关方核对商品等；③银行支付货款或提货单；④向银行支付本息。供应链金融架构如图4-4所示。

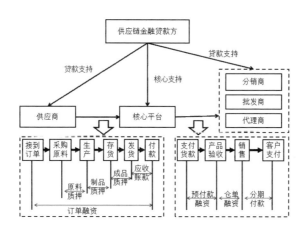

图 4-4 供应链金融架构图

6. 债券类产品设计

对于企业、金融等机构来说，债券是筹集资金并向投资者出具的具有承诺到期日、利率、支付方式和按约定条件偿还本金和利息的有价证券。其产品设计和创新的关键在于利率构成、本金构成、到期日构成三个方面。利率构成主要包括利率递增、利率递减、固定利率和浮动利率等；本金构成包括货币种类等；到期日构成包括可延长期限、可提前赎回等。

总体来说，债权类资本的产品设计要注意以下五个方面：①是否符合国家法律、法规或部委的管理办法，如年利率不超过24%。②是否满足目标客户群体的需求，如果该产品的目标客户是高净值人群，则授信额度至少在1 000万元以上；但如果其目标客是低收入人群，则授信额度最好控制在5 000元左右。根据花呗的额度来看，70%的用户额度在4 000元以下。③是否符合客观经济、金融的规律，如给予一个年收入最多为20万元的客户80万元的授信额度，这就违背经济规律，必然导致坏账率暴涨。④有尽可能高的净利润，这是因为任何企业都需要有收入和净利润支持，否则企业将不复存在。⑤是否有能力控制住相应的成本，尤其是坏账成本。对于债权类产品来说，真正要盈利靠的是自身的风控能力。如果风控做得好，即便是年化利率18%，甚至12%都可以盈利。但如果风控做得不好，即便是年化利率100%，甚至500%，都可能会亏损。

4.4.2 数据思维驱动权益类资本的产品设计

在我国，权益类资本的产品相对来说比较简单，目前主要包括股权、股权存托凭证及各种优先劣后的权益类资本产品。财务报表最能反映这些公司的利润来源，而利润来源的基础就是产品。通过证券公司、基金公司等机构的财务报表也可以知道，其收入主要来自手续费佣金收入、代理买卖证券收入、证券承销收入、受托客户资产管理业务收入、利息收入和投资收益等。

证券公司的业务主要包括经纪业务、投资银行业务、资产管理业务、证券自营业务、投资咨询业务、融资融券业务、资产托管业务等。

经纪业务主要是为投资者提供代理买卖证券服务，如股票、基金的买卖，这个业务是最基本的业务，也是竞争十分激烈的业务，该业务主要靠佣金赚取收入，佣金率一般是0.03%~0.06%。在大数据时代，佣金率则可以根据不同用户的交易行为来进行定价，如根据一段时间内的交易次数、金额、间隔等来确定佣金率，从而使佣金率成为一个吸引用户的重要激励手段。

投资银行的业务主要是直接融资，一般分为三个步骤：承揽、承做和承销。其主要是帮企业融资，对企业进行尽职调查并设计产品进行申报，而后在市场上找资金方，其业务范围往往包括IPO、定增、兼并重组、资产证券化及一定的企业债。为了提高投资效率，投资银行可以利用大数据技术建立起客户的资金剩余、投资偏好等画像，从而有针对性地进行承揽和承销。

资产管理业务是指接受客户的资金或资产委托，以帮助客户进行投资，主要分为定向资产管理、专项资产管理及聚合资产管理。自营业务与投资管理业务类似，但其基础是自身的投资管理能力，如利用多因子投资、量化对冲投资、套利等。

投资咨询业务主要是依靠出具研究报告和佣金分成的方式赚取收入，其出具的研究报告往往是宏观的、行业的。在大数据时代，投资咨询业务可以充分利用自身的数据能力、研究能力来提高用户获利能力，从而提高佣金收入。

融资融券业务是一种信贷业务，如果客户有证券，可以将证券质押给证券公司，并从证券公司处得到更多的钱去买证券，这是扩大杠杆的方式，增大了风险。还有一类是证券质押业务，如股票质押业务。股票质押业务和融资融券业务的区别在于，融资融券获得的钱只能投到证券中，而股票质押得到的钱则不受限制。不论融资融券业务还是证券质押业务，都需要对客户的信用风险进行评估，并采取相应的应对措施。这些都需要大数据及大数据技术。

权益类资本产品设计的关键是能将相应的交易标的物进行细分，并做好相应的定价，然后建立资金流流入和流出的稳定系统，以保证投资人顺利交易，最后在合规的前提下找到合理模式并建立交易平台以支持交易。目前，常见的权益类资本产品有股票、股票存托凭证、资产证券化等。

1. 股票设计

股票本身也是资产证券化的一种形式，它是将企业的股权作为标的物进行证券化，以企业的股份进行不断分割，如保证每份股票价值为1元，再通过投资银行团队进行尽调并向监管部门申请，然后进行承销。

股票是以企业经营的未来收益为基础进行证券化，是公司的所有权，且所有权证书可以按照某个单位进行细分，这些细分后的所有权就是股份，这些股份可以在交易所进行交易和投资。

企业证券化的基础是其所有权和经营权的分离，只有二者分离，所有权才可细分。如果所有权和经营权不能分离，那么股份细分后企业本身就要分拆，企业也就不再是企业。企业经营权从所有权中剥离出来是企业所有权得以细分的关键。

在大数据时代，利用社交网络分析可以将企业股权结构解析清楚，同时也可以提早识别出股权关系中的潜在风险，避免因股东变更等导致经营权混乱，从而影响股票价值。

当企业股票在交易所进行交易时，交易所可利用大数据对其交易进行监控，提早识别出其中的风险，如"老鼠仓"。同时，企业可以借助大数据进行市值管理，避免市值大幅度波动影响自身经营。

2. 股票存托凭证设计

股票存托凭证是一国证券市场发行和流通的代表境外公司有价证券的可转让凭证。其基本做法是境外企业将全部或部分股权存托给托管机构，托管机构在国内的市场发行存托凭证。这是一种基于股权的凭证，每份存托凭证代表一定数量的股票。投资者可通过认购存托凭证而间接持有托管的股票，并获得托管股票的分红权等权利。

中国存托凭证（CDR）的推出是我国权益类资本发展的必然趋势。这有利于我国的金融市场国际化，更有利于我国居民的投资。其关键在于存托机构负责发行存托凭证、发放股息和提供信息及担保等一系列业务。

除了基于股权的产品如股票、存托凭证之外，同股不同权的 A/B 股也是权益类资本产品。一般而言，股票是同股同权的，即相同的股份拥有相同的权利。同股不同权是指持有相同股份的股东，其享有的对公司决策权、监督权或资产收益权等不同。

3. 对资产进行证券化的意义

同质但缺乏流动性的资产被汇集形成资产池，其收益由池中资产的未来现金流和其他利益流入所担保。得益于较高的收益可靠性，资产池可被重新打包成证券，向第三方投资者发行。结构化金融是当资产发起人或拥有者无法通过现有金融产品或金融工具解决融资、流动性、风险转移或其他问题时所采用的一种方法，其中资产证券化是结构化金融的一种应用。

宋光辉认为，结构化金融是通过从整体中分割出部分，或者将同质性的整体分级成具有不同特征的部分，以满足多样化的融资及投资需求的一种创新性金融技术手段。

郑磊认为，中国市场的泛资产证券化方式主要是指银行通过非证券化方式，以理财或同业资金为基础,通过信托、券商资管或基金公司为银行指定的客户融资，并从利息收入中扣除相应比例的费用，如企业过桥模式、财产权信托模式和银行自营资金模式都属于泛资产证券化方式。

郑磊认为，资产证券化的要素包括基础资产、资产风险和收益分离、资产重组或结构化、资产风险隔离、信用增级、信用评级、证券销售。基础资产是指流动性差，未来一段时间内能产生稳定现金流，权属明晰的资产或资产池，如贷款、应收账款、基础设施收益权、租赁收入、保险费收入等。资产风险和收益分离是指基础资产作为被转让的标的物，在被转让后，收益和风险都转移给了新的所有者，收益来源于其未来产生的现金流，而风险在于现金流是否稳定和持续及能否提供预期现金流。资产重组或结构化的过程就是对基础资产计算现金流、选择、搭配，并进行分层、分级和重组的过程。资产风险隔离就是通过特殊目的机构确保资产与原所有者无关，即使原始所有者破产也无权清算该项资产。信用增级是通过资产支持证券的偿付能力提供担保，降低信用风险，方法主要是信用证、保险、担保、结构化分层等。信用评级是根据历史的损失和违约率进行统计，对基础资产的现金流进行压力测试，以确定相应的评级等级，目的是评估资产池产生的现金流在减去各种服务费用后，是否能够完全履行偿付责任。证券承销就是在证券化产品设计和发行阶段，向发行人提供融资结构设计和销售服务，一般包括组织协调中介机构、路演、召集投资者、证券询价、确定发行价等。

邹晓梅、张明、高蓓认为，资产证券化是指将流动性较差的贷款或其他债权性资产通过特殊目的的载体进行一系列组合、打包，使得该组资产能够在可预见的未来产生相对稳定的现金流，并在此基础上通过信用增级提高其信用质量或评级，最终将该组资产的预期现金流的收益权转化为可以在金融市场上交易的债券技术的过程。从资产证券化的定义可以看出流动性差是资产证券化的基础，这也符合"虚则补其母"的原则，而组合和打包则是衍生类资本的重要构成。

黄高嵩、魏恩遒、刘勇认为，资产证券化是指资产通过结构性重组转化为证券的金融活动。理论上拥有现金流的资产都能被证券化，现实中被证券化的资产往往是缺乏流动性的资产，通过证券化将流动性低的资产转化为流动性高的证券。

王开国和迈向新认为，资产证券化就是将原始权益人不流通的存量资产或可预见的未来收入构造转变成资本市场可销售和流通的金融产品的过程。从资产证券化的定义可以看出，资产证券化的目的就是提高流动性，证券化具有增强资本的流动性，提高资本使用效率的功能，这说明资产证券化有利于提高资产的流动性和加速资本的周转。

邹晓梅、张明、高蓓认为，资产证券化将信贷市场、货币市场和资本市场三个相对独立的金融市场联系了起来，扩大了金融市场的系统性风险。这说明资产证券化对风险扩大具有推动作用。

1929年经济大萧条后，美国制定了大量限制银行业竞争的法案和条例，这些法律和条例显著降低了银行业之间的竞争程度。同时，在严格的金融管制下，商业银行单纯依靠吸收存款、发放贷款这一传统模式就能获得可观的利润。但自20世纪60年代以来，"战后"婴儿潮一代成年，对住房抵押贷款的需求激增，储贷协会的资金来源日趋紧张，20世纪60年代中期，美国通货膨胀开始升温，并在石油危机爆发后进入高峰期，导致储贷协会经营陷入困难。这是因为住房抵押贷款合同以标准化的长期固定利率合同为主，在基准利率快速上升的背景下，储贷协会难以在短期内通过新的贷款合同提升平均收益率，而且存款利率管制使得银行存款逐渐失去吸引力，资金逐渐向货币市场共同基金等新兴的投资工具转移。

为了缓解资金短缺问题，美国立法机构授权储贷协会发行货币市场单据和浮息存款证等市场化融资工具，但此举在缓解了一时的资金流动性问题的同时，又导致储贷协会利率出现倒挂（贷款收益小于融资成本），问题变得越来越严重，以致大量银行倒闭。1980年到1994年，大约3 000家银行倒闭或接受相关援助，资产损失累计达到9 236亿美元。

为了缓解储贷协会危机，以房地美和房利美为代表的机构大规模发行房贷支持性资产证券化（MBS），以帮助储贷协会改善资产负债管理。首先房地美和房利美从储贷协会购买大量住房抵押贷款，再通过发行以这些住房抵押贷款为基础资产的资产支持证券为储贷协会融资，以缓解后者面临的流动性不足和收益错配问题。从证券化的发展史来看，流动性对于证券化具有促进作用。

4. 资产证券化产品设计

证券化推高了经济体的杠杆率。首先，在发起并分销的模式下，贷款发起人更加重视贷款数量而轻贷款质量，发起人因为扩大客户群体的激励而忽视了客户风险的承受能力，使得原本无贷款资格的居民获得贷款，这使得居民的杠杆率提高；与此同时，证券化提高了金融机构的杠杆率，这主要是因为金融机构只要将流动性差的贷款经过打包、分层，并经过信用增级获得高评级出售后，再在金融市场上买入等额的资产支持证券，金融机构就可以显著降低风险加权资产，从而降低法定资本金要求。其次，重复抵押问题进一步推高了金融机构的杠杆率。重复抵押是指资金融出方将资金融入方抵押的证券再次用作抵押品向其他机构进行融资的过程。这说明资产证券化有利于提高杠杆率，正如邹晓梅、张明和高蓓总结的那样，高杠杆率提高了资金使用效率（流动性）和金融机构的利润率。资产证券化的交易结构如图4-5所示。

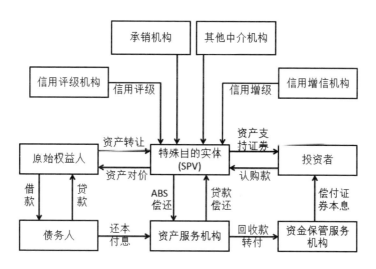

图4-5 资产证券化的交易结构

结构化与证券化的对象是符合法律法规，权责明确，可以产生独立的和可预测的现金流的特定化财产或财产权利。拟证券化的资产无论是现有资产（如飞机、火车、机床、林地等），还是未来现金流（如租赁收入、高速过路费、娱乐场门票等），或是某种基础资产（如石油、天然气、发电厂等），或是信贷资产（如住房抵押贷款、小微企业贷款等），都应在资产转让、登记环节关注资产是否具有法律要件（如必要的证书、文件等），资产的权属能否转让给SPV，能否办理变更登记手续，是否有可能被第三者主张权利，以及法律效力是否因资产转让发生变化等。

在将拟证券化资产转让给由资产服务机构托管的特殊目的实体时，就应该实施相关风险防范措施，从而使拟证券化资产与其发起人的风险隔离，确保该项资产的收益和风险都转移给了新的所有者。同时可购买对冲策略所需拟证券化相关的期权，从而降低资产证券化过程中的利率、信用等风险，确保拟证券化资产的现金流稳定和证券化风险可控。

在将拟证券化资产的风险进行隔离、对冲后，对拟证券化资产的现金流进行分析和建立模型就是关键性一步。现金流分析与建立模型是以资金的时间价值为基础，通过预测拟证券化资产的未来现金流，计算相应的收益率和现金流折现价值。相关方法包括静态现金流收益法、期权调整利差法等。

金融机构可根据拟证券化资产的现金流和相关压力测试来确定相应的选择、搭配，并进行分组、分级来改变现金流的流动。分组和分级就是利用现金流分割技术对原本一个蕴含资金流的资产包根据客户需要确定的信用等级进行逐级分割，一般来说，分拆为优先和劣后两级就可以了。分组和分级是设计不同层级的权利类别，达到内部信用增级的目的，同时使不同层级的权益持有人对资产池所产生的现金流有不同的分配顺序和分配金额，这样可主张不同的权利，满足不同风险偏好投资者的个性化需求。根据资产支持证券的案例研究，有些资产被分成了8级，甚至更多。随着我国法规和监管部门的要求，我们对劣后的认定发生了变化，资产层次将以2层到3层为主，如图4-6所示。

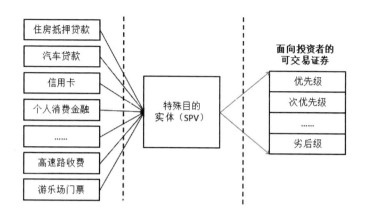

图 4-6 资产证券化的基础资产、SPV 与等级

资产支持证券化改变了现金流的流动，这体现在两个方面：一是现金流的聚集和组合，银行等将信贷资产或其他含有现金流的资产形成一个拟证券化的资产池；二是对现金流进行重整和分割，即按照交易结构设计，通过风险隔离、信用增级等技术将入池资产的现金流进行分析，而后根据资产所产生的现金流的实际状况，分别发行以此为支撑的具有不同信用等级、不同风险保障措施、不同偿还顺序、不同期限和票息的资产支持证券。

在利用现金流分割技术对资产进行分组、分级并改变现金流流向后，评级公司需对相关层级进行评级。阿查里亚（Acharya）认为，传统的行业评级方法由于假设债券发行人注入资本金或偿还债券的举动不会影响债券违约概率，而高估了发行人为提高信用评级而需增加注入的资本金数额。他将基于债券违约概率的变动考虑在内，提出一种估计资本金注入规模的新方法。信用评级是用一定的科学标准来确定评估对象在未来一定时间的还债意愿和还债能力，以及债务违约的可能性。

信用评级对按时、足额偿付可靠性的判断是证券化的核心问题，可以降低产品信用风险，优化信用的分布，其主要是通过抵押、担保等一系列协议安排，将内部或外部较优质资产的信用进行再分配，从而提升自身资产的信用等级，降低融资成本，提高资源配置的效率。

信用评级是资产证券化炼石成金的主要步骤，是资产支持证券得到投资者认可的关键。信用评级的目的是确认拟证券化资产的现金流在减去相关费用后能否履行偿付责任,确认信用级别关键因素(如发起人、资金服务机构、资产服务机构、信用增级、产品结构等)的质量等。信用评级公司会对拟证券化资产的现金流、预期损失等通过压力测试和信用增级确定现金流对预期损失覆盖的有效性和程度,从而提升自身资产的市场认可度,降低融资成本,提高资源配置的效率。

按照纳赫珐(Naheffa)的观点,信用增级是发行人为提高发行产品信用等级而购买的信用支持;阿彻蒂尔斯(Atradius)认为,信用增级是发行人提供给金融产品投资者的额外保护;何庆东认为,信用增级是进行适当的风险分析后,对一定的证券化资产集合进行风险结构重组,并通过额外的现金流来源对可预见的损失进行弥补,以降低可预见的风险的各种手段;朝鲁门认为,信用增级是资产证券化产品发起人为了吸引更多的投资者,改善产品的发行条件,通过自我或第三方来提高信用等级的行为,是用于确保发行人按时支付投资利息和本金的各种有效手段和金融工具的总称。

为了提高资产支持证券的信用,信用增级可通过内部信用增级,即拟证券化资产池的自身设计为防范信用损失提供保证,主要方式有结构化分层设计(如优先/次级结构)、超额覆盖、差额支付、流动性支持、现金储备账户、超额服务利差账户、信用触发机制、回购、担保投资基金和直接追索权等。

为了吸引更多投资并改善发行条件,信用增级也可以借助外部来提高信用。外部信用增级主要有抵押、质押、担保、信用保证保险、信用违约互换等。其主要是通过小额资金来提升信用,如通过相对较小的额度保证金获得比较大的额度购买机会或销售机会。例如,对冲基金利用衍生金融工具杠杆化其资产,通过100万美元的现金保证金可以控制价值2 000万美元的原油,并得到由其价格波动所产生的收益或损失。

在各机构的支持下,资产证券化进入发行和交易阶段,发行人发行公告,内容包括条款和条件,并开始路演和出售证券。

资产支持证券的产品设计关键点如下。

(1)合法合规、权属明确,是可独立产生稳定现金流的财产权利或财产,如应收账款、租赁收入、收益权等。

（2）资产转让给由资产服务机构进行托管的特殊目的实体，同时利用期权、期货、远期和互换等衍生品，以相对低的成本和灵活的方式进行有选择地转移风险，应对资产中存在的相关风险。

（3）对资产池进行现金流分析和建立模型，主要是预测资产池的未来现金流，并计算相应的收益率和现金流折现价值。相关方法包括静态现金流收益法、期权调整利差法等。

（4）根据拟证券化资产的现金流和相关压力测试来确定相应的选择、搭配，并进行分组、分级来改变现金流的流动。

（5）进行信用评级，以提升市场认可度，降低融资成本，提高资源配置的效率。

（6）进行信用增级，以提高资产支持证券的信用，以及吸引更多投资并改善发行条件。

（7）采用会计处理和税收手段，开始发行路演。

从风险的角度看，资产支持证券化的过程就是一个伴随风险的金融工程的过程，它通过交易安排结构来对风险进行辨析、划分、分离、重组和提高，最终产生不同级别的流动性资产。

5. 权益类产品设计的关键

对企业股票、股票存托凭证、同股不同权、资产支持证券化的分析可知，这些产品都是将未来收入流提前变现，只是对与资产所对应的未来收入流而言，股权所对应的未来收入不确定性很大，但二者的本质是一样的，都是将未来的收入流进行分离、重构、增信和评级后变现。因此，权益类资本主要可以分为未来收益、权利分离、资产重构、信用增级、信用评级。

除了缺乏流动性的资产可以细分后进行交易外，在实践中，一些金融机构或企业也尝试过对文化产品，如字画、古玩，或者一些贵重的约材等进行细分。但文化交易很难证券化，因为一幅字画的所有权如果进行拆分，将面临字画如何分割的问题。即使将文化产品的所有权和经营管理权进行了分离，古玩字画等文化产品的真实性也是难以保证的，且其本身未来是否有收益也不确定。这是文化产品进行证券化的一个难题。同样，一些产品所有权分割后实物方面无法分割，所有权和管理权之间又很难分离，证券化难度很大。对此，人们需要引入客观、公正的第三方，利用大数据技术、人工智能等来进行评级、增信来确保其证券化。

对于贵重药材的证券化，实物本身可以按照重量，如克或者毫克等方式来进行细分。同时，机构可以引入第三方进行评级和托管增信，从而保证其证券化后可交易。

除此之外，风险投资和私募股权投资也是权益资本中的重要产品。风险投资和私募股权投资都是金融专家投入初创公司或处于成长与扩张阶段的企业的权益资本。风险投资或私募股权投资基金本身具有高风险性，且投资的企业往往处于初创或成长期，这些企业本身的盈利模式、业务模式、管理模式等都处于建设阶段，相关风险巨大。为此，风险投资或私募股权投资需要对相关项目进行尽职调查，以决定是否进入某个企业。它们主要是通过上市、兼并重组、管理层回购等方式来出售股权获利。风险投资和私募股权投资的资金以权益类资本的形式进入被投资企业，完全由自己承担投资风险。

目前，国内私募股权基金有上万家，但投资金额相对比较小，原因是行业透明度不够。其普通合伙人的股东往往是上市公司、券商等，且管理人的从业经验、企业风险控制机制等各不相同，使有限合伙人（LP）不敢投资。私募基金产品类似于证券化产品，底层资产是股权、证券及债类等，产品层面则主要由管理人、资金托管机构及投资人之间的权利义务关系构成。投资人以合伙型、公司型或契约型等将认购资金打入私募基金中。

从企业证券化、资产证券化、文化产品、贵重药材的证券化、风险投资和私募股权基金来看，在合法合规的前提下，权益类资本的产品设计关键点如下。

（1）实物或虚拟物品的所有权、经营管理权能够进行分离，是财产权进行细分的关键。

（2）资产重构是对财产权进行结构化的过程，财产权到底要细分到何种程度，细分后是否有足够的人进行交易，是一大挑战。

（3）要保证未来有收益，任何未来没有收益的产品或实物都不具有证券化的基础。未来无收益意味着相应的凭证无任何价值。未来有收益是证券化的基础，更是定价的基础。虽然定价需要考虑到同类型产品的收益水平、项目风险的大小、本身运营成本等，但核心还在于其底层资产未来的收益。

（4）由公正、客观的第三方机构进行评级。绝大多数交易者不知道该企业怎么样，该资产包怎么样，该文化产品是怎样的，需要有相配套的评级等。

（5）由增信机构进行增信。对于企业而言，其管理层就是企业证券化的增信方，如阿里巴巴在2007年上市前由卫哲担任CEO，众安保险上市前由陈进等作为高管，这些人就为相应企业进行了增信。权益类资本产品的风险保障主要是指保障项目的安全，以及如何投资能最大限度地保障投资本金安全和收益最大化。相关权利的保障措施，如额外的担保和质押、相应的回购措施及加速补偿措施等用来降低相关风险。

4.4.3 受益权类资本的个性化产品设计

受益权类资本是一种通过保险、信托等方式，由自身作为受益人的资本。在保险、信托中，受益人的权利是一种财产权，这是一种区别于债权、权益、选择权的权利。

受益权类资本的产品主要有保险、信托。其产品设计要考虑自身企业特点，如果是一家新公司，产品设计应参考市场主流产品。以众安保险为例，其最开始的产品就是以退货运费险为主，后来在相应的核保、理赔方面作了优化，在理赔方面增加了自动理赔，大大提高了效率。

1. 保险的产品设计

保险公司主要利润源自三差。保险产品设计先要确定自身的目标客户群，一般来说，目标客户群就是当前投保的客户，如果想扩展客户就需要借助相似受众算法等来扩展用户群体，在客户群体确定后根据客户的需求点来设计产品。

在产品设计阶段，保险公司要在合规的前提下来设定产品、定价等，同时保证产品的盈利性、稳健性。产品设计既要平衡好收益、风险和流动性，又要平衡好客户、渠道、公司和监管部门之间的关系，以达到多方共赢。

对于保险公司来说，不论是人寿险还是财产险，都要保证做到以下几点：①要符合国家法律、法规和部委的各种管理办法和条例，如保险产品中的投保人、被保险人、受益人之间要权责清晰。②要选择能够保险的风险进行产品设计。③根据不同客户的个性化特征设置个性化保险产品，这就需要基于大数据进行产品的精准匹配。④对相应的产品要具有风险管理能力，如靠投保反欺诈、身份核验、理赔反欺诈等手段降低欺诈风险。⑤产品要设计出赔付或给付标准，这十分关键，大数据有利于提高理赔额度的精准度，如健康险中理赔额度会因医院、医生、病情等的不同而不同，有医院、医生和受益人进行欺诈导致保险公司需要多付的情况。⑥需要设计保费的投资计划，这是保值和增值的核心，仅仅靠保费中的利润不足以让保险公司获得最大化利润。

保险产品的关键要素分别是标的物、可保风险、资产配置、赔付或给付标准、受益人。由于我国的传统文化及各地区的禁忌，保险产品在产品设计上更应该考虑到不同人群的认知。比如，人们忌讳讨论"如果你在未来某天去世了"这种话题，这使得单单的人寿保险很难销售出去，但人们又非常重视理财，那么在产品设计时，将寿险与理财融合起来就更容易成功，因为这样让很多人从心理上感觉该产品类似银行的理财产品，更容易接受。从我国的寿险保费来看，从"万能险"产品出来后，我国寿险保费确实增长迅速。

随着我国老龄化程度的不断加深，医疗和养老保险的发展空间巨大。但我国的文化决定了储蓄型、理财型保险产品仍会是主流，人们在产品设计中可以进行灵活配置。

随着供给侧结构性改革的不断深入，各种新的业务场景不断出现，如共享汽车。但在这些新行业中已经出现了多起违法事件，给共享汽车的客户、服务平台带来了巨大的损失，保险公司可联合共享汽车平台为客户提供保险，并要求相关司机购买相关保险，受益方为乘客。

2. 信托的产品设计

信托产品也是受益权类资本产品中的典型代表。信托产品有多种形式，但均是围绕着财产权利、财产管理展开。信托产品由信托标的、资产托管、资产配置、分成标准和受益人等组成。信托产品设计的核心是交易结构的设计，可围绕信托标的，设立资产托管、配置方式，建立起收益在受益人中的分成标准。

信托产品有很多，按照资金投放性质划分，信托产品主要分为股权类、权益类、贷款类、另类投资类和组合投资类。这种分类方式以信托资产投资的标的为基础，不过这样的分类让客户忽视了信托的本质，从委托人或受益人的角度来划分不同的信托产品可能是更好的方式。

信托是家族传承财富的方式，其收益受受托人的风险管理能力的影响。当前，不同的产品有不同的风险控制措施，其主要包括抵押、质押、担保和结构化设计等。有的产品只采用一种风控措施，有的产品同时采用多种风控措施。

（1）抵押或质押。融资方将动产或不动产（房产、股权等）抵押或质押给信托公司，若融资方无法按期支付信托产品的本金及收益，信托公司可以拍卖抵押或质押物，以保障受益人的利益。

（2）担保。对于没有抵押（或质押）或者抵押率比较高的财产，信托公司往往会要求融资方对信托财产提供相应的担保。比如，担保公司担保、第三方担保（融资方的母公司或关联公司）、公司法人无限连带担保等。

（3）结构化设计。所谓结构化设计就是将信托收益权进行分层配置，购买优先级的投资者享有优先收益权，购买次级和劣后级的投资者享有劣后收益权。在固定收益类信托理财产品中，劣后级投资一般由融资方投资，信托期满后，投资收益在优先保证优先级受益人本金、预期收益及相关费用后的余额全部归劣后级受益人。若出现投资风险，也先由劣后级投资者承担。

以房地产信托为例，房地产信托贷款，风险控制措施一般为土地或现房抵押，保证担保；房地产股权投资，风险控制措施一般有信托持股、股权质押、派驻人员、监控资金、回购安排等。

3. 解决小微企业融资难问题的受益权类资本产品设计

受益权类资本是解决小微企业"融资难、融资贵"的一条重要途径。大中型企业可以通过在公开市场发行债券或者通过上市等方式融资。各大银行也乐意贷款给这些大中型企业，因为这些企业有资产可以进行抵押、质押，能够降低风险。

小微企业融资难、融资贵是一个世界性难题，因为小微企业没有可以用于抵押、质押的资产。目前，各国主要是通过债权类资本来解决小微企业的融资难、融资贵的难题。银行等金融机构不敢给小微企业放贷，因为不了解小微企业的还款能力和还款意愿。虽然有征信报告、银行流水、电商交易流水、POS流水、网站UV和行为数据，但对于各种信贷机构而言，这些数据是不够的，所以给予小微企业的贷款额度一般都在10万元左右，有不法小微企业主为了骗得相应贷款而不断通过各种方式来"刷"信用。

对于一些企业来说，通过IPO直接融资是一种好方式，但中国当前上市企业数量不到1万家，而小微企业总数量为10 000万家左右，也就是说，企业上市的概率不足万分之一。不论是沪深市场，还是新三板市场，都是企业期望能够上市的地方。但对于小微企业而言这可望而不可即。

不论是债权类还是权益类的融资都是传统的融资方式，也是比较常用的方式，尤其是债权类融资。这两种方式对于小微企业来说有很大难度，因为小微企业缺乏可抵押、质押的资产，也缺乏稳定的现金流。同时，我国的法律制度决定了权益类资本需要更改股东结构，需要的时间长，成本高。

受益权类资本的融资方式是投资者将资金托管给小微企业，由他们使用相应的资金，委托人在未来从小微企业获得利益分成。或者说，小微企业将自己未来一定收益的受益权卖出，资金方购买其受益权。这不是权益类资本产品，更不是债权类资本产品。这种交易过程的关键仍然是评级和增信问题。因为金融机构缺乏小微企业的数据，很难客观、公正地对小微企业进行评级，同时也缺乏相应机构来为小微企业进行增信。要解决该问题，最客观的方式还是技术，如区块链技术，甚至量子区块链技术，这样既可以保证交易公正、客观，又可以有序地收集数据。

金融机构可以借助区块链技术，让小微企业充分利用自身企业的受益权来融资，以避免因无资产抵押、质押或信用不足而无法贷款，或者因变更股权困难而无法获得PE（私募股权投资）或VC（风险投资）等直接投资的困境。这就需要借助第三方公证处为每家小微企业的受益权发放受益权凭证。第三方公证处需要保证数据不可更改，并能向市场公开，同时以受益权凭证的方式来融资。这是一种不同于债权类、权益类产品的产品，是一种使用了信托的产品，只是委托人、受益人都为同一个人。

目前，从理论上来看，这一模式是完全可行的，且在实践中得到认可。其关键点在于找到合适的非银行等金融机构的客户，以及对小微企业的风险和现金流进行评估。

4. 解决养老问题的受益权类资本产品设计

受益权类资本产品除了上述产品之外，最重要的是未来的健康养老产业产品，尤其是养老产业产品。根据《中国老龄产业发展报告（2014）》的预测，我国老年人口消费潜力到2050年有可能超过100万亿，因此我国的养老产业市场有较大发展空间。以保健和医药等为代表的典型老龄产业近年增长都很强劲。随着国内保健品海购监管政策的不断完善及渠道的扩宽，保健品消费将得到进一步提升。

2016年，国家出台《关于推进老年宜居环境建设的指导意见》，明确提出要不断提高新建住房的适老化水平，并改造已有住房的适老化能力，切实为广大老年人提供良好的居住条件，争取到2025年基本建成老年宜居环境体系。在政策推动下，养老公寓、老年疗养院等项目在不断探索推进。

此外，针对老年人的金融投资业务仍有可挖掘的潜力，相关保险类、基金类产品开发仍存空白，未来仍有发展空间。新一辈老年人普遍更愿意走出家门，追求更丰富多彩的晚年生活。仅以老年旅游业为例，我国老年人出游意愿越来越高，全国老龄委的一项调查显示，目前我国每年老年人旅游人数已经占到全国旅游总人数20%以上。老年人因为时间充裕，表现出三大出行特点：一是出行时间长，偏好8~15天中长期旅行；二是出行频次高，中投顾问发布的报告显示，39%的老人一年出行两次以上；三是出游一般选择跟团旅行。旅游行业可以根据老年旅行消费特点进行旅游产品研发，挖掘老年旅游消费潜力。

养老金融方面的产品主要是反向抵押产品。2015年3月，我国首款反向抵押保险产品获批上市销售，其后一年多，北京、上海、广州、武汉四大试点城市只有60户投保，这是否意味着该产品失败了？美国的倒按揭从推出到最终兴旺发达也花费了10多年的时间，我国的倒按揭产品推出时间尚短，要想成功在市场上站稳脚跟还需要继续观察。

其实，这不是因为该产品本身失败，而是因为该产品设计完全照搬国外，忽视了我国老年消费者的心理。我国社会主流观念仍是"养儿防老"的传统观念，绝大多数老人希望把房子留给孩子，房子可以租出去但不能卖。因此，在当前更好的方式是采取"租+养老金"模式来支持老人到养老院养老，如太平洋保险就推出类似产品。在这种模式下，企业或养老院等以代理人的身份管理老人的房屋，将其出租或共享出去，这可以保证老人有稳定的收入，同时也保留了房产的所有权。

例如，在上海一家养老院住一个月需要 5 000 元，该老人有一套房子可以租出去，每个月可获得租金 2 500 元，老人退休金为 4 000 元，这样老人住在养老院养老的同时每月还剩余 1 500 元。当前共享经济不断快速发展，"租 + 养老金"的养老模式将是我国养老的一种重要模式，也是符合中国国情的养老模式。

5. 解决低收入问题的受益权类资本产品设计

在解决低收入问题方面，受益权类资本也大有可为。比如，财产保险的保费中 75% 来自车险，但车险市场已经是一片红海，甚至陷入恶性竞争的泥沼。财产保险可以发挥自身优势来解决低收入人群的问题，并开辟新市场。

面临生老病死的风险，低收入的农民也有转移这些风险的需求。根据内蒙古自治区"三农"保险市场的调查分析，"风险保障"和"养老"是广大农牧民购买保险的最主要目的，比例分别为 39.18% 和 38.1%。超过一半被调查农牧民购买保险每年所能承受的最大缴费额为"500 元以下"，其比例为 53.14%，而每年缴费能力在"1 000 元以上"的只占 13.1%。

目前，6 亿左右低收入人群的大部分风险是由其自身家庭来承担的，这很容易使其刚脱贫再次陷入贫困中。根据一些统计数据，在返贫人口中约 60% 是因为生病导致。各种疾病风险可通过保险来转移，但高昂的保险费用使低收入人群望而却步。

对保险公司而言，中高收入人群的保险市场竞争越来越激烈，利润空间越来越小，虽然中高收入人群的保费当前占比很高，但新增客户越来越少，他们大多数已经投过保险。而低收入人群保险市场的竞争相对弱一些，且随着移动互联网和大数据技术的发展，保险公司可充分挖掘市场的长尾部分，尤其是挖掘低收入人群的健康医疗保险需求。

保险公司可充分发挥大数据在风险管理、精算定价、理赔和保费收入等方面的优势，进行保险产品创新以满足市场，尤其是充分利用大数据来识别不同人的收入来源，设计出更多保费缴纳方式，降低保险的门槛。

当前，保费缴纳期限分为三种：一是定期缴费。在收入比较稳定或比较富裕的地区和人群中采用这种方式，如乡镇企业按月、按季缴纳保费，富裕地区的农民按半年或按年缴纳保费，既可以按收入的比例缴纳，也可以按固定的数额缴纳；

二是不定期缴费。多数地区人群收入不稳定，因而采取这种方式，如丰年多缴，欠年少缴，灾年缓缴；三是一次性缴费。多数岁数偏大的农民采取这种缴纳方式，根据自己年老后的保障水平将保费一次缴足，60 岁以后按规定领取养老金。

保险公司可基于大数据评估出不同用户的信用情况，而后决定其保费是否可在保险期限内收取，这相当于将保费贷给投保人。为了使低收入人群有自己的商业保险，保险公司可将保险费贷给投保人，这和孟加拉国银行家尤努斯推行的小额信贷模式有相似之处。尤努斯推行的小额信贷模式有两个最显著的特点：一是不需要贷款人抵押，二是确保银行盈利。

在保费收取上，除了货币之外，还可以考虑实物、劳动服务等方式。比如，允许低收入人群用实物换取保险保障。在信息相对闭塞的地区，农民拥有粮食等实物，但这些实物的价值通过流通等中间环节，价格势必会有较大的缩水。例如，2019 年 1 月，同为郑麦 9023 品种的小麦，湖北荆州市的价格是 2.2 元 / 千克，而河南南阳市邓州市的价格为 2.44 元 / 千克，即每千克小麦就有 0.24 元的差价。假设湖北荆州市沙市区一农户卖了 500 千克该小麦，则其少收入了 120 元。

除了粮食之外，其他如牛羊、树木、毛皮、鱼干等都可以等价换取保险公司提供的服务——风险的承担。如果保险公司采用实物抵缴保费的方式，农民既可减少因信息不对称所导致的价格损失，又可购买一份价格低廉的养老保险或健康险。因为保险公司收取的保险费需要投资，会对市场进行分析，可以把分析结论（如下一年某农产品价格会上升）提供给投保人，使他们知道种什么，同时收取这些农产品当作保险费和手续费，按照事先约定的价格进行交易，使农民有可靠的信用保障。农民接受保险公司的建议，并按照保险合同的规定缴纳定量的合格农产品，从而保证保险公司的利润。

实物缴费方式也存在一些问题，粮食、牛奶、肉等有受潮变质的风险，牛羊等牲畜有生病死亡的风险，尽管其可通过保险来转移风险，但还存在保险公司是否有能力承保，以及保险费、运输费、储藏费等费用分摊比例的问题。各种费用的计算分摊比例可按照保费支付分担，如 60% 由保险公司承担。具体比例可根据大数据进行个性化定制，也可以根据事故是否发生来确定，即事故没有发生则全由保险公司来承担，事故发生则双方各承担 50%，费用由保险公司从保险金额中扣除。

对保险公司而言,这是提高保险费,服务实体经济的一种可选途径,保险标的增加,形成规模经济,可以降低成本。对低收入人群而言,生活有了保障,劳动的积极性调动起来,生活可以得到进一步的改善和提高。

6. 解决中产人群财物跨代转移问题的受益类资本产品设计

在信托中,家族信托产品往往与高净值人群联系在一起,使得大多数家庭对此产生遥不可及的距离感,因为当前家族信托的门槛一般在1 000万元以上。人们如何将自身有限的资金转变成家族信托?"保险+信托"的组合可能是一种好的选择。当前一些信托机构推出了保险金家族信托产品,利用保险的风险管理和杠杆功能,实现了将原本不足以被家族信托产品所服务的财产被放大到可以被家族信托所服务,并充分发挥了信托的灵活传承、财富管理、信息保密控制、税务筹划及风险隔离的功能。

在保险金家族信托产品中,保险关系和信托关系并存。它是以原本保险受益人的保险金请求权作为信托财产,以投保人作为信托委托人,并指定信托计划为保险受益人的信托。保险事项发生后,信托公司作为保险金受益人领受生存年金或身故受益金,并按照信托委托人的意愿对信托财产进行管理、运用、分配,将信托财产及产生的收益交付信托受益人,进而实现对委托人意志的延续和忠实履行。在保险金家族信托产品中的保险种类,一般以终身寿险、年金险为主。

保险金家族信托产品将受益人的范围扩大了。如果仅仅是保险的话,根据我国《保险法》中关于受益人的规定来看,受益人可以是自然人或非自然人,但不能是尚未出生的人。《保险法》中的相关规定使保险不能实现多代传承。将保险和信托相结合则可以解决受益人受限的问题。根据我国《信托法》的规定,信托受益人范围非常广泛,可以是自然人或非自然人,也可以是亲属、远亲、朋友,还可以是未出生的后人。保险金家族信托产品可以规避一般家族信托需要3 000万元以上的约束,可以将门槛降低到百万元以上,这主要是因为保险费与保险金额之间存在杠杆效应,客户只需要较低的保费就可以将上千万元的保额设立家族信托。这在无形中降低了家族信托的门槛,同时可让部分对家族信托持谨慎态度的高净值人士通过保险金信托进行初步尝试，并可以借助保险将自身财产进行放大并传承下去。

根据瑞士信贷估计，2019年我国高净值群体中资产在600万元以上的人群数量在440万左右，这是当前家族信托计划的目标客户群容量。当保险金家族信托产品推出后，其客户群数量则将达到3 000万左右。这样的一个客群量将是未来我国信托、保险发展的基础。

典型案例

保险金家族信托——中产人群的财富跨代传承

在上海有一位40多岁的周女士，她是一名单亲妈妈，独自抚养一个3岁的儿子，她以数百万元购买了保额高达3 000万元的终身保险，并将某信托公司的信托计划指定为保单受益人，将她的儿子设定为信托受益人，合同中也明确了信托财产的分配方案，这就是"保险+信托"的保险金信托模式。这样一来，若未来周女士有任何意外事故，触发保险合同，信托公司作为保险收益人领取保险受益金，并将这笔钱存入事先约定好的信托专户，信托公司将按照信托合同的约定，定期向其儿子即受益人划拨资金，在她儿子每一个重要的人生节点，给予资金支持，这很好地避免了子女尚年幼，尚不具备管理大额保险受益金的风险，同时也避免了孩子在未来无现金收入的问题。

保险金信托可以实现对财产的双重保护，第一重保护来自保险，保险能将被保险人的风险转移，在保险事项发生时将保险金支付给保单受益人；第二重保护是指保险金信托延续了家族信托的风险隔离机制，能实现财产风险的隔离和保护。

保险金信托降低了信托的门槛，使信托公司服务人群数量大增。为了保证客户体验、服务效率等，信托公司可以借助移动互联网搭建服务平台，利用大数据和大数据技术实现精准匹配以满足客户需求，同时还可以借助大数据进一步降低保险金信托的门槛。

4.4.4 数据化驱动选择权类资本的产品设计

1. 远期的特点及产品设计

在选择权类资本产品中，最基础的产品是远期产品。这种产品是将所有权转移出去，交付是在未来的某个日期，其价格是在当下商定的，而价格执行则在未来。

远期是合约双方承诺在将来某一天以特定价格买进或卖出一定数量的标的物（标的物可以是大豆、铜等实物商品，也可以是股票指数、债券指数、外汇等金融产品）。远期合约是最早出现的一种金融衍生工具。合约双方约定在未来某一日期，按约定的价格买卖约定数量的相关资产。目前，远期合约主要有货币远期和利率远期两类。

在远期合约有效期内，合约的价值随相关资产市场价格的波动而变化。若合约到期时以现金结清的话，当市场价格高于合约约定的执行价格时，由卖方向买方支付价差；相反，则由买方向卖方支付价差。双方可能的收益或损失都是无限大的。

在远期合约的产品设计中，双方要私下约定好标的，同时约定交易时间、交割价格、交易数量。但实践中，买卖双方在最初约定合约时并没有资金换手，即远期合约的初始价值为0。

在其他条件不变的情况下，基础资产的价值上涨会导致远期合约买方的价值增加，卖方的价值减少，反之则买方价值减少，卖方价值增加。但远期合约中的双方都有不履行交付或延迟履行交付的可能。这种风险是很现实的，因为大多数远期合约到期要以实物交割进行结算。为了缓解这种风险，合约双方被要求缴纳一定的保证金，如企业之间的订单、房地产等。

房屋是用来住的，但在城市化进程中，一些拆迁房往往需要5年左右拿到房产证。这些拆迁户可以提前将房子卖掉，而房产证的交割则需要等到批下来后给付。假设在这几年中房价上涨了1倍多，卖家不愿意卖了，就构成违约，这就涉及远期问题和卖家的选择权问题。

在金融市场中，为了化解交易对手风险，远期合约采取了有组织的交易所内交易、保证金模式，被称为期货交易。其中，交易对手风险是指交易对手在交易衍生品的过程中，不能按照合同规定来履行在交易过程中的责任和义务而产生的交易风险。

在大数据时代，远期需求方和供给方可通过远期标的的大数据及机器学习、人工智能来预测其未来价格走势，然后选择是否需要远期，而一旦确定需要远期产品，交易双方可采用大数据分析筛选出合适的交易对手、合适期限、价格等以管控风险。最后，远期产品设计的内容可以记载于区块链，以提高彼此信任度，降低交易对手风险。

2. 期货的特点以及产品设计

在选择权类资本产品中，有一类产品是期货。期货与现货完全不同，现货是实实在在可以交易的货（商品），期货主要不是货，而是以某种大众产品（如棉花、大豆、石油等）和金融资产（如股票、债券等）为标的的标准化可交易合约。因此，这个标的物可以是某种商品（如黄金、原油、农产品），也可以是金融工具。期货的交割日期可以是1星期之后，1个月之后，3个月之后，甚至是1年之后。

期货与远期主要有如下四点区别：①远期合约是非标准化合约，没有固定条款格式，因此通常在场外交易（OTC）；期货合约是标准化合约，具有特定合约条款格式，因此通常在交易所大厅交易。②远期合约是双方协商价格，一般属于场外交易，没有保证金制度，风险相对较大；期货合约是在交易所交易公开竞价，随着供求关系的变化，成交价也在不断发生变化。③远期合约是到期一次性结算；期货合约则是每日结算，并根据每日结算价调整保证金的金额，以降低风险。④远期合约往往是协议双方私下商议的特定合约，很难提前终止或平仓，并多采用实物交割的方式；期货合约大多采用"对冲平仓"方式进行交割，很少采用实物交割，因为其允许所有权和交割义务在合约到期前被频繁转手，同时为了资金安全，期货合约需要缴纳一定数量的保证金。从某种意义上讲，期货合约就是一种远期合约。

期货产品设计的关键是标的选择，从是否符合现货市场情况和实体经济发展需求、是否有充足的流动性、是否有相对稳定的波动性、是否有较强的抗操纵能力、以及在投资者的数量和结构等方面作出选择，一般以标的的交易规模、换手率、价格弹性、投资者数量、投资者分散程度等进行衡量。

除此之外，期货合约是标准化合约，其内容还包括合约面值、计价结算货币、可交割范围、约定价格、合约月份、最小变动价位、交易时间、最后交易日、最后交割日、最低交易保证金、交割方式等。

合约面值主要是根据标的交易额度来确定，如我国国债在交易所单笔交易额小于100万元，则国债期货合约面值为100万元；玉米每手交易额度在4万~5万元，则玉米期货合约面值设定为5万元左右。

计价结算货币是期货，要考虑以什么货币进行计价和结算。例如，迪拜商品交易所的原油期货是以美元来计价和结算；上海期货交易所的原油期货是以人民币计价和结算。一般而言，参与者对于用什么货币进行计价与结算的关注远远赶不上对其是否有利可图的关注。

期货的可交割范围主要根据标的剩余期限来定，该期限既不能太大又不能太小。如果剩余期限太大，通过贴现计算的交割价格与其实际价格差异就过大，这使得各交割标的的替代性下降，防范被逼仓功能下降；如果剩余期限太小，容易导致逼仓发生。

约定价格是期货合约中重要的量化指标，该价格的合理设定可以有效预防价格操纵，减小逼仓风险，增强各交割合约之间的可替代性。同时，其合理设定有利于吸引套利者、投机者等不同市场参与者的积极参与。

合约月份是期货合约中实物交割的月份。如果合约月份太多，容易导致交易分散于各个月份，降低期货的流动性。根据国际惯例，一般采用3、6、9、12月循环中最近的3个月。

最小变动价位指期货合约价格变动的最小单位。其设定主要考虑市场流动性和客户基础，一般是0.01元。我国国债期货的最小变动价位是0.002元。

交易时间是指期货合约的交易时间，一般会根据国际上的期货交易时间设定规律，结合标的交易时间，以及客户的交易习惯来确定。交易过程结束后，需要支付交易标的物的一方可以选择实际支付交易标的物，也可以选择以现金方式履行交割手续。商品期货业也称此为"现金交割"，如过去的海南商品交易所交易咖啡，就允许采用现金交割的方式。

3. 互换的特点以及产品设计

在选择权类资本产品中，有一类产品是互换。互换是指两个对等主体之间对他们各自持有的金融工具的利益的一种交换，较为常见的是外汇掉期交易和利率掉期交易，其多被用作避险和投机。互换的基础是双方各自有其相对优势，如 A 机构在固定收益市场有优势，而 B 机构在浮动利率市场有优势，则 A 机构、B 机构可以通过互换来转移风险，获得更稳定的利益。

互换合约可以被看作远期合约的组合，因为互换合约与远期、期货合约具有相似的风险曲线，同时互换合约可以看作不同到期日的远期合约的组合，其价值是一系列远期合约的价值之和。

互换的产品设计类似远期的产品设计。交易双方需要选择互换标的、到期日、名义价值、支付时间安排等。该合约明确定义了支付现金流的日期和计算方法。通常来说，一份互换合约签订时至少要通过一个因素来定义一笔现金流，如利率、汇率、资产价值或者商品价格等，其现金流的计算基于一个非交易的面值。互换交易可以建立一个名义上的交易，因为交易双方可以直接通过标的资产的价值变化获利，而不需要将标的资产变现。

在互换中，最有名的要数货币互换和信用违约互换。这些年为了推动人民币国际化和贸易稳定，截至 2019 年，中国人民银行已与 30 多个国家签订了有效的货币互换协议，余额为 3 万亿元人民币之多。信用违约互换是指在一定期限内买卖双方就指定的信用事件进行风险转换的一个合约。信用风险保护的买方在合约期限内或在信用事件发生前，定期向信用风险保护的卖方就某个参照实体的信用事件支付费用，以换取信用事件发生后的赔付。

在信用违约互换交易中，违约互换购买者将定期向违约互换出售者支付一定费用（称为信用违约互换点差），而一旦出现信用类事件（主要指债券主体无法偿付的事件），违约互换购买者将有权利将债券以面值递送给违约互换出售者，从而有效规避信用风险。但信用违约互换并不完全是现金流的互换，更是一种对不同信用风险的"选择权"。

4. 期权的特点以及产品设计

在选择权类产品中，期权是最活跃的产品。它赋予持有人在某一特定日期或该日之前的任何时间以固定价格购进或售出一种资产的选择权。期权有以下特点。

（1）期权合约至少涉及买方和出售方，其中持有期权人享有权利但不承担相应的义务，但这种权利可以选择使用，也可以选择不使用，因此这种权利是一种选择权。

（2）期权的标的物是指选择购买或出售的资产，如股票、债券、货币、股票指数、商品期货等。

（3）期权到期时双方不一定进行标的物的实物交割，而只需按价差补足价款即可，因为期权出售人不一定拥有标的资产，同时期权购买人也不一定真的想购买资产标的物。

（4）双方约定的期权到期的那一天称为"到期日"，如果该期权只能在到期日执行，则称为欧式期权；如果该期权可以在到期日或到期日之前的任何时间执行，则称为美式期权。

（5）依据期权合约购进或售出标的资产的行为称为"执行"。在期权合约中约定的、期权持有人据以购进或售出标的资产的固定价格，称为"执行价格"。

这种选择权有价值的关键原因是存在不确定性。不确定性有好有坏，而选择权的价值就在于它能选择好的不确定性，避免坏的不确定性。当看涨期权合约的价值增加时，其风险曲线与同一基本标的物的远期合约类似，而当看涨期权合约的价值减少时，因为买方可以选择不执行，则其风险曲线类似于无风险证券，如国债。因此，看涨期权可以看作一个远期合约与无风险证券的组合。同理，看跌期权也可以看作一个远期合约与无风险证券的组合。

期权产品设计的关键是标的的选择。一般从是否有充足的流动性，是否有相对稳定的波动性以及是否有较强的抗操纵能力等方面选择标的，从标的的交易规模、换手率、价格弹性、投资者数量、投资者分散程度等进行衡量。

期权的合约设计也是产品成功的关键之一，其主要涉及类型、合约单位、交易成本、期限、行权价格间距、行权数量、履约方式、交割方式等。期权类型主要分为看涨期权和看跌期权，国际上通行的做法是同时提供这两类期权。合约单位是 1 张期权合约对应的标的证券数量，其主要受流动性、交易成本、套利与风险管理等的影响。一般而言，合约单位小则往往能增加市场的流动性，反之则减少。

合约期限是合约的最后有效期，国际上通行的期限是按月设计，如 1、2、3、6、9 个月。行权价格差距是合约标的相同、合约类型相同、到期日相同的一系列期权合约相邻行权价格的差值，其越大则对冲风险的精确性越好，反之则精准性越差而且冗余性大。履约方式为持有到期前任何时间，或规定时间，或到期日进行行权交割，而交割方式分为实物交割和现金交割两种。

5. 可转债、可交换债的产品设计

可转债是指将债权转化为股权，一些资质良好的企业也会用到这种方式，如阿里巴巴集团就通过债转股的方式获得海尔附属日日顺物流 24.1% 的股份。可转债是股权投资中控制风险的好方法，其主要模式为，投资人看好一家目标公司后，以债权形式将资金借给目标企业使用并约定入股条件，当未来约定条件实现后，投资人可以选择将债权转变为股权。

可转债的产品主要用于企业之间的直接借贷，一般需要借款合同约定资金借贷，也需要担保合同担保借款合同中目标企业的还款义务，或股权质押合同，最后需要通过增资协议、债转股协议约定好投资人基于"借款合同"所享有的债权转化为企业股权的选择权。还有的采取委托贷款模式，其主要涉及委托贷款协议、委托贷款担保协议等，这种模式所需要时间长、流程烦琐且成本高。在实际操作过程中，一些企业或投资人往往采取约定业绩模式来实现债转股投资，投资人与相应股东签订"投资协议"，以股权投资的形式对其投资，同时在协议中约定在什么时间点内达到什么样的业绩。如果目标公司没有达到业绩要求，则由目标公司的大股东给予投资人一定补偿，这就是常说的"对赌"协议。另一种是投资人先以债权的方式进入企业，在企业达到一定业绩后，投资人选择是否将债权转为股权。

除了可转债外，另一种衍生品是可交换债。可交换债是以股东权益为抵押进行发债，而不像可转债是以增发新股票为抵押。因为可交换债以不改变权益总量为基础，而是以部分股东的权益转换为代价，所以可交换债违约概率更高一些，而可转债则是以整体股东的权益稀释为代价，这将更容易使股东形成一致行动。

虽然可转债、可交换债都具有"进可攻，退可守"的优势，即股票价格上涨时可以转股获得高额收益，股价下跌时则可选择持有到期获得固定收益，但它们都是衍生品，是选择权类产品，也就必然同其他选择权类产品一样存在交易对手违约的风险。

6. 债转股的特点及产品设计

债转股是一种选择权类资本产品，与期权一样有自己的标的物。标的物会发生变化，也就是波动，同时交易双方有相应的约定标准，获得是否将债权转股票的选择权，其要付出的代价就是权利费用，这体现在债转股的定价上。

债转股是一种处理不良资产的办法。对一些资不抵债的公司采取破产偿债处理，固然能使债权人得到某种利益的补偿，但企业破产后，企业原有的员工将面临失业，当员工数量太多时，将给社会带来很大的麻烦。这促使人们开始思考新的解决办法，对资不抵债的企业进行重组，这样可以避免员工失业、资产流失及相关企业破产等。同时，"瘦死的骆驼比马大"，处于运营中的企业价值远高于倒闭的企业，因为倒闭的企业再无机会将企业重新运营好，而运营中的企业则有机会再焕生机。

债转股并不是一个新事物，1999年左右，我国对不良贷款的处置就采用了该方法。从我国的历史经验看，主要有以下几个问题需要解决：①在我国资本市场发展不完善的情况下，股权退出面临债转股定价复杂、流动性不足等问题，导致股权增值变现比较困难；②债转股资产处置时间非常长，甚至部分债转股企业无法实现持续盈利。

债转股定价是相对比较复杂的，同时涉及债权定价和股权定价两个方面。债权定价分两种情况，如果是正常贷款则按照1:1的债股比例定价，而一旦贷款存在问题则按照3~4折的折扣率进行分析，再结合对应资产的抵质押状况、资产负债表估算出破产清算情况下的现金价值。股权定价分三种情况：如果企业是上市公司，可在结合市场价格形成合理的估值区间后，双方谈判确定交易价格；如果企业为非上市公司，则可参考同类企业，然后在形成合理的估值区间后双方进行谈判；如果企业无法找到同类上市企业，则双方进行协商确定价格。相比企业债而言，债转股中债的定价要低一些,相应的融资成本低一些,未来可能会使用相应的权益。

国家发展改革委、中国人民银行、财政部、银保监会、国资委联合印发的《2018年降低企业杠杆率工作要点》(以下简称《要点》)提出,"拓宽实施机构融资渠道。支持金融资产投资公司通过发行专项用于市场化债转股的私募资管产品、设立子公司作为管理人发起私募股权投资基金等多种方式募集股权性资金开展市场化债转股"。也就是说,金融机构可以通过参与甚至发起私募股权基金的方式来开展债转股。以私募基金风险共担的方式开展债转股,有助于预防债转股异化为"假股真债",而通过私募基金的债转股运作,股债属性可以结合,且转股后可赋予私募基金资产更好的流动性。

7. 选择权类资本的产品设计

远期合约、期货合约、互换协议、期权合约等衍生品及其交易都涉及基础资产、保证金制度、交易数量限制、强制平仓制度、实物交割制度等。

基础资产是衍生品的基础资产或标的资产。保证金制度是指交易者必须在交易所或结算所缴纳一定数额的履约保证金作为买卖双方确保履约的财力担保。保证金制度是交易者良好信誉的保证,目的是保证结算所在任何时候都不负债,在任何时候都能作为第三者向交易所的所有人负责。一般来说,合约价格波动越大,收取保证金的比例就越大。交易数量限制是根据不同合约、不同的交易阶段制定持仓限额制度,以减少市场风险产生的可能性。强制平仓制度是期货交易所会员或客户保证金不足且未在规定时限内补足,或者当会员或客户的持仓量超过其限仓量,或者会员、客户违规时交易所为了防止风险进一步扩大而实行强制平仓的制度。实物交割制度是当合约到期时,交易双方将合约所载商品的所有权按规定进行转移并了结平仓合约的制度。实物交割制度是联系衍生品市场与基础资产市场的纽带,也是促使期货和现价趋向一致的制度保证。

对于远期、期货、期权和互换等衍生品而言,也需要资产构造,产生现金流,通过技术对现金流进行处理,以分出不同权利层级,利用信用增级的方式来提高产品的质量,最终通过实际交割或轧差交割的方式实现权利。

> 典型案例

能源衍生品——安然公司

美国已经倒闭的安然公司在20世纪90年代开发出以能源（如天然气、电力、石油等）为基础的期货、期权和其他复杂的金融工具。

安然公司作为能源的做市商，在任何时候都愿意卖给客户某种类的能源衍生品，同时也愿意买进。安然公司凭借一套为能源衍生品进行定价与风险管理的系统成为全球最大的能源交易商，垄断了全球能源交易市场，使其从一个天然气、石油的输送企业成为一个类似高盛、摩根的金融企业。它们的区别在于，安然交易的衍生品工具是以能源为交割标的，而摩根、高盛则以货币为交割标的。

金融衍生品交易所涉及的风险主要有市场风险、技术风险、信用风险、流动性风险、法律风险和政策风险等，但由于金融衍生品的杠杆性、虚拟性，其风险相对于传统的金融产品达到了前所未有的高度，风险呈现出巨大性、突发性、集中性、复杂性和连续性。这就需要建立一套系统的市场风险变量进行有效监管，这套系统应能够说明金融衍生品交易的现金流量、到期日和价格特性等内容。要建立一套定价系统以确保所交易的金融衍生品的可靠价格，让管理层能够评估市场价格、确认交易的损益，分析投资的潜在风险。要建立风控系统以得到风险投资的市场价值信息，为确保信息的公正性，必须保证信息的输入程序由非风险承担者及相关人员操作。要建立风险衡量系统，对各层机构的金融衍生品交易实施风险限额分配及交易量控制机制。要建立一套独立于管理层的风险制衡系统，对超过公司风险控制程度的交易进行秘密的对冲操作。

8. 选择权类资本的定价

选择权类资本产品常见的定价工具是Black-Scholes期权定价模型和二叉树期权定价模型。Black-Scholse期权定价模型假设基础资产的价格遵循几何布朗运动，即基于对数正态分布。后来随着学者的不断研究，假设条件不断放宽：从单一对数正态分布到双对数正态分布，再到单一非对数正态分布，最后到多个随机变量且至少一个变量为非对数正态。

在大数据时代，Black-Scholes 期权定价模型不仅可以利用历史数据、模拟数据，也可以通过大数据来提高预测模型的精准度，如支持向量机等模型从多维数据中预测基础资产的价格，并结合历史海量数据算出 Black Scholes 期权定价模型输入参数。类似地，二叉树期权定价模型的参数也可在预测模型预测值加入后进行定价，这样使得定价更加贴近于真实值。

9. 其他行业选择权类资本的产品设计

除了上面的金融类选择权产品外，一些服务公司也会有选择权类产品。例如，某软件服务企业通常以授权的方式让客户使用他们的软件，但有些客户本身技术比较好，往往就会要求在使用软件一年且分润达到 1 000 万元后，按照 2 000 万元的价格购买原代码以进行修改。

选择权类资本产品设计的核心要点主要有履约选择权、权利费用、标的物、价值波动和约定标准。

4.4.5 储值物权类资本的个性化产品设计

目前，储值物权类资本产品有国库券、商业票据、联邦基金、银行承兑汇票、大额可转让存单、回购协议等，并形成了以国库券、商业票据、联邦基金和大额可转让存单为主体，其他为辅助的市场体系。

各种投资理财产品的根本目的在于为投资者的资本保值增值，但仅仅围绕着这个核心目标来设计产品是不够的。在大数据时代，每个人的保值增值需求会有所不同，必须进行个性化产品设计。

1. 存款类的个性化产品设计

存款类产品主要是满足居民对货币进行储值的需求，但每个用户的具体需求是不同的。根据用户性质的不同，可以分为个人存款、企业存款、同业存款等；根据存款的币种，可以分为本币存款、外币存款等；而根据存款期限可分为七天、一月、一季度、半年、一年期等存款，相应的利率也不同。

用户自身性质、收入情况、流动性需求、与存款机构关系等不同，存款需求也不同。应该从存款产品要素币种、期限、利率、灵活性等方面出发，设计出各种不同的存款类产品以满足客户需求。

同时，存款机构可以根据自身的存款情况，依据存款产品的要素组合出各种新型产品以吸引客户存款。从余额宝的发展来看，人们对存款的收益率和灵活性具有特别需求。存款机构的司库部门以及吸储部门可以有针对性地提高收益率，如给额度高的用户相对高的收益率等。

大额可转让定期存单是存款人将资金按照固定利率和期限存入银行，并可在市场上转让、买卖的存单形式的凭证。这种存款类产品在储值的基础上增加了灵活性，可以将存款转化为货币，从而增加了流动性。

定活两便存款产品主要是满足用户储蓄时不清楚存期，一次存入本金随时可支取的需求。其利率根据存款期限进行调整，如存款期限少于3个月则按照活期进行计息，如果超过3个月且不满6个月，则按照3个月存款利率打一定折扣进行计息，如果超过6个月且不满1年，则按照6个月存款利率打一定折扣后进行计息，依此类推。从收益和便利性来看，这种方式还不如存款按照3个月定期存储，到3个月后自动进入下一个3个月定期存款，这样利率不打折扣，同时可以保证收益最大化和便利性。

除此之外，存款类产品，如个人社保账户、个人退休金账户、自动转账等，是在存款保值类产品的基础上增加支付、变现、活期变定期、其他便民服务等功能。这些服务或功能都要根据个人的不同需求进行设计，而识别不同人的需求则基于用户的历史存款行为数据、享受中间业务的行为数据等。

2. 理财产品设计

除了存款类产品之外，众多资产管理产品，如基金、理财、信托、券商资管计划等都是以为客户资产保值增值为目的的。资产管理产品设计关键要注意以下三个方面：①确定目标客户的资金量有多大，能承担多大的风险，偏好什么样的风险等，这些需要根据用户收入、财富、投资行为等大数据来进行判断；②确定投资范围，根据消费趋势、生产结构等大数据来识别出好的投资领域，并决定相关资金投到哪些领域以及投资比例是多少；③风险管理手段，主要有限额管理，担保措施（如房地产抵押、央企担保、劣后回购等）等，根据市场数据计算在险价值（VaR）来预算风险和损失，以及采取强制退出等措施。

资产管理产品往往将资金投向相应企业项目、股票、债券、私募基金、信托、券商资管计划等。因此，资产管理产品设计需要收集这些投资标的风控数据，既要收集宏观的数据，如行业发展报告、地区经济状态等，也要收集微观的数据，如企业历年财务数据、股东情况、管理治理能力等信息。然后基于这些数据建立风险测度模型，实时计算相关风险和潜在损失。最后，基于风险模型结果制定相关风险管理措施。

资产管理产品设计的关键是不同资产之间的配置，这种配置要平衡风险和收益。资产配置根据其自身风格可分为保守型、稳健型和激进型。保守型资产配置往往含有较低的权益类资产、外汇，而持有比较高的大额可转存款单、债券等；激进型资产配置往往含有较高的权益类资产、外汇，同时持有较少的固定收益证券等。资产配置的选择主要受国家和地区、行业、企业负责人的风格、经理人、投资时机选择等的影响。

除此之外，各种私募产品也是资产管理产品的一部分。私募基金是金融逐利者，其独特之处在于其退出投资的策略。因为私募基金的周期比较长，退出的可行策略往往是通过证券交易所进行IPO，或者将相应股份转卖给某家战略性并购者。还有一种方式是近年发展起来的，即并购企业的二级市场。

储值物权类资本产品往往会根据自身的优势来设计，如信托公司掌握了大量私募基金数据，基于此可以发展出风险分散、组合管理的基金中的基金（FOF），甚至仅仅基于私募基金的基金（FOHF）。

3. 房地产的产品设计

谈到储值物权类资本产品就不能不提房地产。房子是用来住的，但房子也是人们储值的载体。在封建社会，人们将土地作为自己的财富载体。根据《清实录》记载，清朝富裕人的资产中房产和田产占比为43.8%，特别富有的家庭，其房产和田产占比在5%左右，而古玩字画等艺术品资产占比为44%，典当、高利贷等金融资产占比为51%。而今天黄金、房产，甚至连虚无缥缈的比特币都被用于储值。

房地产成为今天的财富容器是由房地产市场的价格所决定的，如上海2019年的人均年可支配收入在6.3万元左右，而房子每平方米的价格在4万元左右，一个人一生所赚得的财富都可以被房子承载。因此，房地产承载了亿万中等收入人群的财富。

根据中国人民银行发布的《2019年中国城镇居民家庭资产负债情况调查》，中国的家庭资产构成中20%左右是金融资产，80%左右来自实物资产，而实物资产中绝大部分来自房地产。因此，房地产是资产管理中的重要组成部分。

众所周知，过去房产开发的流程一般是购买土地、规划、设计、建设、销售，但客户需求是多样的，个性化定制是关键，其关键在于房产设计的个性化。尽管房产有上亿套，但房型、客厅、卧室、卫生间、厨房、书房等种类则相对有限。

根据尚品宅配的统计分析结果，我国的房产中，卧室类型只有100多种，客厅只有70多种。而个性化定制需要依据有限种类的卧室、客厅、厨房、卫生间、书房等进行组合设计来满足客户个性化需求，进而建设。这有利于提高房产附加值，降低房产库存，提高企业资金回流效率。

4. 理财产品的投资策略

各资产管理机构都会依据投资策略进行投资。一般来说，投资策略分为两大类，分别是股票投资策略和股指期货投资策略，这二者代表了股市、汇市、期货、期权等市场的交易策略，如图4-7所示。

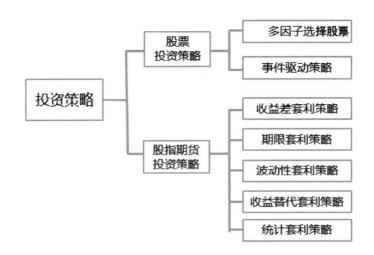

图4-7 投资策略分类

股票投资策略的核心主要是多因子选择股票，即根据财务报表中企业盈利、销售、市场份额、收入增长情况、现金流情况等基本面信息，股票交易信息中的成交价格、最高价格、最低价格、开盘价格、收盘价格、交易量、交易额、挂单量等和行业特有信息（如工业原料生产、采购、能源、金属、农业类行业主要关注需求变化趋势、宏观经济趋势，科技、生化、医药等行业则主要关注其专业领域内的领先度等）来选择股票。

股票投资策略中的事件驱动策略主要是指依据投资标的关联产业等所发生的事件（如相关产业政策变化、信贷政策变化、税收政策变化、被养老基金增持、社交网络众人评价等），以及投资标的主体发生的各类事件（如并购、重组、财务危机、收购、股票回购、债务交换、资产抛售、组织架构调整、核心人员离职与加盟、核心人员违法乱纪等）来选择股票。

股指期货投资策略主要靠各种套利。其主要是通过对期限、相对价值等进行不同的组合来获得收益，如利用资产抵押债券之间的利差来获取收益、利用资产的波动性差异来套利、利用证券和所持有资产之间的关系来套利、利用期限不同进行套利、利用交易数据所蕴含的统计规律进行套利等。

除了这些策略之外，还有一种获利方式就是充分利用杠杆。这个策略主要受制度的影响，如融资融券制度、保证金制度是否符合相关准入门槛等。

5. 量化投资

量化投资或高频交易是一个非常有挑战性的工作，因为所有的量化分析师都在努力找到阿尔法收益[1]的投资策略。同时，过去需要人进行的重复性交易已逐渐改由机器执行。高频交易可能要在10毫秒甚至更短的时间内决定是否下单买卖。量化投资策略的基本结构主要有阿尔法模型集合模块、风险管控模块、交易成本模块、投资组合决策模块、交易执行模块，以及可以支持人工干预的人工调整模块，如图4-8所示。

---

[1] 金融资产的收益一般可以拆解成两部分：不和市场一起波动的部分就叫阿尔法收益，和市场一起波动的部分叫贝塔收益。

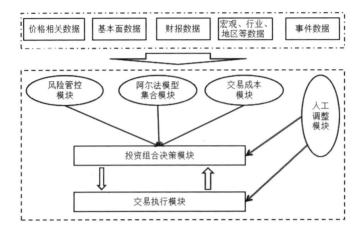

图 4-8 量化交易策略的基本结构

为了获得阿尔法收益，量化交易的策略设计围绕着阿尔法模型集合模块展开，形成了以阿尔法模型集合模块为中心，风险控制模块和交易成本模块为两翼的评估系统，而以投资组合决策模块为基础。类似于其他系统，在量化交易策略的基本结构中，也需要有人工调整模块以应对突发事件。

阿尔法模型主要有两大类，一类是基于理论的模型，另一类是基于数据驱动的模型。基于理论的模型又可分为基于趋势、均值回归，基于交易价格相关数据，以及基于基本面数据的价值型、成长型和品质型模型。基于数据驱动的模型主要是基于数据挖掘技术设计交易策略，如高频交易者偏好短期交易策略。

除了阿尔法模型集合模块之外，风险管控模块是提高回报的质量和可持续性的关键。因为阿尔法模型集合模块给出了盈利的投资范围、期限、结构和频率，同时也带来风险敞口，但任何敞口都有下降趋势，这是量化投资的前提。为了确保阿尔法收益就需要进行风险控制，这里的风险控制主要是围绕着持有的头寸规模、风险度量方式和可接受的风险大小展开的。

无交易成本的金融产品只存在于理想世界中，而在现实生活中，任何交易都需要花费成本，这些成本包括佣金、技术服务费、信息费用、印花税和所得税等。在量化交易中，尤其是高频交易中，交易费用是不容忽视的。对一般投资而言，多个交易日才有一次交易动作，这时可以忽略交易成本，但在高频交易中，在短短一天的时间内要交易上千次，甚至上万次，这个交易成本就不容忽视了。

在量化交易或高频交易中，交易是为了提高回报的胜算，同时减少损失的概率，但这些交易的回报可能不能覆盖交易所产生的费用和成本。交易成本往往随着交易规模的增大而增大，但二者到底是何种关系则需要视经纪公司、交易所、做市商的具体情况而定。在实际中，阶梯性交易成本模型是比较常见的。

无论是阿尔法模型集合模块、风险管控模块，还是交易成本模块都仅仅是计算出收益、风险、投资结构，但阿尔法模型集合模块给出的结果往往让人们很兴奋。风险管控模块告诉人们其相应组合具有哪些风险和损失，交易成本模块告诉人们要实现相应的回报需要承担哪些成本，最终，人们需要在投资回报、风险损失和交易成本之间进行取舍。这种取舍一般有两种模式：一种是靠自身经验进行规则设置；另一种是基于优化工具来寻找最佳平衡点。多年的风险管理经验显示，即便是一个从业多年的老手，制定的规则也可能不是最优的，而利用优化工具可以找到回报最高、风险最小的投资组合。

在量化交易中，多因子量化是一种常见的方法，是一种利用各种数据找到阿尔法收益的方法，其流程如图4-9所示。

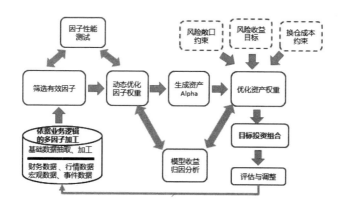

图4-9 量化投资组合管理流程

第一步，需要借助系统来收集数据，常见的数据有交易所中各证券的价格、成交量、成交时间等数据，监管部门所获得各机构的财报、内部人员交易、大股东持仓等数据，就业率、GDP、通胀率、采购经理指数（PMI）等宏观经济数据，以及新闻机构的最新信息等。

随着互联网的快速发展，一些量化交易者利用社交等大数据来变现，如利用Twitter、微信等显示的公众情绪作为股票、期货等预测的关键因素。这些因子主要有：财务类因子，如盈利能力、负债率，以及各种财报衍生数据等；技术指标，如买卖量、交易价格等；行业和地区数据；股东及关系图变化指标；资金流的流向、大小；风险类指标，如行业政策变化、变化预测值、企业员工流量、公众对其的情绪变化等。

第二步，基于所收集的数据进行清洗、加工，并根据业务特点构造众多因子，如基于财务数据来看连续3年内应收账款的平均值、异常变动值；基于大额交易单的时间跨度等。

在现实中，量化选资产的因子泛滥，大家使用相同的数据、同样的因子，得到类似的结论，但最终收益却不相同。这涉及两个层面的问题：一是随着使用的人越来越多，原本有效的因子逐渐失效，这就需要及时更换因子，因为没有一个因子是长期有效的；二是如果单单使用有效因子，即便该因子预测准确率达到80%，预测效果仍然有限，但使用其他因子进行补充后预测效果可以达到90%，再同时采取投资矩阵的方式，预测则准确率可以达到95%，这是比较理想的效果。这就类似于同样用萝卜、白菜炒菜，粤菜厨师和川菜厨师做出来的饭菜是不一样的。在投资中，即使人们所使用的数据一样，不同的人加工也会得到不同的效果。

第三步，基于各种机器学习进行因子选择，如通过决策树、梯度提升树（GBDT）、聚类算法、t-SNE（数据降维与可视化）、PCA（主成分分析）、逐步回归等算法来筛选因子。

第四步，基于所选择出来的因子，利用回归模型、逻辑回归、神经网络回归、支持向量机、时间序列中ARMA模型、GARCH模型、GM模型等计算出因子权重。同时，可以计算出不同因子的效果。

统计学中的AR模型、VaR模型、GARCH模型、GM模型、HMM模型、神经回归模型等各种模型也被应用到量化投资中，这些模型都是有效的。随着深度学习等算法的提出，人们尝试利用其进行股票等预测，但实践结果不是很理想。

第五步，基于这些因子和机器学习算法生成选股模型，并进行回测或在线测试。在证券卖出和买进的过程中，同时存在因在买进和卖出之间有空档期导致资产贬值的可能，以及卖出和买进过程的操作风险，因此，需要根据风险敞口约束、合规性约束、风险收益目标及换仓成本来评估投资组合的阿尔法收益是否达到目标，并优化投资组合的权重。

投资组合的评估往往要用到夏普比率等指标。夏普比率是诺贝尔经济学奖得主威廉·夏普提出的。该方法将一项资产的回报率减去无风险基准回报作为超额回报率，超额回报率除以该资产回报率的标准差所得的值即夏普比率。

比如，在中国股市中 A 股票投资的回报率为 25%，而该股票回报率的标准差为 20%，按照 1 年期存款利率为 3% 计算，则该投资的夏普比率为 1.1。这样夏普比率可以作为评估投资能力的一种量化指标。类似地，利用夏普比率可以筛选出不同的因子，从而提高量化模型的夏普比率。

第六步，基于历史目标投资组合的表现不断地评估和调整，进一步确定需要什么样的数据，构造什么样的因子。因为要想有好的投资绩效，就需要在投资管理中进行资产配置再平衡，资产配置再平衡就是围绕着利润最大化不断地调整资产配置。

一旦了解了虚拟资本各要素的产品设计就会知道，虚拟资本的产品设计是一个创新的过程。在实践过程中，金融产品设计的关键在于"组合"和"细分"，要充分发挥金融功能离不开创新。

4.5 虚拟资本的问题及挑战

目前金融或虚拟资本发展过度，存在脱离实体经济的危险，同时金融服务业丢掉了服务业，而变成了为金融而金融。

4.5.1 金融产品创新问题

近几十年来，金融产品的创新都以提高资产的流动性为动力和目的，提高资产的流动性是资产资本化的核心。各种流动性差的资产通过证券化、信用增级等方式可获得足够高的流动性。比如，住房抵押贷款是流动性差的资产，经过各种证券化操作后，成为流动性高的证券，这种金融创新产品就被称为资产证券化。

随着资产管理新规的出台，在去通道、降杠杆、打破刚性兑付的大环境下，资产证券化业务将被越来越多的机构所接受。首先这是因为资产证券化业务是合规的，并不在新规约束范围中，而属于监管鼓励的方向；其次是因为资产证券化提高了直接融资在社会融资中的比重，在以盘活存量、用好增量为主线的经济供给侧结构性改革过程中发挥了巨大作用。比如，信贷资产证券化作为盘活银行信贷资产的有效手段，对提升银行信贷资产的流动性，促进银行信贷结构调整和经营模式转型具有重要意义。

但资产证券化业务也遇到一些障碍。第一，随着资管新规的实施，去通道、降杠杆、打破刚兑付成为整个资管行业的核心关键词，各机构的资产证券化业务多数担当通道角色，却要对委托人承担受托人职责，风险与收益不匹配。第二，信贷资产证券化业务市场竞争激烈，信托公司作为通道，收费率很低，平均不足万分之五。第三，在近年金融企业资产证券化的实际操作中，中介机构的作用和价值被普遍轻视和低估。资产证券化依赖第三方中介机构尽量公正、客观地调查判断，产品设计和发行更仰仗中介机构的智慧和能力，但在现实中，发起人（首批参与的银行多为国有大银行）延续了在金融领域的强势惯性，压低了中介机构的应有价值，加之中介机构之间无序的恶性竞争，进一步助长了发起机构的强势。第四，各机构对底层资产的把握能力有待进一步提高，尤其是对基于底层资产的交易结构设计要有更多话语权，尽量提供更多的附加服务，以增强议价能力。第五，资产证券化业务需要客观、公正、可靠和负责任的信用评级机构，这是市场目前所缺乏的。

金融产品创新不是为了寻找途径绕开任何形式的监管，而是在合规的前提下，以自身风控体系为基础，寻找解决当前融资问题的金融解决方案，或打造满足客户理财需求的金融产品。任何真正的金融产品创新都需要设计者具有开阔的视野，同时能够用一种只要具有一定金融经验的人就可以理解的方式来解释相应的创新方法。这样有利于监管部门、合规审核和风控等能够及时发现这些创新方案所蕴含的新风险等。

信用违约掉期是最具有创意的金融产品。该产品的原理很简单，信贷机构发放贷款或购买债券后，如果对其风险没有足够的把握能力，那么可以通过信用互换的方式进行投保。信贷机构将其持有的贷款或债券违约的风险交换给合约交易对手，并向交易对手支付费用，由后者承担相关的违约风险。信用违约掉期让交易者很开心，但其真实的价值到底是什么？

信用违约掉期是将不同金融工具的相关风险进行转移，并提供了在不同资产类别间套利和选择的机会。同时，它改变了信贷机构对信贷风险的把控机制，使信贷可靠性降低。

但信用违约掉期并不是一无是处，它对解决小微企业融资难、融资贵的问题有良好的效果。相关部门可以拿出一部分资金交给指定机构开展小微企业信贷违约掉期，从而鼓励银行等信贷机构向小微企业放款，并通过小微企业信贷违约掉期来转移信贷机构的风险，从而缓解小微企业融资难、融资贵的问题。

虽然金融衍生品是大规模杀伤性武器，但它更是风险管理的重要手段，对其可适当放开，严密监管，并建立统一的金融衍生品平台。金融衍生品市场是资本市场发展深化的结果，是现代金融体系的有机组成部分，应加强顶层设计，支持其稳步发展。

金融衍生产品供给丰富了金融期货产品体系，完善了避险功能。应在严格控制风险的前提下，逐步放宽股指期货交易限制，实现股指期货市场常态化管理，降低投资者交易、持仓成本，恢复股指期货市场基本功能。同时，积极推动银行、保险等大型机构投资者参与国债期货交易，健全反映市场供求的国债收益率曲线，提高国债期货市场深度，促进国债期货功能有效发挥。此外，积极稳妥推进金融衍生品市场对外开放，与资本市场整体对外开放步伐协调一致，同时以金融衍生品化解金融机构支持实体经济所承担的不必要风险。

4.5.2 不同金融功能相互渗透的问题

近些年，我国金融业的过度混业经营造成了一系列的金融乱象，名目繁多的特色衍生品令人眼花缭乱，更是大幅推升了实体经济的融资成本。与此同时，风险传染的渠道也极不透明。

混业经营有广义与狭义之分，狭义上的混业经营主要指银行机构与证券机构可以进入对方领域进行交叉经营；广义上的混业经营则指银行、保险、证券、信托机构等金融机构都可以进入上述任一业务领域甚至非金融领域，进行业务多元化经营。

美国的资本市场是最发达的，美国过往的经历已经证明混业经营是危险的。20世纪80年代，美国的金融业虽是分业经营，但债市融资额已超过银行融资，外资金融企业（混业的）竞争力大增，导致大量美国银行倒闭。当时的大陆伊利诺斯银行破产让业界震惊，成为金融业的标志性事件。在这样的情况下，当局不得不放开监管，来拯救银行业。

我国金融服务业目前是混业经营，一方面，这是因为我国金融产品往往横跨多个细分领域，金融混业经营具有更大的竞争优势；另一方面，从政策的持续性和稳健性上讲，如果我国现在突然实行金融分业，经济下滑是一个大概率事件。

第 5 章
稳健收益——资本之木

强劲增长的经济倾向于增加资产价值和增加未来收入流量,两者都是评估信用时所依靠的指标。在信贷扩张反身性过程的早期阶段,所涉及的信用金额相对不大,对抵押品估价的影响是可以忽略不计的,这也是这一过程在最初阶段显得很稳健的原因。

——索罗斯《金融炼金术》

5.1 稳健收益的构成要素

正如亚当·斯密在《国富论》中提到的，"固定资本和流动资本具有相同的目的，也只有一个目的，那就是，使用于目前消费的资产不会匮乏，而且能够增加"，要想获得利润，资本就需要不断流通。这个观点也得到马克思的认可。马克思指出，"人们奋斗所争取的一切，都同他们的利益有关"；恩格斯进一步指出，"革命的开始和进行将是为了利益，而不是为了原则，只有利益能发展成为原则"。从马克思和恩格斯的阐述中可知，在任何时候只有利益才能激发和促进人类的行动，有利益，资本拥有者才会将其资本投入生产、流通中。

价值在生产中创造，并在商业经营和货币经营中以更低成本、更安全和更便利的方式回到掌握分配权的人手中。价值分配则按照劳动者、管理者、研究者、资本所有者、土地所有者等在价值创造中的贡献进行分配，分配形式有工资、分红、利息、租金等。正如亚当·斯密所说，工资、利润和租金是一切收入和一切可交换价值的三个根本来源。

5.1.1 支收之比

资本的收益性需要考虑将资本划拨给谁，以及相应的收益如何归集到资本方，这就涉及收入和支出。收入是向用户提供产品、服务所获得，而成本等支出的产生是由于制造某种产品或提供某种服务需要消耗一定的资源，以及为了使产品、服务卖得更好需要进行运营。

Themis 财务风险预警系统将收支比定义为经常收入与经常支出的比率，将其作为判断企业破产的风险和识别对资产负债表所做粉饰的重要指标。如果财务报表的销售额利润率偏离经常收支比 3%，则企业存在粉饰和一定的风险；如果一个企业的销售额利润率超过经常收支比 5%~10%（这种情况在企业破产的前 3~4 年比较多见），那么它是企业资产负债表大量粉饰的结果。在中国，若企业的经常收支比低于 80%，大多数会在 3 年内破产；而若经常收支比低于 70%，则企业会在 1 年内破产[1]。

---

[1] 蒲小雷，韩家平. 企业财务风险预警与 Themis 国际新技术 [M]. 北京：中国商务出版社，2011.

根据《商业银行风险监管核心指标（试行）》，成本收入比是指营业费用与营业收入之比。成本收入比是衡量机构盈利能力的重要指标，反映出每一单位的收入需要支出多少成本。该比率越低，说明收入的成本支出越低，获取收入的能力越强。

为了阐述方便，我们将收支比、成本收入比统称为支收之比。其计算方法为支收之比=（销售支出+管理费用+营业外支出）/（销售收入+营业外收入）。支收之比是衡量盈利能力的重要指标。其越大意味着单位收入的成本越高，越小则说明单位收入的成本越低。因此，支收之比是稳健收益的要素之一。

5.1.2 收益率

马克思认为："人们把虚拟资本的形式叫做资本化。人们把每一个有规则的会反复取得的收入按平均利息率来计算，把它算作按这个利息率贷出的资本会提供的收入。这样就把这个收入资本化了。"[1] 这说明利率等投资收益率也可以看作一种资本，将收益列入资本是重要的。

弗里德曼用货币供应量解释经济波动，以及托宾将资产价格作为引起经济波动的主要力量等理论，说明资源配置主要是通过收益率而非价格来实现的。经济学家应对收益率的资源配置进行分析，同时通过收益率来判断相应物品在市场上的稀缺程度。因此，收益率才是关键因素。

推动经济发展并引发技术进步的关键因素是收益率，这是由人类利己的本性所决定的。比如，橘子卖1万元/个，一般情况下人们会觉得很贵，但在上海一套房子卖1万元/米^2，一般情况下人们会觉得很便宜，同样的价格，不同的物品因为其成本不同，收益率就不同。其中，收益率=（收入–成本）/收入，另一种比较粗略的方法是收益率=（销售价格–成本价格）/销售价格。

每个人或组织都有在无限的时间内使自身收益最大化的本能。假设个人或组织对物品的估价为P，V为某一时刻物品的数量，获得物品花费的成本为C，且$\dfrac{d^2 C}{dV^2}>0$，当前利率是r，将该物品的未来利润折现，换算成当前价格，公式如下。

$$\max R = \int_0^\infty \left\{ P(t)V(t) - C[V(t)] \right\} \cdot e^{-rt} dt - \lambda V(t)$$

---

[1] 卡尔·马克思. 资本论 [M]. 北京：人民出版社，1975.

其中，λ 是拉格朗日乘数，在一阶条件最大化也是足够的，$P-\dfrac{\mathrm{d}C}{\mathrm{d}V}=\lambda \mathrm{e}^{rt}$，假设 $H=P-\dfrac{\mathrm{d}C}{\mathrm{d}V}$，得到 $\dfrac{H'}{H}=r$，也就是说在最理想情况下，物品的收益率是随着银行利率增加而增加的。然而，在真实的经济条件下，有各种不确定性因素存在，这使得收益率不一定随着银行利率增加而增加。

"巴塞尔协议"中提出风险调整后资本收益率的概念，不论是企业还是个人都有应收账款，这些应收账款存在逾期的可能性和预期损失率，因此在计算收益率时，应该考虑到风险。因此，笔者建议采用风险调整后收益率（RAROE），RAROE=（收入–成本–预期损失）/收入，这既兼容了传统会计意义上的利润，又考虑到了自身的风险。对一般企业而言，风险来自应收账款、库存、运输等；对一个人而言，也会因应收账款等造成资金链断裂，从而造成收益率具有不确定性。

企业为了获得更高的收益率，就会围绕着投资项目等展开竞争，并促使资本从低收益率的项目转移到高收益率的项目中。这种转移会引起各个行业生产规模的变化，从而引发商品或服务供求关系和价格的变化，最终使各行业的收益率趋同，并同时形成了生产价格。

5.1.3 价格

价格是商品的交换价值在流通过程中所取得的转化形式，是一项以货币为表现形式，为商品、服务及资产所订立的价值数字。对买方而言，价格是对渴望拥有某物的程度的量化指标，而对卖方来说，价格衡量的是保住自己一方已拥有某物的欲望的程度。

在现代西方经济学中，价格是由供给与需求决定的；而在古典经济学及马克思主义经济学中，价格是商品的内在价值的外在体现。但事实上，这两种说法可以辩证地存在，共同在生产活动中发挥作用。

在市场上，消费者通过价格可以了解市场供求状况，并以此决定消费什么，消费多少等。在消费水平一定的情况下，市场上某种商品的价格越高，消费者对这种商品的需求量就越小；商品价格越低，消费者对它的需求量也就越大。当市场上某种商品的价格过高时，消费者就可能少买或不买这种商品，或者购买其他商品替代这种商品。因此，价格水平的变动起着改变消费者需求量、需求方向，以及需求结构的作用，也会影响收益率。

在市场上，企业可以通过价格大概了解市场供求信息，并以此组织生产经营。在生产经营中，消耗了原材料、能源、辅助材料及劳动者的劳动，也磨损了厂房、机器设备。这些生产中耗费的生产资料价值和支付的工资就构成了产品的成本价格。

成本价格的补偿是确保再生产得以继续的基本条件，是企业赚钱或亏本的标准线，更是商品价格的最低线。

市场价格除了受生产价格决定外，还受市场供求关系等因素的影响。价格是收益率的载体，收益率是价格的本质，价格机制从本质上来说就是人们基于价格变化计算自身收益的作用机制。

埃里克·诺伊迈耶认为，市场价格不考虑或没有能力考虑生态阈和自然资源耗竭的不可逆转性问题，同样，由市场定价对于具有开放性、可获得等特点的资源也行不通。然而就整个经济系统来说，这些没有考虑或者行不通的成本最终都由社会每个成员一起承担，如"公地悲剧"。尽管如此，埃里克·诺伊迈耶认为，价格在经济中最重要的作用是发出经济上稀缺的信号，起协调作用，推动经济朝更有效率的方向发展，并引发技术进步。

5.1.4 杠杆率

对收益来说，杠杆是一个重要因素。物理学将一根在力的作用下可绕固定点转动的硬棒叫作杠杆，这杠杆可以是任意形状的硬棒。杠杆绕着支点运动，其平衡条件是：动力 × 动力臂 = 阻力 × 阻力臂。在生活中，杠杆原理应用得非常广泛。在使用杠杆时，如果要省力，就应该用动力臂比阻力臂长的杠杆；如要省距离，就应该用动力臂比阻力臂短的杠杆。因此，杠杆可以用于省力，也可以用于省距离。

在经济上，使用杠杆的根本目的是扩大再生产并获得更大利润。自人类社会进入工业化以来，技术进步使得大规模生产成为可能，由此也产生了巨额资本需求，但自有权益资本积累过慢。企业要想快速发展或大规模生产，就需通过间接的银行信贷或直接的股本融资提高杠杆率，加速资本形成。由此，使用杠杆融资，举借债务，进而通过投资将债务镜像化为资本形成，这一过程是工业化生产正常运行的重要基础。

熊彼特认为，只要企业家进行生产就需要借贷，借贷资本与本身所有资本之间的比例关系就是杠杆。企业在采购、生产和销售上的资金流出、流入时间上并不同步。当资金流出大于资金流入时，就产生了资金缺口；企业在投资固定资产时，往往需要一次性投入较大资金，而需要经过多个生产周期才能逐步收回投入，这也产生了资金缺口，使企业家不得不通过金融机构等进行融资。因此，杠杆有助于提高收益率，是稳健收益中的关键要素。

对个人而言，收入和消费也会在时间上不同步，且年轻时消费多，如教育投入、结婚生子、买房买车等需要大额资金，而收入相对比较少，这造成了资金缺口，使得个人不得不借贷。企业家可以通过杠杆来获得更大投资收益，消费者则可以通过杠杆获得更大效用，也可以说是收益率的最大化。因此，杠杆是稳健收益的关键要素。

1. 杠杆的好坏之分

杠杆在推动经济发展过程中具有十分重要的作用。杠杆率和风险之间的关系主要涉及以下两个问题：一是在通过权益类资本举债形成债务的阶段是否存在过度举债问题，这就是所谓的杠杆率是否过高的问题；二是在举债后形成的资本与负债之间是否匹配的问题，这就是债务的可持续性问题。按这种区分作进一步讨论，可以得出更为细致的结论，形成更加清晰的政策取向。

其一，杠杆率高低并非关键，我们应更加重视分母，即自有权益类资本的真实性。一般而言，一国的储蓄规模、增长速度及金融市场的发达程度决定了杠杆率的上限。受到金融体系规模和效率的约束，经济主体会因杠杆率过高而导致其潜在风险上升，市场机制会自动调节举债成本，使其降低杠杆率。但当金融体系不发达、法律制度不完善时，市场调节机制不完善，而且资本的真实性可能也会很差，有时甚至会出现挪用资本金、虚假注资等情况，此时就算杠杆率水平不高，风险也是极大的。因此，在防范和化解杠杆风险时，需要更加重视完善市场机制，重视资本的真实性，切实增强经济主体吸收或抵御风险的能力。

其二，杠杆有好坏之分，我们应更加重视资产负债结构错配风险。不同经济主体在相同的杠杆率水平下，其风险也会有较大差异。这种差异主要源自其资产负债期限、币种等的错配。比如，举债形成的债务多是短期的，而投资时却形成了长期资产，这类结构体现在杠杆率水平上可能不高，却蕴藏着较大的流动性风险。又如，当一国储蓄和投资出现缺口时，经济主体往往会倾向于向国外举债，如果外债在债务中比重过高，可能更容易遭受外部冲击，经济脆弱性上升。以上两种都是"坏"杠杆。因此，在实施去杠杆时，不仅要关注杠杆率高低，还要更加重视资产负债的结构错配问题。

2. 金融杠杆的好与坏

对金融机构来说，利润多少主要取决于两个因素：一是资产端收益与资金端成本之间的利差，二是资产规模。在利率市场化和非垄断的市场中，利差因各种竞争压力而不断收窄，金融机构通过提升利差来扩大利润的空间往往是有限的。为了赚得更多的利润，金融机构需要不断想办法扩大资产规模，这就需要以少量资金为支点，然后通过杠杆来撬动更大规模的外部资金以获得更大利润。

针对2008年经济危机，巴塞尔委员会给出了政策建议，其中一条就是引入杠杆率作为新资本协议市场风险资本框架的补充措施，给予适当的评估和校准。杠杆率监管将有助于控制银行体系杠杆率的过度累积，并防止风险资本套利，以及对模型风险提供额外保护。为了确保可比性，其还提出了杠杆率的标准计算方法，并充分调整了会计规则。这说明，杠杆率是稳健收益的一个关键性要素。

根据巴塞尔委员会的观点，许多国家银行体系表内外杠杆率的过度积累是经济和金融危机变得严重的重要原因之一。资本质量和水平不断被侵蚀，流动性储备不足，银行体系不能吸收由此导致的交易和信贷损失，因此市场对许多银行的清偿力和流动性失去信心，而银行体系的流动性和信贷供给能力严重收缩，最终传导至实体经济。

在Themis财务风险预警理论中，杠杆率也是一个判断企业破产风险的重要因素。其主要体现在债权债务周转期（应收账款减去应付账款后除以月平均销售收入）。若债权债务周转期超过正常值（±2），且为正值，则表明企业的销售回收出现了坏账并加重了经营垫付资金的风险；为负值则表明企业进货债务过大，在供应商那里有可能丧失信用，导致供应商拒绝为其送货。这说明企业的负债过多，杠杆率过高。

正因为杠杆有好坏之分,所以人们在使用杠杆时要特别谨慎。这说起来容易,做起来非常难,因为若人们将杠杆设置为0,自然没有什么风险,但也不会产生任何更好的收益。

3. 衡量杠杆率的方法

杠杆率的计算有多种方法。例如,负债与资本的比主要衡量负债的大小;又如,巴塞尔委员会给出的总风险暴露/风险加权资本用来衡量资本对风险的对冲能力;还有Themis财务风险预警提出的债权债务周转期、金融债务状况水平和变化量等。毫无疑问,这些是非常有用的指标,用什么指标关键看用于做什么。

朱小黄认为,对一般企业来讲,流动性崩溃于高负债率;对投资银行来说,流动性崩溃于高杠杆率;对商业银行来说,流动性崩溃于高存贷比,所以应保持适度的杠杆率和存贷比。对不同企业或机构来说,杠杆率是不同的,但其本质是借用他人资金与自身资金之比。

人们的目的是追求收益最大化,所以就需要找到最优的杠杆。如果收益率服从正态分布,那么凯利公式[1]提供了一个很简单的确定最优杠杆l的公式。

$$l=m/s^2$$

其中,m为平均非复合单期超额收益率,s^2是非复合单期超额收益率的方差。但是凯利公式给出的杠杆往往会导致杠杆过高,进而导致"爆仓"。在实践中,交易员经常使用该杠杆的一半。

在资产组合中,最优杠杆向量是关键,而从凯利公式中知道,人们只需要将其更改为矩阵式就可以得到另外一个公式。

$$L=MV^{-1}$$

其中,M是投资组合中各资产超额收益的平均值向量,V^{-1}是投资组合中超额收益的协方差。如果人们设置了最大杠杆上限L_{max},则只需要将最优杠杆向量L标准化后乘以L_{max}作为资产组合中每个资产的杠杆上限。

如果收益率的分布不断放宽,则凯利公式逐渐失效,但这个时候的最后杠杆

---

[1] 假设收益率呈正态分布,则适用于正态分布的复合杠杆增长率公式为:$g(l)=r+l \times m-s^2 \times l^2/2$。其中,$l$为杠杆率,$r$为无风险利率,$m$为平均非复合单期超额收益率,$s$为非复合单期超额收益率的标准差。为了使$g(l)$最大化,令$g$对$l$的一阶导数为0,即$\frac{dg}{dl}=m-s^2 \times l=0$,则$l=m/s^2$。

率可以通过蒙特卡洛模拟法[1]，或者历史数据的方法找到。因为随着大数据的不断积累，充分利用历史数据来寻找最优杠杆率也是一个不错的选择。

不难看出，如果使用替代指标在宏观总量上就杠杆率展开讨论，可能"只见森林不见树木"，不能细致地观察杠杆与风险间的结构性特征，也难以区分"好"杠杆与"坏"杠杆，由此得出的结论及其蕴含的政策取向也将会出现偏差。

5.1.5 稳健性

在统计学的稳健性检验中，稳健性的判定取决于实证结果是否随着参数设定的改变而发生变化。如果参数改变以后，其结果的符号或显著性发生了改变，则说明其稳健性不够。稳健性来源于相对于其他人的相对优势，如信息优势、风险控制优势及更多的耐心。

在会计学与实践中，稳健性通常表现在现金流与应收账款的构成上。现金流可以帮助人们了解和控制机构的命运，根据经验，破产倒闭的企业中有85%是盈利情况非常好的企业，但是这些企业大部分倒在了眼下"无米下锅"的窘境上，即现金流断裂。应收账款是长期资产，往往不能解燃眉之急，遇到短期债务时无一点办法。现金流和应收账款是反映当前机构运转是否稳健的关键指标之一。

企业发展的目的是获利，但其前提是企业能够生存下来，并能应对各种风险。稳健增长与可持续发展是企业经营者常常思考的问题。因而，可持续性和稳健性是资本的两个重要指标。

阿斯彭学院创建了微型测试法，确定了判断高质量小企业项目的六个主要领域。其测试内容主要有项目的目标人群、项目的规模、项目成本及效率、项目实施、项目的持续性及内部成本回收、结果及影响。该方法显示，持续性对于企业来说是非常重要的。因此，持续性和稳健性是稳健收益的构成之一。

克拉克和凯斯证明了，规模和持续性是检验发展中国家小企业项目成功与否的标准。朱小黄认为，对企业而言，追求可持续发展与获得利润从长期来看并不矛盾，其还认为以"不治已病治未病"原则，确保每个具体交易行为都能遵守为明天而设置的规则和价值取向，才能确保商业银行明天整体的稳健，才能可持续

---

[1] 蒙特卡洛模拟法（Monte Carlo method）是一种统计模拟方法，是指使用随机数（或更常见的伪随机数）来解决很多计算问题的方法。在金融工程学、宏观经济学、计算物理学（如粒子输运计算、量子热力学计算、空气动力学计算）等领域应用广泛。

发展，才能真正避开"冰山"[1]。因此，稳健性是稳健收益的要素之一。

稳健收益的核心要素是支收之比、收益率、价格、杠杆率和稳健性。基于稳健收益各要素的含义和特点，我们需要进一步搞清楚稳健收益各要素之间的关系。

5.2 稳健收益构成要素之间的关系

稳健收益的核心要素是支收之比、收益率、价格、杠杆率和稳健性。根据经济学者的研究结果，以及资本管理与实践的经验来看，这五要素之间既存在相互促进的关系，又存在相互制约的关系。

5.2.1 稳健收益构成要素之间的相互促进关系

1. 收益率对价格具有促进作用

哈佛商学院教授罗伯特·多兰认为，价格以及价格变化对利润的影响是最大的。在经济学中，如果价格下降，销售量就上涨，那么必定有一个价格 X 能令利润最大化。电源系统解决方案提供商宝士达公司（PowerStar）为了提高利润，考虑对价格上下调整 20%，但他们测算后发现，降价 20% 至少需要销量增加 100% 才能维持原利润，而价格增加 20%，销量降低 33% 就能维持原利润，若销量降低幅度小于 33%，则利润增加。这说明收益率对价格具有促进作用。

在市场经济中，价格的制定往往遇到"囚徒困境"。若竞争双方都采取降价措施争取客户，最终双方将面临微利或亏损的困境；而若一方降价，另一方提价，则提价一方将面临无利润或亏损的局面；若双方都提高价格，则双方都能获利。因而，无论是"价格战"还是"价格协调"都是由收益率决定的，即价格的本质就是收益率。

一般而言，债券的收益率越高，价格就越低。此时的收益率是一个折现率，即未来现金流的折现值就是债券价格。以 1 年期的债券、1 元面值为例：

---

[1] 朱小黄. 远离冰山 [M]. 北京：中信出版社，2010.

$$投资收益率 = \frac{票面利率+1-(市场年化利率+1)}{票面利率+1} = \frac{票面利率-市场年化利率}{票面利率+1}$$

在市场年化利率保持不变的情况下，投资收益率提高就意味着票面利率提高。但一般债券的票面利率是固定的，收入无法更改，只能从其初始成本入手，即债券价格。也就是说，债券的价格与其说是价格，还不如说是为了在某个期限后获得票面利率的收益而愿意付出的成本。

在成本和资产数量保持不变的情况下：

$$投资者的投资收益率 = \frac{收入-成本}{收入} = 1 - \frac{成本}{资产单位价格 \times 资产数量}$$

随着资产价格的增长，收益率会不断上升。因此，收益率与价格之间存在相互促进的关系。

虽然现金贷存在各种问题，但现金贷的"进化"史体现出收益率对价格具有促进作用。现金贷从2017年的1个月期限且价格为10%，发展到2018年期限为7天或14天且价格为20%，到2019年出现了5天期限且价格为50%。不断缩短期限、提升价格，主要是为了追求超高收益率。

根据定价程序来看，价格一般是在成本、费用、佣金等基础上，根据预计的风险损失、收益率等制定出来的。但往往成本、费用、佣金和风险损失是相对难以更改的，而收益率变化最大，因此，收益率对价格具有促进作用。

2. 价格对稳健性具有促进作用

凡勃伦效应普遍存在于人们的实际经济生活中。凡勃伦效应是指商品价格定得越高越能受到消费者青睐的现象。人们在购物时，往往会因虚荣、攀比等心理因素作出冲动的选择，执着地追求高价商品。消费者这种购物行为不仅是为了获得直接的物质满足和享受，而且是为了获得心理上的满足。高价商品受消费者青睐，消费者为此需要提高自身收入才能真正消费，而提高收入就需要消费者积极就业、工作，就业人数增多或创业人数增多则产品供应链、商品供给等就具有更强的稳健性，各消费者处于经济增长环境中的工资等稳健性更高，并进一步提高了社会的稳健性。因此，价格对稳健性具有促进作用。

在经济学理论中，提高价格会导致销量下降，但情况并非总是如此。一家处于领先地位的公司提高价格并不会使销量下滑。比如，微信支付从原来免费提现，到现在提现按照0.1%进行收费，其客户量并没有下滑；再如，华为手机的价值远比同时期竞争对手的高，但其高价并未影响手机销量。高价格使得相应机构具有更高的收益，可用于研发等的创新资源更多，使其自身竞争力更强，稳健性更强。因此，价格对稳健性具有促进作用。

价格与竞争对手的价格、成本、服务费、销量等有关。当价格变化小时，其往往会带来相对稳定的现金流。因此，价格对稳健性具有促进作用。

3. 稳健性对支收之比具有促进作用

在会计学中，稳健性原则的传统含义是确认利润的可靠性标准要严于确认亏损的可靠性标准。因此，企业要提早确认费用、成本、资产损失，而推迟确认收入、利得、资产升值。因此，稳健性对支收之比具有促进作用。

瓦茨教授认为，稳健性原则发展的主要原因是其促进了高效率的契约机制的建立，促进了债权契约的签订，避免了企业高报资产并因此损害债权人利益，也促进了经理层薪酬契约的签订，避免了经理层虚报利润并因此损害所有人的利益。因此，稳健性对支收之比具有促进作用。

崔宏认为，成本收入比与风险管理水平基本呈正相关关系，即成本收入比越高，其风险管理水平也越高，较高的成本收入比是银行提升风险管理水平的前提条件。或许，银行对于基础设施、科技系统和人力资本的较高投入减少了道德与操作风险，也激励了职工更大的责任感，这必然带来银行业务经营的低风险。在国际上，大银行成本收入比一般较高，这通常代表一家银行的创新动力、发展后劲和企业文化。崔宏认为，利润的增长要高于资产的扩张，营业净收入的增长要高于成本的增长，这是银行可持续发展的标志和保证。企业可持续发展的标志和保证是利润的增长高于资产的扩张，营业净收入的增长高于成本的增长。这里，成本收入比与支收之比是相似的指标。因此，稳健性对支收之比具有促进作用。

对于债权类资本，债务主体的资产越多，稳健性及可持续性越好。因为其资产可以转化为收入，支收之比随着收入增加而变小，相应的稳健性及可持续性也更好。在现实生活中，一些人虽然收入高，但他们的支出也很高，支出相对固定，而收入具有或然性，导致稳健性及可持续性比较低。比如，某人收入有200万元，但负债和支出高达500万元，其稳健性和可持续性就很低。

在资本准备金给定的情况下，保险公司的保费收入越多，其稳健性及可持续性越差。因为保费越多，相应的保险责任就越大，一般保险具有杠杆性。保险精算的恒等式如下。

$$保费 \times 投保人数 = 保额 \times 出险人数$$

$$保费 = 保额 \times 出险率$$

假设出险率不变（事实上出险率是不断变化的），在产品设计的时候出险率为1%，而实际出险率为1.1%，即保费10元，保额1 000元，1 000人投保的时候有11人出险，这样差额就是1 000元。随着保费收入的增加，相应的投保人数增加，最终差额更高，远超过准备金，这就导致保险公司破产风险大增。因此，稳健性对支收之比具有促进作用。

在实践中，一些信贷机构基于交易流水数据对相关主体进行授信，这主要是因为通过支付交易的流水数据，可以推算出相关主体的收入和支出情况。交易越多，往往收入越多，相应的成本和费用也会上升。根据支收之比时序数据发现，支收之比高于1后，会逐步回归到1或1以内，因为相关主体为了确保自身稳健性，将采取降低成本、费用或增加收入等手段来使支收之比逐渐下降，回归到1左右。因此，稳健性对支收之比具有促进作用。

4. 支收之比对杠杆率具有促进作用

一般支收之比越大，则支出相对越多，收入相对越少。为了弥补因收入少而引发的缺口，企业不得不借贷，因而杠杆率随着支收之比的增加而增加。

企业经营不是追求成本最小化，因为成本最小化绝不等价于股东收益最大化，小进小出多数情况下不及大进大出更具增值效果。没有一家企业的经营目标或存在目的是成本最小化。从功利角度来讲，在追求企业价值最大化的过程中，其他一切，包括成本控制等都是手段。作为股东，在既定的投资下，应该明确自己的净收益指标，根本没必要去关注收益是在多大成本代价下取得的。比如，你预期收益是80亿元，至于这是100亿元的营业收入减去20亿元的成本费用得到的（此时成本收入比是0.20），还是120亿元的营业收入减去40亿元的成本费用得到的（此时成本收入比是0.33），都是经营层采取不同的经营策略所致。此时，支收之比没有任何取舍意义。当业务增加时，支出和收入同时增加，但一般需要先支出而后有收入，因此就需要融资来扩大业务，使支收之比下降。融资改变了企业的资本结构，资本结构的变化会直接改变收益率。因此，支收之比对杠杆化具有促进作用。

乔治·吉尔德认为，在经济危机中，一个人可以通过放弃消费、减少支出和偿还债务来增加储蓄，这是去杠杆化的过程。在这个降低杠杆率的过程中，若收入一定，消费、支出都减少，会直接导致支收之比降低；若收入也减少，消费、支出降低幅度会更大，这也使得支收之比降低了。因此，支收之比对杠杆率具有促进作用。

5. 杠杆率对收益率具有促进作用

古希腊物理学家阿基米德曾说，"给我一个支点和一根足够长的杠杆，我就能撬动整个地球"，这个支点的位置其实就决定了杠杆率的大小。在经济学中，杠杆与此并无本质区别，其指某一经济主体用自有资本撬动更多资源以获得更多利益。在总资产一定的条件下，自有资本越少，杠杆率就越高，获得的利益也越高。如在银行信贷业务中，利润率只有2%~3%，为了获得更高的利润率就需要增加杠杆率，按照中国相关法规最高可以增加到12.5倍的杠杆率，因此银行的利润率可以达到25%~37.5%。因此，杠杆率对收益率具有促进作用。

鲁政委认为，人民币实际有效汇率高估是企业盈利能力恶化的症结。企业盈利能力恶化导致其资产负债率持续上升。同时，他认为，对于工业企业首先要改善其盈利能力而非继续增加融资。从中可知，企业的盈利能力恶化引起资产负债率的提高，主要是因为在负债不变的情况下，收入降低，杠杆率提升，而利息是免税支出。例如，一个公司负债为100万元，年收入为200万元，因人民币汇率发生变化导致年收入降低至180万元。假设其年利息支出不变，为8万元，营业税率不变，为6%，企业所得税率不变，为25%，其他成本为120万元，则其收益率从22.5%提升到了22.9%。因此，杠杆率对收益率具有促进作用。

根据莫迪利安尼（Modigliani）和米勒（Miller）的MM定理，在企业无所得税的情况下，企业经营风险相同，资本结构不同，企业的资本结构与企业的市场价值无关。但在企业存在所得税的情况下，企业为了获得最大化收益而进行负债，因为负债的利息是免税支出，可以降低综合资本成本，增加企业的价值。企业只有在盈利能力良好时才能使用杠杆，否则杠杆会使其损失更多，因为利息等支出会使企业价值快速下降。因此，杠杆率对收益率具有促进作用。

盖特纳认为，在经济持续增长、违约率低的经济环境下，杠杆是理想的扩大器，是更大收益的源泉。例如，某组织自身有10万元资本，可获利2万元，而通过向银行借款 10 万元的方式，则可获利 4 万元。除去付给银行利息 0.8 万元，其最终净获利 3.2 万元，收益率从 20% 提高至 32%。这说明，杠杆率对收益率具有促进作用。

因而，收益率对价格具有促进作用，价格对稳健性具有促进作用，稳健性对支收之比具有促进作用，支收之比对杠杆化具有促进作用，杠杆化对收益率具有促进作用。

稳健收益各要素之间，除存在相互促进的关系外，也存在相互制约的关系，接下来我们将详细阐述其各要素之间的相互制约关系。

5.2.2 稳健收益构成要素之间的相互制约关系

1. 价格对支收之比具有制约作用

不论怎么定价，价格都受收益率的影响，即收益率越高，价格越高。虽然价格是由成本加收益所得到的，但成本越大并不意味着价格越高，在市场竞争机制作用下，单个企业的成本不决定价格的高低；反之，价格越高，企业在销量和成本固定的情况下成本收入比越小。因此，价格越高，支收之比往往越小，即价格对支收之比具有制约作用。

在供给变化不显著的情况下，因为价格是货币总量与产量之比，而经济主体所持有的货币主要来源于自身收入或融资，自身收入或融资越多，则经济主体货币总量越大，价格越高，相应地支收之比越小。因此，价格对支收之比具有制约作用。

一般来说，收入增加，则支出也相应增加。这主要是因为收入等于价格乘以销量，销售产品或提供服务往往会产生各种费用。一般而言，人们可以通过提高价格或销量来提高收入，但需求理论说明，正常商品的价格提高往往会导致需求降低，销量相应降低，则支收之比下降；而销量提高主要是通过比较低的价格或一定的折扣等所获得的，进而导致支收之比上升。不论是折扣还是促销，其本质都是降低价格。因此，价格对支收之比具有制约作用。

2. 支收之比对收益率具有制约作用

收益率 = 收入 / 成本与费用 −1，因而收益率的核心是收入和支出。在收入一定的情况下，成本与费用越大，支收之比越大，相应的收益率就越低；成本与费用越小，支收之比越小，则收益率越高。若收入的增长比成本与费用的增长快，支收之比变小，则收益率相对提升，否则支收之比提高，同时收益率相对降低。因此，支收之比对收益率具有制约作用。

不论是提升价格还是促销降价，都是对价格进行操作，这都会产生相应的支出，因为在供给曲线和需求曲线是线性函数时，消费者剩余和生产者剩余都体现为图形中一个三角形的面积，对于同一产品或服务，每个消费者愿意出的最高价格是不同的。在大数据时代，大数据精准营销能使价格最大化，从而使企业的收入最大化。每款产品或服务都有成本，要想降低支出，主要靠简化流程和减少各种交易费用与信息成本。比如，应用互联网技术降低信息成本、交易费用，并吸引大量的用户重复购买，这样获得利益才是有保证的；同时，企业可推行信息化、数据化以降低人工成本、运营成本，通过业务自动化减少操作风险并降低人工成本，通过数据集中等措施减少重复建设，这些都能节约成本，提高收益率。因此，支收之比对收益率具有制约作用。

在面对众多竞争对手时，企业往往会遵守市场价格，而收益率是否最大化则受企业自身的成本和费用所影响。比如，A产品的市场价格为100元/件，若企业甲和企业乙的成本和费用总和分别为80元/件、40元/件，其客户量分别为120个、80个，企业乙为了占领市场采取降价策略，将A产品的价格定为70元/件，并占领了90%的市场。企业甲因为成本和费用高导致收益率下降，其支收之比从80%增长至87.5%，而收益率从25%降至-12.5%；企业乙则因主动降低价格导致收入增加而收益率下降，其支收之比从40%增至57%，而收益率则从150%降至75%。因此，支收之比对收益率具有制约作用。

典型案例

支收之比对收益率的制约作用——携程兼并去哪儿网

2015年，中国资本市场出现了快的和滴滴、大众点评与美团、携程与去哪儿网、赶集网与58同城等的合并。

携程是一家老牌的在线旅游服务公司，创立于1999年，其主要提供包括酒店预订、机票预订、高铁票代购及旅游资讯在内的旅行服务。

去哪儿网是提供旅游搜索服务的公司，成立于2005年，其主要是为旅行者提供航班、酒店的价格和功能比较服务。携程并购去哪儿网的动机主要有：①携程面临巨大的竞争压力，与途牛、同程、淘宝旅游频道等的价格竞争压力大，甚至出现了恶性价格战；②供应商的压力。其面临合作酒店转移到其他旅游服务公司的风险；③携程的移动化程度低于去哪儿网；④为了实现协同效应。协同效应的主要来源可分为四类，分别是收入上升、成本下降、税收利得和资金成本。其中，税收利得就是利用经营亏损净额、未动用的举债能力和剩余资金等规避税收。

去哪儿网被兼并的原因：①其收入增长了100%，但总支出同比增长超过了300%，即其支收之比至少增长至原来的2倍；②2014年，其亏损达到18.448亿元，同比扩大1 102%。虽然企业可以通过融资来化解风险，但何时开始有正向收益则是未知的；③各OTA（在线旅游）平台都采取价格战，使得去哪儿网的价格换利润策略失效。从营收所带来的损失来看，2013年第2季度，其每1块钱营收要用0.17元亏损换，而2014年第4季度，该价格升至1.3元，一年半涨了6.65倍。

携程兼并去哪儿网之后，其可获得如下协同效应：①降低运营成本。最明显的是"烧钱"抢市场的策略可逐步退出。②税收利得。例如，携程可充分利用去哪儿网的运营亏损来减少税收，从而使收入增加。2013年去哪儿网全年净亏损1.873亿元，而携程净利润为9.98亿元，在不考虑其他优惠政策的情况下，携程可因此多获得近4 700万元利润。③扩大市场，提升收入。根据其合并后一个季度的财报数据来看，携程收入与前一季度相比增加了45%，同时去哪儿网的增长率为48%。

3. 收益率对稳健性具有制约作用

只有当收益率较高的时候，才能吸引更多的卖家或买家参与相关交易，但收益率往往具有方向性，卖家的收益率高就意味着买家付出更多，买家希望有相对较低价格的卖家出现；买家的收益率高就意味着卖家付出更多，卖家希望有相对较高的价格出现。收益率是卖家或买家参与的动力，如果收益率有利于买家则卖家少，相应地，收益率有利于卖家则买家少。但无论是卖家多而买家少，还是卖家少而买家多，都是不稳健的。因此，收益率对稳健性具有制约作用。

白利斯在1924年时认为，会计稳健性是指预见所有可能的损失，但不预计任何不确定的收益。美国财务会计准则委员会在1970年指出，人们倾向低估资产和利润以应对计量过程中的小偏误，这使会计稳健性形成。而国际会计准则理事会（原国际会计准则委员会）认为，稳健性是谨慎性在不确定性条件下的审慎，不高估资产或收益，不低估负债或费用。从美国财务会计准则委员会和白利斯的定义可知，收益率对稳健性具有制约作用。

国际货币基金组织于2001年6月提出金融稳健性指标体系的初步方案和框架，通过不断讨论和完善，于2003年初步完成了该评价体系的编撰工作。其主要通过资本充足率、资产质量、盈利能力、流动性状况及市场风险敏感度等的综合评价来考察银行体系运作的稳健性。资产质量越高，风险资产权重就越低，资本充足率也越高，因而收益率就越低，进而稳健性更强。因此，收益率对稳健性具有制约作用。

瓦茨（Watts）认为，会计稳健性的本质就是对损失和收益的确认有着不对称的可验证性，并将稳健性的计量方法概括为净资产基础计量、收益与应计基础计量（权益账面价值和市场价值），以及收益/股票回报关系。对损失和收益的不对称验证将使得损失验证响应快，而收益验证响应慢，从而使得收益率显得偏低。反之，如果对收益验证响应快，而对损失验证响应慢，则收益率偏高。因此，收益率对稳健性具有制约作用。

稳健性原则是指按照历史成本和市场价格二者中较低的值来确认资产，或将收入推迟确认，将成本费用提前确认。其衡量方法有会计盈余与股票收益率的相关性测量法、净资产测量法、会计盈余与应计利润关系测量法等。若不根据稳健性原则方法，比如以历史成本、市场价格二者中价格高者进行计价，或收入提前而成本费用延后确认，则收益率虚高，从而使得稳健性降低。反之，若严格遵守稳健性原则，则收益率偏低。

在会计学中，企业的盈利能力显示了企业过去和现在的盈利状态，是预测企业未来盈利水平和评估企业投资价值的基础。一般盈余指标是指毛利及在毛利基础上扣除三项费用后的利润，是决策者经常使用的盈利指标，从长期平均状态来看，符合随机游走模型的盈余是持续性最好的盈余。盈利指标保持相似性，则稳健性比较高；收益率有规律或盈利指标无相似性，则稳健性较低。因此，收益率对稳健性具有制约作用。

斯隆（Sloan）在 1996 年研究了应计盈余和现金盈余在持续性上的差别，他根据美国上市公司 30 年的历史数据探究本期盈余和下期盈余的关系，发现现金盈余的系数为 0.855，而应计盈余为 0.765，说明现金盈余的持续性略高于应计盈余。应计盈余和现金盈余不仅对企业价值的影响不同，而且对预测企业未来盈余的影响也不同，应计盈余的持续性低于现金盈余的持续性，这是因为现金盈余有不可操作性和相对确定性，在考查盈余持续性时，应计盈余所占比例越高，则盈余的持续性越差。因此，收益率对稳健性具有制约作用。

王浩认为，中国上市公司各年度的盈余之间存在持续性，并且现金盈余的持续性大于应计盈余，经营性盈余的持续性大于非经营性盈余；只有当非经营性盈余为负值时，股票价格才会体现盈余组成部分（经营性盈余和非经营性盈余）在持续性方面的差异；股价不能反映应计盈余和现金盈余所包含的持续性信息的差异；现金盈余和应计盈余的主要差异在于计算收益率时是否考虑应收、应付。在实践中，企业都有一些应收，将其计入盈余会导致收益率上升，但应收是否能收回来尚可未知，故而稳健性下降。同时，一家机构主营业务的稳健性往往要好于非经营性业务的稳健性。因此，收益率对稳健性具有制约作用。

时晨龙认为，内部控制质量与盈余稳健性存在明显的正相关，而内部控制质量越高，则市场回报率确认"坏消息"比确认"好消息"越及时，即内控质量越高，盈余的稳健性也就越强。也就是说，"坏消息"使得收益率降低，而"坏消息"的及时反映使得稳健性增强。因此，收益率对稳健性具有制约作用。

吕兆德和何子新认为，盈余反应系数在中国证券市场尚不足以区分不同质量的盈余信息，普遍是利用财务指标和时间序列模型来计量盈余持续性。盈余作为公司价值增值的具体表现形式，蕴含着收益率，而盈余时间序列越平滑，稳健性越强。也就是说，一旦某个或部分的收益率过高都将使得稳健性变差。

4. 稳健性对杠杆率具有制约作用

盖特纳认为，狂热的借款总是金融危机的先兆。自 2001 年到 2007 年，美国家庭平均抵押贷款债务增加了 63%，实体经济中的工资没有太大的变化，但消费却不断增长，导致其稳健性大减。也就是说，杠杆率大增而稳健性下降。

根据莫迪利安尼和米勒的理论，在考虑企业所得税的情况下，由于负债的利息是免税支出，可以减低综合成本，增加企业的价值。同时，根据权衡模型，在财务拮据成本和代理成本下，杠杆太大很容易引起企业破产等不稳健的事情发生。这说明稳健性对杠杆率具有制约作用。

对企业来说，如果资金链断裂或出现坏账，要弥补坏账或保障企业的资金链完好就必须靠自有资产。一般将自有资产占资产总额的比例作为稳健性指标，在进行收益分析时则将销售额、利润与自有资产或资产总额的比作为收益指标，这就产生了矛盾，因为稳健性分析认为自有资产占比越高越好，而收益性分析则认为自有资产占比越低越好，杠杆使用越多则收益率越高。因此，稳健性对杠杆率具有制约作用。

蒲小雷和韩家平认为，若销售收入远远大于自有资产，说明企业无力承受应收坏账带来的损失，而若自有资产与销售收入比例适当，但销售额过小，则表明企业经营存在缺陷，企业虽有支付能力，但企业资产使用效率低。他们研究了中国的破产企业后发现，企业最终作为防护对策的自有资产普遍是月销售额的2倍，这个比例越高，说明企业的支付余力度越高，企业稳定性越好；而这个比例越低，说明企业的支付风险越大，企业稳定性越差。

用企业销售收入与企业总资产比例来修正，从而得出：

Themis 支付余力度 =（自有资本/月销售额）×（企业销售额/总资产）= 自有资本占比 × 月份

从公式中不难发现，该指标有衡量支付能力的作用，因为自有资本占比越高，稳健性越高，即杠杆率越低，稳健性越高。若企业的杠杆高，则相应的借贷资本高，那么财务费用上升会导致销售支出增加，同时自有资本减少，稳健性与可持续性降低。因此，稳健性与杠杆率二者之间存在相互制约的关系。

朱小黄认为，2008年次贷危机祸起杠杆失控，杨军也认为如此。其经过深入分析认为，杠杆失控的原因之一在于，监管体系中对很多金融机构的膨胀没有完善的资本约束机制。杨卫霞认为，杠杆率过高是金融机构出现较大风险的根源之一，表内大量转出至表外，资本实际不足，同时给出了杠杆率等于一级资本与调整后总资产（对银行业主要贷款等）的比的结论。如果杠杆率用负债与资产的比例来表示，那么对于银行等经营货币的组织来说，即将贷款总额与一级资本之间的比作为杠杆率。可以看出，杠杆率越高，相应收益越高，同时其稳健性和可持续性降低。当杠杆率过高，就会发生危机，银行倒闭。因此，稳健性对杠杆率具有制约作用。

5. 杠杆率对价格具有制约作用

企业借款不论是用于基础设施建设，购买机器设备、厂房，还是用于增加员工、扩大客户规模和销售规模等，归根到底都要体现在公司销售规模上。因此，最好的杠杆评价方式是借款的使用效率和对销售的贡献度。企业利用杠杆进行生产，促进产品增加。根据供需理论，在需求不变的情况下，价格必然不断下降。因此，杠杆对价格具有制约作用。

从企业经营杠杆率计算公式来看，经营杠杆率主要反映销售量与息税前利润之间的关系，以用于衡量销售量变动对息税前利润变动的影响程度。

$$经营杠杆率 = \frac{边际贡献}{息税前利润} = \frac{Q(P-V)}{Q(P-V)-F} = 1 + \frac{F}{Q(P-V)-F}$$

边际贡献等于销售收入与生产成本之差，息税前利润等于边际贡献与固定成本之差。其中，销售单价为 P，单位变动成本为 V，固定成本为 F，销售量为 Q。由该公式可知，若价格上升，经营杠杆率就会不断下降，反之经营杠杆率就会不断上升。可以看出，杠杆率与价格之间成反比。因此，杠杆率对价格具有制约作用。

在消费中，各种杠杆对价格也具有制约作用。因为在消费中，杠杆短期内推动了需求上升，导致价格短期上升，但价格上升后，供给方因收益增加而增加了投资，从而导致供过于求，价格下降。投资的厂房、机器等转为他用的难度比较大，而继续生产导致价格进一步下降。因此，杠杆率对价格具有制约作用。

刘晓星和石广平认为，尽管合理的杠杆水平是抑制资产价格泡沫、防范金融系统风险的重要举措，但杠杆驱动的资产价格泡沫往往会大幅度提高金融危机的系统性风险[1]。在资产投资中，杠杆率增加后资产需求增加，资产价格就上升了，但若资产供给没有增加，资产价格会继续上升，甚至出现资产泡沫。随着价格泡沫化越来越严重，资产供给方逐渐增多，市场上都愿意出空而不愿意买多，致使资产价格不断下降。因此，杠杆率对价格具有制约作用。

因此，价格对支收之比具有制约作用，支收之比对收益率具有制约作用，收益率对稳健性具有制约作用，稳健性对杠杆率具有制约作用，杠杆率对价格具有制约作用。结合这五者相互之间的促进作用可知，支收之比、杠杆率、收益率（投

---

[1] 刘晓星，石广平. 杠杆对资产价格泡沫的非对称效应研究[J]. 金融研究，2018（3）：53-70.

资回报率）、价格、稳健性及可持续性是一个具有稳定性的系统。

5.2.3 稳健收益自成稳定系统

稳健收益的核心要素之间既存在相互促进关系，又存在相互制约关系。稳健收益的核心要素之间存在两种逻辑关系，这非常符合稳定逻辑分析模型，即稳健收益的核心要素彼此之间构成了一个稳定性系统。稳健收益中的支收之比、杠杆率、收益率、价格、稳健性所构成的稳定性系统如图5-1所示。

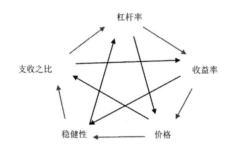

图 5-1 稳健收益各要素及其构成的稳定系统

共同富裕是经济发展的必然之路。要实现共同富裕，关键在于增加人们的收入，缩小个人之间的收入差异，使收入差异处于有效差异之内。有效差异是指在经济分配中，允许存在适度差别，以充分发挥物质利益的激励作用，保证经济发展的效率。

在实际生活中，每个人的收入是不同的。这主要是因为，每个人对法律遵守的情况不同，如假公济私获得收入，与努力劳动所获得的收入之间存在差异；每个人对杠杆的偏好不同，如充分发挥杠杆作用获得收入，与不利用任何杠杆而努力劳动所获得的收入之间存在差异；每个人对于经营企业的偏好不同，如愿意且能经营好企业所获得的收入，与只愿意通过劳动所获得的收入之间存在差异；每个人的投资理念等不同，如风险厌恶性投资者投资低收益资产所获得的收入，与风险中性投资者投资稳健性资产管理计划所获得的收入之间存在差异；每个人的体质、智力、认知和选择存在差异，如对自身领域精益求精进行钻研之人的劳动收入，与一个夸夸其谈之人的劳动收入之间存在差异等。

居民收入是居民各种收入的总和，根据收入获取的方式、途径不同，收入被划分为不同类型的收入。有人根据收入的合法性将收入分为"白色收入""灰色收入""黑色收入"。

马克思认为，收入主要有利润、地租和工资三种，其源泉分别对应的是资本、土地和劳动[1]。其分别是资本所有者、土地所有者和劳动者的收入来源。基于此，居民收入可分为经营性收入、投资性收入和工资性收入。

在实践中，信贷等是用来让居民提前使用未来的收入，如信用卡、消费分期等。这种通过信贷等方式获得，未来需要偿还的收入，可称为融资性收入。这是收入的重要形式。同时，随着我国经济的不断发展，各种社会福利制度不断完善，慈善行业也得到快速发展，一些符合条件的人获得了各种福利补贴、慈善捐款等，这种收入被称为转移性收入。

提高居民收入是共同富裕的关键，因而对收入进行管理是有必要的。收入管理的核心就是在各种约束下，充分利用定价来获利。不同收入具有不同的定价策略。接下来，我们将详细阐述不同收入与其定价策略。

5.3 大数据时代下的居民收入与定价

每个人都是赤裸裸地来到这个世界，从出生开始就要吃、喝、穿，这些都需要费用。起初，每个人依靠父母的转移性收入来获得相应收入，这种转移性收入将持续到其成年，成年后每个人开始独立生活，不可避免有各种消费，如租房、吃饭、买衣服等，如果其收入来源有限，就不可避免地需要向银行、消费金融公司或互联网金融进行筹资，这是筹资性收入。随着工资性收入等的积累，每个人慢慢开始有些财产性收入，一些人开始以经营性收入为主。

因此，居民收入可分为工资性收入、融资性收入、财产性收入、经营性收入和转移性收入。居民主要靠劳动获得工资性收入，靠借贷获得融资性收入，靠租赁、投资或出租收益权等获得财产性收入，靠经营土地、企业等获得经营性收入，靠政府补贴、扶助或亲人财产转移等获得转移性收入。

工资性收入是劳动者用自身劳动时间、劳动能力等换取的收入。人必须工作

---

[1] 卡尔·马克思. 资本论 [M]. 北京：人民出版社，1975.

才有相应的收入。这是一种投入一次获得一次的收入，连续性投入就能获得连续性收入。用人单位与劳动者之间在定价方面会进行讨价还价。这种收入往往呈现出稳健性高、支收之比高、收益低等特点。

融资性收入是行为者以自身的信用为基础所获得的临时性收入。这种收入以未来需要偿还并给付一定补偿为前提，以行为者自身信用为基础。一个行为者的信用度越高，则其融资性收入将越快、越多，同时融资性收入越多，自身信用度越低。这就使得一个行为者的融资性收入呈现递减的态势，且所承担的利率逐渐增大。一般融资性收入需要承担的利率与其自身的信用度大小成反比，即信用度越高，利率越低。这种收入往往呈现出稳健性一般、成本收入比高、杠杆率高的特点。

财产性收入是指依据财产所有者的财产类型来获得不同的收入，以钱生息、租金、红利、股息等为主。例如，货币储蓄、债券能够产生利息形式的收入，此类资产包括现金、储蓄账户和支票账户等；股票和其他金融证券能够产生红利、资本增值收入；不动产，包括土地、房屋等，有租金支付和资本增值或贬值形式的收入；不动产以外的其他财产，有资本增值或贬值形式的收入，基本无利息的资产，如贵金属（黄金、白银等）、文物、字画等增值性收入；机器、设备和其他有形产品有资本增值或贬值形式的收入，如设备、存货、机器工具等；自然资源，如矿山、油田、农田、森林等有资本增值或贬值形式的收入；版权和专利，有版税和其他使用费用形式的收入，如著作权、商标商誉权、专利等。这种收入的获得往往与财产使用的定价有关，主要受财产类型、财产需求等影响。

经营性收入是行为者在销售货物、提供劳务及服务等日常活动中所产生的收入，通常表现为现金流入、其他资产的增加或负债的减少等。这种收入具有很高的不确定性及不稳健性，但往往收益比较高，因为其在所提供产品或服务的定价上具有一定优势。

转移性收入主要得益于相应的补贴、扶助或者亲人之间的财产转移。这种收入往往稳健性差、成本低，无法给予定价。

5.3.1 工资性收入靠大数据时代下的工匠精神及其差异化薪酬

大部分人是靠相对稳定的工资收入过活，甚至其工作目的就是获得稳定的工资性收入。工资性收入往往依赖个人的专业技能，这种专业技能需要工匠精神，并且其价格由市场决定。

1. 工资性收入与系统风险

工资性收入是一份相对稳定且风险较小的收入。甚至有人觉得工资性收入无风险，其实工资性收入的风险在于系统性风险。只要观察一下周围就不难发现，人一旦生病不能工作了，也就没有了工资性收入；如果一个人没有专业技能，可选择的机会少，工资性收入就少；如果一个人的专业技能与相应公司的要求不匹配，公司也不会雇用他。

根据经济学家米尔顿·弗里德曼在《美国货币史》中的论述，自1929年到1930年美国居民的货币收入下降了15%，之后1931年下降了20%，1932年又下降了20%，1933年又进一步下降了5%。在大萧条期间，美国居民的货币收入累计下降了53%，同时即便由于商品或服务价格水平的迅速下降在相当大程度上抵消了实际收入水平的下降速度，1929年到1932年，实际收入仍分别下降了11%、9%、18%和3%，即实际收入在4年里累计下降了36%。2008年，美国次贷危机导致雷曼兄弟倒闭，也导致了众多员工失业。

在这种情况下，人们收入不足就会导致无法正常偿还房贷、车贷，因而住房、汽车被银行等收回，从而导致人们无处睡、没有便捷的出行工具。

除类似的系统性风险外，工资性收入还会受企业裁员、破产或倒闭等影响。例如，2018年，美国特斯拉CEO马斯克裁掉9%的员工，规模大概在4 000人。正如马斯克所说的，公司会通过评估每一个职位的重要性，以及该职位员工的工作效率、技艺水平和可代替性来作出是否裁员的决定。同时，对于每个离职的员工，公司都将根据其个人服务年限给予相应的现金或股票补偿。

因此，工资性收入受系统性风险、公司破产或倒闭风险、公司经营风险等影响，工资性收入并不是一种稳健的收入来源。也就是说，人们基于工资性收入的支收之比将在某个风险爆发时不断增大。这些风险往往是自己不能独自化解的，而需要整个公司来协作，甚至需要国家来协调。

在大数据时代，人们在入职前应该如何识别出即将倒闭的企业？美国LinkedIn是一家职场社交公司，在雷曼兄弟倒闭前一天，LinkedIn忽然发现来自雷曼兄弟的来访者多了起来，但当时他们并没有深究原因。第二天，雷曼兄弟就宣布倒闭了，原来公司宣布倒闭前内部员工已知晓消息，所以雷曼兄弟的员工纷纷到LinkedIn找工作来了，原因就在于，这些员工是依靠工资性收入来维持自身的生活。无独有偶，在谷歌宣布退出中国的前一个月，有人在 LinkedIn 上发现了一些平时很少见的谷歌产品经理在线。在大数据时代，为了获得稳定的工资性收入，利用大数据技术来识别企业的情况是有必要的。虽然人们很难清楚知晓其所在公司的决定，但可以利用大数据平台来分析数据，识别出公司可能出现的问题，并制定好策略。

大多数白领是靠自身的关系来获取公司的状态，而拉勾网、智联招聘、猎聘网等众多招聘网站上有发布的各项职位数据，根据这些职位数据也可以判断公司内部的情况。人们可以利用爬虫技术来获取职位信息，从职位信息来识别出企业的稳定性。往往一家企业的中高层是相对稳定的，而基层保持相对的流动性。当一家企业的中高层职位长期有较大的流动性，这往往意味着该企业是存在问题的，而且问题还不小。

对于已经入职一家企业的人来说，其最好的方式就是救活自己所在的企业或者让其发展得更好。也就是说，每个人都需要融入公司，将自己看作公司，将公司看作自己。当人们做到这一点，其业绩一定不会差。以信贷机构为例，风控人员决定企业的生死，也决定公司利润的多少。

图 5-2 显示的是一家公司的风控表现。2017 年 8 月，该公司的王某开始负责整个公司的风控，在 8 月前该公司逾期率一路上升，而后一路下降。在逾期率下降的同时，放贷额在不断上升。在整个过程中，王某同各位同事沟通，督促整个事情的进展。其实，他仅仅拿不多的工资，没有股票、没有期权，但为使公司发展得更好，自己的工资性收入能够长久一些，他将自己看作这家公司，将公司看作自己，从而得到了双赢的结果。

图 5-2 以工资性收入为主的从业人员业绩表现

对于正规企业而言，它们要想提高自身的利润并降低成本，就需要借助数据。因为现有业务存在的问题或者改善点都在数据中，只有借助大数据分析，才能知晓问题症结，并制订出确保收入和利润提高的合理方案。在企业中，若每个成员都朝着相同的目标努力，企业将蒸蒸日上，自身的工资性收入也能得到保障。

2. 工匠精神是工资性收入的支撑

工资性收入要依靠人们的工匠精神来支撑，工匠精神具体地说，就是爱岗敬业的精神、精益求精的精神、协作共进的精神、追求创新的精神。

爱岗敬业的精神就是要干一行，爱一行，热爱本职工作，不见异思迁，这山望着那山高；更是要钻一行，精一行，对待自己的工作要勤勤恳恳，兢兢业业，一丝不苟，认真负责。因为只有长期地聚焦于一个行业，一个人才能积累丰富的相关工作经验，并形成以不变应万变的能力。这样才能保证其工资性收入稳定、可持续增长。

精益求精的精神就是不断追求做得更好，争取达到极致，对于相关工作只有进行时，没有完成时，永远在路上，花费大量的时间和精力琢磨工作内容，努力提升产品或服务的品质。只有保证产品或服务有良好的品质，客户才会付费购买，其工资性收入的来源才有保障。

在大数据时代，团队协作的精神就是团队内每个成员需要为了一个共同的目标，携手共进，彼此包容和尊重。比如，一个信贷业务流程涉及上百项内容，一个人是不可能完成的，必须由团队协作来完成。团队协作需要团队成员达成共识，相互分工合作，推进整个事业向前发展。正如"大河有水小河满"，整个团队有收入了，团队内每个成员自然就有了工资性收入。

追求创新的精神就是在不断继承和发扬优秀产品或服务特质的基础上，紧跟时代潮流，不断在产品或服务中注入新元素，推动产品或服务升级换代，以满足社会发展和人民日益增长的美好生活需要。因为任何产品或服务都有自身的生命周期，产品或服务总有不能满足客户需求的时候，那时也是企业无现金流之时，也就意味着工资性收入没有了来源，而新产品或服务的推出可以保证企业有源源不断的现金流，相应地，工资性收入也就有了保障。

"工匠精神"是工资性收入的可靠保障。企业只有不断提高产品或服务品质，才能保证发展得长久和稳健，同时能降低相应成本并提高相应收入。从根本上讲，只有企业能够长久地存在，并有稳健的现金流，个人的工资性收入才能持续和增长。

人在未来真正的核心竞争力并不是技术，而是自身不断学习、总结、实践和创新的能力。自 2015 年以来，媒体屡有报道，一些知名大学毕业 40 岁左右的人，在中年压力下选择结束自身生命。对这些案例进行仔细研究发现，他们在长达 10 年甚至更长时间里没有更新自身的知识体系，更没有转行等来挑战自我。这在大数据时代下的市场经济中不是一种理性的选择。

工匠精神不是愚忠于企业的精神，爱岗敬业是热爱当前岗位，在当前岗业上坚守和精进，而不是长期待在一个企业。一家没有创新，停滞不前的企业，它的存在只是浪费资源，阻碍产业升级。每个人都是国家宝贵人力资源的重要构成部分，爱岗敬业精神是对自身所处分工和专业的爱和敬。科技没有极限，技术的进步需要不断钻研，不断创新，同时，技术的不断进步也提高了对人们技能的要求。是否具有工匠精神将是人们工资性收入差距的重要保证，也是能否提高工资性收入的关键所在。

3. 工资性收入的定价

工资性收入也需要定价。一般而言，劳动者的薪酬主要是由市场行情、供求双方各自的需求、岗位情况，以及用工方与劳动者之间平衡能力等决定。但随着大数据时代的到来，各种数据都存在于移动互联网上，市场行情、彼此之间匹配程度等都可通过数据进行量化。用工方往往根据劳动者的过往工作业绩评估其能为企业所带来的价值，从而给出一个价格，而劳动者可以通过多方对比获得相对高的报价。

工资性收入的定价主要依赖工匠精神，因为这种精神不仅体现在对于自身专业的不断精研和开拓上，而且体现在因精益求精为用工单位不断创造出的各种价值上。

在大数据时代，劳动者越具有工匠精神，则工资性收入越稳健，相应地，投资收益率越大，其本身因钻研等带来的支出就相对比较小，所需要的杠杆就较小。

5.3.2 融资性收入靠契约精神及其个性化信贷定价

1. 融资性收入的意义

大部分人的青年时期是收入少而花销多的时期。在这个时期,无论是人们读书,还是买房、买车等花费往往是从家族宗亲长辈中获得的转移性收入。比如,一些人在北京、上海等大城市买房是靠父母的养老储蓄、兄弟姐妹的积蓄或者其他亲朋好友的积蓄。这种依靠宗亲的转移收入的做法往往使得父母更加依赖自己的儿女,父母的养老钱被自己的儿女挪用,不管未来父母与儿女的关系如何,父母将无其他选择,只能让儿女供养。而子女从父母那里获得了相应帮助,往往无法感受到自身的独立。

同时,因为儿女从父母、亲戚处获得融资性收入,所以儿女今后的消费,亲朋好友就有权过问、有权插手。这使得新生家庭与原生家庭之间的关系界限模糊,在未来生活中,子女与自己父母、亲戚之间不可避免地有各种冲突和矛盾。

而金融服务为每个人提供了不一样的人生。今天,学生们有助学贷款、校园贷、信用卡等融资渠道,这些渠道为他们提供了融资性收入。这种负债式的融资性收入使他们透支了未来,扩大了生活、工作的选择范围。

2. 融资性收入主要是信贷

对于每个珍惜自身信誉的人来说,借钱会逼迫自己更努力。这种压力在当时看起来很大,但会迫使自身不断向上并有利于自身独立能力、责任心的养成。

自 2014 年出现的现金贷产品看似解决了一般劳动者融资难的问题,一般劳动者有了融资性收入,但其年化利率高达 100%,甚至有的高达 300%,这进一步加剧了收入差距。

通过对借贷大数据进行分析发现,这类借款者都存在这样一个问题:要么有收入但消费超过自身的收入水平,这种消费是无节制的,没有量力而行;要么就是根本没有收入,没有充分利用自身知识、能力进行变现,而通过借贷来过日子。这是一种不可持续的借贷,最终会逾期,甚至产生坏账。

通过融资来获得收入不仅对个人而言不是长久之计,对一个国家也是如此。截至 2020 年,美国国际债务高达 25.9 万亿美元,仅年利息就将近 6 475 亿美元,其 GDP 年增长率为 2.2% 左右，即一年增长 4 708 亿美元，尚不够偿还其负债所带来的利息。但 2009 年的希腊债务危机、2018 年的土耳其债务危机都表明，靠发行货币或者发行债券等进行借贷来获得收入或刺激经济发展是不能长久的。

这些国家的决策者都忽视了一个重要的逻辑，即借的钱都是要还的。受信用限制，借的钱越多则未来再借越难，成本将越高。任何一家银行或信贷机构在做出是否放贷的决定时都会考虑客户当前的债务情况，以此来评估客户的信用高低。当前债务越大，未来一段时间的还款压力越大，信贷机构当前借出的款项被按时还回来的可能性就越小。

企业也离不开债务。企业进行融资往往是在股权和债务之间动态选择相应的融资方式，当股价高的时候，公司以股权融资为主，而当股价偏低时则以债务融资为主，但总体来说企业都有一些债务。2019 年，央企平均资产负债率为 65.1%，而民营企业资产负债率为 58.2%，一些僵尸企业甚至完全是靠债务过活的。这些企业已经停产、半停产或资不抵债，或连年亏损，主要靠税收补贴、银行续贷维持经营。这些企业不同于因其他原因陷入困境的企业，是无法恢复生机，只靠外部融资性收入免于倒闭的企业，这些企业往往属于产能过剩、附加值低的行业，且规模比较大，员工比较多。根据中国人民大学国家发展与战略研究院于 2016 年发布的国内第一份全面研究僵尸企业的报告《中国僵尸企业研究报告——现状、原因和对策》来看，僵尸企业比例最高的五个行业分别是钢铁（51.43%）、房地产（44.53%）、建筑装饰（31.76%）、商业贸易（28.89%）和综合类（21.95%）。

融资性收入主要是用来缓解个人或企业临时或短时间内因资金流不稳定所带来的问题。不论是消费金融，还是经营借贷，其前提都是以借贷者未来现金流为基础进行放贷，同时有利于激励消费者努力工作、企业经营者努力经营。

3. 融资性收入就是合理利用杠杆率

融资性收入不仅给个人、企业、国家带来了收益，而且提高了杠杆率。但杠杆率也分优劣。比如，信贷机构将资金借给僵尸企业，只是让这类企业苟延残喘而已，对经济发展和社会稳定作用很小，这就是一种"坏杠杆率"。而信贷机构将资金借给小微企业，将促进小微企业的发展，有利于经济结构调整，有利于就业人数增加，这就是"好杠杆率"。信贷机构向中产人群发放消费贷，有利于促进消费升级，满足人们对美好生活的追求，这就是好的杠杆率，而信贷机构不向一些靠"借钱过日子"的人放贷则是去掉了坏杠杆率，因为这样可以促使此类人进入就业市场，发挥自身的人力资源来创造价值，这是去掉坏杠杆率的作用之一。

在"去杠杆"的过程中，坏杠杆率应优先去掉，这样不仅可以挤掉金融市场中由于资金嵌套和金融杠杆累积的"水分"，而且可以去掉实体经济中的"坏杠杆"。这虽会带来阵痛，却是不可避免的。不破不立，当前的问题不解决，未来的阵痛将比现在更加剧烈，这是经济健康发展不得已而为之的选择。

为了去掉坏杠杆率的同时避免伤害到优质杠杆率，应适当地扩大优质消费贷、小微企业贷及绿色贷款等，以避免因去掉坏杠杆率而给经济带来伤害、降低投资者对经济发展的预期。2018年6月，中国人民银行扩充了MLF（中期借贷便利）抵押品的范围，包括不低于AA级的小微企业、绿色和"三农"金融债券，AA级公司信用类债券，优质的小微企业贷款和绿色贷款。这样做一方面释放了一定量级的流动性，可以防止债市违约风险继续蔓延，为金融市场"压惊"；另一方面有针对性地增加了小微企业、绿色和"三农"金融债务的流动性，政策隐含之义是将这些担保品划入"好杠杆"之列。中国人民银行选择小微企业、绿色和"三农"金融债券，不仅在于控制"去杠杆"的规模，也是有结构性地去杠杆的核心体现。去掉杠杆中不好的部分，这不能算中国版的"QE"（量化宽松），而只是监管部门对去杠杆政策微调。

无论在去杠杆时期还是加杠杆时期，优化自身收入结构的关键都在于充分利用杠杆来提高自身的收入，当然这同时增加了自身所承受的风险。一个人有风险可控、收益高的投资项目时，就可以利用杠杆来增加自身收入。杠杆是一把"双刃剑"，能为自身带来更高收益，也可能带来更大损失。杠杆的效果如图5-3所示。

图5-3 杠杆的效果

假设一个人租房每个月需要花费 2 000 元的房租，而其按揭贷款买一套房子每个月需要支付 6 000 元，但其压力增加的不是这 6 000 元，而是 4 000 元，因为其将原本需要支付的 2 000 元房租还了房贷。杠杆率是增加了，但买房是为了满足居住需求，这个杠杆是良性杠杆，迫使其更加向上和独立。对于工资性收入群体来说，为了购买住房适当增加一些杠杆率是可行的。

住房按揭贷款也可以抑制客户的冲动性消费。这样可以减少支出，降低自身的支收之比，避免成为月光族。因为"由俭入奢易，由奢入俭难"，一些人的支收之比远大于 100%，但降低支出往往是一种非常被动的方式，更好的方式是增加收入，无论是增加自身的工资性收入，还是其他收入，贷款压力都将激励其奋发向上，而这种精神是人们保证其收入可持续和稳健的关键。

4. 融资性收入依靠契约精神

融资性收入的保障依靠的是契约精神，这里的契约精神是指借款者能否遵守契约按时还款，或者能否按照契约执行相关权益。一些人以自己的小"聪明"，即骗、抢、偷等方式获得了一些收入，但这样做破坏了人与人之间的信任关系，导致彼此之间相互防范。在信贷、保险领域，金融机构更是将大量的人力和财力投入防欺诈、防骗的工作。

一少部分借款者抱着不用还款的心理逃避自己应该承担的责任。例如，现金贷所实行的高利率在某些方面违背了相关规定，而一些借贷者连这些机构的本金和合法利率也不还了。他们既违背了法律意义的契约，又违背了精神上的契约。

一些合规的企业家因为这部分借贷者违背了契约精神而不得不放弃企业，因为这些借贷者的冷漠、奸诈和自私导致遵守法律的企业家受到伤害。同时，这将使得资金融资更难，致使一少部分不合规的企业出现，它们以远远超过 36% 的年化利率来放贷，使一些人进一步深陷高利贷的怪圈之中。这不仅影响了市场的正常发展，而且无形中增大了监管成本。鉴于此，2017 年 12 月，相关部门发布《关于规范整顿"现金贷"业务的通知》，对"现金贷"业务展开专项整治工作，进一步规范了"网络借贷"市场。

在大数据时代，我国的征信体系不断完善，各家信贷机构的运营逐步走到了存量客户运营阶段。在这个时代，无论是征信报告还是信贷机构的行为评分卡都将借款者的历史契约行为作为最重要的数据来源，并以此为依据开发识别风险的关键性指标。当人们的征信报告不良或行为评分低时，将很难再次获得融资性收入。

契约精神体现在人们的行为之中，这些行为被各种设备等所记录。人们的契约精神越强，未来再次获得融资性收入的概率就越大，而且获得的融资性收入数额也越大。

人们面临的问题往往需要资金支持，人们应当明白，缺少资金是每个企业、个人永远的问题。当人们能够从容面对这个问题时，最重要的是思考如何以少的投入获得大的产出。从外部进行融资来达成目标是一种方式，依靠自身本钱也是一种方式。但无论是哪种方式，外部性融资仅仅是为了保持自身稳健的权宜之计，并不是长久之计。

根据历史上其他国家债务问题的化解方案来看，首先需要以自身契约精神为前提，而后积极与各方沟通来确保外部临时性融资、延长债务期限等措施能够实施，并给出自身调整债务结构的方案。一般而言，可行的债务调整方案主要是从降低支出、出售资产变现及提高长远收入等角度出发。

企业的债务化解方案主要是从如更换办公地点、解聘部分员工等方式来降低成本和费用；与此同时，通过变卖一定的企业资产，如厂房、机器设备、业务等方式来增加还款能力。对企业来说，化解债务问题的根本方法还是不断增加净收入，如增加主营业务收入、吸引战略投资者等。更为核心的是通过提高产品质量等来提高产品价格，从而获得足够收入。假设企业产品或服务的定价是20元，要销售出去1万件产品或服务才能完成20万元的收入，现在将价格提高到25元，仅仅需要销售8 000件产品或服务就有20万元收入。根据供需原理，价格提高到25元时，需求可能降为9 000件，也就是可以获得22.5万元的收入。成本降低了，同时收入增加了，自然而然债务问题就可以得到有效控制。

对于个人而言，要化解债务问题，关键也在于控制自身的过度消费、经营的欲望，并不断增加自身的工资性收入、经营性收入和财产性收入。

解决企业或个人的债务问题要围绕着降低支收之比来进行。同时，化解债务问题的根本出路是减少或者不产生债务，这就需要人们具有稳健的收入和支出。同时，企业或个人需要做好各种预算，避免出现因超出预算带来的收支不稳健和不可持续的情况，减少不必要的融资性收入，保护好自身的信用。

在企业中，预算是将企业的财务、经营、管理全面打通的一项系统工程。预算是企业管控债务风险的关键，因为预算往往与收入和支出紧密联系在一起。在获得收入之前，企业往往需要投入一些资金，如人工成本，但预算到底需投入多少又往往与收入目标紧密联系在一起。

每个人都有自身目标，这些目标要达成同样需要有预算。这些预算是对最终结果的设计、对达成结果的过程控制，更是对过程中各种问题的把控，这将使得每个人都能够从容面对各种问题，如短时间资金周转不畅、临时性资金不足等。这是保持自身契约精神的前提。

5. 融资性收入的定价

契约精神是融资性收入的定价基础。一般而言，如果是信贷机构的新用户，信贷机构将根据其信贷记录、行为数据等来评估客户的信用值或契约精神，从而给出授信额度、利率。如果是信贷机构的老客户，信贷机构将根据其在自身机构的守约情况、资产变动情况等来决定利率。

随着大数据技术的不断发展，未来有可能客户在一家机构所表现的契约精神很不错，其他机构就会向该客户提供额度更高、利率更低的融资性收入。然而，不论怎样，只有企业或个人能够保持契约精神，才能以更低成本获得更多融资性收入的机会。

信贷机构往往对新客户定价偏高，但对老客户就会适当优惠。这是因为新客户的信息少，风险评估模型往往偏差大，这使得其风险溢价比较高；而老客户的数据比较丰富，模型更加精准，风险溢价比较低。比如，一般信贷机构的申请评分卡是采用中国人民银行征信数据等进行评估，其模型 KS 区分能力在 40 左右，而客户的行为评分卡模型不仅采用中国人民银行征信数据，也采用客户在本机构的信用表现数据进行评估，其模型 KS 的区分能力可达 60 以上。这就使得定价有所差别。

在信贷业务实践中，有三种定价模型，分别是成本加成定价模型、基准利率加点定价模型和客户盈利分析定价模型。成本加成定价模型主要采用的公式是贷款利率＝资金成本＋运营成本＋预期利润水平＋风险补偿，这种方法以经营盈利性为目标，避免了恶性竞争，但要求信贷机构对于自身的成本非常清楚，以及对贷款利率有清晰的认识。

基准利率加点定价模型主要采用的公式是贷款利率 = 基准利率 + 风险补偿数 = 基准利率 × 风险溢价乘数，这种定价模型是在市场基准利率的基础上加上不同水平的利差，银行能够相对简便地确定不同额度、期限和风险程度贷款的价格，这种利率更加贴近市场，具有较强的竞争力；缺点是以市场竞争情况为依据，未经过自身成本效益的准确核算，不能确保信贷机构盈利。

客户盈利分析定价模型主要比较客户的利息收入是否大于为客户提供服务的成本和银行利润之和，更加注重在客户的各项业务中得到可持续和稳健的收益。

也有根据风险调整资本收益（RAROC）进行定价的，RAROC 是收益和资本均根据风险加以调整后的比值，公式为 RAROC =（收益 – 预期损失）/ 经济资本。根据"巴塞尔协议"，每笔贷款都应配置相应数量的资本金。依据 RAROC 的定价公式，贷款利率 =（预期损失 + 资金转移价格 + 经营成本 + 经济资本 × RAROC）/ 贷款金额（L），由此公式进一步可以得到，贷款利率 = 预期损失率 + 资金成本率 + 经营成本率 + [经济资本 ×（RAROC–i）]/L，其中 i 为利息、手续费等收入。通常，经济资本是用于覆盖非预期损失（UL），所以，贷款利率 = 预期损失率 + 资金成本率 + 经营成本率 + [UL ×（RAROC–i）]/L。

依据"巴塞尔协议"可知，这三种定价模型都有一些缺陷，如忽视了贷款组合之间的相关性、没有考虑到非预期损失等，同时这些定价都是从信贷机构出发而忽视了客户的还款能力和客户的需求特征。这些定价模式也忽视了不同客户不同的预期损失，使得高风险客户和低风险客户能够以同样的价格获得相同的服务，对客户而言这是不合理的，因为这忽视了客户的博弈，很容易造成客户的逆向选择，从而导致新进入的客户具有高风险性。

个性化定价主要考虑银行的资金成本、运营成本、利润，也需要考虑预期损失、非预期损失、还款能力，以及客户之间的相关性等。个性化的贷款利率 = 预期损失率 + 资金成本率 + 经营成本率 + 利润率 + 非预期损失率 ×（RAROC–i）+ 相关性预期损失率 + 相关性非预期损失率 ×（RAROC–i）。其中，预期损失率 = 预期损失 / 贷款金额，资金成本率 = 资金利率，经营成本率 = 经营成本 / 贷款金额，非预期损失率＝非预期损失/贷款金额。非预期损失、相关性都可以按照"巴塞尔协议"的规定来计量。

5.3.3 财产性收入靠大数据下"攻守"策略理财定价

1. 财产性收入是重要的收入来源

无论是以让渡货币资本的使用权获得收益，还是通过出租住房、商铺、汽车、婚礼服装、玩具等获得租金收入，或者是投资债券、股票、基金、信托、黄金外汇等都是通过长期的增值获利，而不是像对冲机构一样进行量化高频交易，通过短期波动而获得收益，这种财产性收入的前提是拥有资产或者货币资本。这些财富可以来自自身的积累，也可以来自父辈的资本转移等。

对于绝大多数依靠工资性收入的人群来说，改善和优化自身收入结构是关键。他们需要最原始的积累，一般来说都是将工资性收入拿出一部分进行储蓄，以获得一定的财产性收入，但这样的财富积累需要相当长的时间。假设一个人月薪为5 000元，在去除消费后，他真正能储蓄的估计也就2 000元，如果要达到120万元存款则需要600个月，也就是50年。

随着人们的工资性收入不断积累，人们逐渐储蓄了相对丰厚的财富，又将这些财富投资于债券、股票、基金等金融产品以获得相应收入。但这类财产性收入对于95%的居民来说不足以养家糊口，仅仅是改善自身的收入结构。从英国近300年的历史来看，居民每年的投资收益率一直在4%~5%浮动。假设某居民一年总支出为30万元，而投资收益率为5%，则他至少需要600万元的金融资产才能支撑他的总支出，而能达到该要求的人占总人口的0.5%左右。

这种财产性收入往往是在保值的前提下获得增值性收益，人们都希望自身的收益率越高越好，但财产性收入都是让渡相应的使用权，很难保证自身财富的安全。每个人都对自身的财产安全以及财产性收入有要求，这就需要平衡好稳健性和收益率。

2. 财产性收入依赖"攻守"精神

财产性收入依靠的是"攻守"精神。其中，"攻"体现在投资者的主动管理上，尤其是对资产标的、结构、运作方等进行比较和选择，以及依据风险与不确定性进行快速的配置优化。"守"体现在投资者分散投资风险,平衡好收益和风险能力上。

金融投资最基本的要领就是攻守兼备、进退自如。比如,基金的价值分为当前价值和未来价值,其中当前价值和未来价值不是完全可分,而是有所侧重。以当前价值为防守,是守正;以未来价值为进攻,是出奇。再如,理财的价值分为保值和增值,其中保值就是防守,增值就是进攻。

在基金投资中,基金管理人会注重不同风险收益、不同操作风格品种间的搭配,构建攻守兼备组合。从稳健角度出发,基金投资组合会有较大部分的底仓型品种,如国债、银行债等;而从收益角度出发,基金投资组合也会有进攻型产品,如股票等。

在股票、外汇等交易中,攻守精神显得更加重要。投资者能很好地选择进入的时机,但退出则很难,因为大家总想着"还会再涨""现在该股是技术性调整"等,导致错过了大好机会。在这种交易中,人们守的是本金,因为本金是财产性收入的根本,没有了本金也就没有了财产性收入。这就需要进行多层防护,如设置一些抛售点,当亏2%就抛或者赚25%就抛,虽然这样看起来少了进攻精神,但至少可以守住本金。

这种攻守精神也体现在对不同资产价值的判断上。当资产的价格高于其价值时,就应该"守",而当资产的价格低于其价值时,就可以"攻"。这就需要耗费大量的时间、精力来研究相应行业、模式、合规性及是否符合消费趋势。只有"守"住了价值底线,才能从容地在市场上进"攻",也才能耐得住寂寞,等待市场价格升起来。

2008年金融危机期间,众多场外衍生品交易亏损的消息频频传来,让人感到心疼。其中比较典型的是深圳南山热电股份有限公司(以下简称"深南电")与高盛子公司之间场外期权交易的亏损。"深南电"购买了该期权,但没有考虑原油期货价格下跌后该怎么化解风险,以至于在不到一年亏损就超过5 000万元。"深南电"主要吃了"只攻不守"的亏,只看到前面的利益,而忽视了其所潜伏的风险,而高盛子公司则有攻有守,化解了价格上涨和下跌的风险。

3. 理财性收入的定价

投资者投入资金购买各种理财产品或股票等,都是为了赚取溢价或是生息、分红及其他权益收入。获取财产性收入的前提是投入资金，无成本的买卖连投机都不能算，只能属于空手套白狼。

既然要投入资金，首先要解决的问题就是对投资标的价格的判断，大部分纯损益类标的价值量化标准会因行业类别不同而不同，其核心价格往往需要相关行业领域的专家进行判断，但大多数人并非专家，其财产性收入更要以收入类标的为主。

收入类标的购买价格至关重要，因为这决定着投资回报率与本金收回时间。投资回报率与本金收回时间成反比，回报率越高回，本时间越短。很多无经验的人投资损益收入类标的时跟风购买，没有计算回报预期，导致了很多投资"惨剧"的发生，如现值"五十年以上回本商铺及股票"。

投资者要守住的底线是预期收益至少要与通胀持平，再退一步，也至少要与弱风险产品收益持平，如1年期定期存款利率。在这样的底线下，需要根据近几年平均通货膨胀率来设定收益率，同时要根据当前市场弱风险金融类投资品年化收益率来设定收益率。如果投资的是实体类资产，最终收益率还要加上折旧率，如购置车辆用于租赁要算上车损率，否则财产性收入可能为负。

假设弱风险金融类投资标的（保本理财、定期存款等）年化收益率为3.5%，最近3年实际平均通胀率为7%，同时一套商铺的年租金为2.1万元，那么这套商铺的投资价格现值应该在30万元至60万元。如果投资者花费超过60万元的购置成本买入这套商铺，意味着按照当前价格，至少需要29年才能收回成本。这是守的精神，即保值。

假设某信托产品的年化收益率为8%、某理财产品的年化收益率为10.5%，投资者就不应该将60万元投入房地产，而应优先去购买理财产品，其次去购买信托产品。这是攻的精神，即增值。

4. 大数据时代下财产性收入的选择依据产品"攻守"策略

目前，我国市场上各种理财产品比较多，一些产品主要聚焦于权益类资本产品，一些聚焦于债权类资本产品，一些则聚焦于衍生品。在选择理财产品时，理财投资者应关注相关机构的"攻守"策略。如果相关机构只有"攻"而没有"守"，则应该排除该机构，选择具备"攻守"策略的机构。然后，投资者则可以根据不同"攻守"的收益和潜在风险选择适合自己的机构。在大数据时代,这些理财服务机构的信息在互联网上都可以查到,同时能通过这些数据评估其在不同经济形势下的收益,从而选择适合自己风险偏好的理财产品。

理财产品在设计中运用了越来越复杂的现代金融工程的组合和分解技术,其结构复杂,产品定价同时涉及固定收益衍生品定价和期权定价两个方面,投资者一般很难真正了解其产品特性、产品架构、收益水平和风险揭示等。这使得投资者的利益无法得到充分和有效的保护。

随着大数据技术的发展,一些数据挖掘、人工智能等技术被引入期权定价模型中,如神经网络、支持向量机、深度网络、随机森林和提升算法(Boosting)等。由于机器学习、人工智能的假设条件较少,可用估计未知函数,较好地描述期权价格影响与期权价格间非线性关系,预测精度较传统参数模型更为理想。

西南财经大学的周玉琴等将人工智能模型与期权定价模型结合进行了实证分析,其结果显示,相对于神经网络、支持向量机、Boosting 等算法修正的期权定价预测结果而言,随机森林算法修正下的期权定价预测结果最接近真实的价格;长期期权定价预测结果优于中期期权预测结果,二者同时优于短期期权预测结果。

5.3.4 经营性收入靠大数据所护佑的企业家精神及数据化产品定价

企业家精神并不是与生俱来的性格特征,即便是气质、性格迥异的人,经过培养、学习后也可以具有勇于担当、追求创新的企业家精神。每个时代的企业家都有自身的使命。

企业家创新与务实的执行力需要监管部门的护佑。在大数据时代,大数据对于企业家精神的保护应当更及时、恰当。

1. 经营性收入是财务自由的关键

无论是工资性收入、财产性收入、转移性收入还是融资性收入都不能让每个人都走向财务自由之路。成功的企业家都是靠经营性收入走向财务自由的,他们靠自主创业,建立系统来为自身获得更大流量和可持续的收入。甚至一些企业的市值超过一些国家的GDP,如2020年6月,苹果公司的市值超过15 300亿美元,与全球国家GDP排名第12的韩国经济相当;腾讯的市值在5 970亿美元,与波兰的 GDP 相当。公司的目的是通过商业经营来赚钱，追求利润最大化。

早在晚清时期，薛福成就认识到西方的强大在于股份有限责任公司，即通过汇集大量资本、招集众多才智、集中各种资源的方式来实现利益最大化。美国经济学家、哥伦比亚大学前校长巴特勒说："股份有限责任公司是近代人类历史中最重要的单项发明，如果没有它，就连蒸汽机、电力技术的重要性也将大打折扣。"

以 2019 年为例，这一年我国 3 亿农民创造的产值为 7.04 万亿元，人均产值为 2.35 万元，而腾讯在 2019 年年收入达到 3 773 亿元，按照 6.3 万名员工计算，腾讯员工人均创收 598.9 万元。二者创收的差异是巨大的。但这主要与腾讯的经济特征有关，其投入是非线性的，如虚拟服装，它仅仅依靠几个设计师和几十个开发人员就可以开发出来，每卖一件虚拟服装收 1 元，卖 1 亿件就获得 1 亿元收入。而农民的经营性是按照某个比例增长，如果 20 亩地需要花费 2 000 小时，以及 4 000 元的种子和肥料成本，并产出 20 000 千克粮，其与种 1 亩地的花费和收获呈线性关系。农业的规模经济显著性不高，这是经营农业产品不能获得财务自由的关键原因。在大数据时代，随着各种无人飞机、农业技术的发展，未来从事农业生产也具有实现财务自由的潜力。

工资性收入是相对确定的，而经营性收入是不确定的。比如，一个人的工资性收入每个月可能为 3 万元，这是相对确定的。而从经营性收入来看，有 10% 的可能要赔 10 万元，有 20% 的可能是无收入，30% 的可能收入为 1 万元。但在现实中，与不确定性的收益相比，人们赋予了确定性收益更大的比重，这被称为"确定性效应"。大部分人会选择依靠工资性收入，少数人选择通过增加经营性收入来改变自身收入结构，而工资性收入增长都是与 GDP 的增长同步的。这就是大数据时代下新消费所面临的收入不足以支撑消费的问题。

企业在过去是社会的基本组成单位，一切经济波动最后由企业来承担，而随着互联网、大数据的发展，企业将不再是社会的基本单位，大量的个人被释放出来，个人成为社会的基本单位。这种个体崛起而组织下沉的现象将是未来最大的趋势，人的能动性将进一步增强。

未来，一个能力越稀缺、越有特长的人或企业将越有价值，被替代的可能越小。人们将面临众多"小众"需求，一个人就可能是一家公司，其工资性收入更少，而经营性收入则更多。

2. 经营性收入靠企业家精神支撑

经营性收入的获得依靠的是企业家精神，这种精神是创新精神，也是承受不确定性行为的能力，更是警觉地发现新的获利机会的能力。在面对"小众"需求时，人们只有通过创新的方式来满足相应需求，或者警觉地发现新产品、服务或生产过程，然后在其他人实施之前动手填补市场空缺，才能获得可观的经营性收入。

关于"企业家精神"的确切含义，学者们有不同的看法，但大多数人赞同其中最关键、最核心的特质应该是"承担风险""创新""实干""坚韧""卓越""担当"。

第一是"承担风险"。在西文中，"Entrepreneur"（企业家）的词根 empresa 就来源于拉丁语动词 in prehendo-endi-ensum，其含义为"去发现、去感知、去俘获"。因此从词源学角度来看，企业家精神就应该包含对风险的感知和承受，对机会的警觉，并承担不确定性的风险，其往往是通过自身的整合资源、协调资源的能力得以体现。

第二是"创新"。根据经济学家熊彼特给出的定义，创新就是对生产要素的重新组合，它包括引进新产品、引进新技术和新的生产方式、开辟新市场、控制原材料的新供应来源、实现企业的新组织。一个人只有敢于承担风险、勇于创新，他才能算得上真正意义上的企业家。

"创新"被认为是企业家的灵魂。企业家天生就是那些善于创新、不走老路的人。而且，创新不仅仅是科技创新，更重要的是产品创新、工艺创新、模式创新、市场创新、管理创新等。

第三是"实干"。"实干"也是企业家精神的核心要素。企业家必然是那些善于创新、新点子多的人，但新点子多的人不一定都是企业家。二者的根本区别就在于企业家是那些既有新想法、新点子，还善于付诸实施的人。这就要求企业家除具有较强的创新精神之外，还必须具备较强的组织执行力和敢于冒险的精神。

第四是"坚韧"。创业不会一帆风顺，会遇到各种各样的可以想象和难以想象的挫折、风险和挑战，没有超常的拼搏精神和百折不挠的意志，是很难最终取得成功的。

第五是"卓越"。企业家不会是那种知足常乐、小富即安的人，而应该是永远追求最优、最强、最大、最好的人,这种追求不仅表现在数量和规模上,也表现在质量、品牌、效益和竞争力上。

第六是"担当"。企业家应该是有情怀、有追求、敢于担当的人,在搞好经营的同时,要时刻想着对国家、对社会、对环境所承担的责任、义务,并努力做出贡献。

经济发展不是简单的要素积累和产值增加过程,它是一个动态的、循环的过程。正如亚当·斯密在《国富论》中描述的那样,市场的扩大导致了分工的细化,分工的细化促进创新的发生和生产率的提高,生产率的提高导致了收入的提高,而收入的提高又反过来促进了市场的扩大。在这个循环的过程中,企业家的作用是不容忽视的。

首先,市场的扩大是企业家们开拓的结果。市场规模有多大不仅取决于市场上的参与者数量,还取决于消费者多少现有需求能够被发现、被满足,以及多少新需求可以被开发出来。而这些都需要企业家敏锐的眼光和卓越的判断力。

其次,分工的深化是企业家引导的结果。分工分为两个层次:产业间的分工和产业内的分工。在产业间层面,劳动力的分配主要依赖不同产业所能提供的就业岗位和待遇。而这些条件本质上取决于企业家对各行业走势的判断,以及由此形成的投资。在产业内层面,企业家则更为具体地扮演了协调者和管理者的角色,这对引导和协调分工是十分重要的。

再次,创新是企业家行为的结果。为了在竞争中赢得胜利,市场中的企业家们必须时时刻刻求新、求异。这要求他们不断地开发新产品、采用新生产方式、开辟新市场、使用新的原材料、采用新的产业组织方式。这些措施都可以大大促进社会生产力的提升。

最后,经济发展的结果需要企业家来巩固。通过市场的扩大、分工的深化和技术的进步,社会财富得以增加。如果想让社会生产力和居民福利得到永久性的提升,就需要对财富进行积累,并将其重新用于投资。而最终完成投资的主体还是企业家。

3. 利用大数据技术来激发和保护企业家精神

在大数据时代,企业家精神可充分利用大数据技术来保护和激励,这可从以下四个方面入手。

第一，通过早预警等预防方式来保护产权。要激发和弘扬企业家精神，首先得让企业家有良好和稳定的预期，而要形成良好、稳定的预期，首要的是对产权进行有效保护。如果产权得不到有效保护，很难想象企业家能够有较强的创新和创业动力。在大数据时代，可以通过爬虫技术自动将各种产权应用等爬取出来，并与产权库进行匹配。同时，基于匹配结果及相关法律、法规，建立不同层级的预警机制和主动与产权所有人沟通的机制，以积极防范产权侵犯，从而预防因产权侵犯所带来的各种损失。只有维护好市场经济秩序，才能充分发挥企业家精神。

第二，有针对性地满足企业家经营自主权的不同要求。经营自主权是企业家发挥作用的重要保障。没有经营自主权，企业家的作用就无从谈起，更不可能激发企业家精神。在大数据时代，要充分利用大数据技术识别不同企业家对经营自主权的不同要求，并结合相关产业政策及产业升级的要求，给予不同的满足，并由企业家作出判断。在企业内部管理、人事任免、薪酬激励等方面也要充分尊重企业家的自主权，激发和保护企业家的创新精神。

第三，利用大数据技术维护良好的市场秩序。要大力弘扬和激发企业家精神，更好地推动经济高质量发展，一个重要着力点就是创造一个优质优价、优胜劣汰的市场环境。随着大数据技术、北斗卫星导航系统、5G技术等的发展，监管部门可以充分利用大数据技术，严格执行相应的质量、安全和环保标准，提高信息透明度，缓解信息不对称，从而降低企业、消费者等的成本；充分利用移动互联网技术，加大对失信、假冒伪劣等行为的曝光、处罚力度；鼓励企业在合规的前提下充分利用大数据技术来提高营销能力和收入，同时利用公共数据降低成本，并开发出优质的产品，以促进企业自身的可持续性和稳健性发展。

第四，基于大数据建设提供智慧服务。提供一站式服务，降低企业办事成本，自动化地降低企业税费负担和能源、资金等要素成本，减少企业经营成本；加大对共性技术、基础材料的研发，建立公共、有效的大数据、人力资源匹配平台来协助企业搞好生产和发展。

4. 数据思维驱动产品定价

企业家精神除指从满足客户需求的角度来提供产品或服务之外，还要考虑到产品或服务的定价。定价决定利润率，当价格为 10 元时，利润为 2 元，那么当价格提高到 11 元则相应的利润为 3 元，利润提高了 50%。

定价对企业尤为重要。因为利润 = 销量 × 价格 – 成本，很多时候人们只关注如何提高销量和降低成本而忽视了价格，但价格往往与营销分不开。一般而言，不同信贷机构对贷款的定价策略在很长时间内保持不变。比如，一款信贷产品 3 月分期的年利率为 8.2%，这对所有的客户都是一样的，这就忽视了不同客户的信用状况和还款历史。对于这种恒定的定价策略，主要考虑整体的损失率、期望利润、运营成本、资本回报率就可以了。假设恒定的利率为 10%，放贷额为 1 亿元，信贷机构将收入 1 000 万元，总成本为 800 万元，则信贷机构的利润为 200 万元。但采用了个性化定价后，客户的预期损失得到覆盖，同时考虑到客户的催收成本，整体利率为 10.8%，在同样放贷 1 亿元的条件下，信贷机构收入为 1 080 万元，总成本为 800 万元，则信贷机构的利润为 280 万元，定价策略改变后利润提高了 40%，这说明合理的定价是提高利润的有效方法。

定价也是一种决策，这种决策需要参考的信息很广泛，这就会出现多方参与定价，并出现多方意见及需求。比如，财务负责人会从财务健康的角度，销售负责人会从销量最大化的角度，而高层管理者则会从公司总体竞争优势等各自的出发点来定价。产品或服务的定价从利润出发是合理的，因为企业家创立企业的目的之一就是获得利润。

利润 = 收入 – 成本，而收入 = 价格 × 销售量。根据需求价格弹性理论可知，对于正常商品，价格越高则需求量越低；而对于生产厂商来说，在固定成本一定的条件下，需求量越低，产品的平均成本就会越高，单位产品的利润就会越低。对于不同的机构，其定价需要根据自身价格和替代品的价格来预估顾客的反应。量化顾客反应才是定价的核心，如图 5-4 所示。

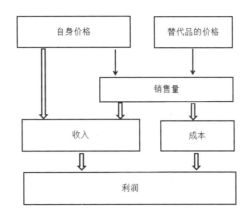

图 5-4 价格反应预估系统图

一般情况下，价格反应的预估方法采用专家判断、顾客调查、价格实验、历史性市场数据分析等。

专家判断是解决企业或机构定价"冷启动"的一种关键方法，一般根据专家判断后给出最低价格、最高价格、"平均"价格所对应的销量，制作出价格反应函数，而后估算出不同价格对应的销量和毛利润率，并找到毛利润率最大点对应的价格，这就是最终的定价。

顾客调查方法是指直接询问顾客在特定价格或价格变化后所做出的购买决定情况，如当价格为 15 元时顾客购买产品的可能性有多大，正常情况下顾客愿意花多少钱来购买该产品，而后制作出价格反应函数并估计出不同价格对应的销量和毛利润率，找到毛利润率最大点所对应的价格，这就是最终的定价。

价格实验是指商品确定不同的价位，而后通过实际销售来观察不同价位的销售情况。价格实验方法的前提条件是产品上市，这种方法测试的结果适用于整个产品，而不是产品的个别属性。

历史性市场数据分析方法一般需要收集大量的有效数据。价格可以通过调查数据或历史业务数据来测度，联合测度法以货币形式表示产品价值与属性价值。如果是历史数据，则可以观察客户面临一系列可供选择的相互替代产品时的不同反应。这些产品的属性不同，价格也不同，可以通过统计方法分解出不同属性产品的价格情况。如果是用调查的方法获得的相关数据，那么可以模拟出顾客的真实情况。

5.3.5 转移性收入靠大数据技术所凸显的利他精神及福利定价

转移性收入除包括养老退休金、扶贫款外，还包括从类似信托、保险获得的受益权等。除社会福利外，转移性收入的另一种模式则是各种资产从长辈转移到下一代手中。如何有效并顺利地将自身的资产转移给自己的后代，是目前高净值人群主要的投资需求之一。

各种大额的信托、保险计划都是为高净值人群所准备的，高净值人群的子女大多获得了优质的教育，他们自身在不依靠长辈的情况下也可以生活得很好。恰恰是一些低收入人群，往往因自身常年在外打工，感觉自己欠儿女的，不断地将自身辛辛苦苦赚得的钱转移给儿女。然而有些儿女由于知识和认知的局限，不仅将父母辛苦挣的钱败光，而且养成了"好吃懒做"的坏习惯。

转移性收入提供的是一种稳健性保障。但如果这种保障所带来的稳健性太强大，将使人失去进步的动力。

1. 转移性收入靠利他精神

利他精神是控制自身欲望而为他人着想的精神。当一个社会或组织内人人都有利他精神，这个社会或组织将是稳健的，且每个人都有获得转移性收入的机会。

转移性收入具有支收之比低、杠杆率低、收益高、稳健性好的特征，但其核心前提是要有利他精神。在精神层面上，是否"利他"是检验人道德水平的试金石。在真实经济生活中，一些人为了自身的利益而采取坑蒙拐骗、尔虞我诈、制假售假等手段，为了达到目的而不顾他人的利益、死活。这些损人利己的行为，从局部和一时看可能使一些人牟取了暴利，但从长远看会导致恶性循环、形成"互害"模式，利己也不可能长久，最终将阻碍经济的发展。

在大数据时代，人们可以利用大数据技术、视频分析等手段来鉴定彼此的责任，让每个具有利他精神的人活得更自在、更舒心，从而使人与人之间的稳健关系得以恢复。因此，在依法对违法行为加大打击力度的同时，还应在经济发展过程中旗帜鲜明地倡导和弘扬利他精神。

虽然主流经济学假定人是利己的，但利他是高层次的利己。利他能够使多方共赢，符合社会及团体的发展规律，从而形成稳健的环境，更有利于每个人自身的发展。利他的核心在于"成人达己,达己成人",即只有给他人带来好处才能实现自身的价值,亦可理解为"顺应天道"。著名管理学家、日本京瓷公司的稻盛和夫推崇"利他"理念,倡导"在追求全体员工物质和精神两方面幸福的同时,要为人类社会的进步和发展做出贡献"。这种理念成就了京瓷公司,使他的公司发展为世界500强企业,这就是"成人进而达己"在实际中的体现。

在市场经济中,利己与利他孰是孰非,经济理论界曾对此有不同观点。传统经济理论认为,利己是理性的,利他是非理性的。但诞生于20世纪90年代的神经元经济学则认为,人们的行为不仅从利己原则出发,通常还会顾及他人或团体的利益。这种利他的行为同样是理性的,是经过自然与社会的双重选择和长期进化之后,被固化在人们身体和心智中的品质。这种利他精神对于维系人类社会的经济制度和政治制度,维系人类社会的合作效率和组织效率具有不可替代的重要作用。

众所周知,竞争是市场经济的前提,没有竞争则市场经济就无从谈起。因为有竞争,才有生产效率的不断提高,生产组织形式的不断完善,社会财富的不断涌流。在竞争中,人们自然而然地追求利己。然而,竞争只是市场经济的一个方面,在合作中利他也是市场经济发展的必要条件,没有合作利他同样没有市场经济。只有通过合作,社会分工才能实现,人们才能各展所长,整个社会才能被有效组织起来,经济才能不断发展。合作并不排除利己的动机,但合作不能仅仅出于利己的动机,还要有利他的心理和行为。

在市场经济发展中,利己与利他是相辅相成、相得益彰的。它们犹如自行车的前轮与后轮,前轮管方向,后轮出力量。如果方向摇摆,那可能会导致车倒人翻;倘若力量不足,车也会行不稳、行不快、行不远。利己与利他的关系也是这个道理。在社会分工、市场分工日益细化而又紧密相连的链条中,每个人的利益都是在满足他人、团体、社会的需要中得以实现的。换言之,每个利己的目的都要通过利他行为实现,而且利己是利他之后自然而然的回报。在市场经济中,生产链、供应链的上游均为满足下游需求服务,最终都要落实到为客户服务上;只有首先实现了他方的利益,才能最终实现自己的利益。在团体中,只有满足了整体需要或公共需要,才能满足个人需要。如果只期望享受他人服务而不愿服务他人,只考虑利己而不考虑利他,最终利己也只能是一厢情愿的美梦。

在经济发展过程中,我们倡导和弘扬利他精神,当然不是反对利己。片面强调利己,忽视合作利他,不可能有长期、可持续的社会福利提升;但片面强调利他,忽视个人利益,也不会有效率的提高。尤其在精准扶贫攻坚期,有必要大力倡导和弘扬利他精神,将有限的扶贫资源给予最需要的人,从而促进经济稳健性和韧性。

老子曾说,"水善利万物而不争""唯其不争,故天下莫能与之争"。聪明人能在最恰当的时候做出暂时的退让,甚至让出利益,帮助他人达成目标。所以,人的真正成就不是争来的,而是利他精神的结果。一个成熟的人,一定懂得利他、合作,懂得分利给别人,从而达到"静而不乱,静而不争"的状态。不争就少了烦恼,多了温和。

在大数据时代,最值钱的不是土地、技术,而是具有利他精神的人力资源。心理学家芭芭拉·弗雷德里克森认为,感恩能够拓展人的思维,让人们考虑更广泛、更具有创造力的可能性、选择和替代方式。生物学家观察到,非人类灵长类动物也会做出帮助同类的行为,如当一只黑猩猩与另一只黑猩猩共同分享食物时,得到食物的黑猩猩会把分享食物的黑猩猩搂到怀里。利他精神将使人乐观、豁达,拥有更多的出路。

在大数据时代,随着移动互联网的快速发展,人与人之间的关系相比过去更加复杂和广泛,因此更加需要人们发扬利他精神。具有利他精神的人将更容易与他人相处,从而争取更多人的支持,以获得某些福利,如创业获得经营性收入等。

当前,在扶贫攻坚的关键时期,人们更应该具有"利他"精神,将扶贫款让与更困难的人,因为扶贫款、物资等是有限的,如何能让这些扶贫款、物质发挥最大的效用,让真正贫苦的人能够享受到经济发展的红利,从而促进社会的进步,也是利他最终利己的最好体现。

2. 转移性收入的定价

转移性收入也需要定价。有句老话说道:"子若胜我,要钱干什么;子若不胜我,要钱干什么。"这句话就表达了,人为自己孩子准备的各种遗产或转移性收入应该适当。

西方很多国家的社会福利非常好,但从过往的报道可知,这种过度的福利衍生出了很多寄生人群。这些人不劳动，仅仅靠领取各种救助金来过活，而且生活比一般正常工作的人群还要好。这种社会福利政策浪费了不少优秀的人力资源。这种做法降低了社会的竞争力，更养成了一部分人的懒惰风气。

转移性收入或福利的定价主要应考虑保障目标人群的基本生活，同时要低于工作人群的工资性收入。与此同时，该定价还应该考虑到长期的增长率，增长率不能超过居民工资性收入的增长率，以激发"食福利"人群的奋发向上之心。

5.4 稳健收益的问题与挑战

正如托马斯·皮凯蒂所说，每个人都会对所处时代的财富收入水平有自己的直观认识，哪怕他缺乏理论框架或数据分析。收入是涉及每个人切身利益的核心问题，因此受到每个人的重视。

在一定时期内，不同的劳动者、行业、地区之间，由于个人拥有的生产要素所产生的效益以及国家所采取的收入分配政策不同，从而形成收入差距。收入差距是一定时期个人劳动成果和社会经济利益关系的反映，与其所参与的经济活动及其效益密切相关，主要属于经济问题。

与收入差距类似的概念是贫富差距。贫富差距主要是指社会成员实际占有财富的多与少之间的差距，主要包括现金、存款、有价证券、个人拥有的企业、土地和住房等固定资产以及家庭贵重生活用品、交通和通信工具等。

收入差距是一个流量概念，贫富差距则是一个存量概念，二者存在显著的区别，又可以相互转化。收入差距随着时间的积累会转化为财富差距，财富差距的增值则是当期收入的差距。

5.4.1 收入差距扩大问题

随着经济的发展及资本的不断积累，收入差距具有扩大的趋势。从2019年中国统计年鉴的数据可知，虽然我国人民的平均年工资在逐年增长，但工资之间的差距也越来越大，如2005年金融业的平均年工资为29 229元，制造业的平均年工资为15 934元，二者的收入差距为10 000元左右，而到2018年二者的平均年工资分别为12 9837元、72 088元，二者的收入差距为57 000元左右。这就是说，收入差距扩大的问题的确存在。

收入差距扩大的原因主要是不同劳动者的所接受的文化教育程度、科学技术水平和能力、思想文化修养、社会知名度等不同所造成的。同时，其与经济发展的阶段以及收入政策（如劳动与资本之间的分配）等也相关。

收入差距扩大很容易带来社会动荡，进而阻碍经济的发展。要解决收入差距扩大问题，需要靠托马斯·皮凯蒂所说的收入分配的驱同力量（知识的扩散以及对培训和技能的资金投入），更要靠政府、社会、企业、个人等共同努力。

在体制方面，政府应主要从以下几个方面着手：推动经济体制改革，打破垄断，建立更平等竞争的市场环境；优化和完善税收与财政支出政策，逐渐将税收从个人所得税变成家庭所得税；优化和完善医疗保险制度与养老保险制度，在经济效率与公平之间取得平衡；借助大数据技术建立个性化的政策；建立更加科学严密的垄断企业成本核算体系，严格限制其利润率，同时合理规定利润上缴比例，使垄断性行业的工资和福利逐渐回到合理水平；建立技术文化培训制度，为社会成员提供技术文化培训，提高劳动者的素质和技能水平；建立和完善资本市场，加强消费者投资保护力度；优化和完善创业基金，鼓励民众创业；等等。

企业要建立工资共决、集体协商机制。企业的利润是由劳动和资本共同创造的，企业利润分配理当由经营者和劳动者共同决定，这就是我们通常所说的工资集体协商机制，或称"工资共决"。随着资本的不断积累，知识的价值越来越显著，一些劳动者的离开往往会导致企业的崩盘，即资本与知识之间的利润分配需要更加合理，以留住关键性劳动者，进而达到共同富裕。随着知识、技术的快速更新，企业应为劳动者提供技能培训，并减少工作时间，以便让员工进行学习和研究，从而创造出新技术、新工艺等，助力企业的发展。

社会要建立和完善劳动致富的舆论导向，建立和完善更加包容的创新环境；个人需要不断发扬精益求精的工匠精神、诚信守约的契约精神、时刻对冲的攻守精神、互惠共赢的利他精神和创新实干的企业精神来提高自身收入。

只有政府、企业、社会、个人共同努力，才能解决收入差距扩大的问题。

5.4.2 生产率下降的问题

对冲基金桥水的创始人瑞·达利欧（Ray Dalio）认为，多数的经济活动主要是由以下三大力量驱动，分别是生产率增长趋势、长期债务周期以及短期债务周期。

生产率是单位生产要素在单位时间内生产的产品或服务数量。2020年1月，世界银行发布的《全球经济展望》报告指出，生产率增长是收入增长的主要来源和减少贫困的驱动力，自全球金融危机以来，其放慢的范围和幅度超过40年来的任何时期。在新兴市场和发展中经济体，生产率放慢反映了投资疲软和效率提升放缓以及行业间资源再分配的减少。国家金融与发展实验室理事长李扬认为，生产率下降是全世界的问题。

OECD（经济合作与发展组织）在2017年发布的报告称，自2008年起，其成员国的劳动生产率持续下降，伴随投资的低迷，严重影响了成员国国内生产总值增长和人民物质生活水平的提高。

从经济学理论来看，生产率下降的原因分为三类，分别是劳动力技能、资本深化（劳动力人均资本数量的提高）和全要素生产率。其中，全要素生产率是影响长期生产率变化的核心因素，而劳动力技能和资本深化对长期生产率的影响基本稳定。

劳动力技能造成生产率下降主要是因为随着技术工人退休，新生代不愿意学习相关技能，以及缺乏高新技术人员等。

资本深化造成生产率下降主要是因为在经环境中资本的长期回报率相对其现值缺乏吸引力，未来资本支出的门槛较高（如雇用高新技术人员的薪资较高等），企业更愿意通过股票回购等方式来增加当期的盈利，从而导致企业多用资本而少用劳动力，造成人员就业结构不匹配等。

全要素生产率造成生产率下降有以下几个方面：知识产权保护不力或过度使得企业缺乏研发投入，即刚研发出来就被别人抄袭，或者因知识产权保护过度而无动力进行研发；缺乏坚实的基础研究支持，导致研发乏力；基础研究的激励机制偏颇，导致基础研究人员流失；等等。

为此，基于大数据来分析我国产业链，甚至是产业网的关键点，是建立和完善人才培养体系，增大相关关键点的技能培训和再培训力度；建立和完善人力资源库，充分发挥人力资源的政策导向作用，引导人们向必要的技术、高新技术领域发展，确保产业链完善；建立和完善收入分配机制，尤其是基础研究人才的激励机制，鼓励企业、社会向基础研究投入，从而阻止生产率的下降。

第 6 章
风险与不确定性——资本之火

> 风险是可以量化的不确定性。
> 不确定性最本原的问题就是经济过程本身的前瞻性。
> ——经济学家 奈特

> 不要将你的鸡蛋全都放在一只篮子里。
> ——詹姆斯·托宾

6.1 风险的构成要素

风险是使用频率很高的一个词汇，但它出现在各个领域的含义是不同的。例如，监管部门提出"化解金融风险"中的风险指的是经济体系和金融领域出现的重大事件，如金融机构出现不良、破产等；在证券市场中，各家证券公司经常提醒投资者"股市有风险，投资需谨慎"，说的则是投资股票有可能会产生比较大的损失，目的是降低投资者的预期；金融行业所说的"高风险，高收益"中的"风险"实际是指一种机会，风险高同时蕴含着高回报；在生产制造业中，风险是指企业在原材料、设备、技术人员、生产工艺及生产组织等方面有难以预料的障碍存在，使得企业生产无法按预定成本完成生产计划。尽管各种风险的表述不同，但往往都蕴含着未来的不确定性、损失性、普遍的客观存在性和异质性。

除了风险外，安全性也是一个常见的词汇，如商业银行的风险管理三性原则为"安全性、流动性和盈利性"。安全性和确定性是风险与不确定性中的特殊情况。当风险低于某个阈值时，人们认为其是安全的；当不确定性为0时就是确定性。在讨论安全性和确定性时不可避免地要涉及风险与不确定性，它们是对偶性问题。为了方便，后续内容的探讨以风险与不确定性为主。

相对于非金融机构来说，金融机构对风险与不确定性的理解是相对彻底和深刻的。观察风险与不确定性的最佳角度也应从金融机构出发，这些适用于金融机构的风险与不确定性概念同样适用于非金融机构。

下面将从风险的不确定性、可测性、损失性、普遍的客观存在性和异质性来阐述风险的核心要素。

6.1.1 不确定性是风险的核心

格来哲·摩根等人认为，不确定性的确重要，并且不应当被忽视。其重要性主要体现在以下两个方面：①人们对风险的态度很重要，因为人类思想过程的限制，认识上的偏见可能使实际上不好的估计成为"最佳的估计"；②不确定性来自不同来源，每个准确的来源都应当有助于确定信息在结合中的权重[1]。人们常常

---

[1] 格来哲·摩根，麦克斯·亨利昂，米切尔·斯莫. 不确定性[M]. 北京：北京大学出版社，2011.

将风险和不确定性等同起来，或者从概率的角度认为不确定性就是风险。不确定性是现实生活中客观存在的事实，反映出一个特殊事件在未来一段时间内有多个可能的结果。不确定性往往是由行为人的主观决策以及信息不充分等原因造成的，带有明显的个性特征。另外一些不确定性是来自上级组织或系统中的不确定性，如2017年市场上的资金荒。

不确定性是产生风险的关键，因为人类社会发展一直伴随着对确定性的追求，确定性是行为能够被预测的前提，也是人类安全感的来源，而不确定性意味着行为不能被预测，人类也就没有安全感，即人类会对未来可能产生各种未知的损失感到恐惧。

李振宇等人认为，风险是未来结果的不确定性或波动性[1]。蒲小雷和韩家平认为，风险可能就发生在春风得意时。他们认为广义上的财务风险就是企业财务活动中由于各种不确定因素的影响，企业财务收益与预期收益发生偏离而蒙受损失的机会和可能性，其是否发生及程度强弱都是不确定的。因此，不确定性是风险的核心。

在现代风险管理理论中，风险包括预期损失和非预期损失。法国数学家棣莫弗在1711年的《关于运气的测量》中提到，"损失任何一笔金钱的风险都是对预期值的背离，对这种风险真实的衡量是损失数量与损失发生概率的乘积"。此处的风险是预期损失。除此之外，还有"小概率事件""黑天鹅事件"[2]"灰犀牛事件"[3]等意外损失或非预期损失。因此，风险是一种不确定性。

张雪魁将不确定性的经济学意义归纳为六大方面：①不确定性是对机会的一种度量。②不确定性是人的一种存在方式。普利高津在评价霍金《时间简史》时指出，时间不可逆是生成不确定性的主要来源。③不确定性开辟了经济学思维的新空间。不确定性范畴打破了线性的思维模式，当前人类在一个更广阔的时空内思考问题，人类经济行为空前扩张，与此同时人类在很多领域仍处于无知状态，任何细小的决策失误和行为过当都有可能引发灾难性的后果。④不确定性提供了观察经济问题的新视角，不确定性思维致力于建构一种风险理性，倡导一种风险

---

[1] 李振宇，陈东明，钟用，等.资信评级原理（修订版）[M].北京：中国方正出版社，2008.
[2] "黑天鹅事件"是指难以预测，且极其罕见的事件，具有以下三个特点：①极其罕见；②产生重大影响；③虽然它具有意外性，但人的本性促使我们在事后为它的发生编理由，并且或多或少认为它是可解释和可预测的。
[3] "灰犀牛事件"是指太过于常见以至于人们习以为常的风险，是大概率且影响巨大的潜在危机。"灰犀牛"是与"黑天鹅"相互补足的概念。

意识，它使人类决策活动自觉根据经济环境的要求行事，自觉地进行风险知识的积累，训练自己以不确定性视角来处理和观察问题。⑤不确定性建构了经济学话语的新体系，形成了不确定性范式。⑥不确定性开启了解释世界的新范式，从而形成了不确定性思维方式。

奈特认为，风险是能够量化的不确定性，而用"不确定性"表示不可量化的不确定性。这种区分方法在大数据时代是不合适的，因为在大数据时代"一切皆可被量化"，所有的不确定性都是能够被量化的不确定性，即所有的不确定性都是风险。因此，不确定性只是风险的核心要素。

6.1.2 可测性是风险的管理基础

美国乔治梅森大学教授希尔顿·鲁特认为，未来是不确定的，但发达国家拥有很多工具来量化不确定性，并将之转化为已知的风险，而通过计算多类事件的概率，可以在一定程度上提高其可预见性[1]。他认为，不确定性和风险之间存在差异，不确定性指难以明确认知的事件，而风险则在一定程度上是可以估测的。同时，发达市场经济体拥有许多工具来汇集、量化、估测风险，并为风险定价，进而把风险重新分配给那些最有能力，也愿意承担它的人。

但这种量化是具有局限性的，是基于过去风险发生后引起的各经济指标变化（如失业率、订单量等）来建立量化分析模型。虽然这有利于人们找到发生风险的规律，使人们逐渐掌握一些预测和控制风险的方法，但这些量化方法是有局限的，因为人们会把一些未发生的风险或未收集到的风险纳入量化体系内，这使得人们能够比较好地量化与过去类似的风险，而难以准确量化一些新的风险。

从当前大数据技术的发展及相关的实践经验来看，一切皆可量化是大数据时代的基本理念。一种事物不能被量化是人们对其认识不足造成的，而为了能够将其量化就需要重新定义它。在奈特理论中，不确定性因技术、理念等而不可量化，但随着计量经济学等的发展，技术、理念等都逐步被量化了。不确定性是信息不充分导致的认知不足。一旦信息充分，人类就有能力将不确定性减少到最低限度。在大数据时代，丰富的数据是人类减少不确定性的关键，更是量化的基础。基于一切皆可被量化的理念或假设，所有的不确定性都是能够被量化的不确定性。因此，

---

[1] 希尔顿·鲁特. 资本与共谋：全球经济发展的政治逻辑 [M]. 刘宝成，译. 北京：中信出版集团，2017.

风险的核心要素之一是可测性。

随着人工智能、机器学习、量子计算机、量子通信等技术的进一步发展，针对一些场景的系统性模拟将逐渐被应用来量化和预测一些未知的风险。同时，数据的纵深将进一步扩大，这就意味着风险大小和损失大小都是可以量化的。或许，未来的人类世界将没有不可测量和不确定的事物。风险永存，但能够被量化。这是风险管理的前提，更是风险管理的关键。因此，可测性是风险的核心要素之一。

6.1.3 损失性是风险与不确定性的结果

英国皇家采购与供给学会将风险定义为不希望的结果所发生的概率。从该定义可知，风险不仅具有不确定性，而且还具有损失性。

风险常常导致损失发生，人们通常厌恶风险，甚至是恐惧风险，并总是想方设法降低风险，从而减少损失。

中国银行业从业人员资格认证办公室专家小组认为，风险的定义可以有以下三种：①风险是未来结果的不确定性；②风险是损失的可能性；③风险是未来结果对期望的偏离。他们认为，风险是事物未来发展变化的本质属性。风险与损失有密切联系，但损失是一个事后概念，反映的是风险事件发生后所造成的实际结果，而风险是一个明确的事前概念，反映的是损失发生前的事物发展状态。这个区分是合理的，损失是事后概念，损失性是一个属性，即风险发生后出现的结果的属性。因此，损失性是风险的核心要素之一。

道格拉斯·哈伯德认为，风险是不确定性的一种状态，而不确定性是缺乏完全的确定性，其存在超过一种可能的未知结果、价值、状态或其他情况。这就是说，损失性是一种结果出现损失的可能性或概率。它不仅有出现损失的可能性，同时也有获利的可能性。这二者就类似于抛硬币，有正面也有反面，但其大小不同、概率不同等。

杨军认为，风险有三种含义，第一种是指不好的事件和结果；第二种是指预期损失，比较接近于现代风险管理中风险的概念；第三种是指非预期损失或意外损失，带有不确定性。预期损失与意外损失都是一种损失可能，是风险的损失性。

周宏亮和穆文全认为，风险由敞口和控制两个基本元素组成，敞口可以定义为受制于一些影响导致资金损失的情形,而控制是采用各种技巧、工具和技术减少敞口对金融损失的影响程度,其还认为风险是面临特定原因和状况下出现损失的概率[1]。这种损失的概率也是一种预期损失或非预期损失。因此,损失性是风险的核心要素之一。

从众多经济研究成果、信贷危机及实际风险管理实践来看,风险往往具有损失性,如在当今政策明确信贷年化利率不得超过24%的情况下,企业是损失还是盈利都在一线之间。

6.1.4 普遍的客观存在性是认识风险与不确定性的前提

在量子世界中,处于纠缠量子的左旋或右旋是不确定的,因此不确定性是客观存在的。

诺贝尔经济学奖获得者、经济学家肯尼斯·约瑟夫·阿罗在1963年发表的论文《不确定性和医疗保健的福利经济学》中指出,医疗服务的特殊性源于其普遍存在的不确定性。

诺尔经济学奖获得者、心理学家卡尼曼和特沃斯基认为,不确定性是一个所有生命形式必须准备去面对的事实。这就是说,风险与不确定性是普遍的客观存在,是不以所有生命形式的意志为转移的。

道格拉斯·哈伯德认为,不确定性只能减少而不能完全消除。蒲小雷和韩家平认为,财务风险的存在与否及风险程度的大小都不以人的好恶而改变。这说明,风险与不确定性具有客观存在性。

在英国皇家采购与供给学会认证的《供应链风险管理》教材中,他们阐述道,风险实际上是不可避免的,即风险是无法消除的,但可以识别并减轻——要么降低风险事件发生的可能,要么降低风险事件发生后造成的损失。从该论述中可以看出,风险是普遍客观存在的,不以人的意志为转移。

1929年的经济大萧条、1997年的东南亚经济危机、日本的刷卡风暴、韩国的信用卡危机和2008年美国的次贷危机等众多危机都在不断提醒着人们,风险与不确定性客观地存在。

直到今天,个别金融从业人员还在过度追求零风险。近些年,一些机构对外

---

1 周宏亮,穆文全.信用卡风险管理[M].北京:中国金融出版社,2002.

公布的信息显示，其逾期率为 0。这是非常不可思议的，因为人们只要是借钱给其他人，就不可避免地遇到借款者由于各种原因迟还的情况，所以机构的逾期率通常在 0.2% 以上，但这些机构的借款者竟然没有一例逾期，这是不正常的。另外，如果没有风险，就意味着所有业务都是确定的，在确定性下是不存在损益的，更没有风险溢价，也就无利润可言，是不会被企业所追逐的。

若持续观察逾期率为 0 的机构就会发现，这些机构要么是根本就没有放贷，要么是真实的逾期情况被掩盖了。如果一个机构没有业务，又要获得客户的理财等资金，往往都是利用"庞氏骗局"来欺骗客户，客户最终将血本无归。同时，对于某些利用各种手段来掩盖真实逾期情况的机构来说，随着风险越来越大，其损失越来越明显，最终"纸包不住火"，但往往这个时候的风险已是人力无法控制得了。

无论大数据如何丰富，大数据技术如何前沿，人工智能如何智能，它们也仅仅是缓解了信息不对称，但不能让信息彻底对称；它们仅仅能降低交易成本，但不能让交易成本为 0；它们仅仅是弥补了传统金融发展过程中的不足，但不能替代传统金融；它们仅仅解决了经济和金融发展中不均衡、不充分的部分问题，但不能解决所有问题；它们仅仅是提升和改善了风险管理能力，但不可能化解所有的风险，同时它们还会带来新的风险，如模型、技术非理性等风险。这是因为风险是普遍客观存在的，不以人的意志为转移，但人们可以研究风险的规律，并利用该规律来驾驭风险。

众所周知，金融机构都是经营风险的机构，它们通过借助相关手段管理和化解各种客观存在的风险来获利。非金融机构也存在各种风险，因为风险和收益之间是对称的，有多大收益相应地就有多大风险，但其所面临的风险与不确定性是存在差异的。这种差异就是风险与不确定性的异质性。

6.1.5 异质性是产生风险与不确定性的来源

经济学家奈特认为，变化是不确定性的主要来源。变化意味着多样性、异质性。异质性是遗传学的概念，是指一种遗传性状可以被多个不同的遗传物质所改变。在现代生物医学中，一些实验和临床表现表明，异质性高则相应的死亡风险大，如肿瘤内雌激素高异质性的患者的死亡率是低异质性患者的 2 倍。因此，异质性是风险与不确定性的重要来源。

异质性是指客观世界的事物彼此之间存在差异，人类社会中的人也是异质的，这种异质性不仅仅来自基因的差异，更来自不同的社会经历、认知等。

正如德国哲学家、数学家莱布尼茨所说，"世界上没有完全相同的两片树叶"。这就是说，世界万物都不尽相同，万物之间存在异质性。

在经济学中，异质性现象很早就引起了人们的关注。从亚当·斯密时代开始，行为的异质性和技术多样性就是经济思想的核心内容。经济思想史上的许多事件强调了行为异质性和技术多样性在企业和代理之间的重要性，市场的规模和增长决定了经济系统中的分工和异质性[1]。

自20世纪70年代以来，异质性概念被引入社会学的研究中，其内涵不断丰富，并成为社会科学研究中一个非常重要的分析概念。著名的社会学家彼特·布劳认为，异质性是指人口在由类别参数所表示的各群体之间的分布，即水平分化[2]。

赫克曼（Heckman）等认为异质性是指个体之间的不同，以及同一个体随时间变化而表现出的不同[3]。杰克逊等（Jackson, Stone and Alvarez）将异质性定义为个体在某些属性上的不同特征，这些属性不仅包括人口统计学方面的变量，如性别、年龄、种族等不易改变的特征，还包括个人性格、专业技术、教育背景等可以改变的特征[4]。由此可见，在社会科学研究中，异质性更多的是指人类个体之间或群体之间的不可通约性或差异属性。

随着研究的深入，异质性的运用更为广泛，其概念、内涵和分类也日益丰富。学者们根据研究主体的特征，对异质性赋予了不同的含义。

在经济学领域，异质性是表达人力资本或人力资源差异的概念。赫克曼认为，异质性和行为的多样性对理论经济学和计量经济学有着深远的影响。在微观经济的调查中，最重要的发现是经济生活中的异质性和多样性的存在[5]。

在管理学领域，异质性问题的研究则主要是针对企业家的。因为，在国外学

---

1 Knell, Mark. Heterogeneity in economic thought:Foundations and modern methods[J]. Diversity in the knowledge economy and society, 2008,35-54.
2 Blau PM. Inequality and heterogeneity: A primitive theory of social structure[M]. New York: Free Press, 1977.
3 Heckman,James J., George J. Borjas. Does unemployment cause future unemployment?Definitions, questions and answers from a continuous time model of heterogeneity and state dependence[J]. Economica 47.187,1980,247-283.
4 Jackson, S. E., Stone, V. K., Alvarez, E. B. Socialization amidst diversity:The impact of demographics on work team oldtimers and newcomers[J]. Research in Organizational, 1993, 15:45-45.
5 Heckman,James J. Micro data, heterogeneity, and the evaluation of public policy: Nobel Lecture[J]. Journal of political Economy 109.4,2001,673-748.

者看来，企业家的组织功能、创新性使其比土地、劳动、资本等其他生产要素更为稀缺。

在有关新政治经济学的讨论中，异质性假设构成研究的基本前提。德拉金指出"异质性是政治经济学的基础"。不仅如此，异质性概念还扩展到经济和社会的不平等上，即社区成员做出的不平等的牺牲，外部收入机会的不平等，文化异质性和位置差异等[1]。维德尔德（Vedeld）进一步提出了五种异质性的问题，即政治异质性（对于领导人的合法性没有达成一致）、禀赋异质性（不能平等地获得土地和国家方案建议）、财富或权利异质性（收入和财富的巨大差异）；经济利益异质性（国家方案建议中使用的多样性）和文化异质性（教育水平、价值观和人生定位的巨大差异）[2]。卡拉扬尼斯（Carayannis）等从动态过程上提出三种类型的异质性，即输入异质性、过程异质性和输出异质性。这三种类型的异质性主要涉及社会经济背景下的价值创造问题[3]。

哈克特（Hackett）认为，主体异质性的来源是多样的，包括差异机会成本、拨款技能、姓氏、性别、语言、初始禀赋、政治影响、技术和地方差异等[4]。资源异质性的因素不仅包括资源的相对大小，而且包括资源的性质和类型[5]。李尔普罗斯（Iliopoulos）等人通过7个变量对合作社的成员异质性进行了测量，即合作社成员的地区分布、成员生产或购买不同商品的数量、合作社成员的年龄差异、成员受教育程度的差异、成员之间农场规模的差异、一些成员的非农收入所占比例的增加、成员在业务目标方面的差异[6]。霍尔姆和彼得森（Holmen，Pedersen）则认为所有的资源都是异质性的，资源异质性涉及潜力、契合及多样性[7]。

1　Tewathia,Nidhi. Heterogeneity in Common Property Resource Management and Its Implications[J·OL]. [2011-01-24] https://mpra.ub.uni-muenchen.de/64010.
2　Vedeld,Trond. Village politics: heterogeneity, leadership and collective action[J]. The Journal of Development Studies 36.5,2000,105-134.
3　Carayannis,Elias G., Aris Kaloudis, Age Mariussen, eds, Diversity in the knowledge economy and society: heterogeneity, innovation and entrepreneurship[M]. Edward Elgar Publishing, 2008.
4　Hackett, Steven C. Heterogeneity and the provision of governance forcommon-pool resources[J]. Journal of theoretical politics,1992,325-342.
5　Amit R.,Schoemaker P. J. H. Strategic assets and organizational rent[J]. Strategic Management Journal, 1993,14(1):33-46.
6　Iliopoulos,Constantine, Michael L. Cook. The efficiency of internal resource allocation decisions in customer-owned firms: the influence costs problem[R].Comunicació n presentada en la 3rd Annual Conference of the International Society for New Institutional Economics,Washington D.C. 1999.
7　Holmen,Elsebeth, Ann-Charlott Pedersen. What is resource heterogeneity, and how can a firm handle the resource heterogeneity encountered in its business relationships?[J]. IMP Journal,2002,6(3):210-239.

不论是自然科学、社会科学，还是经济学都注意到了异质性的存在，而异质性就是指事物彼此之间存在差异或具有多样性，同时这些异质性往往是风险与不确定性的来源。

奈特提出了先验概率、统计概率、估计概率的概念，同一事物同时存在这三种概率，而这三者之间又不可能完全一致，所以存在异质性。

客观世界是复杂多变的，就好比基因网络一样，是一个非线性的系统，在这样的系统中各种因素相互关联，任何一点微变都会引起其他因素的巨变，所以客观世界极其容易发生变化。古希腊唯物主义哲学家赫拉克利特有一句名言："人不可能两次走进同一条河流。"这说明世间万物都是在不断运动，而且是瞬息万变的，这就造成了事物的异质性，而这种异质性是不确定性和风险的根本来源。

在资本管理实践中，风险可分为信用风险、操作风险、市场风险、业务持续性风险、模型风险等。这些风险的来源差异比较大，如信用风险往往与客户的还款能力、还款意愿高度相关；市场风险则往往与供需有很大关系；业务持续性风险有赖于系统的可靠性；模型风险则与量化模型的假设和实际资本之间的差异有关。因此，异质性是风险与不确定性的重要因素。

因此，风险与不确定的核心要素是不确定性、可测性、损失性、普遍的客观存在性和异质性。基于风险与不确定性各要素的含义和特点，我们需要进一步搞清楚风险与不确定性各要素之间的关系。

6.2 风险构成要素之间的关系

根据自然科学、社会科学等学者的研究结果，以及风险管理与实践经验来看，风险与不确定性的核心五要素之间既存在着相互促进的关系，又存在着相互制约的关系。

6.2.1 风险与不确定性构成要素之间相互促进的关系

由于不确定性或者偶然性会造成损失，人们通常厌恶损失，进而也就厌恶风险。人们根据不同风险造成的损失进行分析总结，找到了一些风险发生的统计规律，借助这些统计规律，人们可以预测和控制一些风险发生。因此，不确定性、损失性、可测性之间存在相互促进的关系。

1. 普遍的客观存在性对异质性具有促进作用

各种变化是异质性产生的关键。大数据技术的基础理论至少有100多年的历史，人工智能和机器学习的基础理论已经存在了至少50年，只是一直受到算力的限制才没有像今天这样受人追捧，如基于SVD（奇异质分解）有很多变形，但本质没有变。区块链技术的运用——分布式记账，公元前500年太平洋上雅浦岛的居民就已经做到了。所以，各种看起来花里胡哨的新名词背后隐藏的一些规律和本质其实并没有太大的变化。人们在掌握了事物的本质和规律后就可以利用其产生出多样的东西。因此，客观存在性对异质性具有促进作用。

英国皇家采购与供给学会认为，不确定性源于易变性和模糊性。其中易变性是指某个可测因素可能是一系列可能值中的某个特定的情形，因为某一情形可能演化或发展出许多可能的方式，进而产生不确定性。模糊性是指对某一信息存在多种解释而带来的不分明判断和表达。从这可以看出，不确定性主要是由于实际情形的异质性或者对信息解释的异质性而产生的，这种异质性是客观存在的。因此，普遍的客观存在性对于异质性具有促进作用。

异质性理论已逐渐成为企业管理研究的新范式，企业异质性是因为企业在规模、建立年份、资本密集度、所有权、组织方式、人才培养体系、管理层、技术选择等方面存在差异，综合体现为企业的生产率差异。不同企业的规模、建立年份、资本密集度等都是普遍客观存在的，而它们是企业异质性的重要来源。因此，普遍的客观存在性对异质性具有促进作用。

风险是普遍客观存在的，但风险种类却不同，如合规风险、信用风险、市场风险、操作风险、流动性风险、集中度风险、法律风险、区域或国家风险、渠道风险、数据风险、模型风险、业务可持续风险和其他风险等。这就是风险的异质性。因此，普遍的客观存在性对异质性具有促进作用。

2. 异质性对不确定性具有促进作用

首先，从众多经济、信贷危机之中可知，风险是客观普遍存在的，不以人的意志为转移，除非一个人不存在于世，否则他每时每刻都面临着风险。其次，各种风险之间是异质的，如信用风险、市场风险、操作风险、合规性风险、模型风险等都是具有差异的，这种差异来源于每个人心理过程的不同，如认知的不同、行为的不同、情感反应的不同等，同时也受每个人的社会关系网络的不同所影响，这是各种事情的不确定性和风险的来源之一，也是不确定性真正的来源。这就是说异质性对于不确定性具有促进作用。

格来哲·摩根、麦克斯·亨利昂和米切尔·斯莫认为，不确定性源自信息不完全、信息来源不一致、语言表达不精确、统计变异、主观判断、变异性等，具有变化性。当作判断或决策时，人们所依赖的经验数据和在不确定性条件下的人为判断都具有不确定性，经验数据的不确定性主要源自随机误差或统计变异、系统误差或主观判断、变异性、固有的随机性、不一致性和近似性。因此，异质性对不确定性具有促进作用。

卡尼曼和特沃斯基等人认为，人为判断的不确定性主要来源于启发式程序的近似，这也容易带来显著性偏倚，其包括代表性、便利性、调适和初始化。代表性主要源自人们对结果的先验概率不敏感、对样本规模不敏感、误解机会、对可预测性不敏感、效度错觉、误解回归等。便利性主要源自由例证的可提取性而引发的偏差、由搜索集的有效性而引发的偏差，以及想象力偏差和伪相关。调适和初始化源自不充分的调适、连续与非连续事件的偏差、评估概率的初始化等，这些认知偏差、行为偏差、情感偏差等各种偏差产生了不确定性。因此，异质性对不确定性具有促进作用。

张晓晶认为，社会产品就物质特性而言是异质的，不仅机器与厂房有差异，即便同是机器也有新旧、先进与落后之分，这种异质性给广泛的经济交换带来困难，如要确定一个适当的交换比例从而完成交易是很不容易的。同时张晓晶认为，一般等价物本身也存在异质性。这种异质性不仅仅存在于自然的物品或制造的物品中，对于信息的认识和理解也具有异质性，异质性是普遍客观存在的，其表现出来的就是不确定性。按照奈特的观点，异质性产生了不确定性，因为对一个事物的发展来说，如果其未来与现在没有异质性，就不会出现无法预知的状态；相反正因为未来与现在、过去的异质性，才产生了无法预知的状态。因此，异质性对不确定性具有促进作用。

3. 不确定性对损失性具有促进作用

"风险越大，收益越大"。风险是被量化的不确定性，风险大即不确定性大，而这里的收益不仅仅指物质的收益，也包括发生损失后的内省，其在物质上表现为收益或损失，具有损失性。一般来说，不确定性越大，稀有事件或小概率事件也就越多，相应地其损失性越大。这就是说，不确定性越大，则损失性越大。

当风险发生率较小时，发生的意外损失较多；而当风险发生率较大时，相应地预期损失增加。根据杨军的研究，资本要求与违约率的关系呈现在坐标轴上近似抛物线，而这里的资本要求就是应对风险损失的。根据不确定性与概率的关系来看，不确定性可以用熵值来衡量，当概率小于 0.5 时，其不确定性随概率增大而增大，损失性递增；而当概率大于 0.5 时，其不确定性随着概率增大而递减，其损失性递减。因此，不确定性对损失性具有促进作用。

4. 损失性对可测性具有促进作用

风险管理国际标准将风险定义为不确定性对目标造成的影响。从这个简单的定义中可以看出，对目标造成的影响往往是损失性，不确定性对损失性具有促进作用。当不确定性为 0，即具有完全的确定性，也就不存在损失可言。

各种量化工具都是从其损失性角度来量化风险的大小。不论是信用风险中的 KMV 模型、信用评分卡、LGD 模型，还是市场风险中的 VaR 模型，都是量化风险损益大小的工具。因此，可测性蕴含在损失性中，即损失性对可测性具有促进作用。

5. 可测性对普遍客观存在性具有促进作用

在大数据分析和挖掘的过程中，往往可测性好的或者预测能力高的因子都是业务最本质的指标，如众安保险的退货运费险、eBay 的反欺诈模型往往都用到了地址，而电商的普遍的客观存在性就是地址，包括发货地址和收货地址。这 10 多年中做的各种模型，但凡抓住了业务中普遍的客观存在性规律的，效果都非常好，评价指标 AUC 都在 0.8 以上。而没有抓住业务中普遍的客观存在性规律或者数据不足都会使得模型评价指标 AUC 在 0.7 以下。因此，可测性越高，普遍的客观存在性越突出，越容易被人掌握，二者之间存在促进关系。

普遍的客观存在性是不以人的意志为转移的，因而人可进行风险大小的测量，但无法消灭风险，只能顺势而为地利用风险来提高自身收益，并从中感知到风险普遍的客观存在性，并深刻理解风险普遍的客观存在性。因此，可测性对普遍的客观存在性具有促进作用。

在风险系统中，普遍的客观存在性、异质性、不确定性、损失性和可测性之间存在相互促进的关系。普遍的客观存在性对异质性具有促进作用，异质性对不确定性具有促进作用，不确定性对损失性具有促进作用，损失性对可测性具有促进作用，可测性对普遍的客观存在性具有促进作用。

风险与不确定性的各要素之间，除了存在相互促进的关系外，还存在相互制约的关系，接下来我们将详细阐述各要素之间的相互制约关系。

6.2.2 风险与不确定性中构成要素之间相互制约的关系

1. 普遍的客观存在性对不确定性具有制约作用

格来哲·摩根等人认为，不确定性的产生可能源自直接测量的随机误差，因为测量工具和观测技术不完备，不可避免地会产生不同测量之间的差异，但任何测量不仅包含随机误差，也包含系统误差。系统误差是研究数量的真实值与测量平均值之间的差异。人们通常忽略测量数量与研究数量的不同，从而在评价总体不确定性时忽略系统误差。这就依赖人们的主观判断，并随之增加了没有留意的不确定性。因此，普遍的客观存在性对不确定性具有制约作用。

奈特认为，对经济学来说，不确定性的本质是经济过程本身的前瞻性，人们为了满足欲望而从事生产，生产需要消耗时间，并需要做出两种不同的预测，从而形成了不确定性的两种基本情况。从其论述可以看出，不确定性受普遍的客观存在性影响。

人类社会从来没有停止过改变，每个时代——相对于之前的任何时代——所发生的变化无论在规模上还是深度上都是空前的。随着科技的发展，人类社会方方面面发生的变化也越来越多、越来越快。相信在未来，更多、更深刻的变化还将继续发生，人们将面临更多的不确定性。

时代在进步，事物在变化，但这些变化现象并不是事实的全部，因为"万变不离其宗"，一切变化都是围绕其本质和规律进行变化，事物的本质及其运动规律是不变的，或者说还没有发生变化。一旦人们抓住这些本质和规律，就能处变不惊地应对各种不确定性和变化。因此，普遍的客观存在性对不确定性具有制约作用。

随着人工智能、机器学习等技术的发展，预测的准确性在不断提高，但仍无法做到精确预测。从本质来讲，虽然看似是普遍的客观存在性导致的不确定性，但实际上是因为人类自身所拥有的信息有限、对客观存在本身认知有限所导致的。随着人类对普遍的客观存在性认识的提高，所掌握信息的完善度提高，不确定性就会降低。

普遍客观存在的现实要么已经发生，要么可以进行有效推理，但对于观测者而言，其信息是不完全的，无法对其判断和识别。比如，人们玩游戏时，扣在桌面上的扑克牌的花色和大小已经是既成事实，但对观测者来说，其仍处于不确定性状态。除了观测者不具备完全信息外，观测者若不具备推理能力也无法对其进行有效识别、估算。再如，一个具有既定参数的待投篮球，其落点本质上可以进行有效计算，而如果观测者不具备计算能力，其仍不能确定篮球的落点。这些不确定性是由于人们认知、推理能力等有限造成的，当人们提高了这些能力，事物的不确定性将大幅度下降。因此，普遍的客观存在性对不确定性具有制约作用。

2. 不确定性对可测性具有制约作用

奈特提到，应对不确定性有两种基本方法，一是通过分组降低不确定性，二是通过寻找合适的人来承担不确定性。除此之外，奈特认为要通过控制未来、提升预测能力来处理不确定性，而控制未来和提升预测能力紧密相关，因为知识的主要意义就是控制。这两种方法都与文明发展、技术进步和知识增长密不可分。提升预测能力需要靠数据、各种算法等，其前提是不确定性能够被量化，即便不能直接被量化，也可以借助间接的手段进行量化。所以，不确定性和可测性之间存在相互制约的关系。

人们在工作、生活中十分排斥不确定性，往往每天都将自己的工作、生活提前进行安排。日常行为大多是在不断重复，只有一小部分有变化，这也正因为行为具有重复性或惯性，行为上的熵值几乎围绕0进行小幅度波动。根据美国西北大学复杂网络专家巴拉巴西等人的研究结果，每个人的行为可预测程度为93%，而另外7%的不可预测行为往往是两个重复行为之间的行为，这些行为具有很大的不确定性。巴拉巴西等人还发现，在行为可预测的问题中，常见的幂律规律被正态分布所替代，这就意味着消费者无论是在家还是在社区内，或者是在上千公里的范围内都和其他人一样好预测。因此，不确定性对可测性具有制约作用。

格来哲·摩根等人认为，人们一贯倾向于低估系统误差，对一无所知的误差很难进行主观评估。在量化不确定性时，对于来源知之甚少的误差的存在和影响，人们很容易低估而不是高估它。一般而言，量化是利用过去的数据进行回归以预测未来的情况。在这个过程中，不仅存在过去数据不适合造成的不确定性，也存在额外的不确定性，以及过去和未来相似程度的不确定性。在大多数情况下，关于过去与未来的相似程度的主观不确定性要远大于对过去数据不适当拟合的不确定性。因此，不确定性对可测性具有制约作用。

格来哲·摩根、麦克斯·亨利昂和米切尔·斯莫认为，许多事物是随时间和空间变化的。这些事物可以相当清楚地表述出来，而且每一个都可以用频率分布的方式来描述。频率分布的不确定性可以通过其不同参数的概率分布来表示，这些参数包括均值、标准差、中位数和其他百分位等。用概率方式来考虑频率分布的不确定性并不困难，但是概率分布也具有不确定性。事物的不确定性既包含本身的不确定性，又包含从分布中抽样的不确定性。因此，不确定性对可测性具有制约作用。

3. 可测性对异质性具有制约作用

张晓晶认为，要克服异质性问题首先需要人们在观念中淡化质的重要性而强化量的重要性，这时人们就会考虑用量表示差异，如货币就将质上千差万别的商品变成了由货币衡量的只在量上有差别的商品价值量。张晓晶认为，将异质性事物抽象化、同质化，使它们质量方面的特征逐步消失，数量方面的特征凸显出来，从而只需要在数量上进行区分，这样就为可计算性（可测性）奠定了基础。因而，可测性对异质性具有制约作用。

可测性高说明多样性小，因为按照熵的理论，熵值越大就意味着越混乱，越富有多样性，异质性越大；而熵值越小，则越有秩序，异质性越低。熵值越小可测性越好，反之则越差。人们很难准确地估计出明天的天气、后天的外汇市场，因为它们太多变了，反之人很容易预测出明天太阳从东方升起，从高空中释放的物体会落到地面上而不是飘到天上，因为太阳从东方升起是地球自转所形成的规律，而高空物体落到地面是万有引力的作用。这就是说，可测性对异质性具有制约作用。

在统计学中，异质性检验的原假设是不同事物的效应大小相等，而后通过各种统计检验方法来量化是否存在异质性。一旦存在异质性，人们就会利用各种方法来降低异质性所带来的影响。比如，事物本身就存在异质性，人们会通过分组、分类的方式来降低异质性；当其存在统计意义上的异质性，人们可以改变量化方法，如原来用绝对值改为使用相对值，原来用固定效应模型改为使用随机效应模型。随机效应模型不需要假定各个事物是相同的，且可以矫正合并效应值的算法，使所得结果更加接近无偏估计，从而减轻异质性所带来的影响。因此，可测性对异质性具有制约作用。

4. 异质性对损失性具有制约作用

异质性是指事物之间存在差异，或事物本身具有多样性。俗话说，"不能把所有鸡蛋放在同一个篮子里"，这里的深层含义是一个篮子不具备差异性，一旦发生风险，全部鸡蛋都将碎掉，而最好的方法是将鸡蛋分散放到不同篮子里。这些篮子彼此之间存在差异，如挂在不同的绳上、处于不同高度等，它们同时出现风险的概率小，将鸡蛋分散放在其中可以减少损失。这就是说，事物的差异性越大，损失越小。因此，异质性对损失性具有制约作用。

在投资组合管理中，投资的多样性可以降低风险，提高收益。在实际投资中，若投资组合中各资产的相关性很高，则该资产组合要么收益很高，要么亏损很大。因为资产组合内各资产高度关联，即异质性很低，其价格走势将同步上升或下降。若投资组合中各资产的相关性低，则该资产组合的收益就相对比较平稳，因为资产异质性高,某一资产所得收益可以对冲其他资产的损失,这样能够保持收益稳定。因此,异质性对损失性具有制约作用。

> 典型案例

异质性对损失性具有制约作用——桥水联合全天候交易策略

全面成型的全天候交易策略由全球最大的对冲基金——桥水联合（Bridgewater Associates）最早提出。2020年,桥水联合管理着超过1380亿美元的资产,其中以绝对Alpha基金（Pure Alpha,1991年成立）和全天候基金（All Weather,1996年成立）最为出名,两家基金占公司管理资产规模的估测比重均在40%以上。

1996年,当时Dalio、Prince和第三任首席投资官Greg Jensen尝试提炼浓缩数十年的投资经验。当时的动力来源于Dalio的一个愿望,他希望把所有托管资金放在一起,构建一个资产配置的组合,Dalio相信这个组合在他离开以后仍能长期保持可靠收益。

Dalio总结和归纳了Bridgewater发现的投资原理,把对冲麦乐鸡的风险、帮助Rusty平衡投资组合和管理通胀联系债券的经验都放进了一个真实的投资组合里。所有的资产都放进了描绘所有可能出现的经济环境的四宫格框架中,其分别是高增长（股票、大宗商品、公司信用产品、新兴经济体信用产品）、高通胀（通胀联系债券、大宗商品、新兴经济体信用产品）、低增长（普通债券、通胀联系债券）、低通胀（股票、普通债券）。

通过研究,Bridgewater已经知道怎么在不同的经济环境归类资产类型。他们也知道在四宫格中的所有资产类型可能会同时上涨。这就是资本系统的运作模式。如果央行印钱,那么那些有好投资机会的人会把钱借走,用这些钱实现更高的收益。这些投资的证券主要有两种形式:股票（所有权）和债券（债权）。因为央行印钱,所以四宫格中的资产分类并不能完全抵消风险,但这些资产的总回报长期总能高于现金利率的回报。全天候交易策略中经济环境的头寸已经被相互抵消了,剩下的就是赚取的风险溢价。

桥水是第一个在投资管理中采用全天候交易策略的基金，磐安基金的首席投资官钱恩平认为，其核心是"风险平价"或者说风险均衡。风险均衡资产配置的成功运作主要需要四个步骤：①要对每种资产品种进行分析归类，了解其收益来源，根据其风险收益特点进行区分；②将自下而上的风险均衡配置方法运用到不同的资产类别上，从而在多个层面避免风险的集中；③从中长期看，在不同的外部环境下需要战略性地调整风险敞口来分散风险，如经济增长期加大权益类资产的配置，经济增速放缓时加大债权类资产配置等；④要针对短期机会战术性地实施动态风险配置调整风险敞口，以应对市场的变化。全天候交易策略的关键是要根据不同资产的风险收益进行分类，而后配置资产来规避风险集中。其本质是充分利用资产的异质性来确保投资组合的损失性。因此，异质性对损失性具有制约作用。

一个事物的异质性越小，往往可预测性越大，收益或者损失也越大。人从高空中落下的结果是死亡，这是一种人们不希望的结果，异质性小但损失很大；定期存款的利率是固定的，往往收益也是固定的。同样，一个事物的异质性越大，则可预测性越小，收益就越小或损失也越小。随机数的异质性很大，可预测性很小，从中获得的收益小或者损失也小。因此，异质性对损失性具有制约作用。

5. 损失性对普遍客观存在性具有制约作用

损失性是人们不希望的结果，损失性越大，往往意味着普遍的客观存在性越没有被人所认识和发现，因为没有掌握普遍的客观存在性的规律，使得测量的方法具有不准确性。收益越大，越意味着普遍的客观存在性已经被掌握。因此，损失性对普遍的客观存在性具有制约作用。

黄达强通过功能性近外脑成像技术对人们实施风险决策时的大脑前额叶皮层进行了测量，其结果显示，人们在处理收益和损失时，大脑皮层的激活状态存在着明显差异[1]。贾拥民和黄达强等人利用经颅直流电刺激技术来调节人脑中神经网络的活性发挥作用，研究结果显示，大脑神经系统对收益和损失的信息处理是非对称性的，从而使风险决策者表现出明显的偏好[2]。这说明，损失性往往会影响人

---

1 黄达强. 损失厌恶与偏好异质性：来自神经经济学的证据 [J]. 南方经济，2014（7）：88-93.
2 贾拥民，黄达强，郑昊力，等. 偏好的异质性与一致性：基于损失厌恶和脑刺激的神经经济学研究 [J]. 南方经济，2015(5): 97-119.

们对普遍的客观存在性的认知,进而说明损失性对普遍的客观存在性具有制约作用。

熵增原理也适用于经济体系。各种风险爆发,导致各种损失,但这些损失往往能激发人们想法控制和驾驭风险,驯服相关普遍的客观存在性的规律。从实践来看,风险管理就是如此做的,其不断地从已发生的风险中吸取教训,并总结规律,制定措施来经营风险。因此,损失性对普遍的客观存在性具有制约作用。

在风险系统中,普遍的客观存在性、异质性、不确定性、损失性和可测性之间存在相互制约的关系。普遍的客观存在性对于不确定性具有制约作用,不确定性对于可测性具有制约作用,可测性对异质性具有制约作用,异质性对损失性具有制约作用,损失性对普遍的客观存在性具有制约作用。

6.2.3 风险与不确定性自成稳定系统

风险与不确定性的核心要素之间既存在相互促进关系,又存在相互制约关系,这非常符合稳定逻辑分析模型,即风险与不确定性的核心要素之间的相互关系构成了一个稳定性系统。风险与不确定性的核心要素构成的稳定系统如图6-1所示。

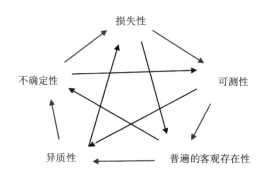

图6-1 风险与不确定性的核心要素构成的稳定系统

风险与不确定性本身是一个稳定的系统。客观世界的复杂性和人类认识世界的局限性决定了风险的发生不可避免。人类应勇敢地、积极地面对风险,并在不确定性被化解前做好各种预防应对方案。

从某种意义上讲,风险与不确定性也是一种资源。对于任何机构或个人来说,要追逐利润就不可避免地要面对风险与不确定性,并需要主动地经营风险与不确定性。这就需要风险管理。在风险管理的实践中，风险管理也是围绕着普遍的客观存在性、异质性、不确定性、损失性和可测性展开。

6.3 大数据时代下的全面风险管理

在大数据时代的全面风险管理中，应以风险调整后的资本回报率（RAROC）和经济增加值（EVA）为指引，以能够在市场上顺利将资产出售为基础，主要是针对信用风险、操作风险、市场风险、集中度风险、交易对手风险、流动性风险、结构性风险、政策法律风险及潜在风险等进行识别和预警，同时能够对风险进行安排处置。

在金融机构中，全面风险管理的目的是在资本约束、监管约束和经济规律约束下实现利润最大化，并使损失控制在预期范围以内。损失可以分为预期损失、非预期损失及"黑天鹅"式的极端损失。

为了实现在各种约束下的利润最大化，金融机构需要建立其完善的全面风险管理体系，即由技术、流程、政策、组织和文化等构成的有机整体，如图 6-2 所示。

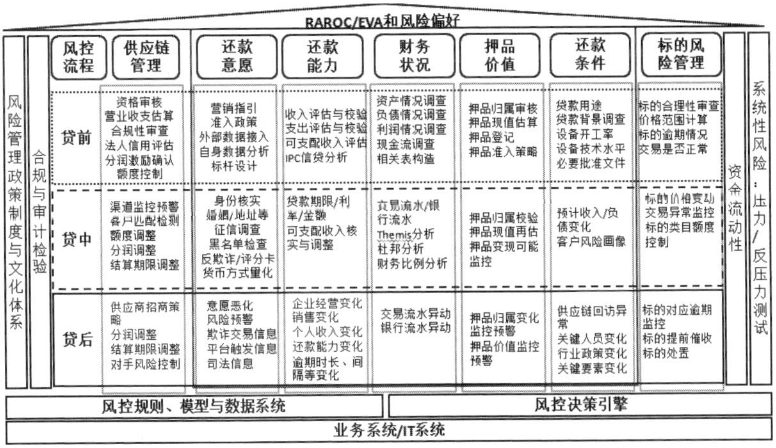

图 6-2 全面风险管理体系

全面风险管理不仅需要考虑信用风险，还需要考虑市场风险、操作风险、流动性风险、集中性风险和合规风险等，其中最常见的是信用风险、市场风险和操作风险。这三者也是"巴塞尔协议"中第一支柱所覆盖的风险范围。在实际风险管理中，信贷机构大多非常重视信用风险，而忽视了其他风险，量化对冲等则非常重视市场风险。

2017年，笔者作为某互联网金融机构的风控主力人在梳理业务时发现，其资金来源非常单一，而这种状况过去长期没有引起注意。笔者向负责人报告了资金的集中性风险，而后制订了相应的预案，一个月后由于政策原因导致过去的资金来源机构暂停合作而无资金可放，但幸好当时已经与其他资金渠道对接，才避免了资金危机。

全面风险管理是主动性风险管理，传统风险管理的目标在于风险指标控制，从风险识别、分析、控制到检测，形成闭环，从而实现控制风险的目的。任何机构都不可能没有一点风险，需要主动地管理和经营风险。主动性管理风险的核心在于以风险控制为基础，主动地调整资源配置，针对各种可能主动地制订预案，并结合实际情况对预案进行调整及实施。这种以经营风险为基础的理念能确保机构真正持续获利。

全面风险管理是以定性、定量相结合的方式来经营风险，从"巴塞尔协议"和原中国银行业监督管理委员会颁布的《商业银行资本管理办法（试行）》可知，风险计量技术贯穿于全面风险管理的各个环节。通过风险计量模型可以对客户的市场响应、风险、损失及收益等进行定量分析，为经营风险提供精准化管理，同时也为资产组合管理、资本配置计划等提供重要支撑，并有效地提高机构的运营效率。

不仅《商业银行资本管理办法（试行）》采用了计量技术贯穿于全面风险管理，而且在原中国保险监督管理委员会发布的《中国第二代偿付能力监管制度体系整体框架》中，计量技术也贯穿其中，分为三大支柱，如图6-3所示。

第6章 风险与不确定性——资本之火

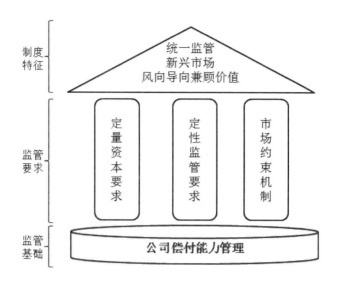

图 6-3 我国保险第二代偿付能力监管制度体系整体框架

三大支柱分别从定量资本要求、定性监管要求和市场约束机制三个方面对保险公司的偿付能力进行监督和管理,主要规范偿付能力监管的内容、原则、方法和标准。

第一支柱定量资本要求主要防范能够量化的风险,通过科学地识别和量化各类风险,要求保险公司具备与其风险相适应的资本。

定量资本要求主要包括五部分内容,一是第一支柱量化资本要求,具体包括:①保险风险资本要求;②市场风险资本要求;③信用风险资本要求;④宏观审慎监管资本要求,即对顺周期风险、系统重要性机构风险等提出的资本要求;⑤调控性资本要求,即根据行业发展、市场调控和特定保险公司风险管理水平的需要,对部分业务、部分公司提出一定期限的资本调整要求。二是实际资本评估标准,即保险公司资产和负债的评估标准与认可标准。三是资本分级,即对保险公司的实际资本进行分级,明确各类资本的标准和特点。四是动态偿付能力测试,即保险公司在基本情景和各种不利情景下,对未来一段时间内的偿付能力状况进行预测和评价。五是监管措施,即监管机构对不满足定量资本要求的保险公司,根据不同情形,采取相应的监管干预措施。

第二支柱定性监管要求是在第一支柱的基础上,进一步防范难以量化的风险,如操作风险、战略风险、声誉风险、流动性风险等。保险公司面临许多非常重要的风险，但这些风险无法量化或难以量化。特别是我国保险市场是一个新兴市场，采用定量监管手段来计量这些风险存在较大困难，因此，需要更多地使用第二支柱的定性监管手段来评估和防范。例如，操作风险难以量化，我国也没有积累这方面的历史数据，现阶段难以通过定量监管手段进行偿付能力评估。因此，对于不易量化的操作风险、战略风险、声誉风险等将通过第二支柱进行定性监管。

第二支柱共包括四部分内容：一是风险综合评级，即监管部门综合第一支柱对能够量化的风险的定量评价和第二支柱对难以量化的风险（包括操作风险、战略风险、声誉风险和流动性风险）的定性评价，对保险公司总体的偿付能力风险水平进行全面评价。二是保险公司风险管理要求与评估，即监管部门对保险公司的风险管理提出具体监管要求，如治理结构、内部控制、管理架构和流程等，并对保险公司风险管理能力和风险状况进行评估。三是监管检查和分析，即对保险公司偿付能力状况进行现场检查和非现场分析。四是监管措施，即监管机构对不满足定性监管要求的保险公司，根据不同情形，采取相应的监管干预措施。

第三支柱市场约束机制是引导、促进和发挥市场相关利益人的力量，通过对外信息披露等手段，借助市场的约束力，加强对保险公司偿付能力的监管，进一步防范风险。其中，市场力量主要包括社会公众、消费者、评级机构和证券市场的行业分析师等。

第三支柱主要包括两项内容：一是通过对外信息披露手段，充分利用除监管部门之外的市场力量，对保险公司进行约束；二是监管部门通过多种手段，完善市场约束机制，优化市场环境，促进市场力量更好地发挥对保险公司风险管理和价值评估的约束作用。

第三支柱市场约束机制是新兴保险市场发展的客观要求，是我国偿付能力监管体系的重要组成部分。第一，市场力量是对保险公司进行监管的有效手段和重要组成部分，可以有效约束保险公司的经营管理行为，应当充分利用。第二，我国现阶段监管资源有限，更应该充分调动和发挥市场力量的约束作用，成为监管力量的有力补充。第三，现阶段，我国市场约束力量对保险公司的监督作用没有充分发挥，亟须监管机构进一步完善市场约束机制，优化市场环境。

与保险公司内部偿付能力管理不同，三个支柱都是保险公司外部的偿付能力监管。三个支柱的作用各不相同，在防范风险方面各有侧重：第一支柱是通过定量监管手段，防范能够量化的偿付能力相关风险；第二支柱是通过定性监管手段，防范难以量化的偿付能力风险；第三支柱是通过信息披露等手段，发挥市场约束力量，强化第一支柱和第二支柱的效果，并且更加全面地防范保险公司的各类偿付能力风险。三个支柱相互配合，相互补充，成为完整的风险识别、分类和防范体系。

定量方法的基础是数据，其潜在假设是当前模式在未来依然有用，但实际上未来可能会有很多突变，如2008年金融危机爆发后美国房价暴跌，2017年12月中国现金贷政策颁布后信贷业务收紧等。如果人们按照原来的数据进行风险管理或者继续开展业务，那如同在老路上寻找"新大陆"。这个时候，人们要认真理解监管的政策，重新评估产品和风险，而后找到新的出路。在风险管理方面，则需要对过去的业务数据模式进行调整后再应用于新的产品业务中。

全面风险管理更在意资产之间的相关性，这与过去将资产之间的相关性假设为0有所不同。不论是个人信贷还是企业信贷，也不论是信托资产中的各资产，还是保险的标的，或者是证券市场中的各类权益类资产，都不可能是独立的，相关性都是存在的。

因为各种资产之间存在相关性，全面风险管理需要管理资产组合来实现金融机构的总体目标。资产组合管理通过行业、地区、期限、客户群等多个组合维度对资产进行管理以降低机构集中性风险。资产组合管理是全面风险管理的核心理念，在资本等的约束下，通过资源配置、资产结构调整达到机构既定目标，其最本质的方法就是降低劣质资产的占比，提高优质资产的占比。

对于机构而言，要做好全面风险管理，核心就是要理解自身的客户、资产，客户细分和资产细分在本质上是一致的。客户细分主要是从行业、产品、期限、风险分池、客群特征等划分，如按照行业可以分为建筑业、制造业、种植业、金融业等，按照产品可以分为存款、贷款、理财、证券投资、基金等，按照风险可分为极低风险、低风险、中风险、高风险、极高风险等。

在客户细分的基础上，资产组合管理需要有核心评价指标来衡量不同组合下的收益和风险,进而选择出最优的资产组合。用于评价的常用指标是 RAROC 和 EVA,其中 RAROC 是美国信孚银行提出来的,主要是衡量银行信贷资产的风险和测算风险暴露损失所需要的资本,而后逐渐成为全面风险管理的核心指标。

RAROC=(总收入 – 资金成本 – 运营成本 – 获客成本 – 预期损失)/ 经济资本

RAROC 的本质是将风险带来的预期损失量化为银行当期成本,并对机构当期盈利进行调整,进而评估资本的使用效益,使收益与所承担的风险直接联系在一起,但 RAROC 是资本的收益率,没有考量规模的因素。

考虑到经济资本所对应的规模效益,机构通常采用 EVA 来评估。

EVA= 总收入 – 资金成本 – 运营成本 – 获客成本 – 预期损失 – 经济资本占用费用

其中,经济资本占用费用类似缴纳给其他机构的保证金,但这些保证金本身存放在银行、投到基金或理财产品中都会产生收益。

RAROC 和 EVA 之间是紧密联系的,若 RAROC 大于经济资本期望收益率,则大于 0,否则小于 0。

6.3.1 信用风险与大数据精准量化及管理

在信贷中,RAROC 和 EVA 主要受违约率(PD)、违约损失率(LGD)、违约风险暴露或风险敞口(EAD)和期限(M)的影响,而 PD、LGD、EAD 通常受资产是否同质影响,一般而言相同资产池之间的参数差异不会过大,过大则需要划分为不同的资产池。

违约率模型主要是预测客户未来一段时间内违约的可能性大小,实践中主要分为申请评分卡模型和行为评分卡模型。这两种模型的效果因使用数据不同而有差异,申请评分卡模型中有无征信报告数据将决定模型最终效果的差异,如果无征信报告数据,其 KS 能达到 30 就很好;但如果有征信报告数据,其效果至少可以达到 40。行为评分卡模型主要是新增加用户的用款表现数据,其 KS 基本可以达到 50 以上。

违约风险暴露模型主要是预测客户在未来一段时间内发生违约时的风险敞口大小。违约风险暴露分为两种模式:一种是循环授信模式,如信用卡;另一种是非循环授信模式，如需还清当前用款才能借下一次的产品。在非循环授信模式下，违约风险暴露不能小于当前风险敞口，如客户借了6 000元，分三期还，并且已经还了2 000元，则风险敞口为4 000元，此时违约风险暴露为4 000元和相应费用与罚息。在循环授信模式下，违约风险暴露的计算则相对复杂一些，主要分为表内敞口和经过信用风险转换系数的表外敞口的和，以及相应的费用和罚息。

违约损失率模型主要是预测客户发生违约后的损失率，损失率=1-回收率，回收率要扣除催收成本和费用，以及时间价值。

最后，根据PD、LGD、EAD可以计算出预期损失和非预期损失，其中预期损失（EL）=PD×LGD×EAD，而非预期损失（UL）主要是压力测试的违约率和正常情况下PD之差与LGD、EAD的乘积，即

$$UL = \left\{ N\left[\frac{1}{\sqrt{1-R}}G(PD) + \sqrt{\frac{R}{1-R}}G(0.999)\right] - PD \right\} \times LGD \times EAD$$

其中R是相关系数。该相关系数往往是与违约率相关的，如其他零售类贷款的相关性被认定为在0.03和0.16之间。

$$R = 0.03 \times \frac{1-e^{-35 \times PD}}{1-e^{-35}} + 0.16 \times \left[1 - \frac{(1-e^{-35 \times PD})}{1-e^{-35}}\right]$$

关键在于e^{-35}非常小，几乎可以认为R就等于$0.03 + 0.13 \times e^{-35 \times PD}$，在保留6位小数中，二者是相同的。至于为什么是35，或者一些企业中用50，更多的是一种经验或者实证结果，二者在其他系数不变的情况下，用50意味着相关系数小一些，而用35的相关系数要大一些。

在大数据时代，违约率的估计往往采用各种数据和统计模型、机器学习算法。数据方面主要包括征信数据、历史借款数据、通信信息、购物信息、支付信息、行为数据等；统计模型与机器学习方面常用的是逻辑回归、GBDT、支持向量机等算法。这些都能提高违约率估计的精准性。

对于信贷风险而言，降低风险的方式主要是提高客户的准入门槛，如提高评分卡分数、反欺诈阈值和执行更加严格的审批政策等。比如，将原来的上次逾期超过20天拒绝贷款更改为上次逾期超过5天拒绝贷款。同时，信贷机构也可以通过额度管理来降低风险，如降低额度甚至清退部分客户。

信用风险的另一个来源是授信额度过大。假设一个人只有1万元的还款能力，而一辈子的收入流可能也就100万元，但信贷机构贷给他200万元，则该客户必然会违约。

授信额度大小、使用控制和期限都与资产集中度、风险紧密联系在一起，而资产集中度与风险之间存在正相关关系。随着集中程度增加，风险发生的可能性提高，损失逐步变大。以信贷中授信额度提升为例，在其他策略不变的情况下，额度从1 200提升到2 400，逾期率逐步变大，即使再快速将额度降低到1 200，逾期率依然与额度为2 400时相似甚至更高；将额度降低为800时的逾期率才能回到额度为1 200时的逾期率。这就好比人为了钓鱼，向大海中抛了适量带血的牛肉，却吸引了鲨鱼过来。尽管人们采取措施拦截鲨鱼，但其他鲨鱼一样会朝这里游来。对于欺诈者来说，其欺诈成本固定，而机构提高额度就提高了其收益率，故而他们会不断来该机构申请贷款，并越集越多，导致风控策略失效，逾期率上升。

某互联网金融平台在2017年4月13日到5月20日的相关策略证明了这一点。在2017年4月13日以前其平均授信额度为1 400元，逾期率为15%；将授信额度提高到2 400元以上后，逾期率上升到21.4%；其后为了控制逾期率，将额度降低到1 300元，而逾期率仍有19%；为了进一步降低逾期率，将授信额度降低到730元，逾期率降到15.8%；项目负责人在5月11日采取其他措施，如提高评分卡阈值方式，才将逾期率降到11%以下。从坏账率上看，4月13日以前平均授信额度为1 400元，坏账率为8%；授信额度提高到2 400元以上后，坏账率为11.5%；再后来为了控制逾期率将授信额度降低到1 300元，坏账率达到13.8%。因此，授信额度的调整要慎重，要测算清楚。

6.3.2 操作风险与精准量化及管理

操作风险往往是流程缺陷导致的风险，主要涉及人员、系统、内部操作和外部事件等，其中内部操作风险主要是源自内部不规范的操作，或人员能力不足等。例如，一家小贷公司，其30人的IT团队花费5个月搭建了一套不合理的IT系统，因为无法快速进行需求更改而错失良机。对比小贷公司来说，一方面其损失的是已花的成本，如30个人的IT团队5个月的成本为500万元。另一方面损失的则是市场留下的时间窗口,这样的损失更大,因为在各行各业都进入白热化竞争的时代,市场给企业留的时间窗口很短。如果开发一套系统像爱迪生发明电灯一样,进行几百次试验,耗时一年以上,那企业几乎没有机会生存下来。

在"万众创新"的时代,发明创新模式从过去一个人或单个团队钻研一个课题,逐步转变为多人或多个团队同时钻研一个课题,但能获得"创新奖"的只有一个。例如,一家互联网金融公司的风控负责人将贷款放给了自己的哥哥,最终还款逾期并导致公司损失 100 万元;某公司数据分析师由于运用数据错误导致公司蒙受 60 多万元的损失。这些都是内部操作风险,因为缺乏相应的制度来审查做决策的人,或者即使相互审查了也不关注外部环境对自身的影响而导致风险出现。巴塞尔委员会的调查显示:"过程和程序""人员和人为错误""内部控制""内部和外部事件""直接和间接损失""失误、技术和系统"都是操作风险定义中的关键词。在 1995 年,由于巴林银行新加坡分行的交易员兼结算员违规操作,以及缺乏监督机制,巴林银行损失了 14 亿美元;在 2008 年,德国某银行在雷曼兄弟宣布倒闭后仍向其打款 2 亿欧元,这些都是操作风险的具体案例。

根据实践经验,针对内部操作风险应采取如下措施。

(1)建立 AB 分岗和权责明晰的制度,保证每笔业务至少有 3 人过目。随着人工智能和系统的发展,相关业务还可以逐渐去人工化,确保每笔业务从系统中走,这样可以减少相应的风险。随着人工智能和系统的占比增大,机构最好增加一支复核团队,以确保人工智能和系统能够准确执行任务。

(2)启用内部审计的方式,一些具有重大影响的决定(如 IT 系统架构等)需要技术顾问或技术委员会等的评估,并要确保关键岗位的一线人员能够参与其中,如数据库管理者、数据仓库管理者及数据分析师等。

(3)建立风控和审批系统,尽可能保证所有业务都通过系统,这样可以做到"留痕",并记录操作人员每次的操作行为。

(4)规定人员授信额度、利率权限等,不同审批人员的审批额度、定价范围要不同。

(5)建立信息互通机制和审计机制等,以避免内部欺诈的发生。

除了内部操作风险外,还有来自外部的操作风险,也被称为欺诈。在信贷、保险业务中，欺诈相对多一些。

欺诈主要包括信息冒用、信息伪造、信息虚假、组团骗贷、中介包装等类型。从欺诈人员的组成来看，欺诈可以分为个人欺诈和团伙欺诈，其中团伙欺诈又可以分为家族式团伙欺诈、联盟式团伙欺诈、公司式团伙欺诈等。团伙欺诈还可以分为1人多信息模式、多人1信息模式、N人M信息模式等。从欺诈信息角度看，欺诈主要分申请信息真实性和申请人身份真实性，申请信息真实性主要是申请手机号真实性、设备真实性、地址真实性、通讯录真实性、通话记录真实性、申请信息完整性、联系人关系真实性验证等，而身份真实性包括冒用身份、虚假身份、机器申请等。

从欺诈手段看，欺诈可以分为三种类型：①利用信贷机构的系统，进行非法侵入或违规操作，谋取不正当利益；②提供虚假信息、冒用身份或虚假信用资料进行欺诈；③通过隐瞒重要信息，人为制造信息不对称进行欺诈。

从欺诈主动性上看，欺诈分为三种：①第一方欺诈，特征是欺诈实施者就是客户本人，客户本人在信贷某个环节开始没有还款意愿，如在申请阶段就没有还款意愿而提供虚假信息，或者本身就是老赖。或者依据信贷机构的提额标准，在复借环节没有还款意愿而刻意提升自己的信用值，不断地提高信用额度，当自己的信用额度达到一定程度以后，就实施欺诈。信贷机构为了自身利益和更好地满足客户需求一般都有提额政策，这就给了欺诈分子实施欺诈的机会，因为这样可以在同样的实施欺诈成本下获得更高的收益。这类用户借款后不是在还款到期时还款，而是提前三四天还款，而且不断提前还款或按时还款来刷信用值，当把额度在很短时间内提到比较高的时候突然逾期或坏账。②第三方欺诈，其特征是欺诈实施者为客户不认识的人，客户本身为受害者，欺诈方式主要是信息冒用、账号盗用等。③第二方欺诈，其特征是欺诈实施者为客户或受害人的亲戚或者公司的雇员，这一类与第三方欺诈方式很相似，本质区别在于欺诈实施者和客户是相识的，甚至非常熟悉，如欺诈实施者为客户的姐妹、兄弟等。

欺诈识别的模型主要有分类预测、聚类分析、关联分析及偏差检测。分类预测主要是利用历史数据建立分类预测模型，而后利用此模型对未来的客户进行分类预测，主要算法包括决策树、最近邻、神经网络、支持向量机、GBDT等。聚类分析是用最近邻法、分层聚类法等将客户分群，保证同群内客户相似度高，群间相似度小，这样可以发现关联性贷款等。关联分析是通过规则关联和社交网络等方法找到隐藏在客户数据中内在联系很紧密的行为。偏差检测主要是通过客户或客户之间数据中的异常点提前诊断和预防欺诈。

防止欺诈的方法主要有事前防范、事中预警、事后处理三种。反欺诈的核心环节包括：识别是人还是机器，或是其他；是本人还是他人；是不是坏人。这主要从设备、地域、行为、场景、账户等方面入手。反欺诈的关键是：①要有敬畏之心，保持高度警惕，完善规则，避免被欺诈分子集中攻击。②规则要落地，哪怕是最简单的规则或策略都要积极部署。③要防止过于依赖外部数据而造成自身缺乏研发能力。当前市面上存在各种数据，但这些数据只能用来参考，用作自身数据的补充而不能对其过分依赖。④反欺诈策略因欺诈手段本身的灵活性而变得碎片化，需要根据自身客户群与产品来制定个性化策略。欺诈手段灵活多变，风控永远要站在人与人博弈的角度思考问题，反思自身，因为欺诈者永远都是在不断研究和寻找风控的漏洞，这种漏洞主要来源不是技术，而是风控团队或整个信贷机构的认知体系和知识体系，或者流程设计。

反欺诈往往将欺诈者的心理与行为作为研究的基础。基于对正常工作生活的理解，反欺诈策略主要遵循集中性、异常性和稳定性三个原则，如基于地理位置的反欺诈策略，集中性原则表现在短时间内地理位置的集中度上，异常性原则表现在地址交叉匹配上，稳定性主要体现在获取地理位置的稳定上；基于通讯录的反欺诈策略，集中性原则体现在手机号段上，异常性原则体现在各种价格昂贵的靓号上，稳定性主要体现在手机号的在网时长上。除此之外，集中性原则还体现在各种一对多策略上，异常性体现在不同环节各种信息的修改上，如设备号篡改策略。

根据实践经验来看，针对外部操作风险的防范，反欺诈主要应做到如下几点。

（1）利用持续不断的、高频率的自我评估业务流程来发现业务流程中的潜在风险点，并制订出针对性解决方案。在必要时，可建立起一支对抗风控的欺诈团队，这样可以找到风险点来帮助风控团队完善规则或模型等。

（2）从业务场景入手，站在欺诈者的角度思考如何操作才能找到相应场景中一些不变的东西作为规则或模型的关键抓手,如在电商的反欺诈中,物流地址就是非常关键的抓手,从这里入手可以建立ROC和PR图都能达到理想状态的欺诈模型。

(3)在欺诈中,另一个关键点就是团伙欺诈,这是比个人欺诈更可怕的存在。应对团伙欺诈,信贷机构需借助复杂网络技术等找到潜在的欺诈群体并将其控制住。

(4)管理渠道的欺诈风险。渠道方可能会和其他人联合起来对合作方进行欺诈,如渠道方的员工通过伪造信息来骗贷等。管理渠道风险主要采取这样的方式:合作协议上规定违约率达到某个数字时自动降低费用,甚至停止合作,而违约率低于某个数字时,自动提高费用,加大合作;对于渠道进行授信可按照日、周、月、季度、年的方式,并保证 $365\times$ 日额度大于 $52\times$ 周额度,$52\times$ 周额度大于 $12\times$ 月额度,$12\times$ 月额度大于 $4\times$ 季度,$4\times$ 季度大于 $2\times$ 半年额度,$2\times$ 半年额度大于其一年授信额度;对于渠道的提成按照 RAROC 和 EVA 的方式计算,确保提成扣掉了风险损失部分,不能让渠道合作方一次性拿走全部提成,让其逐步获得提成,并形成风险分担机制;同时也要培养自己的营销团队和直销团队等。

要控制好操作风险,并不是要在业务流程上增加多少个"锁",因为只要是"锁",人们总能找到打开它的"钥匙"。真正要做的是如何在业务流程的关键环节设置适当的风控措施,并形成持续优化机制,增强对各类操作风险的"免疫"能力。

6.3.3 市场风险与精准量化及管理

市场风险是指未来市场价格,如利率、汇率、股指、商品价格等发生变动而使金融资产或负债的市场价值发生变化的可能性。市场风险包括利率、汇率、股票定价及商品价格等风险。利率风险源自收益率曲线的形状、倾斜及曲度的变化而导致的波动性;汇率风险源自不同货币国政策、利率及汇率远期价格等的变化;股票定价风险源自单只股票价格、一篮子股票指数的波动等;商品价格风险源自天然气、原油、贵金属、大豆等商品价格的波动。

在证券、基金、理财等投资中,市场风险是其关键性风险。而对于信贷机构来说,直接市场风险来自利率、汇率,间接市场风险来自商品价格和股票指数等,如果信贷放出去的是欧元、美元等外币,收回的是人民币就有汇率风险,如放款

100万美元，汇率为1美元兑换7元人民币，但还款时汇率为1美元兑换6元人民币，客户最后用人民币还款，对信贷机构来说就会因为汇率而损失100万元人民币。来自利率的市场风险主要是利率浮动造成的，在利率市场化的情景下，利率市场风险是所有信贷机构都需要面临的问题。

商品价格变化的直接影响是通货膨胀，如人们预期未来1年的通货膨胀率为2%，这部分风险在风险定价时已经考虑到了，可在1年后真实的通货膨胀为10%，结果有8%无法通过定价等覆盖，从而造成损失。间接影响是物价发生变化导致原本有还款能力的客户无还款能力，如钢铁企业在价格5 000元/吨时是赚钱的，客户有还款能力，可是当价格降到1 000元/吨时，客户就无还款能力，逾期或拖延都是大概率事件。所以应对市场风险，信贷机构主要靠选择客户，以及在价格下降前控制放贷额度，因此信贷机构必须要有对自己客户所处行业的一些关键性变化的预警机制，如当商品价格下跌10%时，禁止对相应行业的人员放贷。

市场风险管理的核心是通过主动分配风险资金避免不必要的风险。它往往包括交易过程中的风险管理和政策管理，主要涉及市场风险计量、限额管理、对冲、风险政策及风险监测报告等。计量是限额管理的基础，更是对冲的基础。

对冲是主动管理风险的重要体现。利用各种选择权类资本的产品进行对冲操作是有限管控风险的方式。在大多数情况下，风险对冲要么基于特定风险，要么基于一个投资组合。比如，一个人在股票市场上买进A股票，同时他可以在衍生品市场买进沽出期权，或者在融资融券市场将股票融出去，从而对冲其风险。

G30集团在研究衍生品种的基础上，于1993年发表了题为《衍生产品的实践和规则》的报告，提出的度量市场风险的VaR方法已成为目前金融界测量市场风险的主流方法。而后由J. P. Morgan推出的用于计算VaR的Risk Metrics风险控制模型更是被众多金融机构广泛采用。目前，国外一些大型金融机构已将所持资产的VaR风险值作为其定期公布的会计报表的一项重要内容加以列示。

VaR一般被称为风险价值或在险价值，指在一定的置信水平（如99%）下，某一个资产或资产组合在未来一段时间内的最大可能损失。VaR不仅给出了市场风险暴露的大小，同时也给出了损失的概率。

Morgan将VaR定义为在既定头寸冲销或重新评估前可能发生的市场价值最大

损失的估计值。对于 VaR 的定义虽然表述不同，但在统计学中，VaR 实际上是估计出在给定概率的情况下，资产或资产组合在未来一段时间内的最大可能损失，如图 6-4 所示。在一定的置信水平下，VaR 的计算公式为 $VaR=F^{-1}(1-\alpha)$。其中 F 是分布函数。

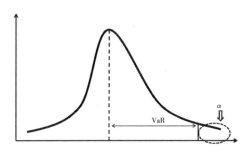

图 6-4 VaR的分布

VaR 可以用于表示市场风险的大小，任何没有分析技术和专业背景的投资者和管理者都可以通过 VaR 值对市场风险进行评估。VaR 不仅可以计算单个资产的市场风险，也可以计算资产组合的市场风险。

VaR 模型的计量方法如图 6-5 所示。

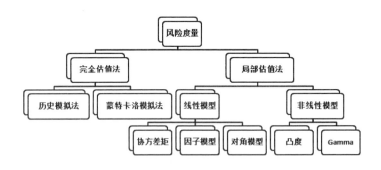

图 6-5 VaR模型的计量方法

在图 6-5 中，局部估值法包括线性模型和非线性模型，这种方法相对简单，其价格的分布与收益率的分布是相同的，而这对于拥有大量风险来源的投资组合来说尤其方便，因为正态分布的线性组合仍然是正态分布。完全估值法主要包括历史模拟法和蒙特卡洛模拟法，这两种方法主要用于解决非线性关系问题，特别是风险因子变化很大的情形。

比如，权益资产的 RAROC 低了，就需要分析到底是其收益低了还是 VaR 高了，如果 VaR 高了则需要分析到底是自身估计的误差大了，还是市场风险本身高了，从而找到原因并制定相应的措施。

根据 VaR 的定义，VaR 有两个参数，分别是置信水平和持有期。置信水平越大，则 VaR 越大，反之越小。置信水平一般在 95% 到 99%，巴塞尔委员会建议银行选择 99% 的置信水平，但机构到底该选择多大的置信水平，要看其风险偏好。如果机构比较谨慎，一般会选择比较高的置信水平。反之，如果机构的风险偏好比较积极，则可以选择低的置信水平。

置信水平往往对应显著水平，而显著水平往往是判断 p 值是否显著的标准。显著水平 α 约定俗成的标准是 0.05，有时候严格一点大家会用 0.01。近 10 多年来，各个学科，从计量经济学到生物信息学都在讨论 p 值问题。不论是学术界还是工业界都逐渐发现了一些问题，如一些研究成果的 p 值小于约定俗成的显著水平 α，但实际结果是无效的，显著水平 α 为 0.05 严重低估了假阳性的可能。为了控制假阳性率并确保统计功效，以得克萨斯农工大学的瓦伦·约翰逊为代表的统计学家们建议显著水平 α 为 0.005。

如一些研究者所说，这样的置信水平带来的问题是，这将需要更多的样本量，这种方式还是在利用统计方法进行偷懒。以单个正态分布的均值检验为例，在显著水平 α 为 0.001 的情况下，假设其真实的均值为 5，标准差为 1，当有 30 个样本的时候均值为 4.9，则双边检验其 p 值为 0.58；但当样本扩大 10 倍，即样本为 300 个时，则双边检验 p 值为 0.083；当样本扩大到 20 倍时，其 p 值为 0.014；当样本扩大 40 倍时，其 p 值为 0.00054。问题在于 4.9 和 5 之间并没有什么差异，但随着样本量不断增加，其 p 值逐渐减小，导致最后看起来非常显著。由此，样本量是一方面，核心在于人们要有耐心找到真正解决问题的指标。因此，在保持显著水平 α 为 0.05 的样本情况下，p 值应控制在 0.001 内，这样的价值在于能找到真正有实际价值的东西。

在样本不变的情况下，通过 T 检验、F 检验等都无法将一些有效因子挑选出来，最后使用 SWang 检验将一些因子挑选了出来。这是因为每种方法都有自己的前提假设，基于SWang检验的假设，只要是Pearson家族的分布都可以检验出差异性。

在大多数情况下，VaR方法的假设为正态分布，但金融数据几乎没有呈正态分布的，而往往属于一个稳定分布家族。

持有期是根据样本规模和市场的流动性状况来确定，对于一些交易活跃、流动性好的资产，持有期可以短一些。同样，为了提高VaR的精准度，需要持有期长一些。巴塞尔委员会要求以10个交易日为资产组合的持有期。实际中，外汇一般是按交易日选择持有期，养老金等调整缓慢的一般选择1个月为持有期。

VaR是当前市场风险测度的一种标准方法，但VaR也存在一些不可克服的缺陷，如VaR不满足非凸性、一致性公理，且对厚尾测度不准。对此，学者们提出了很多改进方法，如期望亏空（Expected Shortfall）、CVaR等方法。CVaR是在VaR的基础上进行优化和改进的，具有VaR的优点，同时具有次可加性、凸性等良好性质，且对厚尾损失的条件期望进行了评估，在其最优化计算过程中可以得到VaR。

CVaR是在正常市场条件下，在一定置信水平下和持有期内，损失超过VaR的条件期望。

$$CVaR(\alpha)=VaR(\alpha)+E[f(x,y)-VaR(\alpha)|f(x,y)>VaR(\alpha)]$$

CVaR和VaR的计算方法分为三种，第一种是历史模拟法，其基于历史数据来计算，将历史数据从小到大排列，按照置信水平找到相应的分位点，从而计算出相应的VaR，对大于VaR的数值求平均值，采用30个以上样本并默认为正态分布进行计算，确定是否能及时反映未来市场对经验分布的影响。第二种是方差–协方差法，利用历史数据计算出方差、协方差，然后假定为正态分布求出在给定置信水平下的临界值，最后结合风险损失计算出VaR值。这种方法计算简单，但其分布假设为正态分布，不能处理厚尾和在波动性与收益率之间相关的资产。第三种是蒙特卡洛模拟法，它是假定资产价格服从某种随机过程，并反复模拟相应的过程，每次模拟都可以计算出风险因子的未来变化情况。这种方法适用于各种分布、各种资产组合，但缺点是对一些极端情况考虑不足。

在大数据时代，数据相对充足，用历史模拟法会更好一些，对于一些没有历史数据的新资产可以通过迁移的方法将其他同类产品的CVaR和VaR作为新资产的 CVaR 和 VaR 值。

除了需要计算 CVaR 和 VaR 值，它们还需要进行有效性检验，主要是基于回测来判断是否有效，主要方法是 Kupiec 法。

若确定 CVaR 和 VaR 的值是合理的，人们需要对利率、汇率、物价等存在的风险进行对冲，通过利率互换、汇率互换、期货、期权等方式来转移风险。这种方式有些被动，在大数据时代，人们需要更主动地管理风险，利用大数据技术主动获取数据，及时计算出 CVaR 和 VaR 等来预警，并主动控制风险敞口，进行额度管理，避免因额度过大带来灾难性损失。

市场风险限额指标除了整体组合、业务组合，还需要按照单笔头寸、单个交易对手等分别设置。限额作为刚性约束，对于超过限额的业务需要严格审批，不同级别审批额度不同。

除了限额管理外，市场风险管理另一个重要手段是止损机制。止损的实质是在诡异的市场价格波动中首先确保生存下来，其次考虑盈利。止损是对人们的重大考验，因为没有人愿意"割肉"，但为了继续活下去就必须止损。

不论是估值、限额管理还是止损，都需要建立起监测和报告机制。达到预定的预警线，就需要发送给相关人员，根据预案采取相应措施。同时，也需要积极地建立对于行业、地区变化的监控预警机制，及时判断客户违约的可能，进而控制剩余额度的提款，必要时可提前收回用款。

6.3.4 流动性风险及管理

如果价格波动性是市场风险的核心，那么流动性风险就是市场波动性的放大器。流动性风险对于各机构来说都是非常重要的风险，信贷增长过快容易导致流动性风险，价格剧烈波动也会产生流动性风险。

流动性风险可以分为交易流动性风险、融资流动性风险、流动性黑洞。其中，交易流动性风险主要是因掌握资产过于集中、市场动荡或市场深度不足使得机构无法以合理的交易价格、速度来出售资产所带来的风险。融资流动性风险主要是机构在不影响日常经营或财务状况的情况下，机构为了满足资金需要，无法在指定付款日履行支付义务的能力。流动性黑洞是短时间内流动性猝然枯竭的一种现象。

流动性风险主要源自资产负债期限不匹配、利率变动敏感性及信贷机构自身的信用。信贷机构需要通过收取保证金的方式控制风险，同时控制信贷增长，充分利用在其他机构存放的现金进行调拨。

"巴塞尔协议"的《流动性风险计量标准和监测的国际框架》提出了加强流动性管理的两个新指标，分别是流动性覆盖率、净稳定资金比率。流动性覆盖率是指在压力测试中，流动性要能够至少坚持30天，而净稳定资金比率主要是衡量资产与负债的匹配程度，鼓励机构减少短期融资的期限错配，增加长期稳定资金来源。

期限错配是流动性风险产生的根本原因，如存款期限为1年，而贷款期限为3年，这就存在着存款者要取款而银行无钱来支持客户取款的风险。为了解决因期限错配而带来的流动性风险，银行往往都设置司库，以管理资金存放和支付汇集。

司库通过内部资金转移定价(FTP)来管理资金。各业务部门与该部门之间通过"上存下借"的方式来解决资金转移问题。当业务部门有多余资金时，就将闲置资金存到司库，而当业务部门需要资金时，就向司库借钱。但无论是"上存"还是"下借"，司库都要对转移资金收支利息。这种FTP价格是机构内部的资金转移价格，受期限、利率类型和支付方式等的影响。

FTP模式分为两种，第一种是全额模式，即所有融入资金都进入司库，司库按照约定进行定价，而后统一进行融出。第二种是差额模式，即各业务部门根据融入与融出之间的差额部分从司库进行"存"或"借"，这种模式导致各业务部门之间的恶性竞争激烈，或者机构与其他机构之间的竞争激烈。目前，为了避免恶性竞争，我国银行等采取的FTP模式属于全额模式。

FTP模式不仅会改变机构的收入，而且会改变利润，这是因为FTP是指引员工的指挥棒，以改变考核对象的考核指标为主。业务部门通过FTP可以更加清楚地量化业务的资金成本和收益，同时可以更加科学地评估部门绩效，并优化资源。

根据司库的实际操作来看，FTP模式主要在银行的一般存贷款、同业业务中使用。同一银行的不同分行存贷业务有所偏重，这就使得其受FTP的影响也不同。比如，若FTP的存款价格下降，则偏重存款业务分行的利润下降，若FTP的贷款业务价格上升，则偏重贷款业务分行的利润下降。这就使得银行业务人员对一般存贷款业务 FTP 的敏感性很强，因为其影响着他们的考核指标，所以一般存贷款业务的 FTP 变动及频率比较小。

在同业拆借业务中，FTP 模式的变化往往比较频繁，且幅度相对比较大。《中华人民共和国商业银行法》中第四十六条规定，"同业拆借，应当遵守中国人民银行的规定。禁止利用拆入资金发放固定资产贷款或者用于投资。拆出资金限于交足存款准备金、留足备付金和归还中国人民银行到期贷款之后的闲置资金。拆入资金用于弥补票据结算、联行汇差头寸的不足和解决临时性周转资金的需要"。这就是说，同业拆借会根据银行自身的资金情况进行拆入或拆出，同时根据市场资金行情决定价格的高低，以及时解决自身流动性问题。

除了采取 FTP 模式外，进行流动性风险管理还需要建立现金流测算和分析框架，有效计量、监控未来不同情景下不同时间段的现金流缺口。现金流测算和分析应涵盖未来现金流、或有资产和或有负债，并充分考虑到支付结算等对现金流的影响。

流动性风险管理还需要建立一些预警模型来评估不同情景或事件的流动性风险大小。这些情景或事件包括资产或负债快速增长、波动性显著上升，资产或负债集中度上升、期限错配程度加剧、融资获得性降低、交易对手信用风险增加、信用评级下降、股票价格下跌、声誉受损、其他行降低或取消授信额度等。机构可以收集这些情景或事件对流动性影响大小的数据，建立起预警模型，进而评估不同情景或事件带来的流动性风险大小。

流动性风险的应急性化解措施依靠限制额度，而根本性化解措施则依赖良好的融资管理，只有提高融资来源的多元化程度和稳定性，才能真正化解流动性风险。

融资管理主要从以下四个方面着手：①合理调整自身资产结构和配置，并及时检测相应交易市场价格和交易量等情况；②建立和完善融资渠道管理，积极维护与主要融资交易对手的关系，保持在市场上的活跃度，提高同业负债的多元化程度；③注重日常流动性管理操作，如通过使用资产等来获取流动性；④建立流动性风险压力测试机制，定期计量在压力情景下的流动性大小，并针对已有的相关措施进行评估和完善。

6.3.5 集中度风险及管理

集中度风险是信贷的重要风险,当客户的信贷额度占比超过 10% 的时候就需要特别关注,这里的集中度不仅指客户的集中度,也包括地区、行业、渠道、某一标的等的聚集。客户、地区、行业的集中度风险是比较好理解的,如果一个客户的逾期率在 1%,若额度不断增加,而违约成本固定,则违约后收益会越来越大,导致逾期率从 1% 上升到 100%。同一地区经济发展相似,人员关联性大,一旦地区出现大的事件,很容易导致该地区大面积逾期甚至坏账,如温州房价下跌、海南房价下跌都会造成区域性风险。对于产业来说也是如此。同产业的企业相似度高,具有相似的经济周期,很容易导致同时陷入困境,从而造成集体大范围坏账。

集中度风险中尤其要关注的是渠道和某一标的集中风险,如果所有业务过度集中在某个渠道就会被该渠道"绑架";而集中在某一标的也有较大风险,如果放贷是面向手机厂商,像三星 Note7 这样的手机爆炸事件导致其无法还款就会造成损失。对于集中度风险的控制,主要是通过控制放款额度、额度占比等策略来实现,如一个地区一个客户贷款占比超过 0.05% 就需要监控,对于超过 10% 的需要通过专人跟进等方式来控制风险。

集中性风险也体现在资金的集中性或获客上。比如,某互联网金融平台的资金主要来源于某消费金融平台,其中的集中性风险非常大,万幸的是其对此做了准备,避免了因资金方突然告知不合作而引起的业务持续性风险。

集中性风险不仅仅体现在资金端,在资产端也体现得非常明显。在信贷业务的资产端,集中度风险往往是由各种交叉销售,或者提高授信额度导致的。从捷信消费金融发布的 2018 年第一季度财报中的数据及解释来看,交叉销售无形中提高了客户的授信额度,进而提高了每个客户的集中度风险,导致坏账率上升。类似的问题不仅仅捷信遇到了,其他金融机构也遇到了。

6.3.6 合规风险及管理

合规、法律或政策风险是指法律或政策的变化所带来的风险。比如,监管部门针对学生贷出台了各种政策进行管制,在学生领域进行放贷的机构都受到了限制。对于这种风险，在刚开展业务时就要判断业务是否有利于国家、地区稳定，是否符合政策趋势。

不论何种金融机构都要面对监管规范，监管与内部风险管理是具有内在一致性的。许多监管规范是在大量经验教训中总结而得到的，这些规范是为了降低各机构的风险，减少试错成本。

监管规范是全面风险管理的底线，更是机构的生死线，必须在监管规范内开展经营，如监管部门对关联交易、资本充足率等都制定了标准，这是让股东安心和客户舒心的事，是一举多得的。

要防范合规风险，就要提高自身对监管规范的跟踪分析能力，提高对未来监管政策变化的判断准确率，积极地将工作做到前面，实现监管约束和自身风控的统一。

6.3.7 组合风险与精准量化及管理

相对于单笔业务风险，组合风险也需要特别关注。组合风险不是虚无的，是以单笔业务为基础。组合风险管理失控最终体现在单笔业务的安排和暴露上，单笔业务的处理不能脱离资产组合而独善其身，必须要服务于最终的资产组合。对很多人来说，资产组合管理是一种不自觉的行为，甚至根本就没有注意到组合风险。

组合风险是因为一些机构的投资往往是组合投资，如同时持仓10个行业，或10多家企业股票，这些持仓行业、企业、股票之间存在相关性。组合投资就是要平衡风险和收益，这是风险管理中的关键点之一。

组合风险管理不是简单地将"鸡蛋放到多个篮子里"，因为可能"鸡蛋"表面上放到了多个篮子，但这多个篮子挂在一根绳上，如此一来，"鸡蛋"还是放在一个篮子里。

组合风险管理是从多个维度对资产的多样性组合进行管理，从而降低整体组合风险水平，以实现利润最大化。在大数据时代，组合风险相对以往更容易计量。比如，在零售信贷资产的组合风险管理中，用户之间的关系图谱或社交网络信息是可以获得的，这对于衡量相关性风险是非常关键的数据。

在信贷领域中，相关性主要是根据不同人或机构之间的联系程度来估计，如

A 和 B 是姊妹，A 逾期了则 B 逾期的概率也增加，因为二者之间的相关系数高达 70%，甚至更高。如果 A 与 B 之间仅仅是常联系的朋友关系，一个逾期了则另一个的逾期率为 30%。

这就是说，如果客户之间存在相互联系，他们之间的违约相关系数并不是"巴塞尔协议"所建议的相关系数，而是更大一些，如原来的 0.03~0.16 更改为以紧密联系度 d 为函数的公式。

$$R=0.03 \times (1-e^{-35 \times PD})+\phi(d) \times e^{-35 \times PD}$$

其中，$\phi(d)$ 的取值范围在 0.16 和 0.9 之间，如夫妻、父子、母子等同时来贷款，则违约相关系数要按照 0.9 来计算，如果是兄弟、姐妹等同时贷款，则按照 0.7 来估算，如果是常用联系人同时贷款则按照 0.3 来估算，如果是一般联系人同时贷款则按照 0.16 来估算。这样充分利用用户之间的关系强度来衡量风险，可以将组合风险充分而合理地展现出来。

相关系数到底定多大的范围，需要考虑到不同个人、企业之间的某种关系。比如，一些欺诈团伙、企业担保链、担保圈，他们之间的相关性绝不是"巴塞尔协议"建议的上限，甚至能高达 1。面对现实情况才能确保组合风险可控。

这种相关性并不是一成不变的，随着新资产的加入，或者信息的更新，相关性估计也会发生变化，同时不同行业、地区的经济也在不断变化发展，这就使得资产之间的相关性呈现动态性，即组合风险呈现动态性。

长期以来，计量组合风险的手段是缺乏的，尚无基于合理假设并经过严格验证的计量模型。但随着社交网络计量方法的发展，社交网络分析在风险计量中的地位逐步上升，因为社交网络分析的一个重要假设就是"物以类聚，人以群分"，同时这个假设是组合风险计量的核心假设之一。在计算各种关系圈的相关系数时，需要借助复杂网络算法来进行识别和量化，如图 6-6 所示。

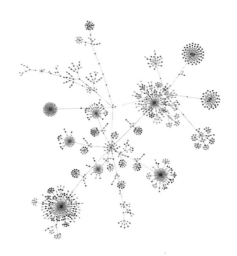

图 6-6 消费金融中客户的关系图

不同的关系圈之间的联系是稀疏的，而关系圈内的联系是紧密的。一般关联风险发生在关系圈内部。根据实践经验，个人之间的关联风险在 60% 左右，即在关系圈内有一个人发生违约，其他人逾期概率在 60% 左右，这是因为人们处于一个人情社会，往往其不愿意向他人或组织借款，但一旦从外部借款后不能及时支付，就意味着这个关系圈内整体的还款能力下降了。

除了个人关系圈外，在企业之间的担保中也存在类似问题。企业担保圈是多家企业之间相互担保而形成的特殊关系圈。这些担保圈背后其实还是人的关系圈，正所谓"物以类聚，人以群分"，这些企业担保圈背后的人是因为某种关系而联系在一起的。

从目前的状况来看，企业担保圈在一定程度上改善了小微企业融资难的问题，促进了民营经济的发展，但同时也暴露出一些问题。

担保圈成为骗取机构信贷资金的途径，一小部分不法企业主通过设立多家企业、做假合同、企业间互相担保等方式骗取机构的信贷资金，导致这些机构遭受损失。

担保圈会引发过度融资，使得风险敞口变大，超过其实际还款能力，违约风险增大，这主要是因为机构授信多是按照单个企业为主体进行授信，没有进行担保圈的整体授信。

担保圈很容易形成行业、地区的系统性风险，这触及了相关部门要求的不发生系统性风险的底线。这是因为担保圈内的企业往往是关联性企业，担保圈内一家企业不能按时支付还款,就会引发担保链断裂,将信用风险成倍放大,进而演化成行业或地区的系统性风险。如2000年福建的企业担保圈风险暴露后引发的危机,以及2012年上海地区钢贸行业的不良率暴增,都是由于担保圈关联引起的。

中国社会中的一个关键要素是"关系",这是全面风险管理所不能忽视的。"巴塞尔协议"中给出的企业违约相关系数、个人违约相关系数中的上限都低了,尤其是在中国更是这样。

2017年9月和10月,笔者对共债带来的问题忧心忡忡,因为没有办法提前衡量到底有多大,但从事后的客户表现来看,共债所带来的问题大小由客户的关系网络大小来测量是比较合理的。

系统性风险从某种意义上讲就是一种组合风险。系统性风险是整个金融或经济体系内的风险,如2008年美国财政部、美联储紧急救助了AIG(美国国际集团),因为AIG是众多机构的交易对手,其在信用违约掉期市场是绝对的卖方,如果AIG破产,将导致更多机构破产。

衡量系统性风险的大小要基于各机构之间的交易关系或持股关系。每个机构在机构的关系网络中的重要性是不同的,规模大的银行、保险、证券、信托公司等更加重要。

优化资产组合主要根据资产组合的RAROC和EVA的表现,人们需要从数据分析中找到根本原因并制定相应的措施以达到目的。比如,信贷资产的RAROC低了,就需要分析到底是自身收入低了,还是成本高了;如果是成本高了,到底是运营成本高了还是预期损失高了;如果是预期损失高了,则需要分析到底是新客户的预期损失高了,还是老客户的预期损失高了。

6.3.8 交易对手信用风险与量化及管理

交易对手信用风险是交易对手在一笔交易的现金流最后结算之前违约的风险。交易对手风险是双向的,该风险随着交易市场价值的变化而变化,涉及的业务有场外衍生产品交易、回购业务及与中央交易对手的交易等。

场外衍生品交易往往游离于信用风险管理体系之外,但衍生品交易作为同业之间的重要业务联系之一,是风险传播和系统性风险形成的重要渠道。在2008年的金融危机中，美国就因衍生品交易放大了风险，导致众多国际知名金融机构出现巨额损失，甚至破产倒闭。

交易对手风险属于信用风险范畴，但交易对手风险存在三种不同于传统信用风险的特征，其一是双向性损失特征，交易对手风险本质是一种双向性交易风险，交易过程中的任何一方出现违约都将会导致对方损失；其二是风险具有不确定性，交易对象的风险因素取决于未来市场价值，但未来市场价值具有不确定性；其三是风险影响因素具有异质性，即交易对手风险的前期预期中，需要注重市场相关风险与交易信用风险之间的内在联系。

基于"巴塞尔协议"和原中国银监会的《关于印发〈衍生工具交易对手违约风险资产计量规则〉的通知》，该计量规则借鉴巴塞尔委员会发布的衍生工具资本计量国际标准，大幅提高了衍生工具资本计量的风险敏感性，并重新梳理了衍生工具资本计量的基础定义和计算步骤，明确了净额结算组合、资产类别和抵消组合的确定方法，考虑了净额结算与保证金协议的作用，并分别规定了重置成本与潜在风险暴露的计算步骤和公式。从上述可以看出，交易对手风险具有可量化性。

交易对手信用风险敞口的计量方法主要有系数法、因子附加法、模拟法。系数法主要是依据经验，对不同的产品设定一定的信用风险转换系数；因子附加法是基于每笔交易重新评估，根据不同风险驱动因子和期限得到风险敞口；模拟法是基于蒙特卡洛模拟法，随机产生风险驱动因子，计量不同情景下风险敞口大小，而后根据需求来确定风险敞口。

交易对手信用风险管理往往是从交易对手准入管理、限额管理和风险缓释入手。在做交易之前，机构必须对交易对手有清晰的了解，确定交易对手资产、业务性质、风险偏好等，建立起交易匹配度量化表；额度管理是根据交易对手设定不同的交易额度上限和期限，并做好额度监控；风险缓释主要是通过要求交易对手提供担保、"兜底"、保证金等方式来缓释风险。

除此之外，无论是交易所交易，还是场外交易都可以引入中央交易对手方清算机制来解决交易对手信用风险，从而增强市场信心。中央交易对手方是"每一个买方的卖方"和"每一个卖方的买方"，且有较高的自我风险管理能力和严格的风险控制制度。其风险管理工具主要有：①对会员有严格的市场准入，如财务能力、运营能力、良好的信用记录等；②一般是客户主动补足保证金，或强制平仓，同时采取当日无负债结算制度，并逐笔盯市，要求买卖双方追缴保证金；③涨跌停限制，即每日价格涨跌不得超过规定的幅度；④持仓数量限制，即单边持有头寸最大量；⑤一户一码的"穿透式"管理。

6.3.9 数据、模型与业务可持续风险及管理

在大数据时代，数据将是各家机构的关键性资源，尤其是在全面风险管理中，更要依靠自身海量的数据和强大的计算能力，如要计算用户之间的相关性，主要通过用户的电话号、邮箱、身份证、地址、设备号等进行关联计算。在阿里巴巴和众安保险称其为"同人"模型，而京东和腾讯的用户社交网络风控本质是通过社交网络来反欺诈。如果无数据则无法构建相关模型，同时如果计算能力不足，则不能实时响应需求。

社交网络分析方法一般主要用于反欺诈，如赛仕软件（SAS）公司有一个专利叫 Net-Chaid，就是专门用来反欺诈的。根据一些案例可推断出，其主要是通过社交网络和决策树相结合的方法来进行分析。对于还款能力和还款意愿的评估就大同小异了，有些机构根据不同地区客户的收入、年龄、消费情况、理财情况来进行衡量与评估。

在大数时代下做风控工作，在理解了客户的前提下，首先要看数据。不同数据对于风险的作用不同，获取难度也不同，但所有的数据都可以看作风控数据，因为数据是客户心理过程和行为的表现，也是人类的思想、观念的表现。不论是人的操作行为数据，还是后来的其他表现数据，都是人的心理过程的体现，而人的心理是有规律的，这些规律就蕴藏在数据之中。正如美国东北大学巴拉巴西教授所指出的那样，人的行为遵循共同的幂律分布[1]。美国桑迪亚国家实验室的内森博士在 2004 年做的实验结果说明，人的行为是可以预测的，而且预测准确率在 90% 以上。同时，他指出，人在生活中十分抵制随机运动，渴望朝更安全、更规则的方向发展，这意味着人的行为是不断重复的，这种重复性决定了行为的熵值比较小，人的行为具有可预测性，且最高可预测程度为 93%，最低可预测程度为

---

[1] 艾伯特·拉斯洛·巴拉巴西.爆发：大数据时代预见未来的新思维 [M]. 北京：中国人民大学出版社，2012.

80%。但要预测未来，就需要知道过去、现在的数据，只有知道客户过去和现在的数据才能做出预测。

同时，数据是量化还款能力和意愿的关键，因为不同收入人群的行为本身会有一定差异，高净值人群没有太多的时间花费在网络上，因为他们每个小时的价值可能上万，而中产群体每小时的价值在上百元，这就导致人们的行为数据会有所差异。

因而，不同的数据只是对风控的贡献大小不同而已。如图6-7所示，从下而上数据对风险的价值越来越大，但获取难度也越来越大，且数据量越来越小，信贷和保险数据对于风险管理最有效，但获取难度最大。

图 6-7 风控数据分类

大数据中各类数据的价值也服从20/80法则，20%的数据贡献了80%的价值，信贷或保险数据对于大数据风控价值的贡献率高达80%，但其数据量只是全部数据量的20%。比如，传统信贷数据对于信贷风控来说至关重要，但这些数据并不是每家机构都能够拿到的，也不是每个人都具有的，即使信用体系发达的美国，也仍有5 000万左右的人没有信用报告。目前，虽然中国人民银行有9.9亿左右的用户，但真正有信贷数据的人数乐观估计也只有3亿，而中国有14多亿人，很多人没有信用记录。其他对风险作用相对比较小的数据也必须用上，否则信贷机构无法评估没有信贷数据的客户的风险。非信贷数据主要包括消费、支付、社交、运营商、物流、搜索、行为、设备、其他数据等，其中常见的就是其他数据，如使用 App 过程中 SDK（软件开发工具包）记录下的 IP、时间等数据信息。

这些非信贷数据，如手机中 SDK 获取的数据在大数据风控中一样可以将坏账率控制到 1.8% 以内，关键要找到一个好的风控人员。然而，并不是每个风控人员都可以借助抵押、征信报告将坏账率控制到 1.8% 以内，就更不要说在没有抵押和无征信报告的情况下。

大数据风控最核心的部分是数据，数据也是 2003 年到 2050 年这个经济周期非常重要的关键词，但数据尤其是大数据是稀疏的，一些指标是空值或 0。0 和空值是有差别的，一般来说 0 表示有某个指标的值且数值为 0，空值的含义则是某个指标是缺失的，这种缺失可能是因为用户自己没有这方面的数据，也可能是没有抓取到相关数据。特殊情况下，空值和 0 的含义是一样的，在数据处理的过程中需要特别注意这一点，因为处置不当容易造成理解混乱。一般对于空值就以 Null 表示，这样在数据挖掘或分析中就可以通过其他数据进行弥补了。

从大数据的稀疏角度来考虑数据的质量，对于大数据分析和挖掘而言，最重要的不在于数据的数量，而在于数据的质量。阿里巴巴前首席数据官车品觉在阿里的时候提到阿里的数据具有六大特点，基本都与数据质量有关。后来在跟他交流的过程中，笔者补充道："阿里数据还有两大问题，就是模型更新和指标更新的问题。"数据质量决定了数据分析的结果，但模型的参数会发生变化，指标更会发生偏移，需要不断更新指标和模型。一般做数据分析的人都有一个体会：当对过去做的东西进行复盘时，总会想到更好的方法和指标构造，以及逻辑处理。

数据风险主要来自数据本身的片面性，因为数据存在散、杂、乱、脏、死的特点，这导致数据本身也存在一定风险，如图 6-8 所示。

图 6-8 数据问题存在潜在风险

几乎每个企业都面临着数据"散"的问题，数据分散在各个部门、系统中，甚至没有收集，数据之间没有统一性，缺乏关联性，这就导致所做的模型仅仅使用了一部分数据，如某互联网金融平台没有获取客户的行为数据，这就导致无论运营还是风控都无法使用行为数据。数据"散"的问题不仅仅存在于小企业中，在一些大企业也是存在的。很多用户通常都能感知到，如 A 企业有 10 个产品，每个产品都有用户系统，但用户每使用一个产品都需要注册，再注册。这就是典型的数据"散"的问题所导致的。

同样，几乎每个企业都面临着数据"杂"的问题，比如，企业对接了第三方数据，但相应数据是以 JSON 格式存储。又或者相应的数据各种各样，如百融的购物变量、银联的购物变量和阿里巴巴的购物变量，名称变量相同但背后的逻辑不同；数据维度很多，但没有一套成体系的业务逻辑，几乎任何数据都需要进行采集或采购。

数据的"乱"首先体现在组织上，几乎没有一个负责人为整个企业的数据负责，又似乎人人为整个企业的数据负责。另外，数据"乱"还因为几乎每个团队都在做指标，但这些指标有什么用，谁用都没有搞清楚，搞出来的指标重复性大，虽命名不一致，但背后业务逻辑却是一样的。

每个企业都面临着数据"脏"的问题，本来存储身份证号 ID 的变量却存储了手机号，或者本来存储身份证号 ID 的数据中有 18 个 0。同时，在一些信贷业务中，还有到期日比申请日还早等各种业务逻辑不一致的问题。正如数据挖掘人员经常说的一句话"垃圾进，垃圾出"，最能说明"脏"数据带来的问题。

大部分企业都面临着数据"死"的问题，这里的"死"不是指数据没有更新等，这种情况现在已经很少见了。"死"数据主要是指数据没有为利润做贡献，不论是运营，还是风控，自身的数据是死资产。数据如何变现，如何提高自身的利润是几乎每个企业都在不断挖掘的点。

数据存在各种问题，就需要治理，数据治理的目的是在提高企业利润、降低运营成本的前提下确保数据统一、一致等。

这些数据问题背后都有数据风险的影子，大数据风控是一种理念，如果用小数据可以轻松解决的问题，就不需要使用成本相对较高的大数据，在小数据上应用大数据风控的方法也可以创造出同样的价值。例如，哈尔滨银行互联网金融部，虽然数据只有 8 万条不到，但数据维度非常丰富，利用"同人"模型等大数据才用的方法最终也产生了价值，模型也识别出一些欺诈客户。在实际生活中，一部分企业为了大数据而大数据，忽视了数据风险。数据只有在创造价值过程中才能活，只有创造利润，大数据才有存在的必要。数据价值的意义就在于为企业创造价值。

大数据风控的手段，通常除了数据，就是模型。目前风控模型有很多，如一般线性回归、逻辑回归、最大似然估计、非线性模型、神经网络、决策树、支持向量机、深度学习等。另外，还有各种模型的变种，如 Facebook 的 GDBT+ 逻辑回归对点击率预测模型和阿里巴巴的混合逻辑回归对点击率预测模型等。大数据风控或大数据分析首先要确定商业目标，基于商业目标、自身数据，以及能获取的数据，进行数据清理和加工，而后选择合适的算法，其流程如图 6-9 所示。

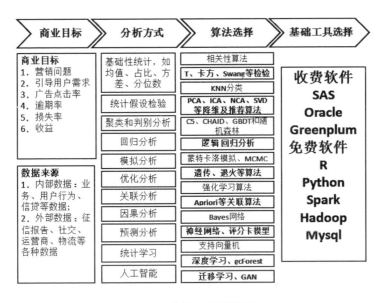

图 6-9 大数据风控的分析

神经网络，尤其是深度神经网络等是当前比较火热的算法。根据逼近原理，在充分的数据即大数据情况下，神经网络可以无限逼近回归函数。2018 年 6 月，美国 UC 戴维斯和斯坦福大学的几名研究人员聚焦于神经网络的激活函数，他们不仅证明了该关系，同时通过数据进行了实证分析。其结果显示，随着神经网络层数的增加，共线性越来越严重，但在实际应用时，大家很少关注神经网络的共线性问题，而且该结果同时证明了神经网络的本质就是多项式回归。多项式回归对于统计学、计量经济学的学生而言十分熟悉，它存在的问题也十分明显，如共线性。大肆使用神经网络的工业界可能需要重新审视其中的共线性所带来的问题。

除了神经网络，GBDT 也是业界经常被提到和使用的。利用 GBDT 算法的人都有一个想法：通过其制造出上万个指标，然后进入 Logistics 模型中。但实际经验显示，GBDT 的效果并不比决策树、随机森林等的效果更好，更没有比通过深入洞察客户创造出来的指标效果更好。其制造出的指标往往是以一两个有效指标为基础，不断制造出其他指标与这些有效指标之间交互效应，指标的稳定性很差。这种求快、求多的思维存在着巨大的模型风险。

在信用模型建设过程中，人们经常会遇到坏样本太少的情况。过去，该问题是通过利用加权逻辑回归、过抽样或欠抽样来解决，也通过使用 KNN+SMOTE 的方法来解决。其中，过抽样和欠抽样是采取是否有放回抽样方式，SMOTE 是一种人工合成少数样本，进而过抽样构造均衡数据的方法。SMOTE 算法主要有两步：①任意选中一个少数类观察点后，通过 KNN 等算法找到附近的其他观察点；②通过算法生成新的少数类观察点。从效果上看，没有一种方法是完美的，也没有一种方法可以获得理想的结果。加权逻辑回归在小微企业数据中表现非常好，而 KNN+SMOTE 则表现一般；但在反欺诈模型中，KNN+SMOTE 表现则非常好，其 PR 曲线面积可以达到 0.9 而同时 AUC 也可以达到 0.9。

最近，条件生成对抗网络（CGAN）被用来解决坏样本少的问题，其主要是借助其他已知的黑名单、违约客户等信息，匹配出与对应业务类似的客户，并基于此来解决样本量不足和坏样本量等问题，从而避免 SMOTE 的人工合成不真实的问题。通过多次测试，该方法可以找到更加契合业务目标客户的样本，使得模型的 AUC 提高了 2~5 个点，KS 提高了 3~6 个点。但这种方法的使用还有很多问题亟待解决，如其实际操作效果不确定。

在大数据时代，各种模型和数据被广泛应用，因此需要特别注意模型风险，这种风险经常被忽视。2008 年发生的经济危机，其导火索是美国次贷危机，美国次贷危机的一个关键原因就是信用违约互换（CDS）。在 CDS 的评估和计算中经常会使用到 Copula 函数，多元 Copula 函数本身有严格的假设，如假设各种金融产品的价格数据呈正态分布。虽然实际情况并非如此，但在实际操作中，使用者仍以数据呈正态分布为假设来计量风险和收益。为了计算和评估出相关资产的价值，使用者强硬地将数据套入模型中，预测违约率为 0.3%，最后发生了危机才发现真实的违约率为 30%。发生这种情况的根本原因是忽视了模型或算法的边界，以及忽视了现实和理论假设之间的差距，从而引发模型风险。

随着现金贷监管政策的出台，该行业的风控人员感受到了模型风险。在监管政策出来之前，各种模型预测出来的违约率为 6%，但监管政策出来后发现违约率达到 25%。

下面以提高市场营销响应率的商业目标案例来分析。当商业目标是市场营销响应时，那就需要对已有的数据和可以获得的数据进行分析，初步确定哪些要素对营销响应具有重要意义。可采用 T 检验来检验响应组和非响应组之间的对应变量是否存在差异，如二者之间的年龄是否存在差别；也可通过卡方检验、SWang 检验来识别，在 T 检验和 F 检验中都没有发现差异的指标，在 SWang 检验中则可能存在非常显著的统计差异，并可以检验业务重要指标是否真的显著。SWang 检验是笔者自己开发的检验方法，通过整合多阶信息差异来检验各指标是否有差异。在实际环境下，几乎很难找到纯粹的正态分布数据，更多的数据服从的是一个 Pearson 分布家族或广义稳定分布下的某一个分布，而且数据来自不同系统，即使是线性系统输入正态分布数据，最终结果也不一定服从正态分布。

在确定影响因子后，需要计算因子之间的相关性，因为有很多因子是高度相关的。例如，近 12 个月浏览网站次数和近 6 个月浏览网站次数是高度相关的，地区和行业也是高度相关的，而计算相关性则需要根据因子的性质选择不同的方法，最终需要从业务角度来考虑保留哪些因子。然后，风控分析或挖掘人员需要选择是采用决策树、逻辑回归、概率神经网络、贝叶斯网络，还是其他复杂的模型，如 GDBT+ 逻辑回归或 GDBT+ 决策树等多种组合，根据对数据分析或挖掘流程研究的结果可以看出，模型对最终效果的影响是比较小的。

从 ZestFinance、拍拍贷、京东、阿里金融、腾讯、众安保险等一些互联网金融技术公司的业务可以看出大数据风控发挥的价值。大数据风控的优点不言而喻，但大数据风控的缺点却隐藏得比较深，主要体现在如下四个方面。

一是大数据风控需要风控意识、数据意识和业务意识，同时更需要经济学、金融学、心理学、信息技术等方面的专业知识。目前能达到此要求的人才比较少，造成了大数据风控在天上飘着，很难落地，即便落地效果也不显著的局面。

二是一些大数据"牛人"过于在意算法等而忽视了数据源、数据预处理和数据特征的加工。但仅仅依靠机器学习、统计学习、人工智能等方法，忽视相关数据特征和结果的解释将使算法成为黑箱，使模型风险在应用过程中大增。

三是大数据风控对系统要求较高，目前很多机构的系统还没有准备好，人才储备不足，管理层意识跟不上或过头了。比如，缺乏网络行为数据的布点抓取，缺乏实时计算或流计算所需要的技术储备等。

四是过于看重大数据风控而忽视了类似 IPC（International Project Consult）信贷、"巴塞尔协议"中的违约率、违约损失率、压力测试的重要性等，一少部分人认为有大数据风控，就不需要其他信贷方法了。

大数据风控可改进的地方有如下四个方面。

一是大数据风控团队的负责人需要不断学习，吸取各方面知识，并能够将各种风控经验融合在一起，充分发挥各规则、模型的效能以控制风险，同时要善于将不同专业的人才纳入自己的风控系统中，使每个人发挥最大的能量。

二是在大数据风控下，数据团队和风控团队应合二为一，这样有利于发挥数据、风控各自的力量，并能得到"1+1>2"的效果。同时，要提高风控团队的数据意识，而且还要提高数据团队的风险意识，更好地发挥各自的作用和协同作用。

三是在数据源、数据预处理、数据特征、算法之间做平衡，要充分吸收过去的成功经验，如 IPC 信贷中不对称信息偏差分析模型、交叉验证的思想，确保各种数据在经过交叉验证后再使用。以金朝阳骗贷模式为例，虽然金朝阳可以为客户提供资产、刷信用，但客户的资本启动、资本积累等与地区的可支配收入、行业的利润、行为规律、社交网络有存在矛盾的地方，在进行交叉验证后可以减少一些损失。在算法和数据特征上，优先进行数据特征的挖掘，有利于充分理解业务，这也是提高模型或算法区分力的关键。一些表现好的模型往往是抓住了业务的核心点,并创造出了契合业务的有效特征。比如,众安保险的反欺诈模型有效的根本原因是其基于运费险的核心特征——物流,该特征稳健、可持续,且 IV 值可以达到 0.9 以上。

四是大数据风控落脚点在风控,必须抓住信贷、证券、信托、基金和保险业务的本质与风控的本质,充分利用经济学中的博弈思维,使自己风控的思路"野"一些。例如,从网络行为等判断客户的还款意愿,就不能仅仅从数据出发,用支持向量机、概率神经网络、深度学习等算法评估客户的违约率,而且要从逻辑上说服自身并做好相关压力测试。

下面给出笔者在负责风控和数据工作时,将大数据风控和"巴塞尔协议"的要求相融合的架构设计,如图 6-10 所示。这是基于对"巴塞尔协议"的研究和实践,对大数据、风控的理解而进行的设计,其以"巴塞尔协议"为指导,建立大数据下的违约率、违约损失率、授信额度、定价等模型,以及评估在不同的情景压力下违约率、违约损失率和催收情况,这样可以更好地看出客户的实际情况,并做出更加合理的决策。

图 6-10 基于"巴塞尔协议"的大数据风控架构

在基于"巴塞尔协议"的大数据风控架构中,数据来源不拘一格,数据转换是对数据的充分探索,而反欺诈模型、PD、LGD、收入等模型不仅可以使用逻辑模型,还可以使用概率神经网络、决策树、支持向量机等,但需要严格遵守"巴塞尔协议"对于内部评级方法的要求和规范。同时,要重视损失。违约不可怕,真正可怕的是违约后发生的损失。比如,一个人违约率 99%,因为每次还款他都要拖延 15 天,超过了 3 天的宽限期,但在第 15 天时他会准时还款,这样的客户就不可怕，而可怕的是违约率即使只有1%，但一旦违约就会造成完全损失的客户，即LGD=100%，这就很麻烦了。因此，立足于"巴塞尔协议"的大数据风控就更应该考虑用户违约损失率，充分利用云计算、大数据的优势，考查在不同情景的压力测试下的违约损失率。例如，一个客户在正常模型下计算出的违约损失率为1%，但当房地产价格下降10%或GDP下降到4%时，他的违约损失率变为20%，这就需要控制对他贷款的数额，甚至不向其贷款，这样一旦房地产价格下降10%，也能减少损失。

基于"巴塞尔协议"下的大数据风控在实践中暴露出了自身的缺点，或者说，其没有完全解决大数据风控中遇到的问题或存在的漏洞，如数据真实性问题。有些数据从银行流水来看是真实的，支付宝的流水也是真实的，但其实这些真实只是形式上的真实，而实质上不真实。为此，需要从过去的信贷技术中（如IPC信贷技术、"信贷工厂"模式、抵押和质押等）找到解决方法。

虽然传统信贷、IPC信贷技术、"信贷工厂"模式、"巴塞尔协议"、大数据风控各有优缺点，但为了降低不良率，需要将这几种类型的风控的优点整合在一起。实践经验显示，将传统信贷、IPC信贷技术、"信贷工厂"模式、"巴塞尔协议"、大数据风控相融合效果更好、更显著。

将传统信贷、IPC信贷技术、"信贷工厂"模式、"巴塞尔协议"、大数据风控相融合（如图6-11所示），主要是遵守符合逻辑、交叉验证、数据支持、数据联动等原则，从而能够利用信贷的核心风险点进行量化分析和决策。

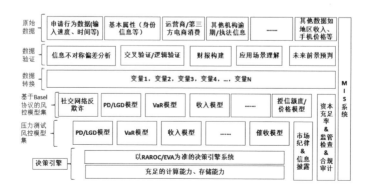

图6-11 基于传统信贷、IPC信贷、"信贷工厂"模式、"巴塞尔协议"和大数据风控模式融合后的架构图

风险管理对于数据要"开源",只要在收益 — 成本分析中获取的数据是有益的,就应该将数据纳入风控数据体系中,而后对各数据之间进行交叉验证和逻辑检验,构建出相对真实、谨慎的数据,并借助各种统计工具预测未来的前景。比如,一个客户给出银行流水,通过银行流水估算出未来一年客户的收入和支出流水,最终通过交叉验证等构建谨慎、真实的数据和对未来预计的数据作为模型和审批等的输入。

风险管理模型一般是由欺诈模型、申请评分模型、定价模型、初始授信额度模型、行为评分模型、账龄滚动率模型、催收模型、失联模型等组成,也包括市场响应模型。根据是否加入压力测试环境的指标,可以分为通常情况下的模型和压力测试环境下的模型,如在通常情况下申请评分模型(分值在 100 ~ 1000 分)得到的评分为 750 分,但在压力测试环境下,申请评分模型得到的评分为 300 分,在审批系统中就需要考虑该客户是否应通过审批。

模型风险可能来源于模型开发、测试、部署、运行和监控维护的每一个环节。在模型开发阶段,可能会因为模型开发人员对于业务理解不透,或者对模型使用不足而导致模型风险;或者因对相关变量的规律、分布假设分析不准确(如假设短期利率运动过程为几何布朗运动、Copula 理论在各资产收益率计算中假设为正态分布等)而导致模型风险;或者在考虑自变量和因变量关系时,误将相关关系当作因果关系而导致模型风险;或者自变量与因变量之间的关系随着时间的推移发生了变化,导致模型风险出现;或者在模型开发过程中出现样本错误(本来应从 A 表中获取数据,模型开发人员错从 B 表获取了数据,或者选取的样本数据不具有代表性),从而导致模型风险等。

这些模型风险本质是因为知识不完善导致的,而另一类模型风险则是风控人员从非正规渠道获得的一些错误观念导致的。比如,一个非风控领域的领导给风控开发人员讲如何建立模型,将另外一套逻辑硬搬到风控模型中。

模型风险的管控主要靠建立统一的数据库,主动地做好以全面风险管理为目的的数据治理,统一相应指标的管理;统一模型开发和应用的规范及体系,从商业目标定义、样本选择、模型开发和评估、模型验证到最终上线,建立起一套标准的流程,这套流程既要发挥规范作用,也要发挥模型开发者的积极性和成就感,并逐步形成完善的人才梯队,保持梯队的合理比例。

在大数据时代,业务系统逐渐应用到各项业务中,但业务系统有中断的风险。虽然这是小概率事件,但仍需要对其进行管控来确保业务持续性。业务持续性风险主要是因系统失效、内部程序漏洞、停电等导致的。对于业务持续性风险的管理主要是靠建立组织体系,针对场景制定应对措施和预案,并针对预案进行演练。

大数据风控更离不开有效的决策引擎。在实践中,并不是一定要购买决策引擎,一个小企业可以直接利用数据库来开发决策引擎,这样效率将更高、更快,如图6-12所示。

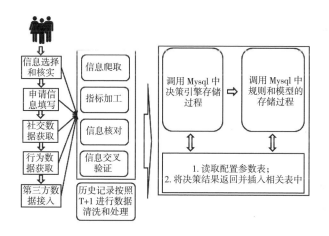

图6-12 基于数据库Mysql搭建的决策引擎

在实践中,基于Mysql搭建的决策引擎可以支持50个人同时申请,并支持每天将近10万人申请,同时非常稳定、便捷。

6.3.10 压力测试——未来预期与敏感度分析

在全面风险管理中,压力测试是指将金融机构或资产组合置于某一特定的极端情景下,如经济增长骤减,失业率快速上升到极端水平,房地产价格暴跌等异常的市场变化,然后测试该金融机构或资产组合在这些关键市场变量突变的压力下的表现状况。压力测试主要是识别那些可能提高异常利润或损失发生概率的事件或情景,度量这些事件发生时经济资本的充足率状况。测试的质量则取决于构造合理、清晰、全面的情景，压力测试的理论基础是小概率事件、极值理论等，主要是研究小概率压力事件、极端事件下的信用风险、市场风险、操作风险等的变化。

压力测试在资产证券化的信用评估报告中经常看到，往往包括基准情景下指标取值、压力测试的加压幅度、不同信用等级压力情景下的测试结果等内容。

压力测试往往是将资产组合所面临的风险进行极端认定并量化，主要回答类似"如果楼市价格下降20%，资产组合的价值将变化多少？""如果股市下降30%，公司所持有的证券、衍生品的价值将变化多少？"等问题，压力测试主要是识别和量化在特定情景下资产组合所发生的变化。

压力测试是一种积极的风险评估，有助于内部和外部的联系，并能为风险偶发提供处置预案。

压力测试包括敏感性分析和情景分析等具体方法，如图6-13所示。敏感性分析旨在测量单个重要风险因素或少数几项关系密切的因素，由于假设变动对机构风险暴露和机构承受风险能力的影响；情景分析是假设分析多个风险因素同时发生变化及某些极端不利事件发生对机构风险暴露和承受风险能力的影响。但无论是通过情景测试还是敏感性测试，都需要确定承压变量，承压变量一般选取损失率、不良贷款率、利润率、资本充足率等压力事件最终影响的要素。

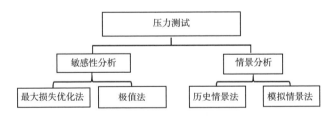

图6-13 压力测试

压力主要是来自宏观经济和行业等的变化引起的个人或企业的还款能力和意愿发生的变化。宏观经济变量包括失业率、GDP、消费价格指数、流通中的现金（M0）、准货币（M1）、广义货币供应量（M2）等指标，也包括汇率、利率、房价、股票、石油等的价格变化。行业变化主要是指出台特定的产业政策、管制政策等。

压力测试流程如图 6-14 所示，压力测试流程同时也是反向压力测试流程。

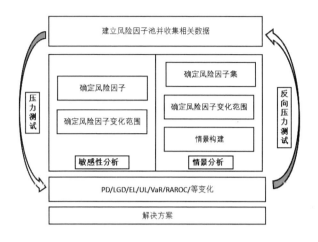

图 6-14 压力测试流程

压力测试是从经济情景入手估计损失，而从损失中寻找影响经营安全性的风险因子和幅度，主要目的是找到自身弱点以进行弥补。在信贷业务中，也需要对借款人进行压力测试，一是测试客户未来正常情况下是否有足够的还款能力和还款意愿，如还款能力是否变小，还款意愿是否不足；二是测试客户在未来不同情景下的违约情况，以及相应损失。

压力测试常用方法主要分为自上而下的方法和自下而上的方法，一般来说自上而下的方法比较容易实现，这里简单介绍一下自上而下的方法。首先，通过计量经济模型、向量自回归模型、动态随机一般均衡模型（DSGE）等建立对承压变量总体指标和宏观经济指标的关系模型；其次，在设定的情景下，估算出对应承压变量的总体变化；最后，通过模型校正等方法估计出在不同情景下个体承压变量的具体值。

对于小额信贷来说，信贷机构需要关注反欺诈，而当客户贷款额度比较大的时候，则需要进行压力测试。压力测试是很多金融机构，尤其是互联网金融机构所忽视的。2008 年，金融危机中倒闭的雷曼兄弟就是将房地产自营投资、私人股本投资及投资收购交易的杠杆贷款等高风险资产都排除在压力测试范围外，从而给自身带来灭顶之灾。压力测试是金融风险管理的关键性工具，也是保命的方法。

借助压力测试和大数据风控自身优势实时预警,可以更好地规避风险。

除了对客户进行压力测试,还需要对客户未来进行预期分析。例如,某客户当前生意的资产是 100 万元,月营业额是 40 万元,毛利率是 30%,月可支配收入是 5 万元,客户经过多年的资本积累,可动资金为 100 万元。他为了扩大营业,准备在比当前经营场所的人流量更大的位置开一家连锁店,自有资金 50 万元,希望贷款 50 万元,租下第二个营业场所一年的租金为 48 万元,合同已签且期限为 3 年,装修 50 万元,以及进货 52 万元。

上述客户未来预期是这样的:新店开张后,客户必然会增加员工,人员工资等相应开支就会增加,同时也不可避免地将增加运营成本,如水电费、税费等。另外,虽然客户已经支付了 1 年的租金,但是他的合同是 3 年期,未来即使他新店生意没有达到预期,只要没有他人接手他的租赁合同,那么他还是要继续交房租,共 96 万元。同时,客户未来需要还贷,假设这笔 50 万元的贷款为 2 年期,等额本息,年利率 13%,月等额还款额为 23 770.91 元。再假设他要雇用 15 人,月固定工资共 45 000 元,水电 5 000 元,定额税 5 000 元,通信费 2 000 元,其他成本 2 000 元,而租金每个月为 30 000 元,该客户第二营业点每个月总支出为 59 000 元。

对于信贷机构来说,该客户月还款额是 23 770.91 元,仅仅根据客户老店的月可支配收入 50 000 元,完全可以认为客户具有还款能力,但该结论是错误的,因为这种评估缺少了新店对客户还款能力的影响评估。根据给定信息,客户每月新增加支出 59 000 元,还要还款 23 770.91 元,即新增加成本为 82 770.91 元,减去老店月可支配收入 50 000 元,客户还有 32 770.91 元支出完全需要通过新店的营业来覆盖,上面给定的毛利率是 30%,客户的新店每月营业额必须达到 109 236.4 元才能保证其新店的运营和还贷。换一种方式来说,客户每个月的营业额必须增长(109 236.4/400 000)× 100% = 28%。如果客户想增加他的月可支配收入,他们新店的营业额必须完全覆盖新店的新增成本 82 770.91 元,那么每月需增长(82 770.91/30%/80 000)× 100% = 68.98%,约 69%。

首先,必须设置不同情景进行分析并确定风险因子。

(1)如果客户营业额达到他的预期,且每月增长率高于 69%,高出部分增加了客户月可支配收入。在这个场景下,市场容量足够大,客户扩张是成功的,因为资本增加了。

（2）虽然客户营业额增加了，但是没有达到预期，每月增长率介于30%与69%之间。在这种场景下，客户仍然可以维持新店的运转，并按时还贷，但客户的月可支配收入减少了，需要以老店补贴新店。

（3）如果客户的营业额增加了，但每月增长率小于30%，客户从理论上无法维持其新店运营，也无法按时还贷。

对于场景（2）和（3）都需要考虑一些次级场景。

①可以迅速辞退部分员工，减少工资成本。如将员工人数控制在10，但每个人增加300元工资，这就减少了12 000元支出；

②可以将自身营业面积一分为二或一分为多，租出部分新店的营业场地，获得额外收入；

③可以放弃新店，根据合同约定将现有的租赁合同转给他人。

其次，对每个风险因子进行敏感度分析。将以上各种场景转化为数据，要做的工作就是对场景出现的可能性进行敏感性分析。在做敏感性分析过程中需要考虑到软信息，即客户过去的业内经验越长，越能够接受一个比较乐观的场景。

再次，需要根据敏感性分析中确定的风险因子进行相应的组合，可根据Wilson和Thomas统计模型来量化不同压力情景下PD、LGD、EL、UL、RAROC等的分布。

最后，利用蒙特卡洛模拟法确定出对PD、LGD、EL、UL、RAROC分布的影响，从而判断是否应该向客户放贷。当然，可以采用反向压力测试的方法找到客户在不同情景的情况，其过程与压力测试类似。

6.3.11 各种风险损失和收益之间的平衡

如上所述，风险有很多种，需要对其进行全面管理。全面风险管理是机构围绕自己的总体经营目标,通过在业务中的各个环节严格执行并完善风险管理流程，建立健全全面风险管理体系，包括风险管理政策、应对措施、风险管理的组织职能体系、风险管理信息系统和内部控制系统，并不断灌输和培育良好的风险管理文化，从而为实现风险管理的总体目标提供合理保证的过程和方法。全面风险管理体系是以机构的风险偏好为核心，选择风险和风险安排处置。

无论是实体经济，还是虚拟经济，都不可避免地会遇到各种风险，如常见的流动性风险、集中度风险、信用风险等。

从理论上讲，任何机构都不需要风险管理，只要其定价足够高就可以覆盖各种风险的损失。但实际上，为保证经济健康发展，监管部门有各种政策规定，使得利用高价格覆盖风险策略不可持续。

未来充满不确定性。人们为了减少这种不确定性，需要借助大数据、人工智能、机器学习等技术进行预测，如信贷机构需要预测未来客户的违约率，保险机构需要预测未来出险的可能性，证券机构需要预测未来股票、外汇、贵金属等的价格走势。人们希望逐步将不确定性控制在一个可信空间内。

尽管人们可以利用预测模型进行预测，但这个世界上尚无预测准确率达到100%的模型，更没有充足的数据，这使得预测往往具有风险，这种风险可能是高估了损失或收益，也可能是高估或低估了发生概率。

这就使得收益可能是正，也可能是负。今天各家机构在资金成本高企、获客成本暴涨、利率必须控制在36%以内的情况下，还要保证预测未来的准确性，本身就不是一件容易的事情。但即使模型预测率达到90%，其还有10%的不准确性，这就给未来的收益是正或是负带来了不确定性。为了应对收益可能为负，即出现损失的情况，往往需要计提损失准备金。

按照"巴塞尔协议"的约定，机构将按照资产的风险大小来计提不同比例的准备金。为了恰当地计提准备金，机构不仅要考虑可能的损失，而且也要准确地测量损失的大小，这就是说为了应对风险中的损失性，必须保证每种风险都可量化。

在大数据时代，人要有一切都可以量化的信心。人们不知道如何进行量化，往往都是因为人对于相关业务和场景理解不透彻，对其中存在风险的情况不熟悉，或理解不深入。当深入业务场景，人们就会发现各种简单而相对准确的测量方法。

在业务场景中，人们能更好地理解风险。比如，在不同业务场景中流动性风险的表现是不一样的，但它们是客观存在的。在实体经济中，若一个行为主体现金流不足以支撑其开支，而且银行等机构也不愿意向其提供融资，则该主体将面临资金链断裂的风险，这是一种流动性风险。当然他可以通过变卖资产来获得现金流，从而化解流动性风险。对于证券机构来说，当某只股票、债券违约时，大家都想抛售相应的资产，但市场上鲜有人愿意交易，这就会引发支付风险，并形成流动性风险。

这种客观存在的风险是可测的，而且实际操作中，可测风险也是普遍存在的，而类似"黑天鹅"等极端风险往往是不可预测的。各种风险的客观存在主要受各种制度的约束，比如2017年，现金贷进入"击鼓传花"阶段，监管政策的出现将风险暴露了出来，一般机构的逾期率达到50%左右。还有一些风险则受自然规律的制约，比如在2017年，笔者购买眼镜时发现眼镜价格大幅上涨，服务员解释说这是因为原材料地发生了洪水，影响了生产。

风险是普遍客观的存在，各种风险之间存在异质性。

同样是信贷用户，每个用户的风险存在差异，用户在不同阶段的风险也是不同的，如初次使用信贷分期的用户，其违约概率要高于在使用8次以后的。这种异质性决定了损失性，因为模型往往是假设具有相同分布，但实际上，异质性决定了各种损失之间存在不同的分布或参数。

在风险管理中，人们需要面对不同的风险，同时要认识到风险是客观存在的。风险可以被驾驭，但却不能消除，除非信贷机构不用放贷，证券机构不要交易，实体企业不要生产，否则风险就一直存在。当人们小心谨慎时，风险变得像只猫一样温顺；当人们稍不留神，风险就变得像只老虎一样残暴，不断吞噬过往的利润，甚至是自己的资本金。

人们要想平衡各种风险损失和收益，就需要承认风险普遍的客观存在性，不同事物的风险之间存在异质性，且存在不确定性和损失性。同时，基于对业务、客户等的理解，人们可以从大数据中找到相应的量化指标以相对准确地量化风险，并制定出对策。

在经济发展过程中，除了上述的风险之外，也存在一些看得到但难以解决的风险，如系统性风险、大而不能倒的风险等。

6.4 风险带来的问题与挑战

在资本中，风险无处不在，解决各种风险带来的问题和应对其挑战是推动经济发展的动力之一。

在当前的风险管理中，系统性风险爆发后该由谁来埋单？是引发系统性风险的机构还是制造系统性风险的机构？同时，在系统性风险的问题或挑战中，大而不能倒也是一个重要风险，即机构大到影响到了经济健康发展，如韩国三星集团。

在全面风险管理中，组合风险常常被忽视。人们往往只关注到单个资产的风险，而忽视了资产组合之间的风险，从而导致了一些损失。

6.4.1 系统性风险谁来埋单？

现实中，各家机构只顾各家的风险，没有人在意系统性风险的大小，但每个人都应意识到系统性风险应该大家一起承担。

当发生系统性风险后，拯救金融行业的是纳税人。在一些国家或地区，这些干预措施增加了财政负担，进而增加了纳税人的负担。比如，2008年美国发生经济危机，最终纳税人为这一切埋单，而金融家们则不愿意承担自己对纳税人的责任，甚至不断欺诈纳税人。在2008年美国次贷危机中，美国财政部向花旗银行注资了450亿美元就是一个例子。

系统性风险的爆发到底谁该埋单？是纳税人，还是金融机构自己？市场是大家的市场，因为少数机构的过度行为导致了市场崩塌，损失的是市场上各个成员的利益。同时，在金融领域中，各家机构之间都存在业务往来，这种紧密的关系使得风险具有传染性。合规、守法的机构本不应该承受风险，但因风险传染而不得不承受相关损失。

美国在20世纪80年代初发生储贷危机，就是由于监管部门放松利率管制使存贷款利率倒挂，放宽了储蓄机构的经营防卫，延缓了经营困难机构的破产重组，从而急剧扩大了信用风险，同时信贷资金进入房地产市场，推动了房价持续上涨。随着房地产价格的调整，信贷违约增多，坏账率急剧攀升，导致银行破产倒闭。

为此，美国政府对陷入困境的银行进行救助，同时再度加强监管，防范风险积累。美国 2008 年爆发的经济危机也是其监管放松管制，在居民杠杆不可持续后又收紧货币政策导致的。

从美国 2008 年的经济危机、日本 20 世纪 90 年代资产泡沫的破灭、泰国 1997 年的经济危机等可知，系统性风险往往是金融周期下行风险所引起的经济萧条或衰退。

金融周期的本质是债务周期，任何一项债务都涉及债务产生、还本付息及由此产生的存量余额三个部分，这三者之间存在显著错位，由此产生了周期。无论是采用分期付款的方式还是到期还本付息的方式，还本付息的顶峰都要晚于新增债务的顶峰。金融周期始于新增债务的繁荣，而后还款压力不断增强，债务余额见顶并开始回落。金融周期进入了调整期，本息金额超过新增信贷金额，经济承受下行压力。长债务周期问题往往是经济制度问题，如金融监管放松、鼓励金融创新等，而中短债务周期问题主要是还款能力问题或流动性问题。

长期债务周期问题会不断累积并放大，呈现周期性。长期债务周期问题中蕴含着短期债务周期问题，因为债务是支出的一个重要来源，信贷债务可即刻凭空产生。在经济扩张期，信贷机构不断放宽条件，信贷不断扩大，并导致价格上升，引发通货膨胀，于是监管部门提高利率以管控通货膨胀，导致信贷难，同时经济发生衰退，而后货币政策将放松。因为每个短债务周期的衰退阶段都将面临低利率，这不仅可以降低信贷成本和每月偿还额度，而且低利率对预期现金流产生折现效应，将抬高产生收入的资产价格，如股票、债券、房地产价格，进而对消费支出产生财富效应。每个短债务周期后，信贷余额都比前一个周期的要高，直至达到长期债务周期的顶峰，这是因为债务增长快于收入及货币的增长，直至各种债务成本已经走向极端而无法再继续扩大债务，这时往往利率不能再降低了，而降低杠杆率是一个不错的选择项。

在经济萧条早期，人们通过收入及获得新的信贷不足以偿还到期债务，但为了避免违约不得不变卖资产、减少支出以弥补资金的不足。随着待售资产的增加，资产价格开始下跌，变卖资产所获得的货币仍不足以偿还债务，于是待售资产进一步增加，价格继续下跌，形成了一个恶性循环，最终人们不得不违约。

经济进入衰退期,国家可通过降低利率和发行更多的货币缓解债务收入不平衡,其方式就是将利率降到足够低,甚至降为 0 或者为负,日本在 2008 年时就是如此。这样可以降低债务负担、刺激经济活力并产生正面财富效应。但这时一般利率已经降至最低,信贷难以增加,投资者因实际通货膨胀率上升不愿意放贷,同时债务人仍然处于过度负债状态,无法理性借贷。

而后经济进入长期债务周期的萧条期,这是一个去杠杆的过程。此时,大量债务人需要偿还比他们实际所有的货币更多的债务,货币政策失效。

去杠杆的方式主要有减少支出、债务减免、财富再分配和提高货币供给等。债务减免和减少支出都是通缩性的、抑制性的,容易引发经济紧缩,引发社会动荡,因为对于依靠信贷过生活的人来说,减少支出是痛苦的,而债务减免会引起信贷机构的不满。财富再分配所涉及的金额很少能在去杠杆过程中起到实质作用,且容易引发社会动荡。唯有货币发行机构印发货币来购买相应资产才能弥补金融资产的损失。

经济进一步下行,信贷继续萎缩,货币继续发行,但过多货币将在未来引发通货膨胀,进而导致贫富差距拉大。那么,通货膨胀是如何将一个公平的社会变成贫富分化的社会的呢?

假设在一个 5 万人的社会,每个人有 100 元,同品质商品有 10 万件,最开始商品的价格就是 50 元,每个人都可以购买到 2 件商品,整个社会处于一种非常公平的状态。随着技术的发展,该社会的商品增加到 20 万件,但其货币发行部门增发了 1 500 万元货币,即此时社会有 20 万件商品、2 000 万元货币,每件商品价格变为 100 元。在第一个月,新增发的货币到了 10 000 个人手中,第二个月到了另外 10 000 个人手中,直到最后新增发货币分布于整个社会。第一批拿到这些新增发货币的人,他们购买一件商品的价格还是 50 元,但他们每个人拥有 2 500 元,可以买到 5 件商品,而后面拿到新增货币的人则需要以更高的价格来购买商品。这样一来,最初获得新增货币的人拥有的商品比其他人多。

假设有人可以贷款 50 万元,并以 50 元/件的价格购买 1 万件商品,到年底时按照 100 元/件的价格卖出,则他将净获得 50 万元,这是他自己的财富。也就是说,离新发货币越近的人获得的好处越多;反之,离新发货币越远的人吃亏越大。

在一个本来就存在贫富差距的社会里，富裕的人离新增发货币近，他们会更富，而离新增发货币远的人往往是相对贫困的人，他们将更穷。因此，发行过多货币或通货膨胀所造成的贫富差距进一步拉大。

1917—2013年美国财富分布头部0.1%的财富与底部90%家庭财富对比如图6-15所示。

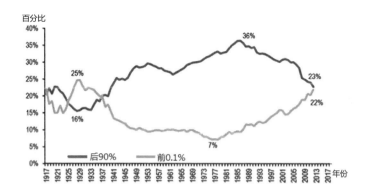

图6-15　1917—2013年美国财富分布头部0.1%的财富与底部90%家庭财富对比

上图显示，占总人口0.1%的最富有家庭拥有的财富已经和占人口90%的家庭不相上下。在2008年次贷危机前，占人口90%的家庭的财富占比持续下降，而占总人口0.1%的最富有家庭拥有的财富占比快速上升。在次贷危机后，占人口90%的家庭的财富占比急剧下降，而占总人口0.1%的最富有家庭拥有的财富占比仍然保持快速上升趋势。这就是说，美国应对次贷危机所采取的发行货币的措施使得其贫富差距进一步拉大。

通过发行货币的方式可以缓解金融周期下行压力，但贫富差距进一步拉大是其代价之一。贫富差距并不是人们想看到的，所以多发行货币不是应对经济危机的好办法。

系统性风险往往是由少数机构的不合规行为引起。为了避免过多发行货币，一种有效应对金融周期下行的方法就是在金融周期的繁荣期加大对违规机构的惩罚力度及税收力度，为应对经济下行获得足量的资金。同时，金融机构则需要共同出资建立基金来应对系统性风险和弥补系统性风险给无辜者所带来的损失，出资大小应根据其不合规程度来定。

监管部门可以在金融周期下行阶段利用上述资金大力创造工作岗位,增加劳动性收入,从而增加居民的信贷还款能力,如大力投资基础设施,不论是新建还是重建;也可以通过收购各种金融资产、商品或服务,以确保资产价格不过度下跌来对冲信贷萎缩的影响。最后,通过延期偿还、债转股等方式来处理一些债务。

针对富裕群体进行收税,同时减免中产和低收入人群的税收。这样既可以筹集到足够的资金来应对整个经济衰退,同时可以缩小贫富差距,有利于保持社会稳定。在金融周期下行时,监管部门应审慎监管,评估每个政策可能带来的系统性风险的大小,并根据政策的系统性风险大小制定出对冲措施和预案,通过多种措施相结合来避免萧条发生或降低萧条所带来的损失。因为在采取一些措施时,这些措施不可避免地会有负面效果,为了化解这些负面效果,需要另一些预防和对冲措施。比如,在严监管政策下,P2P(个人对个人)爆雷、信用债违约等风险事件增加,资金流动性开始收缩,监管部门需要调节资金流动性总量,保持其在合理充裕水平,同时鼓励小微企业信贷、农业信贷等,以及鼓励资产证券化业务来盘活存量资产。

在金融周期的整个下行阶段,监管部门还是要靠提高生产率来化解债务问题,这就需要激励市场主体的积极性和创造力,同时从该过程中总结经验,不断提高对资本的驾驭能力。

6.4.2 大而不能倒

在讨论系统性风险时,不可避免地会涉及大型金融机构,这些大型金融机构对于防范系统性风险具有压舱石的作用。

金融机构往往内部结构复杂,且相互之间存在复杂的关联,出现问题时容易传染到其他机构、其他市场,且影响范围广、影响程度深,甚至严重威胁整个金融体系的稳定。但真正的问题是资产和负债的集中度。如果一个机构的特定资产特别多,那么其集中度风险就非线性地增加。因为其资产集中度过高,同时交易对手多样性不足,或虽有大量的交易对手但交易对手之间的关联性很高,那么该机构的风险就比较大。2008年,美国AIG保险公司的资产中有40%是金融产品,但人们对此所承担的风险没有准确估计,导致这家公司沦落到需要被救助的地步。

除了资产或负债集中引发的问题外，一些规模巨大且涉及众多领域的企业，其经营本身也可能存在问题。美国花旗银行就是最能说明经营存在问题的例子。这些规模大或者涉及众多领域的企业往往给监管带来很大麻烦，因为不同业务的监管部门往往是不同的，业务本身之间的关联也使得监管难度大增。但从美国等经济危机爆发后各大金融机构的表现来看，"大而不倒"是不可能的。

"大而不倒"问题之所以难以解决，是因为金融机构倒闭会带来严重的系统性问题，从而迫使监管部门对其予以救助，但监管部门施援实际上提供了稳性担保，制造了金融机构的道德风险。

"大而不倒"金融机构的系统风险产生的原因主要是业务范围宽泛，与其他机构联系紧密，一旦该机构倒闭将产生连锁式反应，将倒闭的灾难性后果传染、扩散给其他机构甚至实体经济。

近年来，我国金融业市场化程度不断提高，部分非金融企业通过发起、设立、并购、参股等方式，投资控股了多家、多类金融机构，形成了一批具有金融控股公司特征的集团。其中，一些金融控股集团野蛮生长，体量大，业务杂，关联风险高，但监管缺失，可能威胁经济和社会稳定。为促进金融控股公司健康发展，我国迫切需要建立相应的监管制度。对金融控股公司监管可考虑采取宏观审慎管理与微观审慎监管相结合的方式，按照实质重于形式的原则，以并表监管为基础，对金融控股公司实行全面、持续、穿透监管，建立统筹监管机制，并赋予监管主体有效的监管手段。

6.4.3 不容忽视的组合风险

目前，各种资产的组合风险是最大的风险点。从宏观层面看，尚无各种资产之间的组合风险评估方法，甚至各种资产之间的组合风险管理政策和制度都比较少见。这主要是受各风险经营机构的内部评级体系等基础风险计量手段限制。

从国内外金融机构的情况来看，组合额度限制作为一种风险管理技术被使用，但这种限额的技术才刚刚起步，其范围、方法、应用都处于探索阶段。在组合风险限额指标的选取、制定、审批、分配、监测、预警、调整、评价等重要流程上，风险经营机构尚缺乏指标计算公式、模型确定、计算和监测频度，以及突破限额的报告路径与时间要求等政策制度规范，从而导致组合风险限额策略在实际执行中缺乏权威性，不能很好地体现管理层风险偏好，并在资产整体结构配置上发挥作用。

即使一些风险经营机构已经实施了组合限额，但其更多的是从自身认识、经验和管理层风险偏好出发进行了简单设置，如风险预警额度、强制清仓额度等。但人们对经济资本分配、风险调整后收益率及与风险评级的结合等考虑较少，完全意义上的组合风险限额指标更少，支持组合风险限额管理的风险计量手段严重滞后，突出表现在尚未建立基于合理假设并经过真实业务严格验证的组合风险计量模型，缺乏对组合违约相关性的合理估计等方面。

目前，业界并没有一个绝对可靠的量化模型和方法用于设置出限额。在实践中，人们通常会基于量化的方法提出定量的限额初始建议，然后结合实践经验确定最终用于业务管理的限额值。

组合风险限额制定只是限额工作的第一步，限额要发挥作用，更重要的是严格遵循设定指标，及时进行监测、预警、报告。目前，虽然各机构也逐步在建设组合风险限额管理系统，但其仍存在很多缺陷，如在数据基础方面表现长度不足、部分数据缺失、统计口径可比性较差，难以保证风险计量监测所需数据的完整性、及时性等。同时，行业和区域数据无法实现动态管理、按日监测，导致限额指标发布后，后续的监测工作无法及时跟进和预警，效率较低，滞后时间较长。

在当前的组合限额体系中，受风险计量结果准确性及管理层风险偏好的影响，部分组合限额如贷款、交易、表外等大类限额及授信品种，以及区域限额指标的应用与业务经营过程联系还不够紧密，即使制定了相关的限额指标，也往往只作为指导性指标供经营决策参考使用，而无法在实际业务中进行操作和执行。更为普遍的是，由于制度和流程不够完善，前台业务部门或机构在风险限额指标超限时仍然进行无风险约束条件的业务操作。

基于全面的风险管理原则，机构应以指导性指标为指引，围绕着指标不断调整限额，从而使组合的风险最小而受益最大。同时，机构对组合风险管理不要想一步到位，而应该整体规划，分步实施，不断扩大组合限额管理范围，遵循由粗略到精细、由简单到复杂的原则，逐步涵盖所有资产对象、区域、行业、产品、客户等资产组合层面。针对信贷资产，在期限、担保、表内外等组合维度上逐步推行限额管理，以更大程度地发挥其对于结构调整的积极作用。构建有效的限额管理制度，明确限额指标设定、调整、监测、控制和超限额处理流程。同时，逐步建立起完整的组合限额管理框架体系，包括限额管理的治理架构、限额设置方法和限额监控报告机制。

限额管理组合风险只是管理组合风险的一部分，其本身存在一些问题，如在限额内的资产本身存在相关性，即组合风险依然存在。即便是机构已经从行业、区域、产品和客户上设置了额度限制，这仅仅使组合风险降低了，但是否攻守兼备则没有考虑。

在资产的组合风险管理中，资产之间的相关性分析和量化是关键。该相关性受到机构的信息系统、数据及相关性测量方法等的影响，如在资产证券化中，组合风险所使用的Copula函数，各股票之间的相关性通过随机矩阵来测算等。

在信贷资产中，组合风险主要利用社交数据、资金往来、供应链关系等建立起资产关系图谱，评估出资产组合之间相关性的大小。这就使得信贷资产组合风险管理不仅可以估算出每个资产的PD、LGD、EAD、期限，而且还可以充分利用各资产之间的相关性来优化每个资产的PD、LGD、EAD等，从而来选择出哪些资产可以进入，而哪些资产被排除在外。这样一来，机构在限额内可以根据资产的风险收益等构建其攻守兼备的组合，从而有效地管理资产组合风险。

对于投资而言，投资机构可以根据不同资产的操作风格、不同风险收益等来搭配，构建攻守兼备的资产组合。比如，根据市场风险偏好提升或降低来适当提高或降低进攻型投资风格资产品种的份额。

在内部量化体系、组合风险计量技术、风险调整资本收益率测算技术尚不完善的情况下，组合风险管理只能从限额管理出发，从初级阶段平衡组合的风险和收益开始。

全面风险管理系统将为实现组合风险管理功能提供强有力的支持，而这也是目前大多数机构所欠缺的核心能力之一。组合风险管理系统应满足以下标准：尽可能覆盖全部业务品种，并具有扩展性；具备完整可靠的组合风险计量模型，能够实现风险收益平衡测算后的限额指标设定；具备灵活、完备的组合设置（按贷款对象、行业、区域、期限、表内外、担保方式、信用等级等不同维度）和管控功能，能实时反馈限额使用情况，并对超出限额的业务事项自动报警或阻止业务继续开展；具备限额历史数据积累和比较功能，为逐步实现基于经济资本的风险限额制定积累数据；具备"边开车，边修车"功能，系统应以模块的方式构建，并具有按照指令立即执行，以及在发生错误后迅速回滚的功能。

参考文献

[1] 卡尔·马克思. 资本论 [M]. 北京：人民出版社，1975.

[2] 王明夫. 资本经营论 [M]. 北京：中国人民大学出版社，2005.

[3] 罗伯特·索洛. 增长理论：一个说明 [M]. 天津：天津大学出版社，1983.

[4] 罗伯特·索洛. 资本理论及其收益率 [M]. 北京：商务印书馆，1992.

[5] 约翰·贝茨·克拉克. 财富的分配 [M]. 北京：商务印书馆，1983.

[6] 托马斯·皮凯蒂. 21 世纪资本论 [M]. 北京：中信出版集团，2014.

[7] 张文江. 古典学术讲要 [M]. 上海：上海古籍出版社，2010.

[8] 马克·史库森. 生产的结构 [M]. 北京：新华出版社，2016.

[9] 亚当·斯密. 国富论 [M]. 唐日松，译. 北京：华夏出版社，2005.

[10] 凯恩斯. 就业、利息与货币通论 [M]. 北京：中国社会科学出版社，2009.

[11] 赫尔南多·德·索托. 资本的秘密 [M]. 于海生，译. 北京：华夏出版社，2007.

[12] 张晓晶. 符号经济与实体经济：金融全球化时代的经济分析 [M]. 上海：上海三联书店，上海人民出版社，2002.

[13] 曹尔阶. 资本是个好东西：看中国资本创新和扩张的历程 [M]. 北京：中国人民大学出版社，2012.

[14] 尼古拉·阿克塞拉. 经济政策原理：价值与技术 [M]. 北京：中国人民大学出版社，2001.

[15] 弗兰克·奈特. 风险、不确定性与利润 [M]. 北京：华夏出版社，2011.

[16] 约瑟夫·熊彼特. 经济发展理论 [M]. 何畏，译. 北京：商务印书馆，1990.

[17] 苏向杲. 民间借贷崩盘后遗症重创鄂尔多斯保险业 [N]. 证券日报，2014-05-22.

[18] 弗里德里希·冯·哈耶克. 货币的非国家化 [M]. 姚中秋，译. 海南：海南出版社，2019.

[19] 蒂莫西·盖特纳. 压力测试：对金融危机的反思 [M]. 北京：中信出版集团，2015.

[20] 刘康兵. 资本市场不完美，不确定性与公司投资 [M]. 北京：经济管理出版社，2012.

[21] 姜波克. 开放经济下的货币市场调控 [M]. 上海：复旦大学出版社，1999.

[22] 鲁道夫·希法亭. 金融资本：资本主义最新发展的研究 [M]. 北京：商务印书馆，1994.

[23] 郑千千，朱炳元. 马克思虚拟资本理论及其现实意义 [J]. 苏州大学学报（哲学社会科学版），2014（4）：27-31.

[24] 卡萝塔·佩蕾丝. 技术革命与金融资本：泡沫与黄金时代的动力学[M]. 北京：中国人民大学出版社，2007.

[25] 张应山，茆诗松，詹从赞，等. 具有两种因果关系逻辑分析模型的稳定性结构[J]. 应用概率统计，2005（11）：368-374.

[26] 大卫·哈维. 资本的限度[M]. 北京：中信出版集团，2017.

[27] 厉以宁. 厉以宁讲欧洲经济史[M]. 北京：中国人民大学出版社，2016.

[28] 王军伟. 风控：大数据时代下的信贷风险管理和实践[M]. 北京：电子工业出版社，2017.

[29] 金兆怀，张东敏. 资本论中信用理论与我国中小企业信用管理体系建设[J]. 当代经济研究，2007（8）：12-14.

[30] 张晓朴. 变革与稳健：银行监管和银行转型的思考[M]. 北京：中国金融出版社，2014.

[31] 谢平，邹传伟. 中国金融改革思路 2013-2020[M]. 北京：中国金融出版社，2013.

[32] 李东荣. 中国互联网金融发展报告（2015）：互联网金融发展的金融学分析[M]. 北京：社会科学文献出版社，2015.

[33] 约翰·穆勒. 政治经济学原理[M]. 北京：商务印书馆，1981.

[34] 陈志武. 金融的逻辑[M]. 北京：国际文化出版公司，2009.

[35] 乔治·吉尔德. 知识与权力：信息如何影响决策及财富创造[M]. 北京：中信出版集团，2015.

[36] 弗朗西斯·福山. 信任：社会美德与创造经济繁荣[M]. 广西：广西师范大学出版社，2016.

[37] 周文. 分工、信任与企业成长[M]. 北京：商务印书馆，2009.

[38] 尹久，孔令儒. 敏感性，流动性与金融市场波动逻辑[N]. 金融时报：中国金融新闻网，2017-04-10.

[39] 邓睿，吕明远. "变现"之殇：流动性对信用风险的影响[N]. 中国网，2014-04-09.

[40] 王辉. 流动性危机还是偿付性危机？——金融危机的性质辨析[J]. 世界经济研究，2012（9）.

[41] 王亚婷. 马克思信用理论与信用经济价值研究[D]. 上海：上海大学，2005.

[42] 张维迎. 市场的逻辑[M]. 上海：上海人民出版社，2010.

[43] 罗伯特·阿克塞尔罗德. 合作的复杂性：基于参与者竞争与合作的模型[M]. 上海：上海人民出版社，2017.

[44] 刘新海. 征信与大数据：移动互联网时代如何塑造"信用体系"[M]. 北京：中信出版集团，2016.

[45] 吴定富. 保险原理与实务[M]. 北京：中国财政经济出版社，2010.

[46] 蒲小雷，韩家平. 企业财务风险预警与 Themis 国际新技术 [M]. 北京：中国商务出版社，2011.

[47] 朱小黄. 远离冰山 [M]. 北京：中信出版集团，2010.

[48] 李振宇，陈东明，钟用，等. 资信评级原理（修订版）[M]. 北京：中国方正出版社，2008.

[49] 希尔顿·鲁特. 资本与共谋：全球经济发展的政治逻辑 [M]. 刘宝成，译. 北京：中信出版集团，2017.

[50] 周宏亮，穆文全. 信用卡风险管理 [M]. 北京：中国金融出版社，2002.

[51] 艾伯特·拉斯洛·巴拉巴西. 爆发：大数据时代预见未来的新思维 [M]. 北京：中国人民大学出版社，2012.

[52] 薛晓源，曹荣湘. 全球化与文化资本 [M]. 北京：社会科学文献出版社，2005.

[53] 郑少锋. 论资本经营的目标与本质 [J]. 西北农林科技大学学报（社会科学版），2001（3）：10-12.

[54] 章文华. 资本经营是现代企业经营的本质 [J]. 广西会计，1997（7）：20-22.

[55] 巴克尔. 贸易论 [M]. 北京：商务印书馆，2011.

[56] 郑凌云. 现金何以"为王"：企业现金流期权定价研究 [M]. 北京：中国时代经济出版社，2016.

[57] 常修泽. 人本型结构论：中国经济结构型新思维 [M]. 合肥：安徽人民出版社，2015.

[58] 埃德·诺塞尔. 货币、支付与流动性 [M]. 童牧，田海山，王鹏，译. 合肥：中国金融出版社，2015.

[59] 马歇尔. 货币、信用与商业 [M]. 北京. 商务印书馆，1986.

[60] 李玉平，刘晶. 企业信用的博弈论分析 [J]. 集团经济研究，2007（08Z）：149-150.

[61] 彼得·罗斯. 货币与资本市场 [M]. 北京：中国人民大学出版社，2006.

[62] 利姆·阿迪雅. 巴塞尔新资本协议与中小企业融资：中小企业与新评级文化 [M]. 巴曙松，游春. 译. 北京：中国金融出版社，2012.

[63] 胡祖六. 金融现代化是中国经济现代化最重要的标志 [R]. 2007 中国金融形势分析，预测与展望专家年会暨第三届中国金融专家年会，2017.

[64] 张玉明. 资本结构优化与高新技术企业融资政策 [M]. 上海：上海三联书店，2003.

[65] 刘鸣炜. 信托制度的经济结构 [M]. 汪其昌，译. 上海：上海运东出版社，2015.

[66] 张超英. 金融体系中的资产证券化 [M]. 北京：经济科学出版社，2013.

[67] 郑磊. 资产证券化：国际借鉴与中国实践案例 [M]. 北京：机械工业出版

社，2014.

[68] 薛世容. 信用增级性质和定价研究：基于我国资产证券化现状的分析 [D]. 复旦大学，2009.

[69] 黄高嵩，魏恩遒，刘勇. 资产证券化理论与案例 [M]. 北京：中国发展出版集团，2007.

[70] 肖风. 投资革命：移动互联网时代的资产管理 [M]. 北京：中信出版集团，2014.

[71] 王军伟，马欣玮，谢欣燕. 基于涨跌停制度 Tobit-AR-GARCH 模型及其估计 [J]. 数据分析，2010，5（5）：5-17.

[72] 王军伟，罗纯. 基于 Bayesian 的二叉树期权定价模型 [J]. 上海应用技术学院学报(自然科学版)，2011（2）：119-121.

[73] 安德鲁·波尔. 统计套利 [M]. 北京：机械工业出版社，2010.

[74] 里什·纳兰. 打开量化投资的黑箱 [M]. 北京：机械工业出版社，2012.

[75] 阿诺德·S. 戈尔茨坦. 稳赚：低风险创业 [M]. 北京：中信出版社，2005.

[76] 王浩. 会计稳健性、盈余持续性与市场反应 [D]. 首都经济贸易大学，2012.

[77] 时晨龙. 内部控制质量与盈余质量相关性研究：基于盈余持续性和稳健性的实证检验 [D]. 苏州大学，2014.

[78] 吕兆德，何子新. 上市公司年度盈余持续性影响因素研究 [J]. 北京师范大学学报（社会科学版），2012（2）：121-129.

[79] 杨卫霞. 资本充足率监管框架下建立杠杆率新标准的必要性研究 [D]. 对外经济贸易大学，2013.

[80] 朱穆. 收益质量对资本市场资源配置效率的影响研究：基于 A 股上市公司的经验证据 [D]. 安徽大学，2015.

[81] 姜国华，张然. 稳健性与公允价值：基于股票价格反映的规范性分析 [J]. 会计研究，2007（6）：21-25.

[82] 周小川. 供给侧结构性改革的一个重要内容就是消除价格扭曲 [R]. 中国经济 50 人论坛 2016 年年会，2016.

[83] Daniel Kahneman, Amose Tversky. 期望理论：风险状态下的决策分析 [J]. 1979,47（2）：263-292.

[84] 巴塞尔银行监督委员会. 增强银行体系的稳健性 [R].2009.

[85] 钱穆. 中国社会经济学史讲稿 [M]. 北京：北京联合出版社，2016.

[86] 钱穆. 中国经济史 [M]. 北京：北京联合出版公司，2016.

[87] 饶育蕾，盛虎. 行为金融学 [M]. 北京：机械工业出版社，2012.

[88] 金俊峰. 农业银行全面风险管理体系建设 [R]. 中国农业银行，2013.

[89] 阿诺·德·瑟维吉尼，奥里维尔·霍劳特. 信用风险度量与管理 [M]. 北京：中国财政经济出版社，2005.

[90] 王则柯. 对付欺诈的学问：信息经济学平话 [M]. 北京：中信出版社，2001.

[91] 杨军. 风险管理与巴塞尔协议十八讲 [M]. 北京：中国金融出版社，2013.

[92] 罗伯特·科布，詹姆斯·奥夫戴尔. 金融衍生产品定价与风险管理 [M]. 北京：北京大学出版社，2014.

[93] 大卫·曼特裘. 风控即未来：网络支付安全和反欺诈原理 [M]. 北京：中国金融出版社，2017.

[94] 宋鑫. 黄金的战略使命支撑人民币走向世界 [EB/OL].[2014-07-13].http://finance.sina.com.cn/nmetal/tzzs/20140730/153019863945.shtml

[95] 李晓耕. 权力之巅：国际货币体系的政治起源 [M]. 北京：社会科学文献出版社，2017.

[96] 乔治·乌拉. 金融的背叛：恢复市场信心的十二项改革 [M]. 北京：东方出版社，2017.

[97] 梅建军.《资本论》新解与研究 [M]. 北京：经济科学出版社，2012.

[98] 汪丁丁. 资本概念的三个基本维度：及资本人格的个性化演变路径 [J]. 哲学研究，2006，10：22-26.

[99] 王璐. 从马克思的虚拟资本到虚拟经济：兼论虚拟经济的起源与本质 [J]. 南京社会科学，2003（9）：6-12.

[100] 王春娟. 马克思的虚拟资本理论与虚拟经济 [J]. 财经问题研究，2004（11）：11-14.

[101] 亚当·斯密. 道德情操论 [M]. 谢宗林，译. 北京：中央编译出版社，2008.

[102] 布雷特·莱德：疑心重重：美国人缺乏信任的经济后果 [N]. 经济学人，2017-09-17.

[103] 佘贤君. 激活消费者心理需求 [M]. 北京：机械工业出版社，2011.

[104] 贡德·弗兰克. 白银资本：重视经济全球化中的东方 [M]. 北京：中央编译出版社，2001.

[105] 彭文生. 渐行渐远的红利：寻找中国新平衡 [M]. 北京：社会科学文献出版社，2014.

[106] 姜洋. 发现价格：期货和金融衍生品 [M]. 北京：中信出版集团，2018.

[107] 黄红元. 股票期权产品设计：关键主题 [M]. 上海：上海远东出版社，2016.

[108] 中国金融期货交易所国债期货开发小组. 国债期货产品制度设计及应用策略 [M]. 北京：中国财政经济出版社，2013.

[109] 英大国际信托有限责任公司课题组. 产业链信托产品设计 [M]. 北京：经济管理出版社，2017.

[110] 黄达强. 损失厌恶与偏好异质性：来自神经经济学的证据 [J]. 南方经济，2014（7）：88-93.

[111] 贾拥民，黄达强，郑昊力，等. 偏好的异质性与一致性 [J]. 南方经济，2015

（5）：98-120.

[112] 格来哲·摩根，麦克斯·亨利昂，米切尔·斯莫. 不确定性[M]. 北京：北京大学出版社，2011.

[113] Tonny Lybek, Abdourahmane Sarr.Measuring liquidity in financial markets[J]. IMF Working Paper,2002，2（232）：63.

[114] Ana Fostel, John Geanakoplos.Collateral restrictions and liquidity under-supply: a simple model[J].Economic Theory, 2008,35:441-467.

[115] Knell, Mark. Heterogeneity in economic thought:Foundations and modern methods[J]. Diversity in the knowledge economy and society, 2008, 1：35-54.

[116] Blau PM. Inequality and heterogeneity: A primitive theory of social structure[M]. New York: Free Press, 1977.

[117] Heckman,James J., George J. Borjas. Does unemployment cause future unemployment?Definitions, questions and answers from a continuous time model of heterogeneity and state dependence[J]. Economica , 1980,47(187)：247-283.

[118] Jackson, S. E., Stone, V. K., Alvarez, E. B. Socialization amidst diversity:The impact of demographics on work team oldtimers and newcomers[J]. Research in Organizational, 1993, 15: 45-45.

[119] Heckman,James J. Micro data, heterogeneity, and the evaluation of public policy: Nobel Lecture[J]. Journal of political Economy , 2001,109(4)：673-748.

[120] Tewathia,Nidhi. Heterogeneity in Common Property Resource Management and its Implications[J·OL]. [2011-01-24] https://mpra.ub.uni-muenchen.de/64010

[121] Vedeld,Trond. Village politics: heterogeneity, leadership and collective action[J]. The Journal of Development Studies , 2000,36(5)：105-134.

[122] Carayannis,Elias G., Aris Kaloudis, Age Mariussen, eds. Diversity in the knowledge economy and society: heterogeneity,innovation and entrepreneurship[M]. Edward Elgar Publishing, 2008.

[123] Hackett, Steven C. Heterogeneity and the provision of governance forcommon: pool resources[J]. Journal of theoretical politics,1992,4(3)：325-342.

[124] Amit R.,Schoemaker P. J. H. Strategic assets and organizational rent[J]. Strategic Management Journal, 1993，14(1): 33-46.

[125] Iliopoulos,Constantine, Michael L. Cook. The efficiency of internal resource allocation decisions in customer-owned firms: the influence costs problem[R]. Comunicació n presentada en la 3rd Annual Conference of the International Society for New Institutional Economics, Washington D.C. 1999.

[126] Holmen,Elsebeth, Ann-Charlott Pedersen. What is resource heterogeneity, and how can a firm handle the resource heterogeneity encountered in its businessrelationships?[J]. IMP Journal, 2002,6(3)：210-239.